Die größte Ebene ist die Messara (140 km²) im Süden. Äußerst fruchtbare Böden begünstigen den Anbau von Olivenbäumen, Wein (Rosinen, Korinthen), Obst und Getreide. Die Südküste hat außer Ierapetra keine Häfen, die Nordküste ist buchtenreich und trägt die größten Siedlungen: Chania, Rethymnon und Iraklion.

Klima: voll mediterran, sommerliche Dürre von April bis Oktober, Niederschläge vorwiegend von Dezember bis März, mittlere jährliche Niederschlagsmenge in Iraklion etwa 600 mm, in Ierapetra bis zu 750 mm. Die Temperaturen liegen etwas höher als auf den Ägäischen Inseln; in den Sommermonaten stetige Nordwinde (Etesien), während des Frühlings weht aus Süden der Schirokko.

Pritsch

Hans Georg Wunderlich

Wohin der Stier Europa trug

Kretas Geheimnis und das Erwachen des Abendlandes

Rowohlt

Schutzumschlag- und Einbandentwurf
von Werner Rebhuhn
(Foto: Hirmer Fotoarchiv, München)

1. Auflage der Sonderausgabe August 1976
31.–40. Tausend der Gesamtauflage

Satz: Aldus-Buchschrift
Lithoarbeiten: Rembert Faesser, Berlin
Gesamtherstellung: Clausen & Bosse, Leck/Schleswig
Werkdruckpapier von der Papierfabrik Schleipen, Bad Dürkheim
Printed in Germany
ISBN 3 498 09461 0

Inhaltsverzeichnis

Zweites Buch: Die lebenden Toten

Vorwort

Als im Jahre 1900 der englische Anthropologe und Archäologe Arthur Evans begann, nahe der Stadt Iraklion auf Kreta ein bronzezeitliches Bauwerk von nahezu eintausendzweihundert Räumen auszugraben, war völlig unbekannt, wer diese gewaltige Anlage ursprünglich geschaffen hatte. Er brachte sie in Verbindung mit der altgriechischen Überlieferung vom sagenhaften König Minos, der zwei Generationen vor dem Trojanischen Krieg die Inselhauptstadt Knossos beherrscht und ein geheimnisvolles Labyrinth errichtet haben soll. Evans erblickte im Ausgrabungsgelände die Überreste vom einstigen Wohnpalast dieses Herrschers und prägte den Begriff einer ‹minoischen› Kultur für das bronzezeitliche Kreta. Seitdem hat man sich angewöhnt, das Volk der Palast-Erbauer des frühen Kretas als «die Minoer» zu bezeichnen, obwohl freilich bis heute niemand weiß, wie sich diese fremdartigen Menschen selbst genannt haben, die sich auf den erhaltenen Fresken mit tiefschwarzem Haar und rotbrauner Körperfarbe, ihre Frauen mit schwarzen Locken und weißem Teint dargestellt haben.

Als wenig später die deutsche Fremdvölkerexpedition unter Eduard Meyer, dem namhaften deutschen Althistoriker, in Oberägypten Grabkammern von hohen Hofbeamten des 15. Jahrhunderts vor Christi Geburt auf dem Nekropolengelände von Theben-West untersuchte, stieß sie auf verblüffend ähnliche Bilder, wie sie im Palast von Knossos zutage gekommen waren: Prozessionszüge von rotbraunen, schwarzhaarigen Gestalten mit sichtlich «minoischem» Habitus und den für das frühe Kreta typischen Gerätschaften. Offensichtlich handelte es sich hier um Abgesandte des fernen Inselreiches im östlichen Mittelmeer, um Angehörige jenes eigenartigen Volkes der Palast-Erbauer, die Evans in Unkenntnis ihres wirklichen Namens als Minoer bezeichnet hatte.

Zwar blieben auch diese 3500 Jahre alten Gestalten auf den Wandbildern der altägyptischen Grabkammern selbst stumm, doch kündet uns der begleitende Text in Hieroglyphenschrift den Namen, mit welchem die ägyptischen Zeitgenossen jenes fremden Volkes die Bewohner des bronzezeitlichen Kretas bezeichneten: *Keftiu.* Wer waren diese seltsamen Keftiu mit ihrer fremdartig anmutenden Kultur? Wozu dienten ihre ausgedehnten Palastanlagen? Wie war ihr Ende, das die Erinnerung an sie für mehr als dreitausend Jahre fast völlig tilgte?

Diese Fragen bilden den Gegenstand dieses Buches. Es rührt damit an die zur Zeit vielleicht brennendste Frage der europäischen Vor- und Frühgeschichte. Gilt doch Kreta als Ursprungsland früher kultureller Blüte auf europäischem Boden. Aber hat diese altkretische Keftiu-Kultur, die wir üblicherweise mit Evans die minoische nennen, spätere europäische Kulturen befruchtet? Oder wurde sie, wie Evans selbst angenommen hatte und wie es bis heute manche anderen Forscher glauben, infolge von Naturkatastrophen noch während der Bronzezeit so weitgehend vernichtet, daß nur eine schemenhafte altgriechische Überlieferung von ihr kündet? Und zwar Jahrhunderte früher, ehe die hellenische Blütezeit sich auf dem Boden des griechischen Festlandes zu entfalten begann? War die minoische Kultur vergessener Vorläufer oder Auftakt der griechischen und damit unserer heutigen abendländischen Kultur?

Eine Lösung dieser Fragen ist heute nicht mehr allein von der Archäologie oder Vor- und Frühgeschichte her möglich. Als Geologe versucht der Verfasser, mit neuen Beobachtungen, Methoden und Überlegungen die Diskussion zu beleben. Sie führen zu einer überraschenden, hier erstmals ausführlich dargestellten Wendung, die dazu veranlaßt, die antike Welt des östlichen Mittelmeeres in neuem, vielleicht zunächst noch ungewohntem Licht zu sehen, zugleich damit aber Zusammenhänge zu erkennen, die bislang verborgen geblieben sind.

Im Gegensatz zu einem verbreiteten Typ allgemein verständlicher archäologischer Literatur, die von der Arbeit und den Erfolgen der Ausgräber erzählt, indem sie Ergebnisse anderer Autoren in ansprechender Form zusammenstellt und wiedergibt, wird hier der Versuch gewagt, einen wissenschaftlichen Originalbericht gleich so abzufassen, daß er auch ohne spezielle Fachkenntnisse lesbar ist. Der Verfasser will damit Kollegen möglichst vieler Disziplinen zu verstärkter Mitarbeit anregen, den zahlreichen Freunden Kretas und der altkretischen Kultur die Möglichkeit zur Lektüre eröffnen, aber auch der Allgemeinheit seinen Dank abstatten für das weite Interesse und die Unterstützung der wissenschaftlichen Arbeit sowie für zahllose Hinweise aus nah und fern, ohne die eine Niederschrift dieses Buches nicht möglich gewesen wäre. Zweifellos müßte man im folgenden konsequenterweise von den Keftiu und der Keftiu-Kultur sprechen. Noch aber sind die Phantasienamen «Minoer» und «minoische Kultur» allgemein in Gebrauch, wenn auch in keiner Weise historisch belegt.

Ostern 1972 *H. G. Wunderlich*

Mythen und Gegenmythen

Der Minotaurus, ein Unwesen der griechischen Sage, halb Stier und halb Mensch, verschlang nach den Erzählungen der Alten alle neun Jahre sieben athenische Jünglinge und sieben Jungfrauen. Theseus, athenischer Held aus königlichem Geblüt, überwand und tötete schließlich den Unhold, entfloh mit Hilfe der kretischen Königstochter dem labyrinthischen Palast des Minotaurus und befreite so seine Vaterstadt vom grausigen Tribut der kretischen Herrscher.

So erzählten es griechische Sänger auf den Märkten der Inseln und des Festlandes. Aber konnte man ihnen Glauben schenken? Handelte es sich dabei nicht vielmehr um Märchen, Phantasiegestalten und Hirngespinste? Steckt in der Minotaurus-Sage ein wahrer Kern?

In den Studierstuben des Nordens hat man nicht so recht daran glauben wollen. Den aufgeklärten Geistern späterer Jahrhunderte erschienen Menschenopfer und phantastische Doppelwesen nach Art des Minotaurus von ihrer humanistischen Idealwelt so weit entfernt, daß sie die alte Minotaurus-Sage flugs in eine symbolhafte Überwindung des nichtgriechischen Stierkultes der alten Kreter durch die höhere hellenische Kultur umdeuteten.

Die Menschenopfer sollte es nie in Wirklichkeit gegeben haben, der Minotaurus sei lediglich ein Symbol des kretischen Gottes Zeus Asterios, und auch das Labyrinth, das jenem als Wohnsitz diente, schien eine reine Erfindung der so phantasiebegabten griechischen Dichter. Die barbarische Monstrosität der Minotaurus-Sage verlor ihren Schrecken, in der Interpretation des aufgeklärten Humanismus verblaßte sie zu einem schaurig-schönen, klassizistischen Sinnbild.

Bis Arthur Evans, geboren 1851 in Nash-Mills in England und erfolgreicher Absolvent von Harrow, Oxford und Göttingen, alter, vorphönizischer Schriften halber nach Kreta kam und wenige Kilometer südlich der Hauptstadt Iraklion den Spaten ansetzte. Ursprünglich hatte er nur nach alten Inschriften, Tontafeln und Steinschneidearbeiten suchen wollen. Was er jedoch in jahrzehntelanger aufopfernder Arbeit wieder ans Tageslicht förderte, war nicht weniger als das Labyrinth der alten Sage, der sagenhafte Palast des Minotaurus.

Da war er wieder, der Unhold der Sage, in unzähligen Stierbildern, Wandreliefs, Kleinplastiken, stierförmigen Gefäßen, Siegelsteinen und -abdrücken sowie stilisierten Stiergehörnen leibhaftig dem Erdboden entstiegen. Doch abermals gelang es, diesmal dem ernsthaften Spatenforscher, wissenschaftlich geschulten Anthropologen und Archäologen Evans, die dunklen Schatten der Sage vom Labyrinth fernzuhalten.

Aus den Überresten von nahezu 1200 kompliziert miteinander verbundenen Räumen, Treppen, Gängen, Magazinen, Säulenhallen und Kellern, gruppiert um einen weiten Innenhof, aus fragmentarisch erhaltenen Wandmalereien mit Stierspielen, Tierszenen, Prozessionszügen und Porträtbildnissen, aus Ton- und Bronzegerät verschiedenster Form rekonstruierte Evans die minoische Kultur. Seine Deutung der Funde läßt eine solche Fülle von Parallelen mit der modernen Zivilisation des Fin de siècle erkennen, daß man über dem Staunen ob der kulturellen und technischen Errungenschaften jener frühen Zeit der Menschheitsgeschichte alle dunklen Zweifel vergißt.

Offenbar waren die griechischen Sänger arge Schwindler, die allerlei ungereimtes Zeug über das heiter-anmutige Inselreich der alten Minoer in Umlauf setzten. Die vielfachen Darstellungen vom Kampf des Theseus mit dem Minotaurus auf antiken Vasen, auf Wandgemälden, Mosaiken, Reliefs, Gemmen und Münzen oder sogar als Statuen wie derjenigen aus der Villa Albani bei Rom, sie alle beruhten offenbar auf reiner Phantasie. Hatte nicht auch sogar Homer, der blinde Dichter der ‹Ilias› und der ‹Odyssee›, dem blondgelockten Helden Achill, dem Liebling der Götter und Menschen, beim Totenopfer für seinen von Troja gefallenen engsten Freund und Kampfgefährten Patroklus zwölf Menschenopfer zur Last gelegt, und strotzte nicht die ‹Odyssee› von phantastischen Ungereimtheiten? Nicht den märchenhaften Schriftzeugnissen, sondern der Realität der archäologischen Spatenforschung mußte man Glauben schenken.

Und das taten denn auch die meisten, Fachleute wie Laien. Nicht, daß man nicht hie und da Zweifel geäußert hätte an der Methode der Evansschen Rekonstruktionen. Aber es ging dabei mehr um Fragen der Gestaltung, des Stils und der ikonographischen Motive. Daß das ausgegrabene Labyrinth der Palast von Knossos sei, der berühmte Herrschersitz des altkretischen Königshauses, daran zweifelte wohl niemand, und auch in der Bewunderung der hohen Kultur und Zivilisation dieser minoischen Zeit war man sich allgemein einig. Kanalisationssysteme, Badekomfort, Fresken im Stil der Jahrhundertwende, Damen in raffinierter Toilette, in Make-up und Attitüde an die Pariser Damenwelt der Belle

Epoque erinnernd, statt drohender Festungen offene Landsitze – mußte die minoische Periode des alten Kretas, 4000 bis 3500 Jahre vor der Gegenwart, nicht ein goldenes Zeitalter gewesen sein? Mit glücklichen, unbeschwerten, heiter-anmutigen Menschen, der Kunst, dem Sport, ja der Liebe hingegeben? Wie überaus glanzvoll stach dieses altkretische Sonnenreich des Königs Minos ab gegen die grausige Wirklichkeit des zwanzigsten Jahrhunderts, da sich das nationalstaatliche Europa in blutigsten Kriegen zerfleischte!

Nur einer wagte Zweifel zu hegen an dieser so herrlichen Vergangenheits-Vision. Oswald Spengler, wohl der bedeutendste deutsche Kulturphilosoph der ersten Hälfte dieses Jahrhunderts, befaßte sich noch im letzten Jahr vor seinem Tode in seiner 1935 erschienenen ‹Weltgeschichte des zweiten vorchristlichen Jahrtausends› mit dem Problem der Deutung dieser altkretischen Funde. Ausgehend von seiner Analyse der Jenseitsvorstellungen gegen Ende des Bronzezeitalters kommt er kritisch auf archäologische Details zu sprechen. Das Fehlen eines Mauerschutzes altkretischer Paläste und Landsitze, die spontan an die alte Minotaurus-Sage erinnernden Stierbilder und jener merkwürdige Königsthron im Palast von Knossos, der sich seiner Ansicht nach eher «für ein Kultbild oder eine Priestermumie» eignet, veranlassen ihn zur Frage: «Waren die ‹Paläste› von Knossos und Phaistos Totentempel, Heiligtümer eines gewaltigen Jenseitskultes? Ich will nichts behaupten, denn ich kann es nicht beweisen, aber die Frage scheint mir ernster Beachtung wert . . .»

Er könnte es nicht mehr beweisen. Nur ein Jahr später, und sein eigenes Leben war zu Ende. «Ist es nicht höchst erstaunlich, daß diese Anregung Spenglers einer ganzen Archäologen-Generation entgangen sein soll?» schreibt Z. Silberstein aus Haifa, dem ich, zusammen mit Dr. B. Ascher vom Haifa University College, den Hinweis auf diese Stelle bei Spengler verdanke. Tatsächlich blieb Spenglers weitsichtige Überlegung offenbar ohne Einfluß auf die minoische Archäologie.

Immerhin: Da war er wieder, der schon überwunden geglaubte Schatten des menschenfressenden Minotaurus, wenn auch nur kurz, rasch verdrängt ins Unterbewußtsein und vergessen angesichts der Tagesprobleme eines blutig-heroischen modernen Zeitalters. Als auch der Zweite Weltkrieg überstanden war und der europäische Massentourismus begann, sich Bucht um Bucht und Insel für Insel die Gestade des Mittelmeeres zu erobern, wollte man weniger denn je an die Greuel der Vergangenheit erinnert sein, seien es nun die der jüngsten oder der ältesten Menschheitsgeschichte. Alles sollte friedvoll, heiter, problemlos sein, und der Erholungsuchende erhob Anspruch auf unbeschwerte Ferientage, als Kontrast zur gehetzten Alltagswirklichkeit modernen Managements. Hatten nicht die alten Kreter den Menschen von heute ein unbeschwertes Leben vorgelebt, das man nur nachzuahmen brauchte, um selbst glücklich zu werden? War hier nicht der eindeutige Beweis erbracht, daß ein friedliches Zusammenleben der Menschen und Reichtum für alle möglich waren? Und was eine Monarchie der Bronzezeit verwirklicht hatte, sollte das nicht auch den Demokratien von heute erreichbar sein?

So blieb der Mythos vom menschenopferheischenden Minotaurus in die Regionen verbannt, wo im menschlichen Unterbewußtsein die Geister der Vergangenheit auf ihre Stunde warten. Dann brechen sie hervor, erfassen von ihren Trägern Besitz und zwingen sie zu blutigen Taten im Zeichen von Ideologien, der Rasse oder des Glaubens, zu Autodafés, Schauprozessen und Konzentrationslagern. Täuschen wir uns nicht: Noch im aufgeklärtesten Jahrhundert steckt im Menschen das Erbe der Steinzeit. Und es nützt gar nichts, dieses finstere Erbe in die Abgründe der menschlichen Seele zu verdrängen.

Unbeschwert von solchen Gedanken fuhr ich nach Kreta. Es ging ja nicht um Archäologie oder Kulturphilosophie, sondern um die junge Gebirgsbildung, die – wie ich schon seit einigen Jahren auf Grund geologischer und geophysikalischer Indizien glaubte annehmen zu können – in bestimmten Teilen des Mittelmeergebietes bis in die Gegenwart hinein andauerte. Zu dieser Gebirgsbildung der Gegenwart gehörten auch Erscheinungen wie Erdbeben, Vulkanausbrüche, junge Hebungen der Küste und Absenkungen des Meeresbodens in gewissen Becken des Mittelmeeres. Hatten nicht minoische Archäologen wie Evans, Marinatos und Platon wieder und wieder geologische Vorgänge herangezogen, wenn es galt, das Problem des Unterganges der minoischen Kultur zu lösen?

Erstes Buch: Alabaster

1. Der Mann der ersten Stunde

Die Türken erobern Kreta · Von Kandis, kandierten Früchten und Türkischem Honig · Das Rätsel der ‹Milchsteine› · Zwei bedeutende Ausgräber, denen das Glück hold ist, aber je ein Herzenzwunsch versagt bleibt · Wo liegt Knossos?

Im Jahre 1669 fiel Candia, die letzte große Bastion der katholischen Christenheit auf der Mittelmeerinsel Kreta, im Kampf gegen die Türken. Mitteleuropa hatte sich noch kaum von den Nachwirkungen des Dreißigjährigen Krieges erholt, der nicht nur weithin Städte, Dörfer und Felder verwüstet, sondern die Bevölkerungszahl auf ein Viertel hatte absinken lassen. Im Westen Europas begann Ludwig XIV., der Sonnenkönig, seine Eroberungskriege. Die Signoria von Venedig, Beherrscherin der Insel Kreta, stand in aussichtslosem Kampf gegen die sieggewohnten Türken, die nur fünfzehn Jahre später sogar der Kaiserstadt Wien gefährlich wurden: Wäre nicht der Polenkönig Johann III. Sobieski dem Herzog Karl von Lothringen zu Hilfe gekommen, so hätte wohl auch die Residenz der deutschen Kaiser vor den Türken kapitulieren müssen.

1645 waren die Türken bei Gonia auf Kreta gelandet, hatten in rascher Folge Chania und Rethymnon im Westen erobert und im Mai 1648, mit der Einschließung von Candia, dem heutigen Iraklion, begonnen. Schon waren große Teile der Insel besetzt; die griechisch-orthodoxe Bevölkerung der Insel hatte weithin die in Glaubensdingen nicht eben duldsame venezianische Besatzung scheiden sehen und das Joch der neuen Herren auf sich genommen. Nur die Hauptstadt Candia, rings umgürtet von den gewaltigen Verteidigungsanlagen des venezianischen Festungsbaumeisters Sanmicheli, sowie die Festungen Spinalonga, Souda und Gramboussa schienen uneinnehmbar. Hussein Pascha, der türkische Heerführer, war nach 18 langen Jahren vergeblicher Belagerung nach Konstantinopel zurückbeordert und hingerichtet worden. Mit seinem Nachfolger, Großwesir Kiouprouli, wendete sich das Blatt: In dreijährigem blutigem Ringen, das 150 000 Tote forderte, wurde die heldenmütig verteidigte Stadt zur Übergabe gezwungen. Der Garnison, verstärkt durch Freiwillige aus vielen Ländern Europas und immer wieder von See her mit Nachschub versorgt, blieb keine andere Wahl, als gegen freien Abzug die Schlüssel der Stadt auszuliefern – eine reine Formsache freilich, da die zu den 87 Schlüsseln des Kommandanten Francesco Morosini gehörigen Türen und Tore, Häuser, Kasematten und Vorwerke längst zerstört waren. Der türkische Großherr Mohamed IV. in Konstantinopel erfuhr erst Jahre später durch Zufall, daß Candia gefallen war: Man hatte seine im begreiflichen Ärger über die lange, nutzlose Belagerung ausgesprochene Anordnung, den Namen Candia bei Todesstrafe nicht mehr am Hofe zu erwähnen, so wörtlich genommen, daß keiner gewagt hatte, vom endlichen Sieg zu berichten. Aber noch bis 1715 hielt sich eine letzte venezianische Besatzung in der Festung Spinalonga, im Osten der Insel.

Berichtet wird von der beredten Klage des Papstes über den Verlust des Bistums Candia. Nicht weniger beklagenswert dürfte der Verlust wertvoller Handelsverbindungen für Venedig gewesen sein: Schon im Altertum war die Insel Kreta für ihren Wein, ihr Olivenöl und ihren Honig bekannt, und Kandiszucker nebst anderen Süßigkeiten aus Kreta waren in Europa vor Ausbreitung des Rohr- bzw. Rübenzuckers so begehrt, daß Namen wie Kandis und *candy* noch heute an Stadt und Insel Candia erinnern. Kandierte Früchte, durch Einlegen in kristallisierenden Honig haltbar gemacht, waren nach Berichten des attischen Philosophen Plato (427–347 v. Chr.) in alter Zeit beliebte Opfergaben an die Götter, bis sich auch Menschen mehr und mehr an dieser teuren, aber göttlichen Speise erfreuten.

Mit dem Fall Candias wurde der kretische Honig, vermischt mit Gelatine, Eischnee, Mandeln und Nüssen, zum Türkischen Honig. Europa aber mußte sich nach anderen Zuckerquellen umsehen; Rohrzucker von den karibischen Inseln, von Dominika und Kuba, trat an die Stelle des kretischen Kandiszuckers. Nach einem letzten vergeblichen Versuch Venedigs, die Insel Kreta 1692 zurückzuerobern, blieben die Kreter über zwei Jahrhunderte lang in ihrem immer wieder aufflackernden Verzweiflungskampf gegen die türkische Besatzung und ihr Gewaltregime allein. Die Handelsherren in den europäischen Kontoren hatten wohl einsehen müssen, daß die Aufwendungen für eine Befreiung Kretas vom türkischen Joch trotz aller guten Einnahmen aus dem Kandisgeschäft teurer kamen als die weite und gefahrvollere Westindienfahrt zu den aufstrebenden Kolonien der Neuen Welt. So vergaß Europa für lange Zeit die Insel im östlichen Mittelmeer, der es seinen Namen verdankte: War es doch eine kretische Königin, die sagenumwobene phönizische Prinzessin Europe, Tochter von Agenor und Telephassa von Phönizien und Gemahlin des kretischen Königs Asterios, nach welcher noch heute dieser zersplitterte und häufig zerstrittene Kontinent benannt wird.

Erst während des griechischen Freiheitskampfes 1821–29 begann sich Europa wieder auf sein kulturelles Mutterland zu besinnen; Großbritannien, Frankreich und Rußland unterstützen die Griechen, bis im Frieden

1 Hieroglyphen-Siegel, Knossos (Galopetres)

von Adrianopel und im Londoner Protokoll vom 3. Februar 1830 die Unabhängigkeit Griechenlands von der Türkei anerkannt wird. Die Schutzmächte entscheiden, daß außer Epiros, Thessalien, Samos und Chios auch Kreta nicht vom Königreich Griechenland annektiert wird. In einem Firman vom 20. Dezember 1832 bestätigte der türkische Sultan Mahmud II. die Abtretung Kretas an Ägypten. Unter dem Albanier Mustafa Pascha erlebte Kreta eine glückliche Zeit. Aber schon 1840 wurde die Insel dem ebenfalls albanischen Usurpator Ägyptens Mohammed Ali entrissen und wieder türkischer Oberhoheit unterstellt. Drei weitere blutige Aufstände der Kreter 1866, 1878 und 1897 zwingen die europäischen Großmächte zum Eingreifen. Am 14. November 1898 verlassen die letzten türkischen Truppen Kreta. Aber erst 1908 wird die ausländische Besatzung abgezogen und Kreta mit dem griechischen Königreich vereinigt. Die Türkei muß nach dem verlorenen Ersten Balkankrieg im Londoner Frieden vom 30. Mai 1913 in die Abtretung Kretas an Griechenland einwilligen.

Mit dem Abzug der Türken ist der Weg frei für eine der großartigsten Entdeckungen, die Europa auf dem Gebiet der Archäologie in diesem Jahrhundert zu bieten hat: In 40jähriger aufopfernder Tätigkeit gräbt der englische Anthropologe, Schriftforscher und Archäologe Arthur John Evans den Palast des sagenhaften altkretischen Königs Minos in Knossos aus.

«Ein kleiner, ganz unglaublich kurzsichtiger Mann, der stets einen dicken Spazierstock trug, um den Weg zu ertasten», so kennzeichnet C. W. Ceram (‹Götter, Gräber und Gelehrte im Bild›) den vielseitig begabten, unternehmenden und begüterten jungen Forscher, der sich

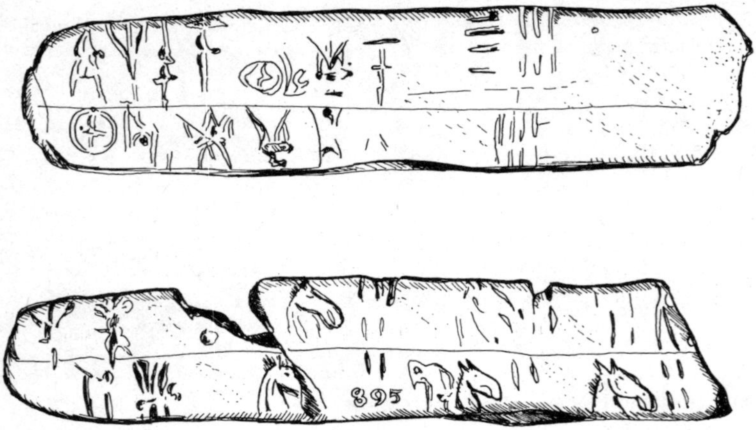

2 Linear B-Tafeln, Knossos oben: Evans Scripta Min. T. 49 Nr. 684
unten: Pferdekopftafel KN Ca 895

Jahrzehnte zuvor als Korrespondent des ‹Manchester Guardian› auf dem Balkan umsieht und für die Freiheitskämpfer gegen die österreichische Annexion Stellung bezieht. Von den Österreichern ausgewiesen, wendet er sich nach Griechenland, wo ihn die Ausgrabungen Schliemanns, des deutschen Liebhaber-Archäologen, Entdeckers von Troja und Ausgräbers von Mykenä und Tiryns, in ihren Bann ziehen. Hieroglyphen-Siegel mit vorphönizischen Schriftzeichen unbekannter Bedeutung führen ihn im Jahre 1893 nach Kreta, wo sie von den einheimischen Frauen als Galopetres (Milchsteine), als Amulette zur Vermehrung der Muttermilch getragen wurden. Bald genügen ihm die über den Handel zugänglichen Stücke nicht mehr; er will selbst den Spaten ansetzen, um mehr der eigenartigen, altertümlichen Siegelsteine aus vorgriechischer Zeit dem Boden zu entreißen. Zur Vervollständigung seiner 1896 erschienenen Schrift ‹Cretan Pictographs and Prae-Phoenician Script› scheint ihm eine Ausgrabung in Knossos, etwa fünf Kilometer südlich der Hauptstadt Iraklion am Hang des Kairatos-Tales gelegen, am erfolgversprechendsten.

Mit dem angeborenen kaufmännischen Geschick gelingt es ihm, dem Direktor des Französischen Archäologischen Instituts in Athen, Joubert, zuvorzukommen und einen Teil des Hügels zu erwerben, obwohl auch die Franzosen dort graben wollen. Die erforderlichen Geldmittel stehen ihm aus seinem privaten Vermögen zur Verfügung, er ernennt sich kurzerhand selbst zum Vertreter eines bis dahin überhaupt noch nicht bestehenden ‹Cretan Exploration Fund› und sichert sich mit diesem Landkauf das Einspruchsrecht gegen anderweitige Grabungsabsichten. Nur eines hindert ihn 1895 noch, sofort mit den Arbeiten zu beginnen: Die oberste türkische Behörde auf Kreta, das nach den fünf Sandschaks (‹Bannern›, Regierungsbezirken) Kandia, Chania, Laschid, Retymon, Sfakia gegliederte Wilajet (Verwaltungsbezirk), verweigert den für die Grabungen erforderlichen Firman (Genehmigungsbescheid).

Aber Glück gehört zum Erfolg: Die politischen Umstände sind nicht nur den Kretern, sondern auch Evans günstig. Nur zwei Jahre später bricht der Aufstand los; Europa, ja die Welt ergreift Partei für die lange unterdrückten Kreter, und mit Beginn des neuen Jahrhunderts wird die Insel endlich frei.

Am 23. März des Jahres 1900 beginnt Evans mit der Spatenarbeit. Nur eine Woche später hält er bereits die ersten neugefundenen Tontafeln mit altkretischen Schriftzeichen in Händen und kann schon am 15. April nach nur dreiwöchiger Grabungskampagne, stolz an seinen Vater berichten:

«*Die* große Entdeckung sind ganze Archive von Tontafeln, ganz oder bruchstückweise erhalten, entsprechend den babylonischen, jedoch mit Inschriften in prähistorischer kretischer Schrift. Ich besitze sicher schon annähernd siebenhundert Stück davon. Es ist höchst befriedigend, eben das zu finden, weshalb ich vor sieben Jahren nach Kreta kam, und was den Schlußstein bilden wird zu dem, was ich bisher zusammengebracht habe.»

Der schöne und rasche Erfolg bestärkt Arthur Evans, weiter und weiter zu graben: Nach fünf Jahren sieht er sich im Besitz von nicht weniger als 2800 beschriebenen Tontafeln, die an nahezu fünfzig verschiedenen Stellen des ausgedehnten Palastes zum Vorschein kamen.

Knossos läßt ihn nicht mehr los. Er gräbt und gräbt, unter vollem Einsatz seiner physischen und finanziellen Mittel. Er entdeckt eine neue, bis dahin unbekannte altkretische Kultur, er rekonstruiert auf eigene Kosten die wiederentdeckten Anlagen, er zeichnet in seinem vierbändigen Werk ‹Palace of Minos› in den Jahren 1922 bis 1935 ein eindrucksvolles Bild vom Leben im Palast der kretischen Könige zur Bronzezeit. Er erlebt den Triumph weitgehender wissenschaftlicher Anerkennung seiner Arbeiten und die persönliche Auszeichnung durch Erhebung in den Adelsstand (1911). Er wirkt als angesehener akademischer Lehrer in Oxford, wo er schließlich 1941 hochbetagt, im Alter von über neunzig Jahren stirbt. Alles in allem also ein Forscherleben reich an Eindrükken und Erfolgen, von großer Bedeutung und starkem Einfluß. Nur eines überschattet die glanzvolle Laufbahn dieses wahrhaft vom Glück begünstigten Forschers, ja muß wohl als stille Tragik in der sonst an Erfüllungen reichen Karriere des Sir Arthur Evans bezeichnet werden: So früh ihm auch ein gnädiges Geschick die umfangreichen Tontafelfunde von Knossos bescherte und so lange Jahrzehnte intensiven Studiums ihm auch vergönnt waren, die ihm noch verbleibenden vier Jahrzehnte zwischen den ersten Funden und seinem Tod reichten nicht aus, hinter das Geheimnis jener fremden Schriften zu gelangen, um derentwillen er als junger Mann nach Kreta gegangen war.

Es war wohl sein sehnlichster Wunsch, sein großartiges Lebenswerk mit der Entzifferung der altkretischen Schriften zu krönen, Sprache und Lebensinhalt jener altkretischen Könige wieder zum Leben zu erwecken, deren Palastanlage er mit solcher Sorgfalt restauriert hatte. Es war ihm nicht vergönnt. Obwohl er mehrfach zur Veröffentlichung altkretischer Schriftdokumente ansetzte (so 1909 in den ‹Scripta Minoa I› mit den sogenannten Hieroglyphen-Funden und einigen Tafeln in der sogenannten Linear A- und B-Schrift, 1935 mit einer Publikation von 120 Linear B-Texten), hinterließ er bei seinem Tode den weitaus größten Teil unveröffentlicht und sogar ungeordnet, nachdem er «ein volles Menschenalter lang die Funde der Wissenschaft vorenthalten» hatte, wie sich Werner Ekschmidt (‹Die Kontroverse um Linear B›, 1969) nicht ganz zu Unrecht beklagt. Man sollte aber auch die tiefe Tragik sehen, die darin lag, daß der sonst vom Glück begünstigte Mann gerade hier keinen Erfolg hatte, wo er selbst sich ein Ziel gesetzt hatte. Nur allzu verständlich, daß er nicht dazu beitragen konnte und wollte, anderen die Entzifferung der altkretischen Schrift zu überlassen, solange noch Aussicht bestand, selbst des Rätsels Lösung zu finden. Wir werden noch sehen, wie sich ein Jahrzehnt nach Evans' Tod die Entzifferung der sogenannten Linear B-Texte anbahnte und daß gerade eine Überlegung schließlich zu den ersten Erfolgen führte, welche Sir Arthur völlig fern gelegen hätte: nämlich einen altgriechischen Dialekt als Sprache dieser Texte zu vermuten. So kann man wohl sagen, daß Evans aus seiner Sicht der altkretischen Kultur, die er die ‹minoische› genannt hat und als im Wesen vorgriechisch ansah, bis zu seinem Ende von einer Entzifferung weit entfernt war.

Woher aber wußte Evans bereits im Jahre 1895 so genau, wo er den Spaten ansetzen oder sich doch zuvor Grundrechte erwerben mußte? War es reine Glückssache, hatte er intuitiv die richtige Stelle geahnt oder in höherer Einsicht gehandelt? Nichts von alledem. Der Ort des ehemaligen Knossos war bereits zuvor bekannt; Mauerreste, Keramikscherben und Gesteinstrümmer konnte man schon auf dem Hügelgelände vor der Grabung erkennen, und ein griechischer Kaufmann aus der Hauptstadt

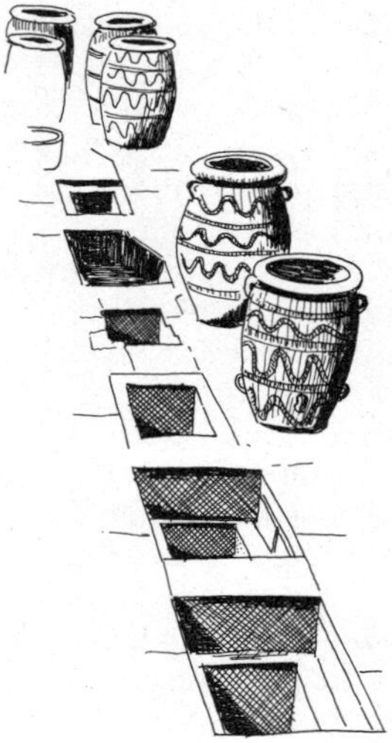

3 Westmagazin, Knossos

Iraklion hatte schon im Jahre 1878 damit begonnen, Schürfungen vorzunehmen: Minos Kalokairinos, dessen Vorname die lebendige altkretische Tradition erkennen läßt, die durch die Jahrtausende auf der Insel in Namen, Sagen und sogar hie und da in Gesichtszügen weiterlebte. Ob auf der Suche nach den begehrten Galopetres, ob aus reinem Interesse an der soeben durch Schliemann, durch Auffinden des trojanischen Goldschatzes mächtig belebten Spatenforschung, ob aus bloßer Freude an der Schatzgräberei, die das 18. und frühe 19. Jahrhundert beherrschte, legte Kalokairinos die ersten Magazinräume auf dem Palastgelände frei. Wir gehen wohl nicht fehl in der Annahme, daß man auf Kreta durchaus schon vor den Grabungsarbeiten der Jahrhundertwende wußte, wo das alte Knossos zu suchen sei, wo einiger Erfolg bei der Suche nach ‹Milchsteinen› zu erwarten war und wohin man den freundlichen Herrn aus dem fernen England verweisen mußte, wenn er die Suche nach solchen Siegelsteinen aufnehmen wollte.

Aber auch der deutsche Liebhaberarchäologe Heinrich Schliemann wußte schon einige Jahre vor Evans recht gut Bescheid, wo man ansetzen mußte. So lesen wir in seinen Briefen (1. Januar 1889): «Ich möchte die Arbeiten meines Lebens mit einem großen Werk schließen, nämlich mit der Ausgrabung des uralten, prähistorischen Palastes der Könige von Knossos in Kreta, den ich vor drei Jahren entdeckt zu haben glaube. Leider muß ich aber zu diesem Behufe ein ganzes Landgut, welches die Baustelle von Knossos einschließt, kaufen, denn auf keine andere Weise kann ich zum Ziele kommen», und (an Virchow, 17. März 1889): «Der Palast ist 55 m lang, 43,30 m breit und überzeugte ich mich, daß ich ihn ... mit hundert Arbeitern bequem in einer Woche würde ausgraben können». «Aber nicht nur 100 000 Franken oder 80 000 Mark, sondern schon 40 000 Franken oder 32 000 Mark ist mir zuviel, wegzuwerfen für die in einer Woche vollendbaren Arbeiten, deren Ergebnis – bis auf die letzte Topfscherbe – dem Museum in Herakleion zugute kommt.»

Auch Schliemann, wie kein zweiter vom Glück begleitet, was immer er in die Hand nahm, war es nicht vergönnt, «die Arbeiten seines Lebens» mit jenem selbstgewählten «großen Werk zu schließen», nämlich der Ausgrabung des Palastes von Knossos: Die türkischen Grundeigentümer verlangten seiner Ansicht nach einen zu hohen Preis, ja versuchten gar, ihn durch Manipulationen bei der Absteckung des Geländes zu übervorteilen. Der allzeit sparsame und in seiner persönlichen Lebensführung bis zur Selbstaufgabe bescheidene Schliemann nahm vom Kauf des Grundstücks Abstand und vergab so die Chance für seine Mitarbeiter, den Ruhm zu ernten, den kurze Zeit später Evans davontragen sollte.

Schliemann selbst hätte Grabungen in Knossos sowieso nicht mehr erlebt: Keine zwei Jahre nach den obigen Briefen bricht er, knapp 69jährig, nach einer schweren Ohrenoperation in Neapel auf offener Straße zusammen. Erst zu spät erkennt man, wer der ärmlich gekleidete Fremde ist, dem man zunächst nicht ansehen konnte, ob er den Transport ins Krankenhaus und die dortigen Kosten würde begleichen können. So starb der Mann, der in Verwirklichung eines Kindheitstraumes und entgegen allem damaligen archäologischen Fachwissen, die verschütteten Stätten seiner sehnsüchtig verehrten trojanischen Helden wiederentdeckte, freilegte und bis dahin ungeahnte Schätze ans Licht hob, nachdem er zuvor in den ersten 44 Lebensjahren als Kaufmann praktisch aus dem Nichts ein beträchtliches Vermögen gewonnen hatte. Der 1822 in Neu-Bukow (Mecklenburg) geborene Heinrich Schliemann wird schon in seiner Kindheit dazu angeregt, sich mit der Geschichte und den Sagen des Altertums zu befassen. Angesichts der Beschreibung von Trojas Feste Ilion hält der Knabe es nicht für möglich, daß solche Bauwerke ganz verschwunden sein könnten und beschließt, dereinst Troja auszugraben. Doch wenige Jahre später wird er zur Halbwaise und muß aus wirtschaftlicher Not die Gymnasialausbildung mit einer Kaufmannslehre vertauschen. Er heuert als Schiffsjunge an, wird mit 19 Jahren schiffbrüchig nach Holland verschlagen, wo er nach einer Zeit größter Armut schließlich Anstellung als Korrespondent und Buchhalter findet, nachdem er zuvor in erstaunlich kurzer Zeit (zum Teil in nur je sechs Wochen) Englisch, Französisch, Holländisch, Spanisch, Italienisch, Portugiesisch und Russisch gelernt hatte.

Mit 24 Jahren geht er nach St. Petersburg, wo ihm erstmals sein kaufmännisches Glück hold ist. Nach einem Abstecher nach Kalifornien auf der Suche nach seinem verschollenen Bruder (wobei er en passant die amerikanische Staatsbürgerschaft erwirbt) läßt er sich in Moskau nieder, wo er bis zum Jahre 1858 ein so großes Vermögen im Indigo-Handel erwirbt, daß er sich von den Geschäften zurückziehen kann. Inzwischen hat er noch Schwedisch, Polnisch, Latein, Alt- und Neugriechisch gelernt, bereist verschiedene europäische Staaten sowie Ägypten und Kleinasien, kehrt jedoch abermals für einige Jahre nach Rußland zurück, um in Baumwolle und Tee ein Millionenvermögen zu machen. Nach einer Weltreise über Ägypten, Indien, China, Japan und Amerika beschließt er 1866 endgültig, seine Firma aufzugeben und sich in Paris ganz der Archäologie zu widmen.

Reisen nach Griechenland und Kleinasien schließen sich an; 1869 verblüfft er die Fachwelt mit der Behauptung, Troja sei nicht bei Bunarbashi, sondern auf dem Hügel Hissarlik (zu deutsch ‹Palast›) zu suchen, und die Gräber der Atriden, der sagenhaften Herrscher Mykenäs, müßten nach Aussagen des antiken Schriftstellers Pausanias nicht außerhalb, sondern innerhalb der Mauern dieser Feste liegen. 1870–73, 1878–79 und von 1880 an gräbt er in Troja, 1874 und 1876 in Mykenä und seit 1884 in Tiryns, wobei er am 16. 6. 1873 in Troja den ‹Schatz des Priamus› und im Dezember 1876 die an Gold und Silber reichen Schachtgräber von Mykenä an der vermuteten Stelle findet (zusammen über 15 Kilogramm Edelmetall, überwiegend Gold). Gleichzeitig erwirbt er mit einer Dissertation in Altgriechisch den philosophischen Doktorgrad der Universität Rostock, widerlegt Gegner seiner Meinungen und gewinnt einflußreiche Persönlichkeiten seiner Zeit, so den berühmten Mediziner Virchow, für seine Ansichten; er heiratet in zweiter Ehe die 27 Jahre jüngere Griechin Sophia Engastromenos, die ihn in aufopfernder Weise in seiner Arbeit unterstützt, und beginnt kürzere Grabungen auf Sizilien und in Orchomenos (Griechenland).

Wohl kaum eine zweite Lebensgeschichte birgt, selbst wenn man sich nur auf die wichtigsten nüchternen Daten beschränkt, eine solche Anhäufung erstaunlichster Ereignisse! Schliemann ist allerdings auch immer wieder als Außenseiter heftig angegriffen, ja sogar in Troja als Dilettant bezeichnet worden, weil er die oberen Schichten des Palasthügels von Hissarlik abtragen ließ, ohne sie zuvor bis ins einzelne aufgenommen zu haben, um nur rasch genug an die von ihm vermutete Fundschicht des Trojanischen Krieges zu gelangen.

Heute wissen wir, daß Schliemanns Fundschicht über tausend Jahre älter als das Ilion des Trojanischen Krieges ist. Dennoch sollte man nicht verkennen, daß Schliemann die Archäologie in zuvor ungeahnter Weise ins Bewußtsein breitester Kreise der Öffentlichkeit gerückt und so diejenigen Kräfte und Mittel aktiviert hat, ohne die eine moderne Archäologie kaum denkbar wäre.

Ohne Schliemanns Unternehmungsgeist und Tatendrang, ohne seine innere Überzeugung, ja Besessenheit, ohne seinen physischen und finanziellen Einsatz und sein Finderglück wäre die mykenische Kultur, zumindest nicht zu diesem Zeitpunkt, entdeckt worden. Er wies nach, daß das Zeitalter, von dem Homer in seiner ‹Ilias› und ‹Odyssee› berichtete, einst Wirklichkeit war, wenn auch Jahrhunderte früher als die Aufzeichnung der Gesänge Homers. Er bewies, welche ungeahnten Möglichkeiten die Spatenforschung eröffnete und leitete so das Zeitalter gezielter Grabungen ein. Er erkannte in ersten Umrissen die Existenz einer versunkenen, einstmals zusammenhängenden Kultur im Raum der Ägäis mit wesentlichen Unterscheidungsmerkmalen gegenüber der späteren hellenischen Zeit, und machte sich Gedanken über den Ursprung dieser Kultur. Er wies dabei als erster hinüber nach Kreta und inspirierte damit auch den jungen Evans, der die Grabungsstätten Schliemanns besuchte.

Der Mann der ersten Stunde auf Kreta aber wurde Arthur Evans. Auch er vielfach vom Glück begünstigt, auch er äußerst zielstrebig in der Verfolgung seiner Pläne, auch er ausgestattet mit nicht unerheblichen privaten Geldmitteln, wenn auch überwiegend ererbtem, nicht neu erworbenem Besitz. Und beiden enthielt das Schicksal die Lösung einer selbstgestellten Aufgabe als Krönung ihres Lebenswerkes vor. Aber das sind wohl auch alle Parallelitäten im Leben dieser beiden Pioniere der Archäologie. Im übrigen überwiegen die Unterschiede: Gegenüber dem unbeständigen, heute in Kleinasien, morgen auf dem Peloponnes und übermorgen in Sizilien tätigen Schliemann, der sich in vielen Berufen versucht (und bewährt), der stets von neuen Gedanken, Plänen und Vorhaben gedrängt wird, ist Evans der ruhige, bedächtige Forscher, der sich in lebenslanger Arbeit einem einzigen Ziel widmet, der Ausgrabung und Rekonstruktion des Palastes von Knossos. Und das ist gut so: Womöglich hätte Schliemann mit seinen hundert Arbeitern in einer Woche die Überreste von Knossos so gründlich abgeräumt wie die oberen Schichten von Troja oder schon nach kurzer Zeit das Interesse verloren, um an anderer Stelle des Mittelmeeres anzusetzen.

Arthur Evans, der sich ganz dieser einen Aufgabe verschrieb, der mit minuziöser Sorgfalt auch für kleinste künstlerische Details ans Werk ging, der mit größter Ausdauer Scherben und Fresko-Bruchstücke ergänzte, war wohl für diese Aufgabe der Geeignetere. So wurde er zum Entdecker der minoischen Kultur des alten Kretas, benannt nach König Minos, dem sagenumwobenen Beherrscher von Knossos. Evans und die minoische Kultur sind so eng miteinander verwoben, daß beide nahezu identisch werden: Wie Evans' Leben durch die Begegnung mit der minoischen Welt geprägt wird, so nimmt diese im ‹Place of Minos› die Züge an, die ihr Entdecker vor seinem geistigen Auge wiedererstehen sieht. Knossos, der Palast des Königs Minos, das Labyrinth der griechischen Sage, wird zum Inbegriff des Minoischen.

Daß schon bald danach auch französische und italienische Grabungen beginnen und ähnliche Bauwerke freilegen – die beim Grundstückserwerb in Knossos abgeschlagenen Franzosen wenden sich nach Mallia, im Nordosten der Insel, die Italiener nach Phaistos im Süden –, vermag an der Vormachtstellung der Evansschen Grabungen in Knossos nichts zu ändern. So wird Fund um Fund geborgen, Fundament um Fundament rekonstruiert, füllt sich das Museum von Iraklion. Noch ist die Insel selbständig, das heißt noch nicht Griechenland angegliedert, so daß alle Fundstücke auf der Insel verbleiben und nicht in das archäologische Nationalmuseum Athen abwandern. Als zur Zeit des italienisch-türkischen Krieges um Rhodos und den Dodekanes Kreta durch Intervention des kretischen Politikers Elevtherios Venizelos durch den Vertrag von London 1913 an Griechenland angegliedert wird, um italienischen Gebietsansprüchen zuvorzukommen, hat sich längst das Museum von Iraklion als Sammelpunkt der minoischen Funde etabliert. So ist noch heute hier der nahezu einmalige Tatbestand gegeben, daß fast ausnahmslos alle minoischen Überreste, sofern sie nicht am Ort der Ausgrabung verblieben, im Museum der Hauptstadt vereinigt sind. Man braucht nicht erst nach Athen, London, Paris oder Rom zu fahren, um sich einen Überblick zu verschaffen (wie bei so vielen anderen Kulturen, deren Überreste durch Sammeleifer und Kunsthandel in alle Winde zerstreut wurden). Günstiger könnten die Umstände nicht sein, wenn man sich intensiv mit dieser eigenartigen Kultur befassen will. Doch zunächst sollten wir nicht das Museum, sondern die Grabungsstätte des Palastes von Knossos besuchen.

2. Flugreise in die Vergangenheit

Iraklions Beitrag zur Geschichte und Kultur · Tourismus, erlebte Bildung · Von Orthostaten und Umweg-Gängen · Der Thron des Königs Minos · Die ‹kleine Pariserin› · Castello Minos, Rotwein auf historischem Boden · Pax Minoica oder der minoische Friede

Über den Wasserflächen der Ägäis schweift der Blick, ungehindert durch Dunst und Nebel nördlicher Breiten, weit in die Ferne. Oft ist die Sicht so gut, daß man mehrere der weit verstreuten Inseln zu gleicher Zeit sehen kann, obwohl sie fünfzig Kilometer und mehr auseinanderliegen. In der klaren Luft bilden sich in den thermischen Aufwinden über den Inseln weiße Wolkentürme, die schon von weitem Land vermuten lassen, auch wenn man die Insel selbst im Wechselspiel der Lichtreflexe auf den Fluten noch nicht sofort erkennen kann. Nicht einmal eine Stunde dauert der Flug vom Festland zur größten Insel der Ägäis. Kaum daß sich der Blick von der in der Ferne verschwindenden Küste des Peloponnes gelöst hat, taucht schon der bis tief in den Sommer hinein schneebedeckte Gebirgswall der Lefka Ori, der Weißen Berge Westkretas, auf.

Dann kommt die Insel rasch näher; die Maschine verliert an Höhe. Über schroffen Felsen der steilen Nordküste um Amnissos schwenkt das Flugzeug in weitem Bogen auf Landekurs ein. In rascher Folge fliegen weitgespannte Badebuchten mit tiefblauem Wasser, hellgraue Felsrippen mit starrenden Graten und kahle verkarstete Kalksteinkuppen mit einer einsamen Sendestation unter dem Rumpf der Maschine vorbei. Noch ehe die Sorge richtig zum Durchbruch kommt, ob der Pilot wohl auch das den Felsen vorgelagerte schmale Plateau der Landebahn richtig treffen wird, erzittert der Rumpf unter den Erschütterungen beim Aufsetzen und Ausrollen: Nea Alikarnasos, Neu-Halikarnass, der Flugplatz von Iraklion.

Bis zur Hauptstadt der Insel sind es noch zwölf Kilometer, die man durch verkehrsreiche, im Sommer glühendheiße und staubige Vorstadtstraßen mit kleinen Häusern zu beiden Seiten zurücklegt. In engen Kurven führt die Straße durch die imposanten Fortifikationen des Mauerringes aus venezianischer Zeit, die uns an den Untergang des alten Candia erinnern. Heute heißt die Hauptstadt Iraklion und ist so lebendig wie wohl selten im Lauf ihrer langen Geschichte. Der Name Herakleion gemahnt uns an Herakles, den wohl berühmtesten Heros der griechischen Sage, der als eine seiner legendären Taten den furchterregenden Stier des altkretischen Königs Minos fangen, binden und nach Mykenä bringen mußte. Wie lange mochte wohl vor 3000 Jahren eine solche kombinierte Land- und Seereise, noch dazu mit einem wilden Stier an Bord, gedauert haben?

Nicht nur Mauern und Tore erinnern uns an über 400 Jahre venezianischer Herrschaft in Iraklion. Noch immer ziert der Markuslöwe das alte Kastell, das die Einfahrt zum inneren Hafenbecken beherrscht. Mehr zur Stadt hin erheben sich noch die Mauern des venezianischen Arsenals unmittelbar am Hafen. Die Kretafahrt mochte venezianischen Kaufleuten manch schönen Gewinn eingebracht haben, so daß sich solche Bauten lohnten, wohl größeren Gewinn, als er mit Wein und Olivenöl zu erzielen war, die auch auf der venezianischen Terra ferma reichlich gediehen. Auch mit dem in der Levante geschätzten Sphakiakäse war wohl kein Geschäft großen Stils zu machen, das Jahrzehnte verlustreicher Kämpfe verlohnt hätte. Anders verhielt es sich wohl mit den vor allem von den Damen begehrten Artikeln wie kostbarer Seide, Honig und eingelegten Früchten.

Im Mittelpunkt der Stadt hat der noch vom venezianischen Statthalter Francesco Morosini 1628 eingeweihte, mit Löwen und Sirenen geschmückte Brunnen Belagerung und Türkenzeit überdauert. Agios Markos, San Marco von Iraklion, schräg gegenüber, ist nach 226 Jahren der Verwendung als Moschee vor kurzem wieder in der ursprünglichen, frühvenezianischen Bauweise wiedererstanden. Nicht weit davon erhebt sich die schöne venezianische Loggia des Rathauses, noch kurz vor dem Fall Candias als Zeughaus errichtet, sowie die Kirche Agios Titos aus dem 16. Jahrhundert, die erst 1862 zur Moschee umgewandelt wurde, als der Bau der neuen Kathedrale im Südwesten der Altstadt begann.

Von Megalo Kastro, wie Iraklion während der türkischen Herrschaft hieß, ist nicht mehr viel im Straßenbild zu erkennen, ganz im Gegensatz zum weiter westlich gelegenen Rethymnon, das noch ganze Straßenzüge in alter Bauweise, Moscheen und Minarette besitzt. ‹Meyers Konversationslexikon› aus dem Jahre 1888 berichtet über Kreta unter der Türkenherrschaft: «Gewerbefleiß, Handel und Schiffahrt liegen darnieder, die unter venezianischer Herrschaft noch so blühenden Häfen sind fast alle versandet, die meisten Städte liegen in Trümmern.» Inzwischen hat, nicht zuletzt angeregt durch den Fremdenverkehr, ein wahres Baufieber die Einwohner von Iraklion gepackt. Die in den Jahren 1922 bis 1929 aus Kleinasien nach Kreta umgesiedelte griechische Bevölkerung von etwa 13 000 Zuwanderern hat vor allem die Trauben- und Sultaninenproduktion auf Kreta gesteigert. 3500 Tonnen beträgt die Jahresernte Kretas, das damit die Spitze einnimmt vor allen griechischen Provinzen.

Doch wer denkt in Iraklion nur an Handel und Produktion; aus Fo-

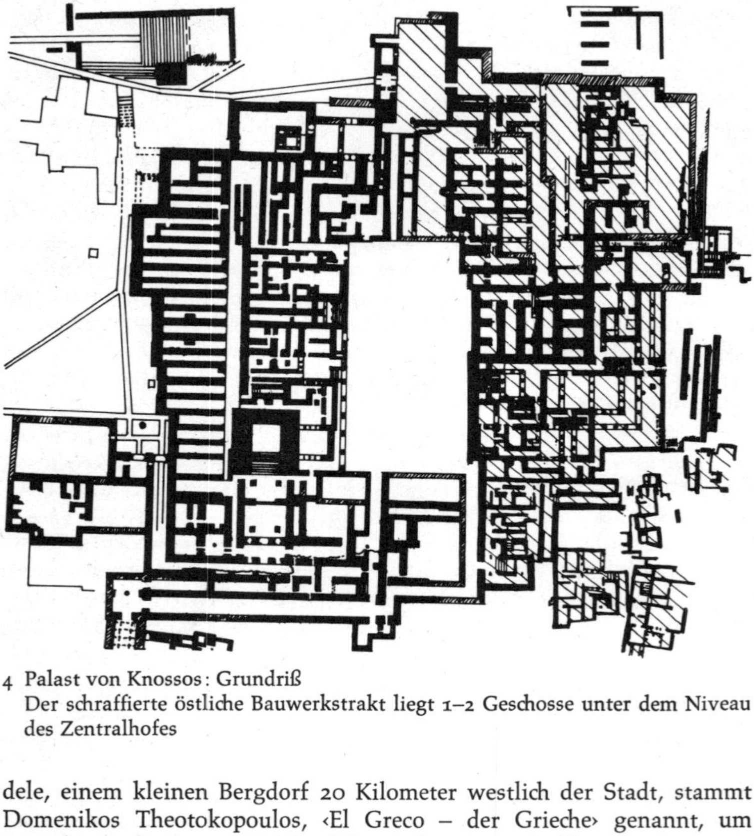

4 Palast von Knossos: Grundriß
Der schraffierte östliche Bauwerkstrakt liegt 1–2 Geschosse unter dem Niveau des Zentralhofes

dele, einem kleinen Bergdorf 20 Kilometer westlich der Stadt, stammt Domenikos Theotokopoulos, ‹El Greco – der Grieche› genannt, um 1541 hier geboren, von Michael Damaskinos von Iraklion in der strengen Malweise byzantinischer Ikonen unterrichtet, von venezianischen und römischen Malern beeinflußt, aber später mit eigenem manieristischem Stil berühmt geworden und 1614 im fernen Toledo als bedeutender Künstler gestorben. Iraklion selbst aber brachte in Nikos Kazantzakis den Dichter des kretischen Lebens und Freiheitsdranges hervor, der mit ‹Freiheit oder Tod›, mit der ‹Griechischen Passion› und vor allem mit seinem lebensechten ‹Alexis Sorbas› eine weltweite Zuhörerschaft und Zuneigung gewann. Dem 1957 verstorbenen Dichter konnte die Stadt keine schönere Grabstätte weihen als die höchste Bastion des Mauerringes, von wo aus das Auge nicht nur über die winkligen Straßen und Dächer Iraklions, sondern auch über die Gärten und Weinberge der

Küstenebene bis hin zu den im Dunst der Ferne graublau verklingenden Hügeln und Bergketten des südlichen Horizontes schweift.

Nur fünf Kilometer südlicher Vorortstraßen mit aufgelockerten Häuserzeilen, mit Gärten und Weinbergen, leicht ansteigend neben tief eingeschnittenen, sommertrockenen Bachtälern, vorbei am Städtischen Krankenhaus, und wir halten auf dem Parkplatz vor der archäologischen Hauptattraktion der Insel, dem Palast von Knossos. Ganze Busladungen von Touristen bevölkern das Ausgrabungsgelände. Was wäre eine ‹klassische Griechenlandreise› ohne einen Besuch hier an der Wiege der abendländischen Kultur! Für den Fremdenverkehr ist Knossos ein wahres Geschenk. Im Zeitalter des modernen Massentourismus, der auch Kreta erfaßt und ohne großen Aufwand an Zeit und Reisestrapazen jedem zugänglich macht, hat sich Knossos als Anziehungspunkt erster Ordnung erwiesen.

Nur wenige Schritte sind es vom Eingang mit dem unvermeidlichen Andenkenstand durch überschattete Wege zum westlichen Vorhof des Palastes, der uns mit der Porträtbüste des Ausgräbers Sir Arthur Evans empfängt. Vorbei an drei tiefen, kreisrund mit Feldsteinen ausgemauerten Zisternen wenden wir uns der Westfassade zu, die sich mit mächtigen Steinquadern, mit mehreren Vorsprüngen, aber nicht durch tiefgezogene Fensteröffnungen gegliedert, über dem Glacis des Vorhofes erhebt. Die Blöcke sind nicht so zyklopenhaft roh behauen wie an der Burg von Tiryns, sondern sorgfältig geglättet und gefügt.

Die mächtigen Quader ruhen auf einem niedrigen, etwas vorspringenden Spritzwassersockel aus Kalkstein und waren offenbar ursprünglich verputzt und bemalt. Über der noch heute bruchstückhaft erhaltenen Quaderfassade erhob sich offenbar ehemals ein Obergeschoß, das man sich nach F. Matz aus «Bruchsteinen im Lehmverband mit viel Holzwerk dazwischen errichtet» denken muß. Erhalten ist nur das Sokkelgeschoß, soweit es nach dem Verfall des Palastes unter der Oberfläche des Hügels verborgen war. Die «vielen Fenster, Türen, Loggien, Veranden und Balkons», die F. Matz im Obergeschoß vermutet, sind nicht aus den Bodenfunden heraus belegt.

Die in ihren strengen Linien der mächtigen Quader eher abweisende Westfassade wird weder durch ein Portal zu ebener Erde durchbrochen, noch führt eine Freitreppe in das Obergeschoß. Wer den Palast von Westen her betreten will, muß sich vor der Quaderfassade nach Süden wenden: Im einspringenden Winkel zwischen Haupttrakt und einem nach Südwest angebauten kleineren Seitenflügel öffnet sich ein überdachter Zugang; die an 12 m breite Öffnung wird durch eine Mittel-

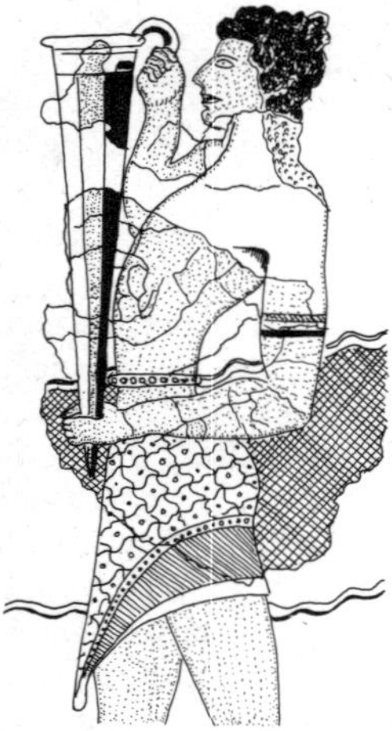

5 Trichterträger-Fresko, Knossos

säule aus Holz in zwei Hälften gegliedert. Der dahinterliegende Vorraum mündet in zwei Türen: Die eine führt in einen als Torwache bezeichneten kleineren Raum zur Rechten; die andere gibt den Weg frei in einen 35 Meter langen, tür- und fensterlosen Gang von etwa 3,5 m Breite, der an seinem südlichen Ende abrupt in rechtem Winkel nach Osten umbiegt. War die Torhalle durch ein bemaltes Stuckrelief geschmückt, das die altkretische Art des Stierkampfes, die Tauromachie, versinnbildlichte, so zeigt der anschließende Gang in endloser Reihe die lebensgroßen Figuren einer Prozession, die den Besucher ins Innere des Palastes geleitet. Rotbraune Gestalten mit nacktem Oberkörper, spärlicher Hüftbekleidung und schwarzem, lockigem Haar tragen in feierlicher Haltung vielgestaltige, künstlerisch bemalte Vasen und Krüge sowie einen dreiviertelmeterlangen blauen Henkeltrichter. Möglich, daß ähnliche Prozessionen einst diesen Weg in das Palastinnere genommen haben. Nach den Fresken wird dieser Korridor allgemein als Prozessionsgang bezeichnet. Nach nochmaligem rechtwinkligem Abbiegen gelangt der Besucher in eine kleine Halle, durch Mauervorsprünge und Stützen gegliedert, bis zum Fuß einer breiten Treppe, die den Zugang zum Obergeschoß öffnet. In Anlehnung an altvenezianische Palazzi spricht Evans vom Piano nobile, der ‹Belle Etage› venezianischer Patrizierhäuser mit den herrschaftlichen Wohn- und Empfangsräumen über den Warenlagern der venezianischen Handelsherren. Wie dies Obergeschoß des Palastes einmal ausgesehen hat, ist kaum noch aus den Substruktionen des Untergeschosses zu rekonstruieren. Außer dieser Treppe führte eine zweite von ähnlicher Breite nach Osten in den großen Zentralhof hinab, und an einigen Stellen scheinen Licht- oder Luftschächte beide Geschosse miteinander verbunden zu haben.

Evans untermauert seine Deutung des Obergeschosses als Piano nobile damit, daß tatsächlich der westliche Teil des Untergeschosses von mehr als zwanzig langgestreckten, fensterlosen, jeweils nur durch eine Tür zugänglichen Magazinräumen eingenommen wird. Es sind diejenigen Räume, die schon 1878 von Minos Kalokairinos teilweise freigelegt worden waren. Dabei fanden sich Scherben dickwandiger, bis mannshoher Tongefäße, sogenannter Pithoi, die einstmals diese Räume dicht bei dicht gefüllt haben müssen. Man hat die Bruchstücke wieder zusammenfügen können; der Eindruck dieser langen Reihen von mächtigen Tongefäßen in ihren an zwanzig Meter langen Magazinen gehört zu den stärksten des Ausgrabungsgeländes, wohl weil hier der unmittelbare Fundzustand nur wenig durch Rekonstruktionsversuche verändert wurde.

Wer draußen in den Bauerngehöften um den Palast oder sonst im Mittelmeerraum derartige große Tonkrüge zur Aufbewahrung von Olivenöl gesehen hat, wird sofort an ein großes Warenlager für Wein, Korn oder Olivenöl erinnert. Die Magazine dienten aber nicht nur zur Aufbewahrung dieser Tongefäße. Der mit zahlreichen, eben geschnittenen, sorgfältig gefügten und geglätteten Gipsplatten ausgekleidete Fußboden weist jeweils in der Mittellinie der Magazine in langer Reihe rechteckige, schachtartige Vertiefungen auf, die einst offenbar mit Platten verschlossen waren. Welcher Art die Vorräte waren, die hier in die Tiefe gesenkt wurden, ist heute nicht mehr festzustellen; man hat an Getreide, aber auch an verschiedenartige Kostbarkeiten gedacht, die in diesen Schatzkammern wie in Tresoren verschlossen worden sein sollen.

So unterschiedlich lang die einzelnen Magazinräume auch sein mögen, nach Osten münden sie alle auf einen geradlinig verlaufenden Nord-Süd-Gang, so daß sich die Längenunterschiede an der westlichen Außenfassade in Form mehrfacher Mauervorsprünge abzeichnen. Offensichtlich war für den Grundriß nicht die äußere Form, sondern der innere Aufbau maßgebend, beginnend mit der Gruppierung der Raumeinheiten um den Zentralhof. Doch bevor wir diesen betreten, folgen wir dem langen Nord-Süd-Gang vor den Magazinen bis zu seinem nördlichen Ende, wo er plötzlich in die entgegengesetzte Richtung umbiegt. Nicht zuletzt derartige abrupte Endigungen und Abknickungen der langen Gänge vertiefen den labyrinthartigen Eindruck der ganzen Anlage, dem sich kein Besucher entziehen kann: An dieser Stelle laufen zwei schmale

Gänge 12 bis 15 Meter parallel nebeneinanderher und zwingen jeden, der von den Magazinen zum Zentralhof (oder umgekehrt) gehen will, zu einem Umweg von etwa 25 Metern Länge, obwohl es sicher nicht schwer gewesen wäre, die Trennwand dazwischen zu durchbrechen und damit eine Abkürzung zu ermöglichen. Aber offenbar kam es in diesem Magazin nicht auf rasche und besonders zweckmäßige Abwicklung der Arbeiten an, zumal am Beginn des östlichen der beiden Parallelgänge der Weg offenbar für den ständigen Durchgangsverkehr gesperrt war: Hier ist die entscheidende Stelle, an welcher Arthur Evans, nur eine Woche nach Beginn seiner Grabungen, auf das erste umfangreiche Tontafel-Archiv stieß, das ihn zu seinem begeisterten Brief an den Vater veranlaßte. Und noch 50 andere Stellen mit beschrifteten Tontafeln sollten folgen! Für jeden an unentzifferten Schriften Interessierten eine wahrhaft begeisternde Statistik, die uns verständlich macht, weshalb sich Evans über 40 Jahre seines Lebens auf Knossos konzentrierte.

Die Magazinräume und langen Gänge. nehmen jedoch nur die westliche Hälfte des Westtrakts ein. Zum Zentralhof hin folgt ein weit weniger übersichtlich gegliedertes Untergeschoß, dessen Nutzung recht unterschiedlich gewesen zu sein scheint. Neben der breiten Treppe zum Piano

6 «Schlangengöttin», Knossos

7 Thron des Königs Minos, Knossos

nobile liegt zunächst ein kleines minoisches ‹Bad›, an das sich ein ‹griechischer Tempel› unmittelbar anschließt. Nach Norden folgt das sogenannte ‹Dreiteilige Heiligtum›, mit seinem Vorraum vom Zentralhof her über einige Treppenstufen zu erreichen. Die westlich anschließenden Räume werden als ‹kultische Pfeilerkrypten› bezeichnet, weil ihre Decke von mächtigen Pfeilern getragen wird und das spärliche Licht nur vom Zentralhof her eindringen kann.

Das ‹Dreiteilige Heiligtum› ist die berühmte Fundstätte kleiner altkretischer Statuetten, die wohl zu dem Rätselhaftesten gehören, was die Ausgrabungen des Palastes ans Licht gebracht haben: Eine in gerader Haltung aufrecht stehende weibliche Gestalt im langen, kunstvollen Stufenrock, mit Wespentaille und offenem Mieder, den Blick starr geradeaus gerichtet, hält in beiden emporgehobenen Händen kleine sich ringelnde Schlangen. Evans sieht darin Abbilder einer altkretischen Schlangenpriesterin, die in diesem Heiligtum tätig war, oder gar einer Schlangengöttin, die hier verehrt wurde. Wir werden auf diese grazile Schlangenbeschwörerin im brustfreien Gewand noch zurückkommen.

Nördlich der zweiten breiten Treppe, die vom Piano nobile in den Zentralhof hinabführt, schließt sich der wohl am häufigsten abgebildete Innenraum der Palastanlage an, der sogenannte Thronsaal. Er ist nicht durch das Innere des Gebäudes, sondern nur vom offenen Zentralhof her über einen nahezu quadratischen Vorraum zu erreichen und erhält sein Licht nur indirekt, durch die Türöffnungen des Vorraumes und einen Lichtschacht, der sich über einem vertieften Nebenraum unmittelbar neben dem Thronsaal erhebt. In der Mitte der Längswand steht der Thron des Königs Minos, aus feinkörnigem Alabaster nach Art eines hochlehnigen Holzstuhles mit geschwungenen Linien gefertigt. Die Wand dahinter ist, offenbar in spätminoischer Zeit, mit Bildern ruhender Greifen und stilisierten Pflanzen geschmückt. Die beiden Greifen zur Rechten und Linken des Thrones verbinden das Haupt mächtiger Greifvögel mit einem sphinxartigen Raubkatzenkörper; ein kräftig konturiertes Spiralmuster überdeckt die Verbindungsstelle unterhalb des Hal-

8 Thronsaal, Knossos

9 «Kleine Pariserin», Knossos

ses, wo Vogelkopf und Katzenleib ineinander übergehen. Unterhalb der Greiffresken flankieren Steinbänke den Thron. Auf der gegenüberliegenden Seite führen einige Stufen in eine beckenartige Vertiefung unter dem Lichtschacht hinab, die als heiliger Raum gedeutet wird: entweder als kultisches Bad, als Becken für heilige Schlangen oder gar als Nachbildung eines kretischen Höhlenheiligtums.

Insgesamt macht der Thronsaal, der kleiner und niedriger als die Vorhalle vor dem Südwestportal ist, einen finsteren und beklemmenden Eindruck, der auch durch die bunten Farben des Greifenfreskos kaum gemildert wird. Ein enges Gewinkel kleiner lichtloser Räume ohne klar ersichtlichen Verwendungszweck umschließt den Thronsaal auf den drei Seiten, die sich nicht zum Zentralhof öffnen. Möglich, daß es sich um ‹Substruktionen› handelt, das heißt Untergeschoßbauten, deren wesentliche Aufgabe die Stützfunktion der darüberliegenden Gemächer war. Ähnlich undifferenziert sind auch die nördlich anschließenden Räume, von denen sich lediglich zwei etwas herausheben: Ein Komplex nahe der Nordwestecke des Palastes mit einem weiteren ‹kultischen Reinigungsbecken› sowie ein Abschnitt in der Nähe des Zentralhofes, der wegen der dort befindlichen schachtartigen Vertiefungen als ‹Gefängnis des Minos› bezeichnet wird.

Der von Evans restaurierte Teil des Obergeschosses verfügte, nach den teilweise erhaltenen Säulenbasen zu schließen, über mindestens drei etwas größere durch Säulen gegliederte Räume: Den sogenannten Hypostylsaal mit drei Säulen und drei Pfeilern, eine ‹Kulthalle› mit im einzelnen ungeklärten Einbauten und die ‹Große Halle› über fünf der Kellergeschoßmagazine. Die Decke der Großen Halle wurde einst von zwei Holzsäulen gestützt. Tatsächlich stimmen Maße und Raumanordnung durchaus zum Bild eines Piano nobile mit Repräsentationsräumen. Doch unmittelbar südlich der Großen Halle schließen sich sechs Magazinräume an, die denen im darunterliegenden Untergeschoß (bis auf die schachtartigen Vertiefungen im Boden) weitgehend gleichen. Ob man den Wein für offizielle Empfänge gleich bei der Hand haben wollte?

Bevor wir das Obergeschoß wieder verlassen, wollen wir hier, vom höchsten Punkt der gesamten Anlage, den Blick in die Runde schweifen lassen. Gleißende Sonne liegt über dem Grabungsfeld, dessen hellgraue Kalksteinmauern und weiße Alabasterplatten das grelle Licht reflektieren. Wo höhere Mauerreste emporragen, zeichnet sich ein schwarzer Schlagschatten ab. Ein dunkelgrüner Saum von Zypressen und Pinien umschließt die Grabungsstätte, auf welcher die bunten Gruppen der Touristen, in langem Zug von Führern geleitet oder sich mühsam selbst einen Weg durch das Gewinkel der Gänge und Treppen suchend, einen eigenartigen Kontrast bilden. Hier, in der nahegelegenen ‹Kulthalle›, fand sich das zu Boden gestürzte Fresko einer altkretischen Dame mit schwarzem Lockenhaar und Wickelzopf, mit weißem Teint, großen, sprechenden, dunklen Augen und rotgemalten Lippen, die wegen ihres modern anmutenden Äußeren als ‹kleine Pariserin› in die Kulturgeschichte einging. Ob sie wohl zwischen all den rund 3500 Jahre jüngeren Damen auffallen würde, wenn sie leibhaftig ihrem sprechenden Abbild entstiege?

Hinter den Pinienwipfeln brennt die Sonne unbarmherzig auf die oben kahler werdenden, steinigen Hügel. Nur das Kairatos-Tal und die anschließende fruchtbare Ebene zu unseren Füßen ist grün von den Reben. Castello Minos heißt die Lage, von kleinasiatischen griechischen Umsiedlern nach dem Ersten Weltkrieg hier angebaut, nachdem der Friede von Lausanne (1923) dem unglücklichen Krieg der Griechen unter Konstantin I. gegen die Türken unter Mustafa Kemal (Atatürk) ein Ende gesetzt und eine der ersten großen Umsiedlungsaktionen dieses Jahrhunderts in Gang gesetzt hatte. Weithin gedeihen die Trauben auf historischem Boden; man weiß, daß der freigelegte Teil des Palastes nur einen Bruchteil der gesamten minoischen Anlagen an den Hängen des Kairatos-Tales ausmacht.

Hebt sich der Blick, so erschließt sich dem Betrachter die ganze Eigenart dieses Platzes. Aus einer sich nach Süden hin, zum Innern der Insel rasch verengenden Schlucht tritt der im Sommer nur wenig Wasser führende Kairatos-Fluß in die fruchtbare Ebene des Küstenstreifens aus. An den Flanken der Hügel sind Höhlen und Felsengräber in das sinterüberkrustete Gestein eingeschnitten. Der Palast liegt auf einem Hügelvorsprung, der flach nach Osten zum Kairatos abfällt und an drei Seiten von Böschungen umgrenzt wird. Im Westen steigt dieser Sporn außerhalb des Palastes weiter an und vereinigt sich mit den anschließenden Hügelketten, ohne daß hier Vorkehrungen zum militärischen Schutz der Anlage getroffen wären. Die Spornlage ist also sicher nicht aus einem Schutzbedürfnis der Bevölkerung gegen fremde Eindringlinge gewählt worden, und die nach Westen hin abweisende Quaderfassade aus Orthostaten kann kaum Verteidigungszwecken gedient haben. Konnten es sich die friedliebenden Kreter damals leisten, im sonst an kriegerischen Auseinandersetzungen nicht armen zweiten vorchristlichen Jahrtausend ihren bedeutendsten Königssitz – vielleicht im Vertrauen auf die Insellage und ihre Vormachtstellung zur See – ungeschützt durch feste Mauern und Tore zu lassen?

Über den Hügeln im Süden, in Richtung zum fernen Dikte-Gebirge, das die einsame, aber fruchtbare Lassithi-Hochebene umschließt, ballen sich mächtige Wolken zusammen. Von der nahen See im Norden her weht es erfrischend nach der Glut des Tages. Die Schatten werden länger, und der Widerschein des minoischen Mauerwerks nimmt eine wärmere Tönung an. Unvermittelt rasch weicht der helle Tag dem dämmernden Abend. Noch nicht einmal die Hälfte der freigelegten Palastanlage haben wir heute besucht, nur eine erste, flüchtige Bekanntschaft mit dieser fernen Welt der Vergangenheit geschlossen. Welchen Eindruck mögen wohl die Gesellschaftsreisenden, die den Palast im Halbstundenrhythmus durcheilen, gewonnen haben? Ein ganzer Tag, und nur ein Teil des Palastes, haben uns schon Stoff genug zum Nachdenken geliefert.

3. Im Zentrum des Labyrinths

Der ruhende Pol im Gewirr der Gänge · Orientierung nach der Sonne, aber mit ‹Mißweisung› · Von Sonnenaufgang und Sonnenuntergang · Das glückhafte und das unglückbringende Tor · Abwehr böser Einflüsse? · Karawanserei und Felsengrab · Der Stier des Königs Minos

Nicht der Westtrakt des Palastes mit seinen Magazinen, seinen Kult- und Repräsentationsräumen bildet das Kernstück der Anlage. Auch die übrigen drei Flügel versehen keine solche Funktion. Das Zentrum des Labyrinths ist ein großer freier Platz, um den sich die schachbrettartig verzweigten Grundmauern zu einem großen Viereck zusammenschließen. Der knapp 30 Meter breite und etwas über 50 Meter lange Zentralhof ist der ruhende Pol der gesamten Anlage. Er gibt ihr etwas von der Klarheit der Grundkonzeption, die man sonst im Gewirr der Gänge fast schmerzlich vermißt. Er zwingt ihr Maß und Richtung auf. Zu ihm kehrt der verwirrte Besucher nach längerem Umherirren durch Keller und Treppen gleichsam erlöst zurück, vermag sich wieder zu orientieren und auszuruhen von der Fülle der Eindrücke.

Schon der nächste Morgen sieht uns wieder auf dem Grabungsgelände. Im hellen Licht der Frühsonne liegt das schattenlose Rechteck des Zentralhofes vor uns ausgebreitet. Es ist kein städtischer Platz, auf den von allen Seiten Straßen einmünden, kein Zentrum des Verkehrs und der Begegnung. Es ist auch kein mehr zufällig unbebaut gebliebenes Stück Land inmitten der umstehenden Gebäude. Er ist das Zentrum, um das sich die Bauwerke gruppieren, um das sich hier ‹alles dreht›. Aber was mag sich wohl auf diesem Platz abgespielt haben? Der Zuschnitt ähnelt dem eines Fußballfeldes, wenn auch Breite und Seitenlänge nur etwa halb so groß sind. Wir erinnern uns an das Stierspiel-Flachrelief in der Vorhalle des Westportals. War dies der Raum solcher kultischen Spiele oder eine Arena heiter-beschwingter sportlicher Wettkämpfe?

Noch liegen die Fassaden des Ostflügels im Schatten. Aber während die Uhr langsam sich der Mittagsstunde nähert, hellt sich dieser Schatten zusehends auf, und kurz nach zwölf Uhr mittags fallen die Sonnenstrahlen genau in Richtung der Längsseiten ein. Der Zentralhof ist nach der Sonne ausgerichtet! Die lange Seite verläuft ziemlich genau Nord–Süd, die Schmalseite West–Ost. Als Geologe möchte ich es genau wissen. Also heißt es, mit dem Kompaß nachzumessen. Die Innenfassade des Westtrakts bildet eine schöne gerade Grundlinie. Der Kompaß zeigt 170°, das heißt, eine ‹Mißweisung› gegenüber der strengen Nord–Süd-Richtung von (nur) 10°.

Und schon wieder erheben sich neue Fragen: War man vor 4000 Jahren in der Lage, die Südrichung nur auf 10° Genauigkeit zu bestimmen? Das wäre seltsam, wenn man den so exakt geradlinigen Verlauf vieler Gänge des Palastes und die zahlreichen rechten Winkel bedenkt. Oder sollte sich seither die Südrichtung geändert haben, sei es, daß sich die Bahn der Sonne verlagert oder der Beobachtungsstandort gedreht hätte? Beides erscheint wenig wahrscheinlich, zu lange beobachtet die Menschheit den Lauf der Gestirne, und Erdkrustenbewegungen solcher Geschwindigkeit, wie sie für eine 10°-Rotation der Insel Kreta in 4000 Jahren erforderlich wären, lassen sich tektonisch nicht begründen. Da erinnere ich mich an ähnliche Messungen, die ich vor Jahren an den Steinsetzungen der Bretagne durchgeführt habe: Die Menhir-Reihen bei Carnac, aus mächtigen Granitblöcken in vielen endlosen parallelen Reihen aufgerichtet, wiesen ebenfalls eine ‹Mißweisung› um 10° auf. Sie verlaufen nicht genau Ost–West, sondern mit 80° leicht Westsüdwest–Ostnordost. Und weiter westlich, jenseits der scharf nach Süden vorspringenden schmalen Halbinsel von Quiberon, wiederholt sich dasselbe Schauspiel mit umgekehrtem Vorzeichen: Hier stoßen wir auf Menhir-Reihen mit 100°-Strichen, also ebenfalls einer 10°-Abweichung von der Ost–West-Richtung, aber nunmehr mit leichtem Westnordwest–Ostsüdostverlauf.

Keine Frage: Peilen konnten die Alten schon durchaus richtig. Diese ‹Mißweisungen› sind keine Schlamperei, sondern Absicht. In der Bretagne scheidet eine Erklärung durch Veränderung der astronomischen Bahnelemente oder durch Rotation des Beobachtungsstandortes aus. Sonst wäre die ‹Mißweisung› in beiden Fällen beiderseits des merkwürdig geradlinig nach Süden vorspringenden Kaps von Quiberon dieselbe. Offenbar hat man sich nach Sonnenaufgang und Sonnenuntergang an einem bestimmten Tag des Jahres gerichtet, um die Menhir-Reihen aufzustellen, während die genaue Südrichtung durch den jeweiligen Höchststand der Sonne am Mittag vorgegeben ist und sich nicht im Jahresablauf ändert. Dieser Südrichtung entspricht der Verlauf von Kap Quiberon recht genau. Die Menhire hingegen sind generell in West–Ost-Richtung orientiert, nach Sonnenaufgang im Osten, nach Sonnenuntergang im Westen. Da die Sonne nur zur Tag- und Nachtgleiche genau im Osten auf- und genau im Westen untergeht, im Winterhalbjahr aber jeweils eine gewisse Abweichung nach Süden für Morgen- und Abendpunkt aufweist, kommt für die Orientierung der Menhire nur das Sommerhalbjahr in Frage, wenn Sonnenauf- und -untergang jeweils etwas nördlich der genauen Ost–West-Linie erfolgen.

Auch von vielen ägyptischen Bauwerken, aus Mesopotamien und von den Etruskern ist die mehr oder minder strenge Orientierung nach dem

Sonnenstand bekannt, wobei allerdings nicht immer dieselbe Richtung eingehalten wurde. Je nach bestimmten Voraussetzungen scheint einmal der Sonnenaufgang, der Sonnenuntergang oder der mittägliche Höchststand ausschlaggebend gewesen zu sein. Die Mißweisung in Knossos entspricht derjenigen der westlichen Menhir-Reihen nördlich Quiberon in der Bretagne, die nach Sonnenuntergang orientiert sind. Zweifellos waren hier sachkundige Priester am Werk, als der Zentralhof erstmals vermessen und abgesteckt wurde.

Dies kam freilich nicht nur religiösen Bauten, sondern vielfach auch den Städten der Lebenden zu. So wissen wir, welche Mühe sich die Etrusker noch tausend Jahre nach dem Ende der minoischen Herrschaft auf Kreta bei der sorgfältigen Planung und Orientierung ihrer Städtegründungen gaben. Und auch die römischen Legionen legten größten Wert auf die mit Sorgfalt und Vorbedacht geplante Anlage des Lagerplatzes. Dabei ging es nur zum Teil um Erwägungen der strategischen Nützlichkeit. Hatte der Militärtribun die Mitte des Lagerplatzes mit einer weißen Fahne abgesteckt, an der sich später das Feldherrnzelt mit den Feldzeichen erheben sollte, so erfolgte die Anlage der rechtwinkligen Lagergassen genau nach der Windrose, und zwar in jedem römischen Lager gleich. Wie uns der griechische Geschichtsschreiber Polybios berichtet, der als Geisel nach Rom kam, dort die Freundschaft des jüngeren Scipio Africanus erwarb und als militärischer Berater am dritten Punischen Krieg teilnahm, verlief eine Achse als Via principalis genau Nord–Süd, eine zweite Hauptachse (Via praetoria) senkrecht dazu genau Ost–West. Beide schnitten sich vor dem Feldherrnzelt (Praetorium). Die Via principalis verband das Südtor (Porta principalis dextra) mit dem Nordtor (Porta principalis sinistra) und entsprach dem Cardo, der bedeutendsten Nord–Süd-Straße römischer und etruskischer Städte.

Das Osttor (Porta praetoria) nach Sonnenaufgang galt als glückverheißend. In dieser Richtung zogen die Kohorten vom Feldherrnzelt aus in den Kampf. Dieser Ostrichtung entsprach der Decumanus, die Hauptstraße in West–Ost-Richtung der römischen und etruskischen Städte.

Das gegenüberliegende Westtor (Porta decumana) hingegen, nach Sonnenuntergang gelegen, galt als unglücksbringend. Boten mit schlechten Nachrichten nahmen diesen Weg, Tote wurden hier hinausgetragen und zum Tode Verurteilte hier zur Hinrichtungsstätte hinausgeführt. Kein römischer Offizier oder Legionär hätte wahllos diesen oder jenen Weg genommen, sich den bösen Vorzeichen zwanglos ausgesetzt. Wir mögen uns heute über derartigen ‹Aberglauben› hinwegsetzen. Bei den Alten aber war dieses Denken in Richtungsvorzeichen tief im Gefühl verwurzelt, wie es sich in langen Jahrtausenden ausgebildet hatte, in denen die Menschheit meist schutzlos den Naturgewalten ausgesetzt war.

10 Palast von Knossos: Säulenbau mit Stierfresko zwischen Nord-Propyläen und Zentralhof. Vor dem Säulenbau führt eine flach ansteigende Rampe zum Zentralhof (außerhalb des linken Bildrandes)

Haben wir heutigen Menschen nicht vielfach mit der Aufgabe dieser äußeren Orientierungsvorstellungen nicht auch unsere innere Orientierung verloren? War es Zufall, daß wir den Palast von Knossos gestern, den Scharen der übrigen Besucher folgend, von Westen her betreten haben?

Dabei verfügt der Palast, wie jedes römische Lager oder viele Städtegründungen der Antike, über insgesamt vier Zugänge, von jeder Himmelsrichtung her einen.

Der nördliche Zugang ist wohl der eindrucksvollste. Hat man ein schmales Portal neben den Nordwest-Propyläen durchschritten, so nimmt einen die hohe Pfeilerhalle am nördlichen Ende des Palastes auf, deren Decke von zehn mächtigen Orthostaten getragen wird. ‹Zollstation› nannte Evans diesen Raum, wohl in der Vorstellung, daß von hier aus die Warenanlieferung für die Magazinräume des Palastes erfolgte. Eine zwanzig Meter lange flach ansteigende Rampe führt uns auf das höher gelegene Niveau des Zentralhofes, vorbei an dem hochgelegenen Säulenbau mit dem berühmten, als Flachrelief gestalteten überlebensgroßen Stierfresko, das den Nordzugang überragt. Auch hier begegnet uns wie-

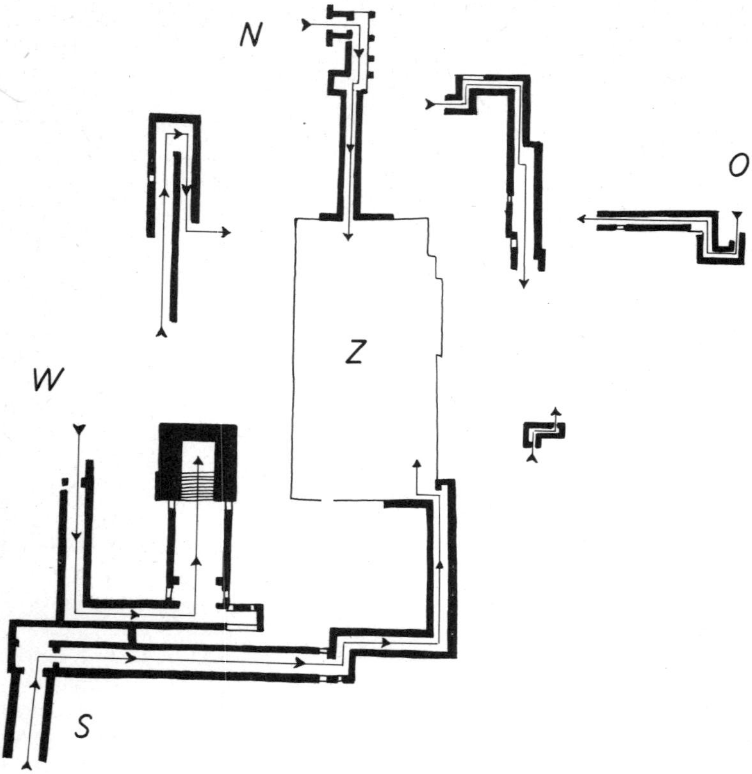

11 Palast von Knossos: Winkelgänge

der der Stier – Tiergott, Opfertier oder Reklamesymbol heiterer Stierspiele im Innern des Palastes?

Draußen vor dem Nordtor, an der nach Westen führenden ‹Via sacra›, der heiligen Straße, liegt eine als ‹Theater› bezeichnete Anlage. Ein kleiner rechteckiger Platz, in dem die heilige Straße von Westen her einmündet, ist auf der schmalen Ost- und längeren Südseite von zwei rechtwinklig aneinandergrenzenden Schautreppen eingefaßt, die offenbar keinem anderen Zweck gedient haben können, als einer größeren Zuschauerzahl Ausblick auf das davorliegende Rechteck zu gewähren. Hier konnten Ankömmlinge, die sich über die Via sacra von Westen her dem Palast näherten, in feierlicher Weise empfangen und begrüßt werden, bevor sie ihr weiterer Weg durch das Nord- oder Westportal ins

Innere des Palastes führte. Möglich, daß auch anderweitige kultische Feiern oder Aufführungen hier stattfanden.

Der südliche Zugang steigt steiler an, da hier das Gelände zu einem tief eingeschnittenen Seitental des Kairatos-Flusses abfällt. Der Höhenunterschied wurde einst durch einen langen, überdeckten Treppenaufgang überwunden, der in die Süd-Propyläen einmündet. Von hier aus muß sich der Besucher scharf nach Osten wenden: Durch den etwa 50 Meter langen Südkorridor – parallel zum gestern besuchten Prozessionsgang, aber ohne direkten Kontakt mit diesem – gelangt er in den Südtrakt, durch welchen zwei Nord–Süd-Gänge die Verbindung mit dem Zentralhof herstellen. Während also der West-Zugang über den Prozessionskorridor ins Innere des Westtraktes und über die breite Stiege ins Piano nobile führte, geht der Weg über Nord- und Südportal nicht eigentlich in die angrenzenden Trakte, sondern durch sie hindurch zum Zentralhof. Diese Richtung entspricht dem Cardo, der Nord–Süd-Verbindung mit den beiden Haupttoren.

Während aber die Hauptzugänge römischer Lager und Städte in mehr oder minder gerader Linie zum Zentrum führen, wird der Besucher des Palastes von Knossos zum mehrfachen Wechsel seiner Bewegungsrichtung gezwungen. Schon beim ersten Besuch war uns dieses merkwürdig abrupte Abknicken der Gänge im Prozessionsgang und vor den Westmagazinen aufgefallen. Keiner der Zugänge des Palastes erfolgte geradlinig. Es scheint fast, als wolle man den Besucher über die eigentliche Richtung des Zuganges im unklaren lassen. Wer von Westen kommt, betritt den Palast entweder durch eine nach Norden geöffnete Pforte und über einen U-förmig geknickten Gang, oder durch ein nach Westen offenes Nordportal, hinter welchem er jedoch sofort nach Süden umbiegen muß. Wer von Süden kommt, hat ebenfalls gleich zwei derartige Knickpunkte an beiden Enden des Südkorridors zu passieren. Da viele Besucher vorzeiten offenbar ihren Weg über die Via sacra von Westen her zum Palast nahmen, scheint es von besonderer Bedeutung gewesen zu sein, dieses böse Omen nach Möglichkeit zu entkräften, das heißt durch mehrmaliges Umbiegen des Weges böse Einflüsse vom Palast fernzuhalten. Die Knickpunkte und scheinbar unmotivierten Wendungen sind also möglicherweise als ‹Richtungsschleusen› gegen derartige böse Einflüsse zu verstehen. Als strategische Finte gegen mögliche militärische Angriffe sind sie jedenfalls hier nicht zu deuten, da die gesamte Anlage – wir stellten es bereits gestern beim Ausblick vom Piano nobile verwundert fest – keine Verteidigungsbereitschaft erkennen läßt.

Haben wir dergestalt die Porta decumana im Westen, die Porta principalis sinistra (im Norden) und dextra (im Süden) besucht, so bleibt noch die letzte, die Porta praetoria – die glückhafte im Osten.

Auch in Knossos finden wir an dieser Stelle einen Zugang, doch welcher Unterschied zu den drei übrigen! Wo sich im Westen des Palastes eine über zwölf Meter breite Vorhalle dem Besucher öffnet, wo ihn im Norden eine eindrucksvolle Pfeilerhalle empfängt oder wo im Süden ein überdachter Treppengang zu den Süd-Propyläen führt, die den Ankommenden über den Südkorridor zum Durchgang mit dem ‹Lilienprinzen› leiten, einem der schönsten Fresken minoischer Zeit überhaupt, da finden wir auf der Ostseite nur eine versteckte kleine Tür, ohne Portal oder Pfeilerhalle, die über steile, winklige Treppen gleichsam auf Schleichwegen ins Kairatos-Tal hinabführt. Statt der Porta praetoria, dem Ost-Tor, durch das im Altertum die guten Nachrichten Stadt oder Lager erreichten, das die Legionen im Vertrauen auf seine glückbringende Bedeutung verließen, das der aufgehenden Sonne als Symbol des Lebens zugewandt ist, finden wir hier nur eine verschwiegene Hintertreppe.

Bedeutende Herrscher der Antike, Priesterkönige gar, die ihren Palast sorgfältig nach der Sonne orientierten, zeigten so auffällig wenig Sinn für die altüberlieferte Bedeutung der Himmelsrichtungen, daß sie ihren Palast nicht weit nach Osten öffneten, zum lieblichen, fruchtbaren Flußtal hinab, um den guten Einflüssen Einlaß zu gewähren? Die meisten Besucher kamen offenbar von Westen, von Sonnenuntergang her, wie die Boten des Unheils. Eine merkwürdige Situation für die Denkweise altmediterraner Menschen! Wie schwer sich selbst ‹gestandene› Männer, römische Legionssoldaten und ihre Offiziere, den Vorzeichen der Himmelsrichtungen entziehen können, daß sie stets sorgfältig die überkommene Tradition wahren, hat uns Polybios überliefert. Möglich, daß die aufgeklärten Herrscher von Knossos weit über derlei Aberglauben und Zeichendeuterei erhaben waren. Warum haben sie aber dann den Palast doch sorgfältig nach Sonnenuntergang orientiert, statt sich beliebig nach der örtlichen Gunst der Lage zu richten?

Oder haben sie die Orientierung des Baugeländes schon fertig von früheren, steinzeitlichen Bewohnern übernommen, also ein vorgefundenes Raster rein zufällig fortgeführt? Die Anlage ist zu straff in ihrer rechtwinkligen Anordnung, als daß hier dem Zufall eine Chance eingeräumt werden könnte. Die alten Minoer scheinen ganz genau gewußt zu haben, was und weshalb sie es taten.

Und welchen anderen Sinn könnte das merkwürdige Abknicken der Zugänge haben? Wäre es für einen aufgeklärten Monarchen, nicht unterworfen dem Aberglauben megalithischer, ägyptischer, etruskisch-römischer Priesterschaft oder römischer Legionäre, nicht angemessener, seinen Palast mit geradlinigen, freien und repräsentativen Zugängen ohne derlei Hakenschlagen zu konzipieren? Aber gerade diese Winkel und Ecken charakterisieren Knossos, und zwar in einem solchen Maß, daß

12 Palast von Knossos. Zyklopische Ostfassade. Während die Anlage im Innern vielfach durch Säulenhallen und Lichthöfe gegliedert ist, wirkt die Außenfassade in ihrer strengen und geschlossenen Bauweise eher abweisend, zumal die Mauern heute nicht bis zu ihrer ursprünglichen Höhe emporgeführt sind. Dennoch sind diese Mauern nicht als Verteidigungsanlagen gedacht, wie die aufgelockerte Bauweise im Südosten des Ausgrabungsgeländes zeigt

für uns heute im allgemeinen Sprachgebrauch unvermutete Richtungsänderungen in einem schwer überschaubaren Muster nach kretischem Vorbild als Grundprinzip alles ‹Labyrinthischen› gelten können.

So überrascht es uns nicht, daß die Ostfassade über der versteckten östlichen Pforte keineswegs eine aufgelockerte Bauweise mit säulenbestandenen Arkaden, Loggien und Terrassen erkennen läßt, sondern fensterloses, zyklopisches Mauerwerk in Höhe von drei Geschossen. Diese Ostfassade ist zwar auch im oberen Teil von Arthur Evans restauriert worden. Er hätte zweifellos jeden Versuch unternommen, solche offenen Wandelhallen mit Ausblick zum fruchtbaren Tal und Vorland, Terrassen oder Balkone wiederherzustellen, sofern sich nur die geringsten Anzeichen für ein Vorhandensein solcher Säulen und Arkaden hätten finden lassen. Tatsächlich aber zeigt der Palast in der noch am besten erhaltenen Ostfassade ein ähnlich abweisendes strenges Äußeres, wie wir es wohl auch für die Westfassade annehmen müssen.

Dort hatte Evans aus der Tatsache, daß das Quadermauerwerk nicht über die ehemalige Hügeloberfläche emporragte, darauf geschlossen, daß nur das Untergeschoß aus derlei großen Blöcken errichtet worden sei und von einem säulenumstandenen Obergeschoß gekrönt wurde. Da die Quader aber aus einem Gestein bestehen, das unter freiem Himmel langsam zerfällt – von diesem sicheren Befund wird noch ausführlich die Rede sein –, wird verständlich, daß die Westfassade nur so weit erhalten geblieben ist, wie sie während der Jahrtausende durch Einbettung im Boden dem Zugriff der Witterungseinflüsse entzogen war.

Die enge, winklige Treppe an der Ostpforte, unterhalb der zyklopischen Stützmauer, wird neben den Trittstufen von einer sorgfältig ausgekleideten Abflußrinne begleitet, die allen Wendungen der Treppe getreulich folgt. War es, nach Evans, die Ausmündung der Kanalisation, so war dieser Ostzugang sicher keinem Besucher zu empfehlen. Was für einen Sinn kann es gehabt haben, einen angeblichen Schmutzwasserkanal mit größter Sorgfalt neben der Treppe herzuführen, statt ihn so rasch wie möglich im Untergrund verschwinden zu lassen?

Folgen wir dieser winkligen Treppe an der Ostseite des Palastes, so gelangen wir zur Talsohle des Kairatos-Flusses, der in minoischer Zeit schiffbar gewesen sein soll. Tatsächlich müssen wir wohl annehmen, daß die Insel einst mehr bewaldet war als heute und daß daher Bäche und Flüsse gleichmäßigeren Abfluß aufwiesen als heute, wo der Niederschlag des Winterhalbjahres in den kargen Bergen rasch abfließt und die Bachbetten im Sommer trocken liegen oder nur von einem schmalen Rinnsal durchflossen werden. Ein Anlegesteg soll einst den Schiffen zum Entladen der Waren und Passagiere gedient haben, die von der Küste aus bis vier Kilometer ins Landesinnere auf dem Wasserweg vorstießen. Heute hält man es kaum für möglich, daß das nur von einigen fast stehenden Tümpeln eingenommene Flußbett früher einmal einen schiffbaren Fluß aufgenommen haben soll. Aus dem trüben Gewässer, das nur flach den Boden bedeckt, ragen vielfach Schotter und Gesteinsbrocken auf, die auch bei höherem Wasserstand jede Schiffahrt gefahrvoll gestalten. Bei Hochwasser aber ist die Fließgeschwindigkeit der aus der Schlucht hervorquellenden Wassermassen so groß, daß man wohl kaum mit Segel oder Ruder der Strömung Herr wird. Wenn der Fluß tatsächlich im Altertum schiffbar war, dann müßte wohl das Einzugsgebiet weit im Umkreis der Höhen im Süden von dichtem Wald bestanden gewesen sein, ohne den Ackerbau, der das Wasser zu rasch abfließen läßt, ohne Waldweide, die durch den Biß der Weidetiere das Nachwachsen junger Bäume verhindert, ja nahezu ohne Besiedlung, der Feindin des Waldes.

Und in der Tat werden die Hügel am Oberlauf des Kairatos schon vom Rande der fruchtbaren Küstenebene an bedeckt von steinigem, hartem, flachgründigem Boden, der sich weder für den Holzpflug noch Hak-

13 Knossos. Tempelgrab. Blick vom Obergeschoß des Kultbaues mit stilisiertem Stiergehörn über Lichthof und Vorhalle auf die verkarsteten Höhen jenseits des Kairatos-Tales.
Auch das Tempelgrab zeigt drei Grundprinzipien altostmediterraner Grabbauten, nämlich die Mehrgeschossigkeit der Kultbauten über dem Grabkammer-Niveau, den abgeknickten Zugang und die hohe Einfriedigung mit zyklopischem Mauerwerk (ohne ursprüngliche Verteidigungsfunktion)

ken aus Stein oder Bronze eignet. Erst mit der eisernen Pflugschar und Hacke wurden diese steinigen Gehängeböden der Landwirtschaft erschlossen, freilich erst ein halbes Jahrtausend nach der Zeit, als Lastschiffe auf dem Kairatos zum Palast des Minos in Knossos fuhren. Damals begann am Rande der Küstenebene die praktisch unbesiedelte Natur. Der Palast lag dort, wo die Ökumene, das Siedlungsland der fruchtbaren Niederung mit ihren leicht bearbeitbaren tiefgründigen Lockerböden, an das unbewohnte Waldland der Hügel und Gebirgskämme Zentralkretas grenzte.

Verlassen wir den Palast durch den Südausgang, über Süd-Propyläen und gedeckte Treppe, so müssen wir zunächst den tief eingeschnittenen Bachlauf queren, der hier von Westen her dem Kairatos zufließt. Auch er liegt im Sommerhalbjahr praktisch trocken. Eine Reihe mächtiger Feldstein-Fundamente wird als Viadukt gedeutet, der den Südzugang zum Palast auch bei höherem Wasserstand ermöglicht haben soll. Nur ein paar Schritte weiter folgt ein weiterer minoischer Gebäudekomplex, der von Evans den orientalischen Namen Karawanserei erhalten hat. Als Evans vor der Jahrhundertwende nach Kreta kam, waren noch die Türken Herrscher der Insel; türkische Lebensweise war hie und da noch verbreitet.

So erschien ihm eine solche Bezeichnung offenbar durchaus naheliegend, während er gleichzeitig in Anlehnung an die einstigen venezianischen Herren Kretas vom Piano nobile im Westtrakt des Palastes sprach, um die Repräsentationsräume des dortigen Obergeschosses zu kennzeichnen. Heute haben sich diese Evansschen Namen in der kunstgeschichtlich-archäologischen Literatur, in Beschreibungen minoischer Anlagen, bei Führern und Besuchern so eingebürgert, daß man sie weiterbenutzt, ohne über ihren ursprünglichen Sinn lange nachzudenken.

Unter Karawanserei versteht Evans ein Rasthaus mit Badeanlagen, wie es im türkischen Einflußbereich am Rande der Städte und Siedlungen, an Brücken und Flußübergängen, an Küsten und Häfen häufig zu finden war. Es ist ein nobles Rasthaus, mit freskengeschmückten Wänden, die das Leben in der Natur schildern: So sind die lebensnahen Rebhühner, die in keiner Beschreibung minoischer Kunst oder Geschichte fehlen dürfen, Details von Wandgemälden in der Karawanserei. Auch Wasserleitungen und -becken kann man identifizieren. Eine nahebei in den Felsen eingetiefte kleine Kammer, mit stark verwitterten Alabasterplatten ausgekleidet, dumpfig und von Moosen überwachsen, mit einer schwach fließenden Quelle am Grunde, wird als ‹Brunnenstube› angesprochen.

Folgen wir dem stark verwachsenen Trampelpfad zur heutigen Fahrstraße nach Süden, inseleinwärts, so gelangen wir nach wenigen hundert Metern zum ‹Tempelgrab›: Eine Vorhalle schließt den Vorhof hangabwärts ab. In den Berg hinein folgt ein zweigeschossiger Bau mit einer oberen und einer unteren Halle, die über eine winklige Treppe miteinander in Verbindung stehen. Eine sogenannte Pfeilerkrypta (ähnlich wie im Westtrakt des Palastes) bildet den Vorraum der ganz in den Fels gehauenen Grabkammer. Baustil, Gestalt und Verwendung der minoischen, sich nach unten verjüngenden Säulen sowie die stilisierten Stiergehörne erinnern ganz an den benachbarten Palast. Auch dort fanden sich derartige mächtige, aus Stein gehauene, an einen Zweizack erinnernde Stiersymbole, die zusammen mit den Stierfresken und zahlreichen kleineren Votivabbildungen von Stieren in Terrakotta oder Bronze die große Bedeutung des Stieres im minoischen Leben bekunden. Dürfen wir darin nicht die wahre Bestätigung der altgriechischen Sagen vom Stier des Königs Minos, von Zeus, der Europe in Stiergestalt von Kleinasien nach Kreta entführte, und vom furchterregenden Minotaurus sehen, jenem greulichen Zwitterwesen von Mensch und Stier, den König Minos im Labyrinth gefangenhielt und mit Menschen fütterte, die ihm das unterworfene Athen als Tribut liefern mußte? Oder sind dies alles einfach nur Lügengeschichten, der Fabulierlust späterer verständnisloser Generationen entsprungen?

Auch der zweite Tag im Angesicht des Palastes von Knossos hat uns neue erstaunliche Eindrücke, aber auch viele offene Fragen und Zweifel beschert. Nachdenklicher als noch am ersten Abend besteigen wir den überfüllten Bus, der uns die wenigen Kilometer nach Iraklion zurückbringt.

4. Abstieg ins Wohngemach der Königin

Die königliche Familie der Asteriiden · Vom Tod im Honigfaß, vom Faden der Ariadne und dem Stiermenschen Minotaurus · Kultschilde und Schildsteine · Wohnräume im Kellergeschoß · Vorratsgefäße mit Schlangenmotiv · Spinnwirtel im Lichtschacht

Vom Beginn seiner Ausgrabungstätigkeit an konnte Arthur Evans davon überzeugt sein, das Labyrinth des Königs Minos vor sich zu haben, von welchem die Sage berichtet. Waren nicht die winkligen Grundmauern selbst schon Beweis genug für das verwirrende Bild eines Labyrinthes? Die ersten Räume aber, auf die schon Minos Kalokairinos bei seinen Grabungsversuchen zwanzig Jahre vor Evans gestoßen war, bargen offenbar Vorratsgefäße. Ein großangelegtes Magazin für Waren aller Art, das konnte wohl kaum ein Gefängnis für ein monströses Fabelwesen der griechischen Sage gewesen sein. Offenbar diente das Labyrinth praktischen, diesseitigen Zwecken und nicht als Hintergrund für die blutrünstige Mär von der Opferung athenischer Jünglinge und Jungfrauen.

Wenn man Warenlager, Kult- und Repräsentationsräume fand, ein Theater, Zisternen und beschriftete Tontafeln in Form ganzer Archive, dann mußte das Labyrinth bewohnt gewesen sein. Wer konnte sich aber im zweiten vorchristlichen Jahrtausend ein solches aufwendiges Bauwerk leisten, wenn nicht einer der wirklich Großen der altkretischen Vergangenheit, von dem die Sage noch heute zu berichten weiß und nach welchem auf Kreta bis in die Gegenwart neugeborene Knaben benannt werden. Es mußte einfach der Wohnpalast des König Minos sein, was da aus Schutt und Trümmern wieder ans Tageslicht kam.

Aber welch merkwürdiges Bauwerk, das sich da Stück für Stück rekonstruieren ließ! Die Westfassade, die sich zuerst dem über die Via sacra Heranschreitenden bot, barg nicht die Wohnräume des Königs oder den Thronsaal, sondern Magazine; und zwar nicht nur im Keller, wo sie aus

Gründen der Platzausnutzung verständlich waren, sofern man keine allzu verderblichen Waren einlagern wollte, sondern auch im Obergeschoß, das eigentlich den Empfangsräumen vorbehalten sein sollte. Dafür lag nun wieder der Thronsaal im Untergeschoß (sofern bei diesem düstern, engen und niedrigen Gemach überhaupt von einem Saal die Rede sein kann). Man mußte dies allenfalls mit der Bindung an gewisse Kultvorstellungen erklären, an heilige Schlangen, in tiefen Gelassen gehalten und von Priesterinnen betreut, oder an Nachbildungen von Höhlenheiligtümern, wie sie in den verkarsteten Kalksteinfelsen der kretischen Gebirge zu vermuten waren. Die übrigen Räume des Untergeschosses im Westtrakt, endlose Gänge, kultische Bäder, Tempel, Heiligtümer, Pfeilerkrypten, nicht näher definierbare Substruktionen – dies alles mochte durchaus in einem altkretischen Palast seine sinnvolle Funktion besessen haben. Auch die vier größeren, von Säulen durchzogenen Räume im Obergeschoß mochten für festliche Empfänge geeignet sein.

14 Knossos: Tempelgrab. Vorhalle. Die Anlage ist durch hohe Mauern rings umgrenzt. Der Zugang erfolgt vom linken Bildrand durch einen schmalen Einlaß zur Vorhalle, von dort über den Lichthof (rechte Bildmitte) zum zweigeschossigen Kultbau (mit Andachtsräumen im Obergeschoß und dem Vorraum der Grabkammer im Untergeschoß). Die eigentliche Grabkammer mit rechteckigem Grundriß und zentralem viereckigem Pfeiler ist in den steil ansteigenden Hang eingelassen

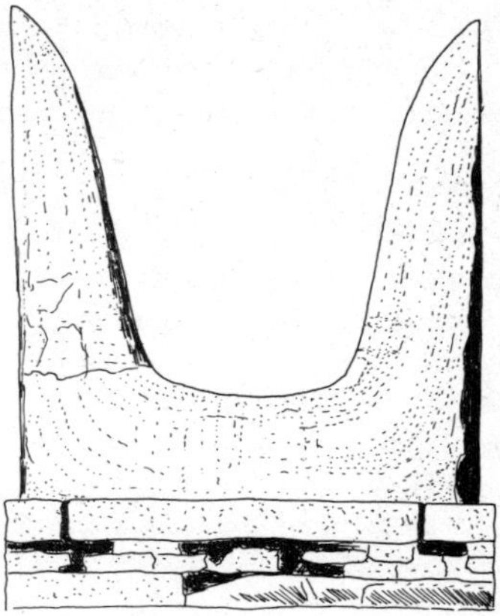

15 Kultisches Stiergehörn, Knossos

Nur für eines waren weder die Räume im Unter- noch die im Obergeschoß geeignet: nämlich als eigentliche Wohnräume der königlichen Familie. Denn daß es eine solche gegeben hatte, war der Sage nach sicher.

König Minos, ein Sohn des Zeus und der Europe, war durch die Heirat seiner Mutter mit dem altkretischen König Asterios zum Thronfolger avanciert. Er hatte eine Tochter des Sonnengottes Helios namens Pasiphaë geehelicht, die ihm sieben Kinder gebar: Deukalion, der zweitälteste Sohn, übernahm später selbst die Macht und wurde der Vater des trojanischen Helden Idomeneus, der an der Seite der siegreichen Achäer gegen Troja zog. Der dritte Sohn, Glaukos, kam schon als kleiner Bub ums Leben, als er in einen der großen Honigtöpfe fiel, die überall im Palast herumstanden. Glücklicherweise verfügte man über einen begabten Hof-Medikus namens Polyeidos, welcher den Kleinen mit Hilfe seiner heilkundigen Schlangen, seinem Stab (noch heute Standessymbol der Ärzteschaft und des Feldschers bei der Truppe) und einem besonderen Heilkraut wieder zum Leben erweckte. Auch mit dem vierten Sohn gab es schon bald Scherereien, und zwar diesmal außenpolitischer Art: Bei einer sportlichen Veranstaltung drüben auf dem griechischen Festland, bei internationalen Vergleichskämpfen im Schwertfechten, wurde dieser kretische Prinz Androgeos von Aigeus, dem athenischen König, so schwer verletzt, daß auch die Heilkraft des Polyeidos nichts mehr vermochte. Ob es nur ein Sportunfall war oder ob Aigeus (nach welchem noch heute das Ägäische Meer heißt) den starken kretischen Jüngling aus Mißgunst erschlug, König Minos jedenfalls griff zu den Waffen und unterwarf Athen, das von nun an einen grausigen Tribut zu entrichten hatte: Nicht Geld, nicht Waren, nicht Geschmeide verlangte der unversöhnliche Minos von den Unterlegenen. Er legte Athen einen Blutzoll auf, der in Gestalt von je sieben Jünglingen und Jungfrauen alle sieben oder neun Jahre (manche sagen sogar: alljährlich) zu entrichten war.

Offenbar kamen diese Geiseln später nie wieder nach Athen zurück, so daß dort der Eindruck entstehen mußte, daß alle den Tod im kretischen Exil fanden, geopfert finsteren kretischen Göttern. Vielleicht wurden die vierzehn jedoch auch nur zu heiteren Stierspielen abgerichtet, die im Rhythmus des kretischen Kultjahres oder zur Feier der Inthronisierung kretischer Könige in regelmäßiger Folge abgehalten wurden. Aber auch dies scheint nicht ganz ohne Verluste abgegangen zu sein: Evans befragte geübte spanische Toreros, ob man sich mit einer kühnen Volte über den rasend heranstürmenden Stier schwingen könnte, indem man ihn im wahrsten Sinne des Wortes bei den Hörnern packt, wie dies auf kretischen Fresken aus dem Palast von Knossos sowie auf minoischen Siegelbildern dargestellt ist. Die lakonische Antwort war: Unmöglich, jedenfalls wenn man den Sprung überleben will.

Der älteste Sohn des Minos, Katreus, folgte zeitweilig seinem Vater in der Königswürde nach, bis er von seinem eigenen Sohn Althaimenes getötet wurde. Durch seine Tochter Aerope wurde Katreus Schwiegervater des Königs Atreus von Mykenä, des Vaters von Agamemnon und Menelaos, beide wohlbekannt aus Homers Gesängen über den Trojanischen Krieg.

Außer den vier Söhnen zählte Minos zwei Töchter zu seiner Familie. Ariadne hat unser uneingeschränktes Mitgefühl wegen ihrer Liebesepisode mit dem athenischen Prinzen Theseus. Dieser war mit einem Geiseltransport nach Kreta gekommen, um dem grausigen Spiel ein Ende zu bereiten. Er gewann die Liebe der kretischen Prinzessin Ariadne, die ihm half, aus dem Labyrinth zu entkommen, nachdem er den furchterregenden Minotaurus getötet hatte: Sie reichte ihm den Faden, den er am Eingang des verwirrenden Bauwerks befestigte, um sich an ihm entlang später wieder ans Licht zu tasten. Bei seiner Flucht nahm Theseus zwar zunächst die ihm in Liebe ergebene Ariadne mit, ließ sie dann aber auf der Heimreise auf Naxos sitzen, wo sie sich später mit dem Gott Dionysos tröstete. Theseus aber wandte sich ihrer jüngeren Schwester Phaidra zu, die er nach dem Tode seiner ersten Gemahlin zur Frau nahm.

Recht glücklich ist Theseus allerdings nicht geworden, nachdem er sich Ariadne gegenüber so ruchlos benommen hatte. Schon die Heimkehr nach Athen stand unter einem unglücklichen Stern: Er vergaß, die weißen Segel zu setzen, die seinem königlichen Vater den errungenen Sieg verkünden sollten. Aigeus, in der irrigen Meinung, sein Sohn sei dem Minotaurus zum Opfer gefallen, nahm sich beim Anblick der schwarzen

Segel das Leben. Und als Theseus später Ariadnes Schwester Phaidra zur Frau genommen hatte, entbrannte diese in Liebe zu seinem eigenen Sohn aus erster Ehe, Hippolytos. Sie verleumdete den schönen Jüngling, der ihre Anträge zurückwies, bei Theseus, er stelle ihrer Tugend nach. Theseus verfluchte seinen eigenen Sohn und flehte Poseidon um Rache an. Dieser sandte eine Sturzwelle in Gestalt eines großen, weißen Stieres, die das Gespann des Hippolyt scheuen und den keuschen Wagenlenker auf den Felsen am Ufer zu Tode schleifen ließ.

Vier Söhne und zwei Töchter, das macht zusammen sechs Kinder des König Minos. Pasiphaë soll aber insgesamt sieben Kinder geboren haben. Wer war das siebente?

Es ist kein Kind des Minos, sondern eine scheußliche Mißgeburt, die der abwegigen Liebe der Königin Pasiphaë zu einem weißen Stier entstammte. Eben jener Minotauros, den Minos im Labyrinth gefangenhielt und mit athenischen Jünglingen und Jungfrauen fütterte. Das Labyrinth aber soll Dädalus errichtet haben, und zwar nach ägyptischem Vorbild. Jener Dädalus, der zunächst der Pasiphaë dabei geholfen hatte, sich mit einem Stier zu verbinden, und der sich dann bei seiner Flucht von Kreta selbstgefertigter Schwingen bediente. Die Flucht gelang. Nur des Dädalus Sohn, nicht eingedenk der guten Ratschläge des Vaters, kam mit seinen wachsverbundenen Federflügeln der Sonne zu nahe, das Wachs schmolz unter der Wirkung der Sonnenstrahlen, und der tollkühne Ikarus stürzte in den Abgrund.

Welch fremde, eigenartige Welt der minoischen Sage, die sich über drei Jahrtausende hinweg bis heute lebendig erhalten hat! Wer kann sich ihr entziehen, wenn er das Labyrinth in Evans' Rekonstruktion leibhaftig vor sich sieht? Sicher war ‹etwas dran› an diesen alten Geschichten. Sonst wäre dabei nicht immer wieder von Stieren die Rede, wie sie in großer Zahl bei den Grabungen zutage kamen. Doch klingt dies alles viel zu phantastisch, um als glaubwürdig gelten zu können. Offenbar haben die Athener in ihrem Ärger über die kretischen Zwingherren manches Böse hinzuerfunden, was die Herrscher von Knossos in keinem guten Licht erscheinen läßt.

Wie dem auch gewesen sein mag, aus Ägypten kennt man ein Labyrinth bei Medinet el Faijum, um 1800 v. Chr. unter dem Pharao Amenemes (oder Amenemhet) III. aus der 12. Dynastie des Mittleren Reiches errichtet, das den Kretern zum Vorbild für das Labyrinth von Knossos gedient haben konnte. Es wurde als Totentempel neben der Grabpyramide des Pharao bei Hawara errichtet und von den antiken Schriftstellern Herodot und Strabo mit begeisterten Worten beschrieben, weil

16 Palast von Knossos. Großes Treppenhaus mit minoischen Säulen und Schild-Fresko im Hintergrund. Rekonstruktion

es annähernd 1500 Räume in mehreren Geschossen übereinander umfaßte. Stierkult war nicht nur im alten Ägypten, sondern auch in Kleinasien weit verbreitet und offenbar auch in Kreta zu Hause, möglicherweise durch die phönizische Königstochter Europe, die Mutter König Minos', eingeführt. Die dabei üblichen Riten waren den späteren Griechen offenbar so fremd, daß sie ihnen einen falschen Sinn beilegten. Verketzerung älterer Kulte durch jüngere Religionen ist uns ja auch aus der späteren Geschichte nicht unbekannt.

Erstaunliche Heilerfolge auf Grund besserer Kenntnis der Natur, insbesondere der Heilkräuter, werden leicht mystisch verbrämt, so daß von daher die Glaukos-Legende durchaus verständlich erscheint. Daß die alten Kreter über besondere handwerkliche Fertigkeiten verfügten, war weithin bekannt. Warum sollten sie nicht auch mit Vogelfedern und Wachs, einem alten Produkt der Insel, den Menschheitstraum wahrgemacht haben, fliegen zu können?

Bleibt also nur die enge Verbindung der Familie des Königs Minos mit den Herrschern des griechischen Festlands. Es war offenbar viel eher ein Familienstreit, der die Häuser von Athen und Knossos entzweite, als ein aus religiösen oder gar rassischen Gegensätzen entstandener Konflikt. Die Festlands-Griechen übernahmen nicht nur ihre königlichen

Ehefrauen, sondern sogar ihre Götter aus Kreta, das ja die Geburtsstätte des höchsten Gottes der Griechen – Zeus – gewesen sein soll.

Während wir auf diese Weise versuchen, uns den wahren Sinn dieser alten Geschichte begreiflich zu machen, wenden wir uns dem Osttrakt des Palastes von Knossos zu. Im Westtrakt hatte Evans weder im Ober- noch im Untergeschoß geeignete Wohnräume vorgefunden. Ein zweites Obergeschoß gab es offenbar nicht, da keine entsprechenden Treppenansätze zu bemerken waren. Die Bauwerke im Norden und Süden des Zentralhofes scheinen auch nicht als Wohngemächer geeignet. Es sind repräsentative Zugangsgebäude mit Rampen und Durchgängen, keine Stätte wohnlicher Abgeschiedenheit. So bleibt nur der Osttrakt. Hier müssen die Wohnräume der königlichen Familie gelegen haben. War es nicht ein gutes Zeichen, nach Sonnenaufgang, zur glückbringenden Ostseite des Palastes hin, zu wohnen?

Ein großes, von Evans restauriertes Treppenhaus nimmt uns auf. Die aus breiten Alabasterstufen bestehende Treppe verläuft rechtwinklig um einen Lichtschacht herum in die Tiefe. Von den oberen Geschossen ist wenig erhalten. Erst das Untergeschoß läßt einige Rückschlüsse auf den ursprünglichen Zustand und Verwendungszweck zu. Es sind sogar zwei Untergeschosse unterhalb der Ebene des Zentralhofes anzutreffen, die um das große Treppenhaus herum eine ähnliche Aufteilung besitzen. Mächtige, rotbraun bemalte kretische Säulen tragen die Treppenstufen auf der Lichtschachtseite. Auf der Höhe des ersten Untergeschosses fällt der Blick auf ein wandfüllendes Fresko aus mächtigen Doppelschilden, jeder in Form einer großen Acht mit einer Einschnürung in der Mitte, die dem Kämpfenden eine größere Bewegungsfreiheit der Waffen gewährleisten sollen. Evans vermutet dahinter den ‹Wärterraum› mit der Leibwache des Königs. Zweifellos haben diese Schildfresken abwehrende Bedeutung. Ungünstige Einflüsse sollen bereits hier auf der Treppe aufgehalten werden. Genügt es aber schon, die Schilde als Symbol der Abwehr auf die Wand zu malen?

Unvermittelt kommt mir ein etruskischer Schildfund in den Sinn, aufbewahrt in der Gregorianischen Sammlung des Vatikans. Als im Jahre 1836 zwei Liebhaber-Archäologen, der Priester Alessandro Regolini und der General Vicenzo Galassi, in der Sorbo-Nekropole südwestlich von Cerveteri ein unversehrtes etruskisches Grab öffneten, stießen sie auf eine Wand mit acht großen, bronzenen Kultschilden. Jeder dieser Schilde war im einzelnen sorgfältig gearbeitet, aber doch so dünnwandig, daß eine übliche Kampfverwendung auszuschließen war. Die Schilde dienten nicht Lebenden zur Verteidigung ihres Körpers, sondern einer toten Fürstin namens Larthi zur Abwendung aller bösen Einwirkungen von außen, die ihre Ruhe im Grabe und ihre Verwandlung während der Grabesruhe hätten stören können. Wohl war den Etruskern bekannt, daß die Kultschilde an der Wand keine wirkliche Kraft besaßen. Sie vertrauten aber offenbar ganz auf die wirksame Kraft des Kultes, der uns heute nur noch schwer verständlich erscheint. In Etrurien besitzt diese Vorstellung von der Verwandlung der Toten im Grab unter dem Schutz kultischer Schilde eine alte Tradition: Schon die Gräber der sogenannten Villanova-Kultur (1000–600 v. Chr.) führen wieder und wieder Schildsteine, das heißt aus Stein gehauene Schildmotive, die abweisende Funktion für alle schädlichen Einflüsse haben sollen.

Zeitlich unmittelbar vor der Villanova-Kultur Italiens und vor der Etruskerzeit des letzten vorchristlichen Jahrtausends liegt die minoische Kultur, wenn auch durch die Breite des Ionischen Meeres von Italien getrennt. Seit M. Porcius Cato und anderen antiken Schriftstellern wird jedoch immer wieder berichtet, die Etrusker stammten ursprünglich aus Kleinasien. Ist es da nicht möglich, daß das minoische Schildmotiv im Treppenhaus des Labyrinths von Knossos aus einer ähnlichen Glaubensvorstellung heraus entstanden ist wie die Schildsteine und Kultschilde im fernen Etrurien? Zunächst sicher nur ein Analogieschluß, dieser Vergleich

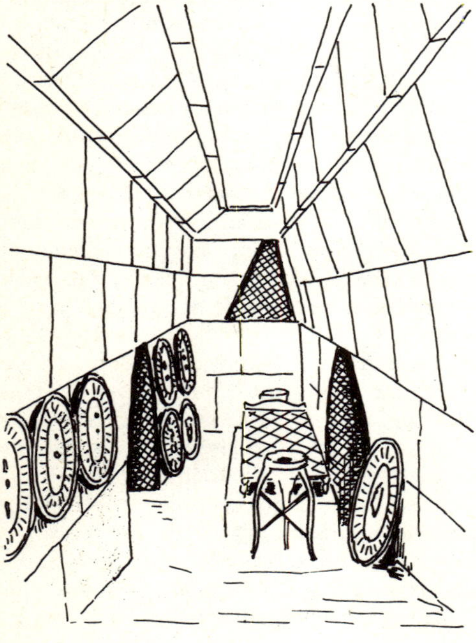

17 Kultschilde im Regolini-Galassi-Grab, Cerveteri/Etrurien. Blick in die Vorkammer. Von ihr münden beiderseits zwei dunkle Eingänge in die eigentlichen Grabkammern. Im Hintergrund kleine Nische für Urnen und Gefäße

18 Schildfresko, Tiryns

minoischer Schildmotive mit etruskischen Kultschilden, gewiß. Kleinasien, Ägypten, Etrurien, liegen sie nicht zu weit entfernt von Kreta, als daß hier Parallelen möglich wären, muß man sich nicht auf die kretischen Funde allein beschränken? Doch wie soll man diese dann deuten, etwa aus Lebensweise und Verhalten der Menschen des zwanzigsten Jahrhunderts heraus? Ist nicht der Analogieschluß, der sich hier über dreieinhalb Jahrtausende hinwegsetzt und die Minoer den Menschen der Gegenwart gleichsetzt, ungleich zweifelhafter als der Vergleich mit Kulturen vergleichbarer oder zumindest zeitlich benachbarter Geschichtsepochen, auch wenn sie geographisch getrennt waren? Erfährt man nicht über das Denken der Menschen der späten Bronzezeit mehr, wenn man sich ihre Lebensweise vor dem Hintergrund der Zeitgenossen und ihrer Nachfahren rings in der Umgebung, etwa im gesamten Mittelmeer-Raum, vergegenwärtigt?

Indem wir die große Treppe tiefer hinabsteigen, vertiefen sich die Schatten um uns her. Von dem gleißenden Tageslicht auf der Ebene des Zentralhofes dringt nur noch wenig in diese Tiefe, die uns wie ein Brunnenschacht umfängt. Was kann das altkretische Königspaar bewogen haben, sich hier in der Tiefe zu vergraben? Hatte das erste Untergeschoß noch neben dem ‹Wärterraum› den vermutlichen Schlafraum der Königin, die ‹Schatzkammer› des Königs, den ‹Raum mit der Steinbank› und einen kleinen Lichthof beherbergt, so gelangen wir im zweiten Untergeschoß nun endlich in die königlichen ‹Wohngemächer›. Erst hier in der Tiefe fand Evans Räume, die ihm nach Zuschnitt und Ausstattung als Wohnräume für ein altkretisches Königspaar geeignet erschienen.

Nach dem langen Aufenthalt in der Sonne, ohne schützendes Dach zwischen lauter Mauerresten, welche die eingefangenen Sonnenstrahlen als wabernde Hitze zurückstrahlen, empfinden wir das kühle Dunkel zunächst als recht angenehm. Erst nach längerem Aufenthalt in den dumpfen Kellerräumen werden wir stutzig darüber, daß diese Räume der königlichen Familie als ständiger Wohnsitz gedient haben sollen. Nicht nur im heißen kretischen Sommer, wenn der Schirokko aus Afrika herüberweht und das Thermometer bis auf über 30° Celsius klettern läßt und alles Leben im Sonnenglast erstarren macht, sondern auch für den Rest des Jahres, wenn im Oktober ohne eigentlichen Herbst die Winterregen einsetzen und von der Ägäis her die kalte Bora tagelang stürmt. Noch leuchtet sommerliche Sonne als ferner Abglanz bis in diese Tiefe. Auch hat ja der Zahn der Zeit die beiden Obergeschosse weitgehend abgetragen und die Ostfassade bis in die Tiefe des ersten Untergeschosses zum Einsturz gebracht. Im Winter aber gelangte wohl kaum je ein Lichtstrahl in diese dunkle Tiefe.

Wir trauen unseren Augen nicht: ‹Megaron der Königin› – Wohnzimmer der Königin – verkündet uns ein Schild in griechischer und französischer Sprache. Hier also soll die Gemahlin des Minos gelebt haben! Unvermittelt drängt sich die Frage auf: als freie Herrscherin oder als Gefangene, die hier ihre Verfehlungen büßt?

Ein großes Delphin-Fresko über der niedrigen Tür vor dem Verbindungsgang zu den Gemächern des Königs zieht den Blick auf sich. Gibt es ein heitereres Bild als spielende Delphine, jene klugen Meeresbewohner, die nicht selten die Nähe des Menschen suchen, Boote im Kielwasser begleiten, sich zu allerhand Kunststücken abrichten lassen und sogar hie und da Menschen vor dem Ertrinken bewahrt haben? Seit seiner Auffindung gilt gerade dieses Delphin-Fresko als Sinnbild minoischer Lebensfreude, Naturliebe, Meeresverbundenheit und Diesseitsbezogenheit. In einer Loggia drei Geschosse höher wäre diese Wirkung überzeugender. Aber hier unten im Dämmerlicht des zweiten Untergeschosses?

Rechts neben der Verbindungstür zum schmalen Kellergang, den der König genommen haben soll, wenn er seine Frau besuchen wollte, führt eine enge Wendeltreppe in das darüberliegende erste Untergeschoß mit dem ‹Schlafraum› der Königin. Warum hat sie eigentlich nicht Wohn- und Schlafraum miteinander vertauscht? Schattig genug ist es schon im

19 Delphin-Fresko, Knossos

ersten Untergeschoß, wenn auch nicht ganz so dumpf und drückend.

Vom Wohnraum durch eine hüfthohe steinerne Barriere abgetrennt folgt das weltberühmte Badezimmer mit einer tönernen Badewanne. Wände und Fußboden sind mit weißen, grau geäderten Alabasterplatten ausgekleidet. Der obere Teil der Wände und die Decke sind al fresco ausgemalt, unter anderem mit einem Spiralmotiv, das auch in anderen minoischen Bauten häufig wiederkehrt.

Die Badewanne selbst ist auffallend klein und kurz. Selbst wenn die Königin von sehr grazilem Wuchs gewesen sein sollte, hatte sie kaum ausreichend Platz in diesem knapp einen Meter langen Tongefäß. Vielleicht hat sie darin auch nur die Füße gewaschen oder sich im Stehen eingeseift? Was aber noch mehr verblüfft, ist die Beobachtung, daß die Wanne zwar ein Ausflußloch besitzt, der Fußboden aber keine Entwässerung aufweist! Hätte man den Verschluß geöffnet, so wäre eine Überschwemmung entstanden. Man mußte die Wanne also doch ausschöpfen oder mit vollem Inhalt hinaustragen. Dann aber konnte man sie oben auch gleich auskippen. Wozu also das Abflußloch?

Reichlich verwirrt zwängen wir uns durch den finsteren Gang, der das ‹Megaron› der Königin mit der ‹Toilette› verbindet. An der einen Seite des Alkovens ist eine Nische in die Wand eingelassen, an deren Grund eine Abflußrinne im Boden verschwindet. Endlich stehen wir vor dem

Beweis höchster Zivilisation des minoischen Kretas, über 3500 Jahre vor der Gegenwart!

Während das gesamte übrige Europa noch im Dunkel verharrte, während unsere Vorväter noch hinter einem beliebigen Baum der ausgedehnten damaligen Waldungen verschwanden, benutzte die Herrscherin von Knossos bereits ein Spülklosett! Was die Kaiser des Römischen Reiches Deutscher Nation vermißten, was man vergeblich in den Burgen und Bürgerhäusern des Mittelalters und der Aufklärungszeit sucht und was selbst nicht im Schloß des Sonnenkönigs zu Versailles vorgesehen war, Knossos kannte schon dies Statussymbol moderner Zivilisation! Was erst zu Evans' Zeiten begann, sich in Europa langsam durchzusetzen, Badewanne und Wasserspülung, das minoische Kreta hatte bereits darüber verfügt!

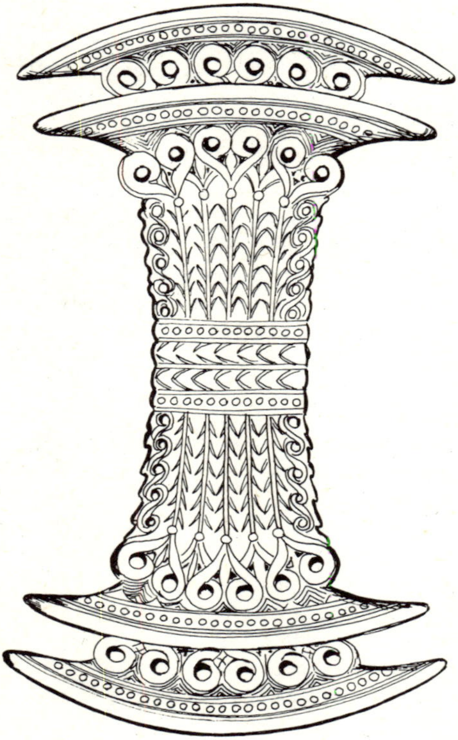

20 Kult-Doppelaxt, Zakro

21 Doppelaxt-Pithos, Knossos

Gleich wird aber unsere Begeisterung wieder erheblich gedämpft. Wir treten in einen Lichtschacht hinaus, an dessen Grunde man Spinnwirtel gefunden hat. Hier hat die Königin mit ihren Damen bei der Handarbeit gesessen. Die Grundfläche ist diejenige eines kleinen Zimmers einer heutigen Sozialwohnung. Ein schmales, tiefblaues Rechteck über unseren Köpfen verheißt uns droben Sonne, Licht und Luft. Hier unten aber umfängt uns nichts als dumpfe, stickige Feuchte. Vier Geschosse hoch erhoben sich einstmals die Wandungen rings um den Schacht, an dessen Grund die Königin der Kreter mit ihrem Hofstaat ein Schattendasein führte. Ein tiefes Gefühl des Mitleids erfaßt uns. Gewiß hätte die Königin für ein bißchen freiere Luft zum Atmen, für ein wenig Ausblick auf Hügel und Meer, für ein paar lichte Sonnenstrahlen und das Rauschen der Pinien um den Palast auf jeden Badekomfort verzichtet.

5. Im Zeichen der Doppelaxt

Das Totenopfer in den Wohnräumen · Göttinnen, Beterinnen oder Klageweiber? · Von Kult- und Entlastungstreppen · Die vertikale Ordnung des Labyrinths · Das Rätsel der Riesen-Pithoi · Mauern, jedoch nicht zur Abwehr äußerer Feinde · Was im Palast fehlt

Ob es für die Königin ein Trost war, zu wissen, daß auch die Gemächer des Königs nur wenig mehr an Luft und Licht aufzuweisen hatten als das Megaron, welches man ihr zugewiesen hatte? Wir betreten die königlichen Wohngemächer über die Halle der Doppeläxte, benannt nach den hier in die Wand eingeritzten altkretischen Kultsymbolen. Hier sehen wir es also vor uns, das Symbol minoischer Macht und Herrschaft, das Zeichen, dem (nach Evans) der Palast seinen Namen verdankt. Offenbar hatte man sich zuvor stets getäuscht, wenn man den Begriff Labyrinth, wie seit alters her, vom ägyptischen ‹Loperohunt› = «Palast am (Möris-) See» ableitete. Hatte Evans nicht den sichtbaren Beweis für seine neue Etymologie gefunden?

Nicht jener Labyrinthbau des Amenemhet III. bei Medinet el Faijum im fernen Ägypten, von Herodot und Strabo plastisch und informativ beschrieben, war danach das eigentliche Vorbild für die Bezeichnung Labyrinth, sondern der Palast von Knossos. Denn hier fanden sich Doppeläxte als Kultsymbole. Die Doppelaxt aber heißt im Griechischen *labrys*. Labyrinth heißt demnach soviel wie ‹Palast der Doppeläxte›. Merkwürdig bleibt aber, daß man das ägyptische Labyrinth schon lange vor der Wiederentdeckung des Palastes von Knossos so bezeichnet hat, und zwar schon in der Antike, obwohl am Nil keine Doppeläxte gefunden wurden.

An der Nordwand des ‹Heiligtums der Doppeläxte› steht ein behauener Block: ob Thron oder Altar, ist nicht mehr eindeutig zu erkennen. Er wurde einstmals flankiert von zwei großen, aus dünner Bronze getriebenen Doppelaxt-Symbolen auf langen Stangen, ähnlich Feldzeichen oder Hellebarden. Ihr Verwendungszweck kann kein praktischer gewesen sein, etwa als Waffe oder Werkzeug. Das Material ist viel zu dünn, um einer solchen Verwendung standzuhalten. Im Museum von Iraklion sind mehrere solche großen Doppeläxte aufgestellt, einige mit filigranartiger Zeichnung auf dem Blatt. Besonders schöne Exemplare zeichnen sich durch Ziselierung, Vergoldung, durchbrochene Muster und eine Verdoppelung der Schneiden aus.

Wozu dienten diese Doppeläxte? Wir wollen unseren nachdenklichen Rundgang durch das Labyrinth von Knossos zunächst fortsetzen und

22 Terrakotta-Idol aus dem Heiligtum der Doppeläxte, Knossos

erst später die mannigfaltigen Fragen aufgreifen, die sich angesichts der minoischen Grabungsfunde stellen.

Vor dem Opferstein fand man im ‹Heiligtum der Doppeläxte› merkwürdige Tonidole. Sie sind heute nicht mehr an ihrem ursprünglichen Platz, sondern werden zusammen mit den übrigen Funden im Museum von Iraklion aufbewahrt.

So begrüßenswert dies im Hinblick auf eine sinngemäße Verwahrung und Bewahrung der Funde auch sein mag, so entspricht die Aufstellung von Einzelstücken oder Serien in Schaukästen ohne Bezug zu den Fundumständen nicht mehr der heutigen Anforderung, die man an ein modernes Museum stellen möchte.

Leider sind noch zahlreiche Museen in aller Welt so aufgestellt, daß man säuberlich Lanzenspitze zu Lanzenspitze, Faustkeil zu Faustkeil ordnet und so zwar der Quantität nach eindrucksvolle, aber der Aussagekraft nach sterile Sammlungen produziert. Selbst so herrliche Sammlungen wie sie beispielsweise das Archäologische Nationalmuseum von Neapel aufzuweisen hat, leiden unter der bloßen Stoffanhäufung, sortiert nach Material, Form und Größe. Alle Silber- oder Glasgegenstände aus Pompeji in einem Raum zu vereinen, vermag für einen Spezialisten römischer Silber- oder Glaswaren bequem sein. Instruktiv ist es weder für den Fachmann noch für den Laien, der sich nicht so sehr nur für den Einzelfund, sondern den Zusammenhang aller Fundumstände interessieren sollte.

Moderne Museen sind daher heute meist schon dazu übergegangen, die Stücke möglichst so darzubieten, wie sie einst gefunden wurden, das heißt in ihrer ursprünglichen Lagerung und Umgebung.

Es dürfte heute, nach vielen Jahrzehnten, schwerfallen, die tatsächlichen Fundumstände von Knossos vor der Bearbeitung durch Evans zu rekonstruieren. Ein deutscher Archäologe mit eigener Grabungspraxis im Vorderen Orient, Professor Dr. R. Hachmann vom Institut für Vor- und Frühgeschichte und Vorderasiatische Archäologie der Universität des Saarlandes, schreibt hierzu: «Evans, dem seine Grabungen in Knossos den persönlichen Adel einbrachten, war ein genialischer, durch und durch künstlerischer Mensch. Er hatte eine reiche Phantasie, er war voller geistreicher Einfälle. Es waren oft Einfälle, denen die Grabungsergebnisse nicht oder zumindest nicht voll entsprachen. Es gibt viele Beweise dafür, daß er die Grabungsberichte willkürlich veränderte, um sie seinen Vorstellungen anzupassen. Die in Oxford aufbewahrten Aufzeichnungen seiner sehr tüchtigen und gewissenhaften Mitarbeiter zeigen – verglichen mit Evans' Publikationen – zahlreiche Verzerrungen. Ja, selbst die von Evans veröffentlichten Pläne stimmen unter sich nicht überein. Seit langem gibt es in England eine heftige Diskussion zwischen denen, die Evans ‹auf die Schliche› gekommen sind, und denen, die an ihn glauben.»

Je öfter wir das Ausgrabungsgelände besuchen, um so stärker überfallen uns Zweifel an der Deutung, die Evans den Funden gab und die fast unverändert bis heute die herrschende Lehre bildet. Unsere Zweifel zielen auf die Basis der Interpretation, die der große Ausgräber und alle nach ihm dem Palast von Knossos, der minoischen Kultur und der frühen Geschichte des Mittelmeerraumes gegeben haben. Noch aber fehlen eindeutige Beweise, daß die Vorstellungen von Evans nicht mit den Tatsachen in Einklang stehen. Was wirklich original minoisch ist und was moderne Zutat, ist in den Rekonstruktionen von Evans so miteinander verquickt, daß man Gefundenes und in bestem Glauben Erfundenes kaum noch trennen kann. Der Vergleich zwischen Evans' Deutungen und den faktischen Relikten aus minoischer Zeit läßt in uns ein Gefühl tiefer Unsicherheit aufkommen und drängt uns, schärfer zu beobachten.

Die Tonidole aus dem ‹Heiligtum der Doppeläxte› sind Terrakottafiguren weiblicher Gestalten von beträchtlicher Größe, bis zu einem halben Meter Höhe, mit rundem Unterteil nach Art eines Reifrockes, enger

Taille, flach gedrücktem, flunderartigem Oberkörper, betonten Brüsten, etwas indolentem Gesichtsausdruck, aber beschwörend emporgehaltenen, überdimensional großen Händen. Die ganze Figur ist quasi verkörperte Beschwörung. Der starre Blick erinnert an die kleinen Schlangenpriesterinnen mit offener Brust aus dem ‹Dreiteiligen Heiligtum› im Westtrakt des Palastes. Tatsächlich hat auch eine ähnliche Terrakottafigur aus dem Heiligtum des Landhauses von Kannia bei Gortyn, Mittelkreta, welche derselben spätminoischen Epoche zugeordnet wird, Schlangen in beiden emporgerichteten Händen. Was das eine Mal als Tonidol, als Göttin oder Beterin angesprochen, das andere Mal als Schlangenpriesterin oder Schlangengöttin bezeichnet wird, ist also offenbar ein und dasselbe. Demnach kann man wohl auch keine Unterscheidung zwischen der Nutzung dieser Räume treffen, in welchen solche Figuren gefunden wurden. Die ‹Halle der Doppeläxte› ist offenbar in keinem Grade mehr als königliches Wohngemach anzusprechen als etwa das ‹Dreiteilige Heiligtum› mit der Schlangenbeschwörerin.

Voller Neugier wenden wir uns dem nächsten Raum zu, dem letzten, mit Ausnahme einer schmalen Säulenhalle und des Lichthofs, über den die Gemächer des Königs noch verfügen. Er ist leer bis auf die Kopie eines Thrones in Holz, vergleichbar demjenigen des Thronsaales im Westtrakt, und einer steinernen Sitzbank. Der König hat also offenbar auch in seinem Wohnzimmer auf einem Thron gesessen.

Evans hat resolut festgelegt, daß dies hier das Megaron des Königs ist. Wie leicht hätte man es für den Thronsaal halten können! Wie dort ein Thron und steinerne Sitzbänke, wie dort liegt unmittelbar daneben ein Heiligtum – zwar das der Doppeläxte und nicht das ‹Dreiteilige› vom Westtrakt, aber ebenfalls mit weiblichen Tonidolen von beschwörender Eindringlichkeit ausgestattet. Wenn es noch andere Räume im Palast gegeben hätte, die als Wohnräume in Frage gekommen wären, sicher hätte Evans das jetzt so genannte Megaron des Königs lieber als Repräsentationsraum angesehen. Aber irgendwo mußte das königliche Paar ja untergebracht werden. Warum also nicht hier, wo man einigermaßen geeignet erscheinende Räume vorfand?

So wie sich das ‹Megaron des Königs› heute darbietet, erscheint es sogar einigermaßen hell und sonnig. Draußen vom Lichthof durch die Säulenvorhalle, die den Wohnraum an zwei Seiten – im Süden und Osten – umgibt, fällt sogar zeitweilig bei niedrigem Sonnenstand ein verirrter Sonnenstrahl ins Zimmer. Im Begleittext zum Grundriß des Palastes, der uns als Führer dient, finden wir eine Skizze des Megarons mit Ausblick auf das fruchtbare Kairatos-Tal und die gegenüberliegende Hügelkette. Wir versuchen, diesen Ausblick auch an Ort und Stelle zu gewinnen. Durch die Säulen treten wir ins Freie. Nun müßte sich der

23 Palast von Knossos. Blick auf den Osttrakt von Südosten. Die Vorhalle mit dem Lichthof war nach außen durch eine übermannshohe Mauer völlig abgeschlossen. Die Treppe in der Bildmitte führte nicht zum Lichthof und den sogenannten Wohngemächern des Königs, sondern an diesen vorbei ins Obergeschoß mit den Kulträumen

Blick nach Osten öffnen. Aber wie eigenartig: Statt die Gunst der Hanglage auszunutzen, die hier das Wohngeschoß talabwärts frei aus dem Berg heraustreten läßt, indem man vor dem Megaron Platz für eine Loggia oder Gartenterrasse mit Blick über Tal und Hügel schafft, schließt eine hohe, fensterlose Zyklopenmauer den schmalen Lichthof nach Osten ab. Es ist die ungegliederte, archaisch anmutende Ostfassade des Palastes, über deren abweisendes Äußeres wir schon beim Verlassen der kleinen Ostpforte über die Wendeltreppe zum Kairatos-Fluß Verwunderung empfanden.

Der Lichtschacht des Königs ist also kaum größer als derjenige der Königin und ihrer Damen! Auch hier ragten einst die umschließenden Wände mehrere Geschosse hoch empor, um nur gebrochenem Tageslicht Zugang zur Kelleretage zu gestatten.

Auch im Megaron des Königs fallen uns wieder die Doppelschilde auf, die – zwar jetzt nur als Kopien hier erhalten – zweifellos einst an dieser Stelle gefunden wurden. Wollte sich der König hier in seinem Wohngemach plötzlich mit Waffengewalt verteidigen, nachdem er draußen in und um den Palast großzügig auf jede militärische Vorkehrung verzichtet hatte? Oder handelt es sich lediglich um Zimmerschmuck, um Erinnerungsstücke, die den sonst so friedliebenden Fürsten an fröhliche Kampfestaten draußen auf dem Schlachtfeld oder Turnierplatz gemahnen?

Zwischen dem ‹Heiligtum der Doppeläxte› und dem ‹Megaron der Königin› stellt ein enger, doppelt abgeknickter Gang eine Verbindung her. Auch hier begegnet uns wieder das ‹Grundprinzip des Labyrinths›: Kein geradliniger Verlauf der Zugänge, sondern an Lichtschleusen vor Dunkelkammern erinnernde Knicke und Vorsprünge.

Die ‹Wohnräume› der königlichen Familie lehren uns noch ein zweites derartiges ‹Grundprinzip› labyrinthischer Bauweise: Es ist die Vielzahl der Treppen nebeneinander im gleichen Bautrakt. Nun kennen wir zwar durchaus die Eigenart vornehmer Wohn- oder Repräsentationsgebäude, neben der Prunktreppe noch einen Dienerschaftsaufgang zu führen. Hier sind es aber nicht weniger als drei getrennte Treppen im lichten Abstand von nur wenig mehr als 10 Metern, und die ‹Dienerschaftstreppe› verbindet Wohn- und Schlafgemach der Königin! Es sind offenbar nicht so sehr die auf einem Geschoß nebeneinanderliegenden Räume, die funktionell zusammengehören, sondern durch mehrere Geschosse hindurch übereinander- oder besser gesagt: untereinanderfolgende Raumeinheiten. Die um die Prunktreppe zusammengeschlossenen Gemächer bilden durch mindestens drei Etagen hindurch bis in das zweite Untergeschoß hinab eine Einheit, während unmittelbar nördlich anschließend wiederum völlig ‹unwohnlich› wirkende Magazinräume mit Vorratsgefäßen folgen. Nicht nur der Westtrakt beherbergt also derartige Pithos-Magazine, sondern auch der ‹Wohntrakt› ist damit ausgestattet, obwohl es sicher schwer zu verstehen sein dürfte, weshalb man sie über so verschiedene Teile (und Geschosse) des Palastes verstreut hat. Im Interesse einer straffen Wirtschaftsführung und des einfachen Zugangs ist dies sicher nicht. Aber vielleicht wollte das königliche Paar die wertvolleren Waren nicht aus den Augen lassen, zumal da sich ja Pithoi beträchtlicher Größe selbst im Wohnzimmer der Königin fanden. Ganz gleich, was nun tatsächlich in diesen Gefäßen gewesen sein mag, es ist nur schwer verständlich, daß sich eine Herrscherin mehrere 100-Liter-Vorratsgefäße mit Olivenöl, Getreide oder Honig in ihr Wohnzimmer gestellt haben soll.

Der nördliche Teil des Ostflügels birgt wiederum, neben langen abgewinkelten Gängen, endlose ‹Magazine› verschiedenster Größe ohne Fensteröffnungen, jeweils durch schmale Türen zugänglich und aus grobem Feldsteinmauerwerk errichtet. In dem üblichen Gewinkel der Mauern und Fundamente fallen nur wenige etwas markantere Punkte auf: einmal die Fundstelle der Riesen-Pithoi, gewaltiger Tongefäße von doppelter Mannshöhe, sowie das ‹Handwerkerviertel›. Die Riesen-Pithoi setzen wohl jeden in Erstaunen, der sie das erste Mal erblickt. Die Form entspricht durchaus der auch sonst üblichen, wie wir sie aus den Westmagazinen, aus dem Sarkophagsaal des Museums von Iraklion und aus dem ‹Wohnzimmer› der Königin kennen. Schon bei solch ‹normalhohen› Vorratsgefäßen fragt man sich verwundert, wie sie eigentlich entleert und von Zeit zu Zeit gereinigt wurden, da man auch mit sehr langen Kellen kaum den Grund erreicht, selbst wenn man sich eines Stuhles oder Hockers bedient. Die Riesen-Pithoi aber werfen in dieser Hinsicht ein unlösbares Problem auf: Sie lassen sich nicht einmal kippen, was bei den normalhohen allenfalls mit einiger Mühe noch möglich wäre, sofern in den engen Magazinen der Platz hierzu ausreicht.

Vorratsgefäße von der Größe der Riesen-Pithoi mußten vor Errichtung der umschließenden Mauern herbeigeschafft, aufgestellt und sodann eingemauert worden sein, ohne daß später je die Möglichkeit bestand, sie durch andere Gefäße zu ersetzen. Füllen und Entleeren war wohl nur mit Hilfe von Schläuchen möglich, nach dem Prinzip der kommunizierenden Röhren. Doch wie unpraktisch, solche Gefäße an schwer zugänglicher Stelle einzubauen! Man wendet sich etwas irritiert ab, nachdem man zuvor die künstlerische Gestaltung ihrer Oberfläche, breite ösenartige Henkel und stilisierte Rosetten in drei Reihen übereinander, getrennt durch zwei Bänder aus dreifachen Kreis-Mustern, bewundert hat.

Das ‹Handwerkerviertel› besteht aus Töpferateliers und einer Steinmetz-Werkstatt und schließt, man wundert sich über den Sinn der Planung, nördlich unmittelbar an den Wohntrakt der königlichen Familie an. Nur wenig mehr als zehn Meter Luftlinie trennen die Gemächer des Königs von der Arbeitsstätte der Steinmetzen. Geräuschempfindlichkeit scheint im alten Kreta bei Hofe unbekannt gewesen zu sein. Hinweise, die auf eine solche handwerkliche Verwendung dieser Räume schließen lassen, findet man heute kaum mehr, von einigen schwer definierbaren Einbauten und einigen Blöcken unbearbeiteter Hartgesteine abgesehen. Es soll das ‹Rohmaterial› darstellen, aus welchem die Steinmetzen des Königs künstlerische Figuren und Gebrauchsgegenstände herstellten. Die Blöcke bestehen aus Labradorporphyrit, einem basischen Erstarrungsgestein, das zweifellos von weit her angeliefert worden sein muß, da es nirgends in unmittelbarer Nähe des Palastes zu finden ist. Doch als Stein zur Herstellung von Skulpturen ist dieses Material schwerlich geeignet. So konnte ich auch weder im Palast noch im Museum irgendeine Skulptur aus diesem Rohmaterial entdecken. Vielleicht merkte man zu spät, daß man ungeeignete Blöcke eingekauft hatte, und ließ sie daher unbearbeitet liegen? Viel wahrscheinlicher ist jedoch, daß es sich um die Reste eines ursprünglich zusammengehörenden, massiven Blocks in Gestalt eines Opfersteins gehandelt hat, der später in mehrere Teile zerschlagen wurde. Die übrigen Fundstücke, die Evans zur Vermutung einer minoischen Handwerker-Ansiedlung geführt haben, sind leider nicht mehr in ihrer ursprünglichen Fundanordnung zu rekonstruieren.

Enttäuscht wenden wir uns dem südlichen Teil des Ostflügels zu, nachdem wir zuvor noch die massige Außenmauer abgeschritten haben, die den nordöstlichen Teil des Palastes umschließt. Von der Pfeilerhalle des Nordzugangs bis in die Nähe der Treppen unterhalb der kleinen Ostpforte ziehen sich mächtige Außenmauerfundamente mit einigen ‹sägeschnittartig› versetzten Abschnitten hin, wie wir sie von Troja VI der mittleren und späten Bronzezeit her kennen. Auch der ‹Palast des Königs Minos›, in der hier vorliegenden Fassung etwa derselben Zeitspanne zugehörig, scheint daher von dieser Seite einst einen ‹burgartigen› Eindruck gemacht zu haben, auch wenn die Mauern hier nicht jene gigantische Höhe und Breite wie auf dem Hügel von Hissarlik in Kleinasien aufweisen.

Der Südosttrakt ist nicht durch eine Mauereinfassung geschützt wie der Nordostflügel. In dieser Richtung löst sich das Labyrinth in eine lokkere Gruppe einzeln stehender Bauwerke auf, die wohlklingende Namen erhalten haben: ‹Haus mit der heiligen Tribüne›, ‹Südosthaus›, ‹Haus der gestürzten Blöcke›, ‹Haus des Opferstiers›, so lauten die Bezeichnungen der mehrgeschossigen Bauten, die wie verkleinerte Kopien der königlichen Wohngemächer wirken. Treppen, Kulträume, winklige Gänge mit Magazinen, säulenumgrenzte Vorhallen mit engen Lichthöfen kennzeichnen den jeweiligen Grundriß. Wie beim ‹Haus des Oberpriesters› vor den Süd-Propyläen, so nahm Evans auch hier den Wohnsitz des höheren Palastpersonals an. Noch zum Palast selbst gehören im Südostflügel zwei ‹Badezimmer› ähnlich demjenigen der Königin sowie in enger Nachbarschaft des ‹Heiligtum der Taubengöttin› aus spätminoischer Zeit, mit einem Opfertisch, Kultvasen und einer großen Zahl von Votivgaben.

Dafür fehlt im gesamten Palast eine brauchbare Küche für Hof, Beamten und Dienerschaft, es fehlen Rüstkammern und Stallungen – um nur einige praktische Belange zu erwähnen. Oder sollte dies alles einst im Obergeschoß des Ostflügels untergebracht gewesen sein, gleichsam im Austausch für die statt dessen im Keller untergebrachten königlichen Wohngemächer? Auch einen ausreichenden Speisesaal vermißt man. Offenbar mußte jeder der zahlreichen Palastbewohner sein Süppchen selbst kochen und im stillen Kämmerlein verzehren. Dabei sind allerdings richtige Feuerstellen, wie man sie in einem normalen Haushalt jener Zeit erwartet, kaum irgendwo nachgewiesen. Dafür finden sich in großer Zahl Kulträume, Opfersteine und -schalen, Votivgaben, kultische Bäder. Sollte die minoische Welt tatsächlich dem Weltlichen so abhold gewesen sein? Kann man sich einen Prunkpalast vorstellen ohne Küche, aber mit zahllosen separaten Badezimmern.

6. Aufstieg und Fall der minoischen Herrschaft

Flottenschau zu Beginn des Trojanischen Krieges · Von blondgelockten Achäern und braunhäutigen, dunkelhaarigen Minoern · Untergangsstimmung einer ‹verlorenen Generation› · «Unbekannte Sprache, geschrieben in unbekannter Schrift» · Kreta und die Atlantis-Sage · Jugendstil vor 3500 Jahren · Ein Festtag im alten Kreta

Um Arthur Evans zu verstehen, muß man sich wohl in die Zeit kurz vor Beginn der Jahrhundertwende zurückversetzen. Als er in Knossos zu graben begann, war über die minoische Zeit außer den phantasievollen Berichten der griechischen Sage so gut wie nichts bekannt. Er betrat also völliges Neuland und hat hier zweifellos wertvollste Pionierarbeit geleistet. Das muß auch heute noch voll anerkannt werden. Sind wir aber deshalb verpflichtet, auch seine Deutungen ungeprüft zu übernehmen, anstatt uns unsere eigenen Gedanken und Vorstellungen zu machen?

Nach Homer kämpft Idomeneus, der Enkel des Herrschers von Knossos, Seite an Seite mit den Achäern gegen die Trojaner. Im berühmten Schiffskatalog der ‹Ilias› werden die Kreter genau wie die übrigen Achäer, und zwar keineswegs als auswärtige Hilfsvölker, aufgezählt:

> «Aber der speerberühmte Idomeneus führte die Kreter,
> Welche Knossos bewohnten und Gortyns wehrbare Festung,
> Lyktos, Milet und Lykastos auf kreidig schimmerndem Felsen,
> Phaistos, Rhytion auch, die reichbevölkerten Städte,
> Andre ferner, die hausten im hundertburgigen Kreta:
> Diese führte Idomeneus an, der lanzenberühmte,
> Und Meriones, gleich dem männermordenden Ares.
> Ihnen folgt' ein Geschwader von achtzig dunkelen Schiffen.»

So lautet die Stelle im zweiten Gesang der ‹Ilias›, Vers 645 bis 652, in der Übersetzung von Johann Heinrich Voss und Hans Rupè. Nur wenig früher in dieser grandiosen Heerschau der achäischen Flotte wird kein Geringerer als Odysseus an der Spitze der Kephallener sowie Thoas als Führer der Aitolier aufgeführt. Nach den Kretern folgen die Rhodier und die Bewohner der Inseln des griechischen Archipels. Keine Rede davon, daß die Kreter etwas anderes gewesen seien als ‹Danaer›, als Achäer, als Griechen also. Wegen der Vormachtstellung der dichtbesiedelten Festlandsprovinzen stehen diese vor den Inseln. Die Kreter aber führen mit ihrem beträchtlichen Flottenkontingent von achtzig Schiffen die Liste der ägäischen Kriegsteilnehmer an!

Zwar hört man, daß auf Kreta mehrere Dialekte gesprochen werden, unter anderem derjenige der Eteokreter um Sitia im Osten der Insel, der ‹wahren Kreter›, wie sie sich selbst nennen. Noch in der Zeit der griechischen Klassik sprach man hier ein altertümliches Idiom, das nicht in griechischen Buchstaben, sondern vermutlich mit Hilfe des kyprischen Syllabars geschrieben wurde. Aber daß die Kreter keine Griechen seien oder zur achäischen Zeit gewesen wären, dafür gab es vor Arthur Evans keinen Hinweis.

Schon die ersten Ausgrabungsergebnisse zeigten jedoch, daß sich die knossischen Funde grundlegend von dem unterschied, was um die Jahrhundertwende als Kennzeichen des klassischen Griechenlands galt. Evans fand keine Tempel, keine Großskulpturen, keine typisch griechischen Theater mit halbrund in den ansteigenden Fels eingebauten Rängen, keine Inschriften, die von den Taten der Götter und Menschen zeugen, ja nicht einmal die bekannten Gestalten des griechischen Götterhimmels.

Statt dessen fanden sich fremd anmutende, nach unten sich verjüngende Säulen, eine nach Raumanordnung und Ausgestaltung fremde Architektur, Pithos-Magazine und Tontafelarchive mit offenbar endlosen statistischen Aufzeichnungen ohne erkennbaren historischen oder mythologischen Bezug, merkwürdige Tonidole, eine fremde Männer- und Frauentracht sowie unbekannte Kultgebräuche und Göttergestalten.

Gewisse Anklänge fanden sich allenfalls auf dem Peloponnes, in Mykenä und insbesondere in Tiryns, wo Evans zuvor die Ausgrabungen Schliemanns und Dörpfelds besucht hatte. Aber die dortigen Ausgrabungsbefunde nahmen ja bereits eine gewisse Sonderstellung ein. Vielleicht waren die Übereinstimmungen, wie schon Schliemann vermutet hatte, auf einen kretischen Einfluß zurückzuführen. Möglicherweise hatten die Burgherren von Mykenä und Tiryns auf einem ihrer Raubzüge auch Kreta einen Besuch abgestattet und Kunstgegenstände oder selbst Künstler mit nach Hause genommen. Die Frauenfresken aus Tiryns mit langem schwarzem Haar, offenem Busen und schmaler Taille, die Delphine, die Lotosblüten und Spiralmotive und nicht zuletzt die charakteristischen kretischen Doppelschilde auf einem Fresko der Burg von Tiryns ließen nur allzu deutlich die Hand kretischer Künstler erkennen. Waffen, Keramik, Gold und Silber konnte man erhandeln oder auch rauben. Fresken aber werden an Ort und Stelle gemalt – man kann sie nicht importieren, es sei denn, man ‹importierte› die Künstler.

Aber auch zu den übrigen bis dahin bekannten Kulturen des östlichen Mittelmeeres und seiner Anliegerländer zeigte die neuentdeckte knossische Kultur keine ausgesprochenen Parallelen. Zypern war damals archäologisch so gut wie unerforscht. Auf Kleinasien hatte zwar Schliemanns sensationelle Grabung in Troja die Blicke der Welt gelenkt, vor allem wegen des phänomenalen Goldfundes, den der Ausgräber sofort als ‹Schatz des Priamos› ausgegeben hatte, ohne zu ahnen, daß er rund tausend Jahre älter war als der trojanische Burgherr aus den Gesängen Homers. Die rasche Grabungstätigkeit Schliemanns hatte auf dem Hügel von Hissarlik gerade diejenigen Schichten vorschnell und vollständig abgeräumt, die für einen Vergleich mit Knossos von Wichtigkeit gewesen wären. Der Palast von Mari am oberen Euphrat wurde erst einige Jahrzehnte später von französischen Archäologen ans Tageslicht gehoben. So blieb um die Jahrhundertwende als Vergleichsmöglichkeit außer Peloponnes und griechischem Festland nur Ägypten mit seiner archäologisch schon damals vergleichsweise gut bekannten Vergangenheit. Aber welch ein Unterschied auch hier! Knossos lieferte keine Pyramiden, keine Mumien, keine Sphinx und Obelisken, keine Großstatuen von Göttern oder Pharaonen, keine wandfüllenden Hieroglyphen mit ruhmseligen Beschreibungen von Herrschern und deren Taten. Auch Kunststilvergleiche oder Gegenüberstellungen architektonischer Gesetzmäßigkeiten ergaben keine Anhaltspunkte für einen engeren Zusammenhang.

Von Anfang an erschien daher Knossos unter so eigenem Licht, ohne Parallele zu den damals bekannten benachbarten Kulturen, daß sich Arthur Evans durchaus im Recht sah, die von ihm neuentdeckte Kultur mit einem eigenen, neuen Namen in die Archäologie und Kunstgeschichte einzuführen. Er wählte hierfür den Namen des Herrschers, welcher der Sage nach Knossos bewohnte und das Labyrinth hatte bauen lassen. Seither sprechen wir von der minoischen Kultur.

Als sich dann von Jahr zu Jahr neue, ungeahnte zivilisatorische und künstlerische Leistungen der minoischen Kultur abzeichneten, als Evans erkennen zu können glaubte, daß die Minoer auf einer für die mittlere bis späte Bronzezeit einmalig hohen Zivilisationsstufe standen und über ganz modern anmutende technische Errungenschaften verfügten, da mußte eine Erklärung gefunden werden, weshalb diese Kultur mit allen ihren

Errungenschaften nicht angedauert hat. Zwar war der Enkel des Königs Minos noch Kriegsteilnehmer im Trojanischen Krieg, und Homers Gesänge gehörten auch fernerhin zum festen Kulturbestandteil aller griechischen Stämme. Es mußte da aber doch Barrieren gegeben haben, die einen völligen Kultur- und vor allem Zivilisationsaustausch verhindert hatten, sonst wäre das kulturelle Gefälle zu den ‹dunklen Jahrhunderten› des griechischen Mittelalters (zwischen minoischer und hellenischer Kultur, der Kultur der ‹klassischen› Griechen) unverständlich. Die Kreter mußten also von anderer Herkunft und Art gewesen sein als die Achäer und späteren Hellenen, und sie mußten bis auf unbedeutende Reste untergegangen sein.

War nicht auch die rotbraune Hautfarbe der minoischen Männergestalten auf den Fresken des Palastes von Knossos ein deutliches Zeichen ihres fremdartigen Wesens? Also keine ‹blondgelockten Achäer›, sondern braunhäutige, dunkelhaarige Volksstämme waren die Träger der minoischen Kultur. Die hochgewachsenen, hellhäutigen Hellenen, voran die Dorer, die nach den Berichten klassischer Schriftsteller gegen 1200 v. Chr. nach Süden vordrangen, hatten vermutlich die alten kretischen Stämme vertrieben, die Kultur jener unterjochten fremden Völker vernichtet und sich an ihrer Statt zu Beherrschern der Insel aufgeworfen. Gemessen an jenen dunkelhäutigen alten Kretern erscheinen die eigentlich griechischen Einwanderer als Barbaren, die vandalisch verwüsten und zerstören, was Kunst und Kultur der Minoer in friedlichem Wettstreit der Künstler aus nah und fern geschaffen hatten.

Oswald Spengler hatte, übrigens schon *vor* Ausbruch des Ersten Weltkrieges, der Weltuntergangsstimmung einer ‹verlorenen Generation› beredten Ausdruck verliehen und die ‹Katastrophe an sich› als das herrschende Prinzip in die Kulturgeschichte eingeführt. Am Beipiel der Minoer schien sich Spenglers Idee glänzend zu bestätigen: Sie waren offenbar einst groß und mächtig, Beherrscher der Meere, friedliebend, handeltreibend, kunstliebend und allem Neuen aufgeschlossen, bis ein junges, unverbrauchtes Volk von Eroberern dem bronzezeitlichen Paradies im östlichen Mittelmeer ein jähes Ende bereitete. Die Insel wurde unterjocht, die Paläste gingen in Flammen auf, Kunst und Kultur lagen darnieder, die Geschichte gönnte sich eine Atempause von einigen Jahrhunderten, um dann strahlender denn je in der hellenischen Kultur des ‹klassischen› Griechenlands wieder aufzuerstehen.

Welch plausibles und noch dazu den Thesen der Zeit vorzüglich angepaßtes Bild vom Aufstieg und Fall der Stadt des Minos! Zwischen den beiden Weltkriegen und danach liegt die Katastrophe sozusagen ‹in der Luft›. Wie beruhigend, wenn man nicht allein in sie hineinschlittert, sondern im Verein mit allen untergegangenen Kulturen der Weltgeschichte!

Man wird so zu einem kleinen Rädchen im großen Weltgetriebe, das bewegt wird vom unerbittlichen Fatum, gegen das es keinen Widerstand gibt. Wie schön auch, sich treiben zu lassen und sogar dafür eine Entschuldigung und Bestätigung in der archäologischen Forschung zu finden!

Im Untergang der minoischen Kultur konnte das Europa der beiden Weltkriege gleichsam seine eigene Zukunft in der Vergangenheit erkennen, den ‹Untergang des Abendlandes› am vollzogenen Beispiel der Frühgeschichte studieren. Eine wahre Vernichtungsorgie brach in den kommenden Jahrzehnten über die armen Minoer herein.

Da wurde ihr einst mächtiges Reich zunächst durch Erdbeben geschwächt. Vulkanausbrüche, insbesondere die gewaltige Explosion des Vulkans der Insel Santorin um 1450 v. Chr., ließen die festgefügte Macht der Minoer erzittern. Hatte nicht im Jahre 1883 eine solche ‹phreatische› Großexplosion des Krakataus in der Sundastraße zwischen Sumatra und Java gezeigt, welche ungeahnte Vernichtungskraft dem Vulkanismus innewohnt? Meerwasser war in den Schlot eingedrungen. Die plötzliche Dampfentwicklung führte zur größten Vulkankatastrophe der historischen Zeit. Die Luftdruckwelle ging mehrmals um die gesamte Erde, der Explosionsknall war im Umkreis von 3400 Kilometern – dem fünfzehnten Teil der Erdoberfläche – deutlich zu hören, der größte Teil der Vulkaninsel flog dabei in die Luft, etwa achtzehn Kubikkilometer Gesteinsmaterial wurden in die Luft geschleudert und auf eine Fläche von 750 000 Quadratkilometern verstreut. Die dabei hoch in die Atmosphäre hinaufgetragenen Staubwolken führten noch tagelang zu anormalen Dämmerungserscheinungen und Staubfällen über weiten Teilen der Erde. Noch nicht genug der apokalyptischen Ereignisse: Die gewaltige Explosion regte die Wasser des Ozeans zu einer alles vernichtenden seismischen Woge an, einem Tsunami von 30 Metern Höhe, dem an den Küsten Indonesiens über 40 000 Menschenleben zum Opfer fielen.

War nicht das minoische Reich auf die Vorherrschaft zur See gegründet? Waren nicht Schiffe in der vielgegliederten Inselwelt der Ägäis besonders anfällig gegenüber derartigen Katastrophen? Bot nicht die Vernichtung der minoischen Flotte durch einen Tsunami die beste Erklärung für das plötzliche Ausscheiden der Minoer aus dem Konzert der Mittelmeervölker am Ende der Bronzezeit?

Mit dem kümmerlichen Rest der Überlebenden, die allenfalls dem Erdbeben und Vulkanausbruch, der seismischen Woge und den zwangsläufig ausbrechenden Krankheitsepidemien entkommen waren, hatten die einbrechenden Barbaren leichtes Spiel. Wer auch diese letzte der «ägyptischen Plagen» überstand, floh ins Gebirge, wo ihm für alle Zeit die Lust verging, Wasserleitungen, Badewannen und Spülklosetts zu bauen, so daß alle diese Zivilisationsgüter so total in Vergessenheit gerieten, daß sie erst Jahrtausende später mühsam wiedererfunden werden mußten. In den Bergen des westlichen und östlichen Kretas haben dann anscheinend die zerstreuten Grüppchen der vertriebenen Minoer noch einige Zeit als ‹Eteokreter› vegetiert, ihr fremdartiges minoisches Idiom, die unbekannte Sprache des großen Königs Minos, gepflegt und in Linear A oder B, unleserlich für die griechischen Eroberer der Insel, niedergeschrieben, bis sie schließlich selbst ‹untergingen› oder im Volkstum der Eindringlinge ‹aufgingen›.

«Eine unbekannte Sprache, geschrieben in einer unbekannten Schrift, kann nicht entziffert werden, weder mit noch ohne zweisprachigen Text», so hatte 1948 die amerikanische Forscherin Alice Kober in bezug auf die minoische Sprache und Schrift erklärt und damit gleichsam eine Entschuldigung gefunden für Arthur Evans' Unvermögen, Licht in das Dunkel der Texte zu bringen, obwohl inzwischen über 4000 minoische Schrifttafeln geborgen worden waren. Dabei war es, wie wir noch sehen werden, letztlich die selbstgewählte Prämisse von der abstammungsmäßigen und zivilisatorischen Sonderstellung der Minoer und ihrem katastrophalen Ende, die Arthur Evans den verdienten Schlüssel zur Entzifferung vorenthielt. Sein Bild von den Minoern, ihrer Lebensweise und Eigenart als Volk war so fest gefügt, daß kein Spielraum mehr blieb zu unvoreingenommener Prüfung naheliegender Möglichkeiten.

So kam erst ein anderer, Michael Ventris, ein englischer Architekt und Liebhaber-Schriftforscher, auf den rettenden Einfall, der schließlich die jüngste der minoischen Schriften, die Linear B, einer Entzifferung näherbrachte: *Im Labyrinth wurde offenbar Griechisch gesprochen!* Keine völlig fremde, unbekannte und verschollene Sprache, die sich jedem Entzifferungsversuch entzog, weil die Träger dieser Sprache den Unbilden der Natur und der Gewalt barbarischer Eroberer zum Opfer gefallen waren, sondern ein archaischer griechischer Dialekt war die Amtssprache des Palastes, wie sich aus der großen Zahl von Tontäfelchen ablesen ließ.

Die Überraschung war für alle Anhänger der Evansschen Deutung so groß, daß sie bis heute noch nicht überwunden ist. So versuchen die einen, die Ventrissche Übersetzung der Linear B in Zweifel zu ziehen, um so noch ein wenig Spielraum für die fremde minoische Urbevölkerung freizuhalten, während die anderen die Linear B-Texte zeitlich der späten ‹Niedergangsphase› der Paläste unter griechischer Fremdherrschaft zuordnen wollen, als die eigentliche glorreiche Zeit der Minoer schon durch vorangegangene militärische oder geologische Katastrophen zu Ende gegangen war.

So wirkungsvoll ist noch heute die Weltuntergangs-Phantasmagorie vom Ende des minoischen Reiches, daß man ernsthaft sogar die Atlantis-

Sage damit in Zusammenhang bringen will. (J. V. Luce: ‹Atlantis – Legende und Wirklichkeit›, Bergisch Gladbach 1969.) Der Atlantis-Bericht stammt von Plato, der in den Dialogen ‹Timäus› und ‹Kritias› vom Untergang einer großen Insel im Ozean westlich von Spanien Mitteilung macht: In der Folge kamen schreckliche Erdbeben und Überschwemmungen, und im Verlauf eines Tages und einer Nacht voller Schrecken war die ganze Insel Atlantis in den Fluten verschwunden.» Selbst die Größe der Insel, zwei Millionen Quadratkilometer, und den Zeitpunkt, 9000 Jahre vor dem Zeitalter des griechischen Philosophen (427–347 v. Chr.), weiß Plato anzugeben. Und wenn auch weder Größe der Insel noch Zeitpunkt der Katastrophe nur entfernt mit der minoischen Welt übereinstimmen, und wenn auch den Griechen der Zeit Platos genau bekannt war, wo Kreta und wo der Atlas zu suchen war, nämlich über zweieinhalbtausend Kilometer voneinander entfernt, so paßt eben doch die Katastrophe so hübsch ins Bild, daß Atlantis und das minoische Kreta immer wieder in Zusammenhang gesehen werden! Irgendwie, das scheint unerschütterlicher Glaube fast aller Historiker und Archäologen, irgendwie mußten die alten Minoer doch schließlich ausgerottet worden sein, wenn sie so vollständig von der Weltgeschichte vergessen worden waren. Was hat es demgegenüber schon zu bedeuten, daß einem selbst im heutigen Iraklion noch Menschentypen begegnen, die wie zum Leben wiedererweckte minoische Fresken wirken.

Zwischen Hochzivilisation und Weltuntergangsstimmung des zwanzigsten Jahrhunderts siedelte Evans sein Bild von den alten Minoern an. Nicht nur die Beispiele für die technischen Einrichtungen wählte er aus seiner eigenen modernen Umwelt. Auch die Kunst der Minoer schien das bildhafte Gestalten der Jahrhundertwende in wesentlichen Zügen vorweggenommen zu haben. Jugendstilelemente, wie sie gerade erst wie-

24 Stierspringer-Fresko, Knossos

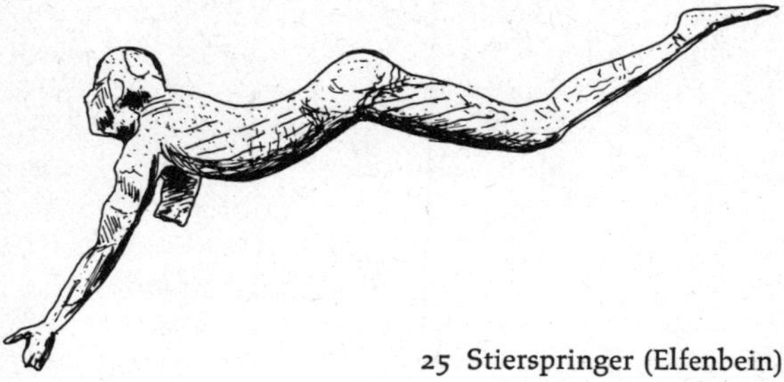

25 Stierspringer (Elfenbein), Knossos

der in Mode gekommen waren, kennzeichnen offenbar das minoische Kunstempfinden. Es wirkt als merkwürdiger Zufall des Zusammentreffens, daß nicht Barock oder Klassik, nicht Romantik oder Impressionismus, sondern gerade der kurz zuvor von der Münchener Zeitschrift ‹Die Jugend› inspirierte Kunststil in den 3500 Jahre alten Fresken aus dem Palast des Minos antizipiert erscheint.

Von den düsteren Vorstellungen, welche die alten Griechen vom sagenumwobenen Labyrinth hatten, konnte nach den Evansschen Grabungen bald keine Rede mehr sein. Wer brauchte schließlich Warenlager, Ölmagazine, Thronsäle, Kulträume und Tontafelarchive in einem finsteren Gefängnis, das für die scheußliche Mißgeburt des stierköpfigen Minotaurus errichtet worden sein soll? Endlich brachte der Spaten des Archäologen Licht in das Dunkel jener alten Überlieferung. Die Gruselmärchen von Menschenopfern am Hof des Minos waren wohl nur als Greuelpropaganda der ehemals unterlegenen Hellenen aufzufassen. Die ausgegrabenen Zeugnisse ergaben eine andere, eine heitere, eine heile Welt der Minoer.

Sprachen nicht die Fresken von Knossos eine klare Sprache? Zeichneten sie nicht ein deutliches Bild vom täglichen Leben der Palastbewohner? In langer Prozession sehen wir die alten Minoer in selbstbewußter, aufrechter Haltung einherschreiten und kunstvolle Vasen, Schalen und Trichter, Erzeugnisse ihrer überdurchschnittlichen künstlerischen Begabung, ihrem geliebten Fürsten zum Geschenk darbringen. Eine edle Führergestalt mit imposanter Gebärdensprache, der Prinz mit der Federkrone, geleitet sie in den Palast. Drinnen empfängt sie König Minos im Kreise seiner Berater, im künstlerisch verzierten Thronsaal, nachdem er zuvor die vorgeschriebenen kultischen Waschungen vollzogen und die heiligen Schlangen befragt hat. Die gesamte Ernte des Jahres haben die Untertanen ihrem König in seine weitläufigen Magazinräume gebracht. Genau ist auf den Tontafeln vermerkt, wer was abgeliefert oder jeweils zu bekommen hat. Man kann sich also getrost den schönen Dingen des

Lebens zuwenden, die sich da auf dem Zentralhof des Palastes oder draußen im Freien, unter den schattigen Bäumen des Westhofes oder des Theaters abspielen:

Schon ist eine unübersehbare Menge im Hofe versammelt. Die in der gleißenden Sonne rotbraun verbrannten athletischen Gestalten der sportgestählten minoischen Männer fiebern dem Kampfziel entgegen, in welchem sie ihre Kräfte messen wollen. Die anmutigen Damen, Gesicht und Busen in vornehmer Blässe vom ständigen Aufenthalt im schattigen Souterrain, haben zur Feier des Tages ihre schönsten Roben angelegt, das dunkelgelockte Haar in kunstvolle Frisuren gelegt und ihre Reize durch nicht weniger künstlerischen Gebrauch von Rouge, Puder und Wimperntusche nachdrücklich unterstrichen. Schamhaft verhüllen die kostbaren, bis zum Erdboden reichenden bunten Gewänder den schlanken Leib bis hinab zu den zierlichen Fußgelenken der ausschließlich jungen Damen. Den Busen aber tragen sie frei. Erotisches Raffinement? Sexuelle Emanzipation? Gleich wird die Schlangenpriesterin aus der Palastkapelle, dem Dreiteiligen Heiligtum, heraustreten und mit den heiligen Schlangen in den erhobenen Händen das Zeichen zum Beginn der Kampfspiele geben, und Gehilfen mit Libationsgefäßen, kunstreich gezierten Vasen in Gestalt heiliger Tiere, den sogenannten Rhyton-Trichtern, werden mit Weihegüssen Erde, Pflanzen- und Tierwelt sowie die Palastbewohner segnen.

Schon seit Monaten haben sieben junge Männer und Jungfrauen, eigens zum Festspiel aus dem fernen Athen geladen, den Salto mortale über den Stier geübt. Der erste der athenischen Jünglinge hat soeben die Hörner des rasenden Tieres gepackt und sich mit einer kühnen Volte emporschleudern lassen, um in den weißen Armen seiner Hilfestellung gebenden Kollegin zu landen. Der ausländische Artist ist tief gebräunt wie die einheimischen minoischen Männer. Die wagemutigen Jungfrauen dagegen, die nun ihrerseits zum Todessprung über den Stier ansetzen, zeigen seltsamerweise den vornehm-blassen Teint, genau wie es die Mode bei Hofe in Kreta befiehlt.

Nachdem die Stierkämpfer ihre Kunst gezeigt haben, geht es hinaus in die freie Natur, wo in Wald und Feld blaue Affen und braune Rebhühner ihr munteres Spiel treiben. Man vergnügt sich beim Blumenpflücken oder schaut am Strand dem Spiel der heiteren Delphine zu, bis zur Zeit der Abendvorstellung sich alles wieder versammelt: Diesmal im Theater, wo ein Blütenkranz holder minoischer Mädchenschönheit ein liebliches Tanzspiel im Freien darbietet, bis der heitere Tag sein Ende findet.

So war das Leben der alten Minoer in der Vision des ersten Ausgräbers. War es so?

7. Das «Beton-Kreta» und seine Zweifler

Was weiß Homer vom minoischen Kreta? · «Eisenbeton gewordene, aber deshalb nicht weniger schwanke Hypothesen» · Der Lilienprinz in der Badehose · Frauenmode im alten Kreta · «Königsthron» für Kultbild oder Priestermumie? · Knossos, «unterweltliches Gebäude», später gemieden wie eine «Galgenstätte oder ein Hexentanzplatz» · Schreck in der Nachtstunde

War diese Vision vom minoischen Paradies, die Evans in seinen Funden schaute, die echte altkretische Welt? Die Welt des Minos, von welcher Homer spricht, als er den Aithon, einen Enkel König Minos', sagen läßt:

«Kreta ist ein Land inmitten des wogenden Meeres,
Schön und fruchtbar und rings umflossen. Es wohnen der Menschen
Viele, unzählige dort und ihrer Städte sind neunzig.
Dort sind Völker und Sprachen gemischt; dort wohnen Achaier,
Die Altkreter sind dort, die gewaltigen; dort die Kydonen,
Dorier auch, die dreifach geteilt sind, und edle Pelasger.
Ihre gewaltige Stadt ist Knossos; diese beherrschte
Minos einst, auf neun der Jahre Vertrauter Kronions.
Dieser war des edelgesinnten Deukalion Vater,
Meines Vaters, der mich und den König Idomeneus zeugte.
Aber Idomeneus fuhr in schöngeschnäbelten Schiffen
Mit den Atreiden gegen Troja, denn er ist älter und stärker;
Ich bin der jüngere Sohn, und mein rühmlicher Name ist Aithon.»

Daß im Schiffskatalog der ‹Ilias› die Zahl der altkretischen Städte mit hundert angegeben wurde, scheint der Dichter inzwischen vergessen zu haben. Die Dorer sind offenbar schon eingewandert, nur zwei Generationen nach der Regierungszeit König Minos', ohne daß sich hierdurch aber viel an den politischen Verhältnissen geändert hätte: Noch ist die Dynastie der Asteriiden an der Macht, benannt nach Asterios, dem Adoptivvater des Minos und Gatte seiner Mutter Europe. Minos hatte ein Friedensregiment geführt, so dürfen wir annehmen, und auch die Regierung seines Sohnes Deukalion scheint in Spiel und Tanz, in Macht und Glanz vorübergegangen zu sein. Schon ist der streitbare Enkel Idomeneus nach Troja ausgezogen, um endlich auf dem Kriegsschauplatz zu beweisen, daß sich minoische Prinzen weder vor rasenden Stieren noch vor den Furien des Krieges fürchten. Die Atreiden, von denen hier die Rede ist, sind Agamemnon (König von Mykenä und Führer der Achäer im Trojanischen Krieg) und Menelaos (König von Sparta und verlassener Gemahl der schönen Helena, deren Entführung durch den jungen Troerprinzen Paris den Trojanischen Krieg ausgelöst haben soll), die Söhne des Königs Atreus von Mykenä.

Kein Wort von Streitereien zwischen den verschiedenen Völkerstämmen, die Kreta bewohnen, im Gegenteil, man lebt einträchtig beisammen und nimmt ebenso einträchtig auf der Seite der festländischen Achäer am Trojanischen Krieg teil. Die Eteokreter werden nicht als kleines vertriebenes Häuflein alter Minoer in unzugänglichen Gebirgen des Hinterlandes aufgeführt, sondern ausdrücklich als die «gewaltigen» bezeichnet. Daß man verschiedene Sprachen – oder besser wohl: Dialekte – auf der Insel sprach, scheint niemanden gestört oder an einer guten Verständigung gehindert zu haben. Auch Knossos ist noch nicht untergegangen (obwohl Achäer und Dorer bereits gelandet sind).

Unsicher ist eigentlich nur die Bedeutung des Verses, wonach König Minos «auf neun der Jahre» ein Vertrauter Kronions gewesen sei. Manche meinen, er sei alle neun Jahre, also jedesmal nach Ablauf eines griechischen ‹Großjahres›-Zyklus, dem höchsten Gott der Griechen in dessen Heiligtum nahe gewesen. Aus diesem Anlaß und zu dieser Gelegenheit habe das unterworfene Athen einen Tribut von je sieben Jünglingen und Jungfrauen als Begleiter stellen müssen. Ranke-Graves deutet in seiner ‹Griechischen Mythologie› an, der König sei möglicherweise ursprünglich zu Ende eines jeden Großjahres selbst der großen dreieinigen Muttergottheit geopfert worden, bis ein Herrscher sich durch Gestellung von Ersatz-Opfern dem eigenen kultischen Opfertod entziehen konnte.

Aithon fährt seinen Bericht fort (‹Odyssee› T, neunzehnter Gesang, Vers 185 ff.), nach den eigenen Worten des Odysseus:

«Dort war's, wo ich Odysseus sah und Freund mit ihm wurde,
Denn an Kretas Küste verschlug ihn die heftige Windsbraut,
Als er gen Ilion fuhr, und trieb ihn weg von Maleia.
Dort zum Amnissos gelangt, bei der Grotte der Eileithyia,
Fand er die fährliche Bucht und kaum entrann er dem Sturme;
Und ging gleich in die Stadt, um Idomeneus selber zu sehen;
Denn er nannt' ihn seinen geliebten und teuersten Gastfreund.
Aber schon waren zehn oder elf der Tage vergangen,
Seit er nach Ilion fuhr in den schöngeschnäbelten Schiffen . . .»

«Und zwölf Tage blieben bei uns die edlen Achaier;

denn es hielt sie ein wilder Nordsturm; selbst auf dem Lande,
konnte man kaum noch stehen; so tobte der feindliche Dämon.
Aber am dreizehnten ruhte der Sturm; da fuhren sie weiter . . .»

Kreta ist zur Zeit Homers also kein unbekanntes Land in der unendlichen See. Man kennt es sogar recht gut. Erwähnt wird Mallia, bekannt durch die französischen Ausgrabungen eines Palastes aus minoischer Zeit, der demjenigen von Knossos nur wenig an Größe und Bedeutung nachsteht. Odysseus will, auf der Fahrt nach Troja (Ilion) vom Kurs abgekommen, am langen und gefahrlosen Strand von Mallia anlegen. Doch der Wind treibt ihn westwärts zur engen Bucht von Amnissos in der Nähe der Eileithyia-Grotte, die noch heute zugänglich ist. Sie war seit alters einer Göttin der Fruchtbarkeit gewidmet. Friedrich Matz vermutet, daß die zum Teil mächtigen Tropfsteine zu dieser Kultübung veranlaßt haben. Von Amnissos, wo Odysseus wegen des starken Sturmes nur mit Mühe landen kann, geht der Ankömmling auf schnellstem Wege in die Stadt Knossos. Nur etwa vier Kilometer beträgt die Entfernung zwischen Amnissos und dem heutigen Iraklion. Odysseus will den König Idomeneus aufsuchen, den er von früher her kennt. Aber dieser ist nur wenige Tage zuvor mit dem kretischen Flottenkontingent selbst nach Troja aufgebrochen. Der jüngere Bruder Aithon empfängt ihn. Odysseus will weiter nach Troja, wo er von den übrigen Achäern zum Kampf erwartet wird. Aber zwölf Tage lang tobt der Nordsturm, die kalte Bora, und verhindert jedes Auslaufen.

Wer seinen Zuhörern so vieles und Detailliertes über Kreta zu sagen weiß, und das in wenig mehr als einer Handvoll Versen, der kennt das Mittelmeer und der kennt Kreta. Der war selbst an Ort und Stelle, hat vergeblich versucht, sich gegen den Nordsturm anzustemmen, der die kretische Nordküste oft tagelang mit voller Wucht trifft. Keine Rede davon, daß der nicht gewußt hätte, wo Kreta und die anderen Inseln der Ägäis, oder wo der Atlas und Atlantis dahinter zu suchen waren. Man soll nur nicht glauben, die alten Völker des Mittelmeeres und seiner Gestade hätten keine genauen geographischen Vorstellungen von der Lage der Inseln und Küsten gehabt, auch wenn sie noch nicht über die späteren kartographischen Fähigkeiten verfügten. Sie hatten den Stand der Gestirne, die Richtung der Winde, die Strömungen und Untiefen im Kopf, wenn sie Jahr für Jahr ihren Kurs hielten. Seekarten brauchten sie nicht, und wenn sich im Herbst Sonne und Sterne hinter dichten Wolkenbergen versteckten, zogen sie ihre Schiffe an Land, um besseres Wetter im Frühjahr abzuwarten. Wozu also Segelanweisungen, Magnetsteine oder ähnliches Zubehör?

Meist ging es gut, da man sich nur selten außer Sichtweite der Küste begab. So fährt Odysseus nach Troja an der Westküste des Peloponnes entlang nach Süden, an Kythera und Antikythera vorbei nach Kreta, wo er sich ursprünglich den achtzig Schiffen des Idomeneus anschließen wollte, hält sich nördlich von Kasos und Karpathos, um sich westlich von Rhodos nach Norden zu wenden, durch die Inselwelt der Sporaden an der Westküste Kleinasiens nach Norden fahrend, bis er nördlich Lesbos auf die Küste der Troas stößt. Der direkte Weg über den Golf und Isthmos von Korinth und durch den Golf von Ägina hätte zum langen Schleppen der Schiffe über Land gezwungen. Der Versuch, in diese enge Inselwelt eine Insel von der Ausdehnung des sagenhaften Atlantis hineinzuprojizieren, und das noch dazu in die Zeit nur wenige Generationen vor Ausbruch des Trojanischen Krieges, ist kaum ernst zu nehmen. Das hieße, die Ortskenntnisse der alten Griechen doch allzusehr zu unterschätzen.

Idomeneus ist, so erfahren wir, ein alter Freund des Odysseus. Das wird so selbstverständlich erzählt, als wohnten die beiden nicht über fünfhundert Kilometer weit entfernt voneinander auf verschiedenen Inseln. Der Verkehr scheint also durchaus intensiv gewesen zu sein von Insel zu Insel, und der Herr von Ithaka (und den umliegenden Inseln einschließlich der benachbarten Festlandsküste) und der König von Kreta (und Enkel des großen Minos) hielten gute Freundschaft. Keine Rede von trennender Feindschaft zwischen den alteingesessenen, unterjochten braunhäutigen Minoern und dem listenreichen Geschwaderkommandant der hellhäutigen Achäer. Die Mär vom Untergang der Minoer infolge Eroberung durch die Achäer hätte keiner der Zuhörer Homers ernstgenommen. Achäer und Dorer leben auf Kreta neben und mit den dort von alters her ansässigen Stämmen, ohne daß dabei die einen die anderen hätten völlig ausrotten müssen. Sicher wird es nicht immer friedlich zugegangen sein von Wohnsitz zu Wohnsitz, aber Verständigungsschwierigkeiten scheint es von Dialekt zu Dialekt nicht gegeben zu haben, und wenn es um die gemeinsamen heiligsten Güter der Hellenen ging, wie beispielsweise um die schöne Helena, dann stand man gemeinsam, Seite an Seite, seinen Mann gegen den frechen Übermut des feindlichen Raubgesindels.

Die apokalyptische Kunde vom plötzlichen gewaltsamen Ende des heiteren minoischen Sonnenreiches war demnach zu Zeiten Homers im ägäischen Raum völlig unbekannt, obwohl sich der Dichter mit dem davon betroffenen Volk eingehend beschäftigt. War das ein Fehler Homers, der sich ja bekanntermaßen zahlreiche dichterische Freiheiten erlaubte und als historischer Quellentext dubios war? Und der visionäre Entwurf von Arthur Evans war archäologisch untermauert. Mit fliegenden Fahnen ging die Fachwelt zu den neuen Thesen über. Der blinde Rhapsode Homer mußte irren. Die Wahrheit der Wissenschaft strafte ihn Lügen . . .

Aber dennoch regten sich immer wieder Zweifel und zum Teil sogar Widerspruch. Er entzündete sich freilich nicht sosehr an den geschichtlichen Thesen und am Problem des Untergangs der minoischen Kultur, sondern an den Restaurierungsversuchen von Arthur Evans in Knossos. C. W. Ceram schreibt hierzu: «Wie Evans die Kreter sah, so sah sie der Mensch unseres beginnenden Jahrhunderts. Sah er sie richtig? . . . Immer mehr Stimmen finden sich heute, die Evans' Wiederherstellungen hart attackieren . . .» Der österreichische Archäologe Camillo Praschniker fand wohl als erster harte Worte über die ‹Filmstadt›, wie er Evans' Rekonstruktion von Knossos titulierte: «Der Referent hat vor kurzem Gelegenheit gehabt, wieder einmal nach längerer Zeit den Palast zu besuchen, und hat leider konstatieren müssen, daß seine schlimmsten Erwartungen übertroffen worden sind. Man sieht vor lauter Neuem kaum mehr alte Steine und wandert durch Eisenbeton gewordene, aber deshalb nicht weniger schwanke Hypothesen» (1930). Und wieder C. W. Ceram: «Zweifellos hat Evans seiner Phantasie mehr Spielraum gegeben, als die Funde zulassen (wollen wir nicht dem großen Entdecker Respekt zollen und vielleicht statt Phantasie ‹Schau› sagen?). Er trug für seine Rekonstruktionen antike Bauelemente zusammen, die räumlich nicht zueinander gehörten, er verwendete Materialien, die den Kretern vollkommen unbekannt waren, er hat, wie heute viele sagen, ein ‹Beton-Kreta› errichtet.» In ‹Götter, Gräber und Gelehrte im Bild› stellt Ceram dann gegenüber, was vom ‹Lilienprinzen› bei der Auffindung tatsächlich erhalten war und was die schöpferische Phantasie des Kunstmalers Edouard Gillérion unter Evans' Anleitung als ‹Wiederherstellung› hinzuerfand. Mit einemmal wird klar, weshalb sich der Jugendstil der Jahrhundertwende in der «Vergangenheit vorbestätigt fand».

Das Original bestand aus Teilen des Oberkörpers mit dem abgewinkelten rechten Arm und Resten der Bemalung, so einer Halskette und einiger Haarsträhnen. Vom linken Arm war lediglich ein kurzes Bruchstück, vom linken Bein je ein Teil des Schenkels und der Wade erhalten. Nach erfolgter Wiederherstellung sehen wir einen spärlich bekleideten, aber im Spiel seiner gestählten Muskeln imposant einherschreitenden jungen Minoer mit lyrischen Gesichtszügen und weitausladender Gebärde, gekrönt von einer zauberhaften Komposition neuester Damenhutschöpfung, die sicher auf den Boulevards der Seine-Metropole vor Ausbruch des Ersten Weltkrieges Furore gemacht hätte: eine ‹Federkrone› mit drei wallenden Pfauenfedern. So modern auch die Kopfbedeckung, so fremdartig muß andererseits die leichtgeschürzte Lendenbekleidung mit dem Penis-Futteral, einer Glied-Tasche, gewirkt haben. Aber schließlich

26 «Lilienprinz», Knossos

schreitet der Prinz – wieso eigentlich Prinz? – durch ein Feld keuscher Lilien, von phantasievoll erdachten Schmetterlingen umflattert.

Eine solche Darstellung jugendlicher Männlichkeit, zauberhafter Konturen und zarten Farbenspiels mußte freilich den Menschen der Jahrhundertwende unter die Haut gehen. Weit mehr wohl, als die paar wenigen Originalbruchstücke, verstaubt in einer Glasvitrine. Hier erkennen wir die Motivation, mit welcher sich eine Gemeinde begeisterter Freunde um Arthur Evans scharen konnte. Der schöne Schein ermöglicht es den Besuchern, sich persönlich zu engagieren, sich in den theaterartig aufgestellten Dekorationen des Ausgrabungsgeländes heimisch zu fühlen, sich mit den idyllisch verklärten Sagengestalten der minoischen Welt zu identifizieren. Evans stellt damit – sicher unabsichtlich – ein Reich der Phantasie zur Verfügung, in welches man unbeschwert von den Realitäten der Gegenwart und den Unbilden des Tages entfliehen kann, ein Paradies alles Guten, Schönen und Wahren. Indem Arthur Evans die vor seinem geistigen Auge wiedererstandene ‹heile Welt› der Minoer in einer Art archäologischem ‹Disney-Land› wirklich und wahrhaftig in Eisenbeton Gestalt werden ließ, setzte er die Emotionen seiner Anhänger frei, die sich bisher mit Erfolg gegen alle Widersprüche durchgesetzt haben.

Die Dankbarkeit für die große Entdeckerleistung steht außer Frage, und

Anerkennung wurde Arthur Evans zeit seines Lebens und danach zuteil. Es gibt aber in der Wissenschaft keine Möglichkeit, aus dankbarer Verehrung für einen großen Meister an dessen Lehren festzuhalten, wenn sich die Zweifel häufen. Wissenschaftliche Arbeitsweise und Verantwortung verlangen stets aufs neue, die Grundlagen zu überprüfen, auf denen eine Hypothese aufgebaut wird. Dabei bleibt es nicht aus, daß man auch auf Fehler und Irrtümer stößt und sie richtigstellt. Das ist keine kleinliche Besserwisserei, sondern selbstverständliche Grundlagenarbeit im Interesse des Fortschritts wissenschaftlicher Erkenntnis. Der persönliche Einsatz und die Leistung der großen Männer der Vergangenheit werden dabei nicht in Zweifel gezogen oder herabgewürdigt. Neue Erkenntnisse, und das gilt für alle Zweige der Wissenschaft, sind nur möglich, wenn sich die Gedanken aus der erstarrten Umklammerung überkommener Lehrmeinungen zu lösen vermögen. «Der dankt seinem Lehrer schlecht, der immer nur sein Schüler bleibt.»

Daß vor Evans schon Minos Kalokairinos und Heinrich Schliemann um Knossos bemüht waren und französische Archäologen das Gelände für umfangreiche Grabungsarbeiten erwerben wollten, als Arthur Evans ihnen in letzter Minute zuvorkam, haben wir schon gehört. Tatsächlich folgten auch wenig später die französischen Ausgrabungen des Palastes von Mallia und die italienischen in Phaistos. Weder hier noch dort hat man einen so weitgehenden Versuch der Rekonstruktion in Eisenbeton und Ölfarbe gewagt wie in Knossos. Daher zeigen die Bilder von minoischen Ausgrabungsstätten auch fast immer nur Knossos, wo es so fotogene Motive von faszinierender Eindringlichkeit gibt, daß die bescheidenen Grundmauern der übrigen Paläste dagegen völlig abfallen. Verglichen mit Knossos erzeugt weder Mallia noch Phaistos ‹ein Bild in der Seele›. Und das genau ist der Grund, weshalb es nur eine ‹Knossos-Begeisterung›, ‹Evans-Anhängerschaft› und ‹Minos-Emotion› gibt.

Die vier reich bebilderten Bände ‹The Palace of Minos› in Goldschnitt (London 1921–1935), großzügig ausgestattet und großzügig verteilt, machten Evans mit einem Schlage berühmt. Wer kennt hingegen die Ausgräber von Mallia: E. Chapouthier, P. Demargne, H. Gallet de Santerre, J. Deshayes, A. Dessenne, H. und M. van Effenterre oder von Phaistos: L. Pernier, L. Banti und D. Levi? In nicht weniger intensivem Einsatz haben sie alle dazu beigetragen, unsere Kenntnis über die Minoer zu erweitern, indem sie ruhige, verantwortungsbewußte Spaten- und Restaurierungsarbeiten durch Jahrzehnte hindurch vollbrachten, abseits der großen ‹Evans-Publicity›. Sie haben sich gehütet, durch nicht eindeutig belegte Rekonstruktionseffekte Emotionen zu wecken, die einer wissenschaftlichen Betrachtungsweise nur abträglich sein können.

Daher gibt es auch keine begeisterte Pernier- oder Demargne-Gemeinde.

Aber nicht nur die Kunstelemente des Jugendstils, die kulturphilosophische Grundtendenz vom ‹Untergang des Abendlandes› und Einrichtungen moderner Zivilisation und Hygiene transponierte Arthur Evans aus seiner eigenen Gegenwart in die minoische Vergangenheit der späten Bronzezeit. Selbst die aristokratische Ordnung seiner englischen Heimat begegnet uns im Reich des Minos wieder. So wohnt König Minos mit seiner Gemahlin im großen Palast. Nur wenige Schritte trennen diesen vom kleinen Palast, dem Wohnsitz des Kronprinzen. Fein abgestuft folgen die Villen der übrigen Prinzen bis hin zu den Landhäusern des Adels. Nicht nur Kunstrichtungen, kulturphilosophischer Systeme und Vorkämpfer moderner Hygiene und Körperkultur, sondern sogar die gesellschaftliche Ordnung der Viktorianischen Ära konnte sich in Knossos vorbestätigt finden.

Aber lassen wir noch einige Stimmen des Zweifels unmittelbar zu Wort kommen: «Die ‹Schlangengöttin› mit den großen, ausdrucksvollen Augen, dem reichen Gewand, der freien Büste», so schreibt C. W. Ceram, «war vielleicht mehr noch als der ‹Prinz im Lilienfeld› bestimmend für unsere Vorstellung von altkretischer Welt – gesehen durch die Augen von Evans . . . . Doch das Erstaunlichste ist, daß einige wenige Zeugnisse solcher Art so zwingend wirken konnten, daß sich gerade dies Bild überall einschlich, vor allem in Kostümgeschichten unter der Überschrift ‹Frauenmode in Kreta› . . . Was die kleine bemalte Tonfigur in ihrer rechten Hand hält (nur das obere Stück ist erhalten), kann alles andere sein als eine Schlange. Das kleine, abseits von der Figur gefun-

27 Sessel in der Vorkammer der ‹Tomba degli scudi e delle sedie›, Cerveteri/Etrurien
Etrurische Gräber weisen bis zu fünf solcher Totenstühle (‹Thronsessel›) zur kultischen Verehrung der Toten während der monatelangen Trauerzeit auf. Die rundliche Form verhindert, daß der Tote seitwärts vom Sitz gleitet. Die eigentlichen Grabkammern, deren Türen hier sichtbar sind, nehmen die Toten erst nach Ablauf der vorgeschriebenen Trauerzeit (zugleich Trocknungszeit des einbalsamierten Leichnams) auf

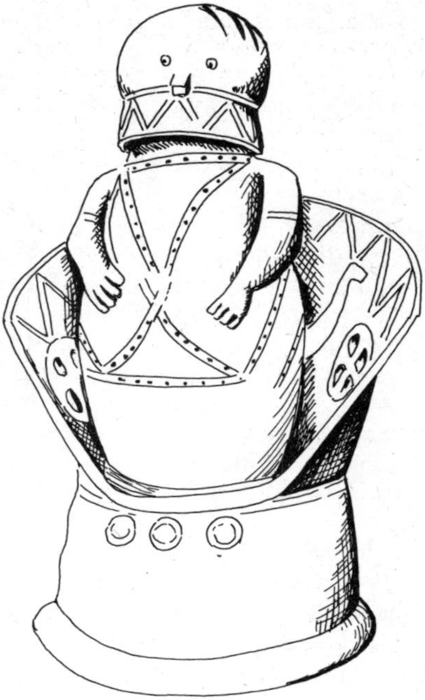

28 Urne in Menschengestalt auf Sessel, Chiusi-Etrurien. Obwohl der Leichnam verbrannt wurde, zeigt die Urne andeutungsweise die in Binden fast babyartig eingehüllte Mumienform des Körpers auf dem Totenstuhl und damit modellartig in Form einer Ersatzhandlung, was einst mit nicht verbrannten Leichnamen geschah: Sie wurden balsamiert und auf Totenstühlen verehrt, bis sie nach der vorgeschriebenen Trauerzeit in der eigentlichen Grabkammer beigesetzt wurden. Vgl. ‹Tomba degli scudi e delle sedie›, Cerveteri

dene Bruchstück alles andere als ein sitzender Löwe als Hutschmuck. Das ganze Gesicht, beide Unterarme, der größte Teil des Körpers sind rekonstruiert. Das links gezeigte, abgeschliffene Rundsiegel mit den zwei tanzenden Priesterinnen bildet einen der wenigen ‹Beweise› für die freie Büste. Aber – sind es Priesterinnen? Vielleicht sind es Hierodulen, Tempeldirnen? Aus diesen ‹Beweisen› eine kretische ‹Mode› ableiten zu wollen, ist mehr als verwegen.» Anschließend zitiert er Ernst Buschor (‹Handbuch der Archäologie›, 1939): «Die Verfälschung der Denkmäler durch täuschende Überarbeitung oder Ergänzung gehört schon in die Nachbarschaft der bewußten Herstellung von Scheindenkmälern, von Fälschungen.»

In wesentlich gemilderter Form, wenn auch nicht weniger frei von Vorwürfen, drückt sich Prof. R. Hachmann in einer Briefzuschrift aus: «Ich sehe einstweilen nur viele Widersprüche zwischen Evans' eigenen verschiedenen Angaben und außerdem Widersprüche zwischen Evans' Auswertung und der Dokumentation seiner Mitarbeiter. Da die Dokumentation nicht veröffentlicht ist, ist es nicht möglich, einen vollen Überblick zu gewinnen.»

Widersprüche also. Evans hat seine Grabungsberichte ebensowenig gesichtet und objektiv geordnet herausgegeben, wie er auch die Tontafel-Archive in chaotischem Durcheinander hinterließ. Von einer gesicherten wissenschaftlichen Auf- und Ausarbeitung der Funde kann man bei Evans nicht sprechen. Um so kühner, gewagter, ja leichtsinniger erscheint seine visionäre Gewißheit, mit welcher er das Material deutet, ehe es überhaupt vollständig und ordnungsgemäß bearbeitet ist. Evans war sich aus anderen Quellen als denen wissenschaftlicher Wahrheit sicher: So war die minoische Welt und nicht anders!

Oswald Spengler, dem ja die Vorstellung vom Untergang der minoischen Kultur als Beweis für die Richtigkeit seiner kulturphilosophischen Thesen nur hätte willkommen sein können, nimmt die Evanssche Deutung nur mit Skepsis und größter Zurückhaltung auf. Er sieht die Ungereimtheiten und Widersprüche im Bilde Evans', er ahnt Anklänge an Kultgebräuche anderer, zeitgleicher Kulturen sowie an die Jenseitsvorstellungen der alten Völker. Ihm fällt der Mangel eines Mauerschutzes für die angeblichen Paläste auf. Ihm erscheint die Deutung der Stierbilder durch Evans zweifelhaft. Er hält den minoischen ‹Königsthron› eher für den Platz eines Kultbildes oder einer Priestermumie. Und er fragt schließlich zweifelnd: «Waren die ‹Paläste› von Knossos und Phaistos Totentempel, Heiligtümer eines gewaltigen Jenseitskultes?»

Gewisse Zweifel an der diesseitigen Realität von Evans' Deutung des Labyrinths als Wohnsitz aufgeklärter Monarchen kann man auch aus den Worten Karl Kerénys lesen, der sich als Professor der Klassischen Philologie mit Altertumswissenschaft und mit griechischer Mythologie befaßt hat. In seiner ‹Mythologie der Griechen› (Zürich 1958) erzählt er unter den Heroengeschichten die Erlebnisse des Theseus, der im Labyrinth den Minotaurus erstach: «Ein altes Vasenbild zeigt ihn in der Ausgangsstellung des Zweikampfes mit dem Stierköpfigen, der da den Namen Taurominion führt. Mit der einen Hand fassen sie sich gegenseitig an, in der anderen hält der Heros das Schwert, das halbtierische Wesen den Stein. Man erzählte auch, Theseus wäre nicht im Besitz einer Waffe gewesen, sondern erwürgte mit bloßer Hand, in Ring- und Faustkampf seinen Gegner. Er trägt aber oft eine Keule oder einen Stock. So erscheint er siegreich in der Pforte des *unterweltlichen* Gebäudes, wenn er nicht auch den toten Stiermenschen mit sich zerrt . . .»

Hier wird es offen ausgesprochen: In der altgriechischen Überlieferung lebt das Labyrinth des Minotaurus nicht fort als weltoffener Palast eines dem Sport und den Künsten zugetanen weisen Herrschers, sondern als ein finsteres, ganz und gar unterweltliches Gebäude.

Als feinsinniger Literat und nachdenklicher Verehrer der kretischen Szene wundert sich Thomas Münster in seinem Reisebericht ‹Kreta hat andere Sterne›: «Wie stand es (im Palast) um die Zufuhr von Licht, Luft und Sonne? Wo sind zum Beispiel die großen Fenster, ohne die wir uns ein gepflegtes Wohnen nicht denken können? – Wahrhaftig, bei näherem Zusehen ergibt sich, daß der Königspalast zwar offene Loggien, Säulenhallen, überdachte, mauerlose Räume hat, daß aber kaum Fenster vorhanden sind. Manche Räume sind so sehr im Innern des Baukomplexes eingeschachtelt, daß sie nicht einmal an eine Außenmauer grenzen. Fürwahr eine groteske Vorstellung, daß hier ein außerordentlich kostspieliges Gebäude aufgeführt wurde, in dessen Innerem man sich fühlen mußte wie in einer Höhle. Dabei hätte die Möglichkeit bestanden, durchaus moderne Fenster einzubauen, in gewissem Sinne sogar ‹verglaste› Fenster.» Es folgt dann der Hinweis auf die Lichtschächte, auf den ‹intimsten Reiz› des farbigen Lichtes, das von bemalten Wänden reflektiert worden sein dürfte, sowie auf das mögliche Vorhandensein von Jalousien, die den Grad der gewünschten Beleuchtung jederzeit beliebig wählen ließen: «Es wird kaum einen modernen Architekten geben, den dieses Arrangement nicht in helle Begeisterung versetzt.» Aber der Leser bleibt im Zweifel, ob der Autor diese Begeisterung der modernen Architekten selber teilt. Freundliche Worte findet Münster über die Wohnlichkeit des Palastes und den Charme seiner ehemaligen Bewohner, über die planmäßig angelegte Konstruktion der Gänge und Magazine, die den ‹Faden der Ariadne› völlig überflüssig erscheinen lassen, seitdem sie offen zutage liegen. «Im Zustand der Verwüstung mag es nur noch als ein Gewirr künstlicher Höhlen gewirkt haben, in dem sich kein Mensch zurechtfand . . .»; in dieser Form «muß der Eindruck von Abenteuerlichkeit, ungeheurer Größe und Verworrenheit vollkommen gewesen sein». Dieser Eindruck des Unheimlichen und Andersartigen scheint noch lange nachgewirkt zu haben: «Aus Knossos wurde kein Material weggeschleppt, um damit ländliche Siedlungen zu errichten. Es siedelten sich im Palastgelände auch nicht die sogenannten Schmarotzerwohnungen an, und diese Tatsache zeugt davon, daß der Ort mit abergläubischer Furcht gemieden wurde.» – «Was sich im einzelnen abgespielt hat, warum Knossos wie eine Galgenstätte oder ein Hexentanzplatz gemieden wurde, das bedarf noch der Klärung . . .»

Wieder die bohrende Frage, weshalb ein so diesseitiges Bauwerk, wie es der Palast von Knossos in der Rekonstruktion von Arthur Evans darstellt, in Sagen und Mythen ‹unterweltlich verfremdet› und von späteren Bewohnern der Insel als Stätte der Ansiedlung gemieden wird. So stark wirkt diese Furcht unter der Inselbevölkerung noch bis in dieses Jahrhundert hinein, daß Evans selbst bei seinen Grabungen einen als Wache über Nacht auf dem Gelände zurückgelassenen, sonst couragierten Mann am kommenden Morgen völlig verstört vorfindet: «Genau hat der Wächter niemals den Grund dieser Verstörung mitgeteilt, deutete aber an, daß ihn während der Nacht die knossischen Gespenster – voran der Trichter-Träger – besucht hatten, und ließ sich künftig nie mehr auf ähnliche gefährliche Abenteuer ein.»

8. Von Badewasserausgießerinnen und neunfüßigen Tischen

Michael Ventris entziffert ‹Linear B› · Sprachen die Minoer Griechisch? · Traditionalisten und Ventrisianer · Kontroverse um Linear B · Ghost-forms und Ghost-occupations · «Fohlen FOHLEN, Käse KÄSE» · Zyprisches Syllabar, Einsatzwörter, Zeichenstatistik und Kombinatorik · Ein Text, drei Deutungen

Klärung aller Fragen und Zweifel erhofften sich Anhänger wie Gegner der Evansschen Deutungen von der Entzifferung der vielen tausend Tontafeln, die im Laufe der Jahre in Knossos und anderswo zutage gekommen waren. Evans ist diese Aufgabe jedoch nicht als so vordringlich erschienen, daß er für eine rasche und sorgfältige Ordnung und Veröffentlichung der Funde gesorgt hätte.

Nur ein Dutzend Jahre nach Evans' Tod ging eine sensationelle Nachricht durch die Fachwelt und Öffentlichkeit: Linear B, die jüngste und am reichsten erhaltene der minoischen Schriften, war von einem jungen Außenseiter, dem englischen Architekten Michael Ventris, unter Mitarbeit des englischen Altsprachlers J. Chadwick, entziffert worden. Und fast noch sensationeller war das Ergebnis der Entzifferung: Die Linear B-Texte waren nicht in einer fremden, unbekannten Sprache verschollener Völker, sondern in griechisch abgefaßt, in derselben Sprache also, zu deren Sprachraum Kreta noch heute gehört! Zwar in einem nur noch schwer verständlichen, archaischen Griechisch, aber eben doch in dieser ältesten Kultursprache Europas, in der Sprache Homers!

Wie revolutionierend diese Feststellung im Jahre der Entzifferung, 1953, wirken mußte, ersieht man aus einer internationalen Umfrage, die Michael Ventris nur drei Jahre zuvor bei allen Fachgelehrten angestellt hatte, die sich mit dem Gegenstand speziell befaßten. Von insgesamt zehn der damals namhaftesten Gelehrten, die an einer Entzifferung der altkretischen Texte arbeiteten oder zumindest dem Problemkreis na-

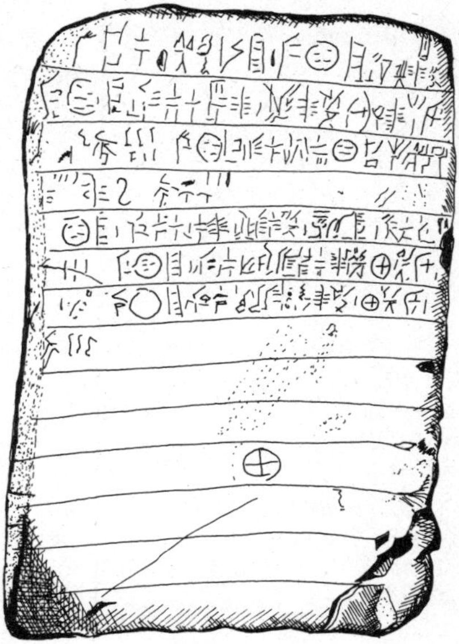

29 Linear B-Tafel Py An 607 (‹pate matede›) Gerstenschnitterinnen, Textilarbeiterinnen oder Gefängniswärterinnen?

bestanden, kam kein einziger auch nur auf die Idee, die Sprache im Palast des Königs Minos könnte Griechisch gewesen sein.

Nun gehört Kreta zweifellos zum griechischen Kulturkreis, hat einen nicht unbedeutenden Anteil am altgriechischen Götterhimmel und seiner Mythologie, gehört seit dem Jahre 1912 auch politisch (wieder) zu Griechenland und spricht heute (wie lange Zeit unter venezianischer oder türkischer Besatzung) Griechisch, allerdings nunmehr Neugriechisch.

Was war also so erstaunlich an Ventris' Feststellung, man habe bereits im alten Kreta zu Zeiten des Palastes von Knossos dort Griechisch gesprochen? Nur demjenigen, der unvorbelastet durch Evans' Interpretationen an die Dinge herangeht, konnte dies fast als selbstverständlich erscheinen. Die Fachwelt aber war so weitgehend in den Vorstellungen Evans' befangen, daß sie gerade das Nächstliegende für unmöglich gehalten hatte. Evans wurde also, im Bestreben, die von ihm gefundenen Tontafeln selbst zu entschlüsseln, ein Opfer seiner eigenen Voraussetzungen.

Die Minoer hatten eine umfangreiche, 1200 bis 1400 Räume umfassende Anlage mit Magazinen, Tontafelarchiven, Wasserleitungen und Kanalisationssystemen errichtet. Folglich mußte diese Anlage zweifellos Wohnzwecken gedient haben. Es schien kein einfaches Wohnhaus eines beliebigen Kreters gewesen zu sein, hierfür war die Anlage zu groß. Folglich mußte es sich um den Wohnpalast des großen Königs Minos gehandelt haben. Die Badewannen und Abflußschächte waren als Badezimmereinrichtungen und Spülklosetts zu deuten. Folglich verfügten die alten Minoer über eine für die damalige Zeit einzigartige Zivilisation. Diese Zivilisationsgüter fehlen selbst in der großen Zeit der griechischen Klassik. Folglich mußte die minoische Kultur untergegangen sein, ohne daß Spuren davon der unmittelbaren Nachwelt überliefert wurden. Auch Kunststil, Lebensweise, Tracht und Baugefühl sind ohne Beispiel in der damaligen Welt. Die Vernichtung mußte dementsprechend plötzlich und vollständig gewesen sein. Die altkretischen Paläste sind nicht von geschlossenen Mauern und Verteidigungsbastionen umgeben. Folglich lebten die Minoer friedlich ihrer Kunst und Kultur, geborgen auf ihrer glücklichen Insel und gestützt auf die Thalassokratie ihrer Flotte, wie Merry old England – «ein Kleinod in die Silbersee gefaßt, die ihm den Dienst von einer Mauer leistet» – zur Zeit des großen Shakespeare. Das minoische Kreta war aber vernichtet worden. Folglich mußten fremde Mächte die Insel erobert und unterjocht haben, wie so oft später in der Geschichte. Diese barbarischen Eroberer konnten wohl nur die achäischen oder dorischen Griechen gewesen sein. Also waren die Minoer selbst keine Griechen. Das ging ja auch schon aus der Tatsache hervor, daß sich die Minoer selbst schwarzhaarig und dunkelhäutig dargestellt hatten, während die Griechen als hellhäutig und zum Teil sogar «blondgelockt» galten.

Also hatte es einen harten Kampf zwischen Minoern und Griechen um den Besitz der reichen Insel gegeben, bei welchem die überzivilisierten, dem unvermeidlichen Untergang geweihten Minoer schließlich den kürzeren zogen. Soweit sie nicht im Kampfe starben, wurden sie ins Gebirge abgedrängt, wo sie sich noch nach Homer als Eteokreter einige Zeit halten konnten – mit ihrer eigenen, den Griechen offenbar unverständlichen Sprache und Schrift –, bis sie im Gemisch der Völker und Rassen aufgingen.

Daß sie trotz ihrer legendären Seemacht untergegangen waren, unterlegen dem Ansturm junger, unverbrauchter, ‹nordischer› Völker, die sich den ‹ihnen zustehenden Lebensraum› mit der Waffe in der Hand erkämpften, war nur zum Teil eine Schuld ihrer Sorglosigkeit und ihres friedfertigen, stets heiteren Lebensgefühls. Sie waren ein Opfer der Naturgewalten geworden, die sie mit Erdbeben, Vulkanausbrüchen, Aschenregen, seismischen Wogen und sonstigen Plagen so weit geschwächt hatten, daß jeder Widerstand zwecklos wurde. Für Evans und seine Zeitgenossen ein Beispiel für den sicheren Weg in den Abgrund, den jede überfeinerte Hochkultur schließlich einmal zu gehen hatte!

Noch ehe der Palast von Knossos in Trümmer fiel, waren die Griechen offenbar im Hause gewesen. Sie scheinen friedlich gekommen zu sein, da es keinerlei Trennung zwischen einer vorgriechischen und einer späteren, unter griechischem Einfluß stehenden Bauphase im Palast gibt. Die Sprache der Tontafeln ist griechisch. Waren die Griechen etwa von Anfang an in Knossos gewesen? Die Zerstörung des Palastes konnte man ihnen jedenfalls nicht mehr zuschieben, es sei denn . . .

Ja, es sei denn, Michael Ventris und John Chadwick hätten Unrecht mit ihrer Behauptung, daß die Linear B-Tafeln in altem Griechisch abgefaßt sind. Und in der Tat wird die Gültigkeit der Ventrisschen Entzifferung der Linear B noch heute von einigen Forschern in Zweifel gezogen. Wir werden davon noch zu berichten haben.

An einer wesentlichen Tatsache ist aber nicht mehr zu zweifeln: Tontafeln mit Linear B-Inschriften fanden sich nicht nur in Knossos, sie kamen auch auf dem Peloponnes zum Vorschein, und zwar schon 1939 in Pylos (insgesamt 534 Tafeln, veröffentlicht 1951 durch Benett) sowie 1952 in Mykenä (33 Tafeln, gefunden von Wace). Was auch immer auf den Tafeln stand, und in welcher Sprache es abgefaßt sein mag, die Tontafeln von Knossos und diejenigen von Pylos sowie Mykenä stimmen so vollständig im Schriftbild überein, daß auf Kreta und dem Peloponnes dieselbe Sprache und Schrift im Gebrauch gewesen sein mußten, als Knossos, Pylos und Mykenä noch nicht zerstört waren.

Wie Knossos der Sitz des Königs Minos, so war Pylos nach der Sage und den Gesängen Homers der Wohnsitz des greisen Nestor, des ältesten der Achäerfürsten vor Troja und engen Vertrauten und Beraters des obersten Heerführers Agamemnon, der selbst aus Mykenä stammte. Waren also die knossischen Linear B-Tafeln nicht in archaischem Griechisch abgefaßt, so konnten es auch diejenigen von Pylos und Mykenä nicht gut sein. Das hieße aber, die gesamte achäische Tradition Homers in Zweifel ziehen. Wenn Pylos, Mykenä und (das mit altkretischen Fresken geschmückte) Tiryns nicht achäisch waren, sondern Überreste einer verschollenen, vorgriechischen Besiedelung, einer ‹kretisch-mykenischen› Kultur, deren Träger erst von den Achäern vertrieben wurden, dann fehlen praktisch alle Bodenfunde aus der Epoche der homerischen Heldensage.

Glücklicherweise sind aber die Übersetzungsresultate von Michael Ventris und seinen Nachfolgern doch gut genug, um die andere Alternative als wahrscheinlicher zu bezeichnen: Linear B, ob aus Pylos, Mykenä oder Knossos, ist in altem Griechisch abgefaßt. Zum Zeitpunkt der Niederschrift fühlten sich die Herren von Knossos als ebenso gute Achäer und benutzten dieselbe Sprache und Schrift wie die Vettern auf dem Peloponnes, in Mykenä, Tiryns oder Pylos. Mindestens zu diesem Zeitpunkt waren die Träger der minoischen Kultur Griechen!

Dann mußte aber in der bisher so geschlossenen und logisch erscheinenden Beweiskette der Evansschen Schlußfolgerungen irgendwo ein Fehler stecken. Aber wo? Diese Streitfrage blieb bis heute ungeklärt. Und wie immer, wenn es um grundsätzliche Fragen geht, kommt es zur Bildung von zwei Gruppen, die jeweils ihre parteiischen Ansichten mit Nachdruck vertreten.

Auf der einen Seite versuchen die Anhänger der Evansschen Lehrmeinung, nennen wir sie die Traditionalisten, das Werk des Entdeckers gegen alle Einbrüche von außen, gegen Umdeutungen und Veränderungsversuche zu verteidigen. Wenn die Linear B-Tafeln tatsächlich in griechisch abgefaßt waren, nun, dann hatten die achäischen Eroberer zu diesem Zeitpunkt eben bereits die angestammte minoische Bevölkerung unterworfen und sich an ihrer Stelle im Palast breitgemacht. Die Tafeln stammen sehr wahrscheinlich aus der späten Phase des Labyrinthbaues. Und künstlerisch gesehen wird diese späte Phase offenkundig charakterisiert von deutlichen Erscheinungen des Verfalls, des Niederganges, der Dekadenz. Aber ob die Entzifferung der Linear B tatsächlich schon als gelungen bezeichnet werden kann, so daß daraus überhaupt so weitreichende Schlüsse zu ziehen wären, das ist bei den vielen Ungereimtheiten der Übersetzungsversuche erst noch unter Beweis zu stellen!

Auf der anderen Seite haben die Anhänger der Linear B-Entzifferung im Sinne von Michael Ventris keinen leichten Stand: Trotz schöner Anfangserfolge treten immer wieder neue Schwierigkeiten auf. Man muß zu allerlei Hilfsannahmen greifen, um der seltsamen Texte Herr zu werden. Da gibt es sonderbare Formen und Wendungen, da ist von Gerstenschnitterinnen oder Gerstenköchen, von Kopfbandmachern, von Badehelferinnen, Badeein- oder -ausgießerinnen, von Stuhltischlern, Stubenkehrern, Feueranzündern und Musikern die Rede, da gibt es vierfüßige Tiere und neunfüßige Tische. Palmer, selbst aktiv an dieser Übersetzungsarbeit beteiligt, spricht anschaulich von sogenannten «*ghost-forms*» und «*ghost-occupations*» – also von geisterhaften Gegenständen und Geister-Berufen.

Fast noch schwieriger als das Problem der Übersetzung und der Deutung dieser merkwürdigen Geisterberufe und Geistergerätschaften ist die Frage, was denn eigentlich aus der minoischen Hochkultur und Zivilisation geworden ist, wenn die Griechen sie nicht im Verein mit den Naturgewalten vernichtet haben. Daß die Zivilisationshöhe der nachmykenischen Griechen, also der sogenannten geometrischen Epoche und deren Vor- und Nachläufer, mit derjenigen der minoischen Paläste nicht zu vergleichen ist, schien nach allem, was Arthur Evans in Knossos entdeckt hatte, außer Zweifel zu stehen. Wenn die Griechen der geometrischen Zeit keine vergleichbare hohe Zivilisation aufweisen, dann können sie eine solche nicht gut schon vorher, während der minoischen Epoche, besessen haben. Wodurch wäre dieses auffällige Kulturgefälle wohl deutlicher dokumentiert als durch die modern anmutende Architektur und Kunstauffassung der Minoer, während wir aus den nachfolgenden Jahrhunderten der frühen Griechen fast nur Aschenurnen mit geometrischen Mustern kennen: keine Wohnpaläste mit Tausenden von Räumen keine zauberhaften Fresken, keine Kanalisation und keine Spülklosetts.

Nein, es mußte bei der endgültigen Vernichtung der minoischen Kultur bleiben, deren Träger – vorgriechische Fremdvölker unbekannter Stammeszugehörigkeit – durch geologische Einwirkungen und griechische Waffengewalt vernichtet worden waren, so daß sich an das Zeitalter der minoischen Hochkultur die finstere Epoche des unzivilisierten griechischen Mittelalters anschloß, ein Rückfall auf die niedrige Kulturstufe des Europas der späten Bronze- und frühen Eisenzeit.

Wie hart dieser Streit mit Worten geführt wird, mag eine Auswahl von wörtlichen Zitaten zeigen. So schließt Werner Ekschmitt (‹Die Kontroverse um Linear B›) seine Besprechung der Tontafel-Übersetzung Kn Ch 896 – eines in Knossos gefundenen und von Chadwick mitgeteilten Linear B-Textes mit der Nummer 896 und dem merkwürdigen Inhalt: «Tazaros (hat) ein Paar junger Zugochsen, (nämlich) Aiwólos und Kelainós» – mit den Worten: «Daß so etwas als Wissenschaft ausgegeben wird, von international renommierten Ordinarien, mit Hilfe der Oxford, Cambridge und University of California Press, ist ein Kuriosum, das unserem erleuchteten Jahrhundert allmählich denn doch einmal peinlich werden sollte. Die Ventrisianer haben Sundwall lächerlich gemacht, weil er eines der häufigsten Ideogramme (Sachzeichen) von Linear A als Mohnsamen bestimmt hatte und sich dann auf einmal ungeheuren Quantitäten (von Mohnsamen in den Aufzählungen der Texte) gegenübersah. Daß sie selbst mit ihrem ‹Fohlen FOHLEN› – ‹Käse KÄSE› (das heißt mit der gleichzeitigen Wiedergabe des Textinhalts in Silben- und Sachzeichenschrift), mit ihren vierbeinigen Tieren und ihren neunbeinigen Tischen, mit ihren 51 kg Mobilmachungsbronze und ihren 840 kg Salbenessenz (bezieht sich auf strittige Texte, in welchen von einer Abgabe der ‹Tempelbronze› für Kriegszwecke und von Bereitung einer Salbe die Rede ist) in ganz der gleichen Lage sind, das zu sehen, hindert sie nur die bekannte Verschiebung von Splitter und Balken.» Und zwei Seiten weiter heißt es: «In dem Buch, das zum erstenmal ein größeres deutsches Publikum mit den Ergebnissen der Entzifferung bekanntmacht, lesen wir gleich im Vorwort die befremdliche Behauptung:

Nur vereinzelt tauchten Zweifel an der Richtigkeit seiner (d. i. Ventris') Ergebnisse auf; heute sind sie so gut wie verstummt (Heubeck, ‹Aus der Welt der frühgriechischen Lineartafeln›, Göttingen 1966, S. 5). Was Heubeck sich gedacht hat, als er diese Behauptung niederschrieb, möchte ihm heute vielleicht selber schwerfallen anzugeben. Daß er sie auch noch hat drucken lassen, das ist schlimm. Denn sie kommt einer direkten Irreführung des Publikums gleich, und es muß um eine Lehre schlecht bestellt sein, deren Anhänger sich gezwungen sehen, zu solchen Mitteln zu greifen.»

Wie konnte es zu diesen Gegensätzen, zu einer so scharfen Polemik kommen?

Im Jahre 1936, am fünfzigsten Jahrestag der Gründung der Englischen Archäologischen Gesellschaft, hielt der greise Senior dieser Vereinigung, Sir Arthur Evans, einen vielbeachteten Vortrag. Wieder einmal sprach er über sein Lieblingsthema, über den Palast von Knossos und seine Schönheiten sowie über die darin aufgefundenen, aber bis zur Stunde noch nicht entzifferten Tontafeltexte. Unter den Zuhörern, die den inhaltsschweren Worten des bereits 85jährigen Altmeisters der englischen Archäologie gebannt lauschen, befindet sich auch ein 14jähriger Junge, gebildet, vielseitig interessiert und Sohn aus vermögendem Hause. Der junge Mann ist fasziniert von der fremden Welt der Minoer, die da vor ihm ausgebreitet wird. Evans versteht seinen Zuhörer zu begeistern. Schließlich ist es sein Lebenswerk, das er hier vor dem Auditorium darlegt. Schlagartig wird dem Jungen bewußt, welche einzigartige Aufgabe hier auf ihn wartet: Er wird die unbekannten Texte entziffern, er wird dem Dunkel der Vergangenheit sein Geheimnis entreißen.

Zwar ergreift der junge Michael Ventris zunächst einen ausgesprochenen Brotberuf, wird Architekt, und zwar nicht nur nebenbei, sondern durchaus mit Interesse, mit Erfolg und Anerkennung. Aber sein Hobby bleibt die minoische Schrift. Er hat den in jungen Jahren gefaßten Vorsatz nicht vergessen. Jede Stunde, die ihm sein Beruf läßt, widmet er der Aufgabe, minoische Texte zu entziffern. Schon vier Jahre nach dem denkwürdigen Vortrag von Sir Arthur legt er eine selbständige wissenschaftliche Arbeit vor, in welcher er den Nachweis führen will, daß die minoische Sprache der ebenfalls verschollenen etruskischen verwandt gewesen sei (‹Introducing the Minoan Language›, ‹American Journal of Archaeology›, 1940, Seite 494–520).

Zehn Jahre später ist das Werk der Entzifferung noch nicht wesentlich weitergediehen. Kriegseinwirkungen und Berufsaufgaben haben die Arbeit gehemmt. Ventris versucht, sich zunächst mit dem modernen Mittel einer Fragebogenaktion Überblick über den internationalen Stand der Forschung zu verschaffen. Von zehn anerkannten Forschern erhält er

Auskunft über ihre Meinung zum Problem der minoischen Sprache und Schrift. Er übersetzt die eingegangenen Antworten ins Englische und stellt sie, zusammen mit einer eigenen, eingehenden Beurteilung, allen Teilnehmern der Umfrage als Arbeitspapier wieder zur Verfügung. Zunächst hält er damit die bestehenden Möglichkeiten für ausgeschöpft, als sich plötzlich die Ereignisse zu überschlagen scheinen.

1950 gelingt Bennett der Nachweis, daß die als Linear A und Linear B unterschiedenen minoischen Schrifttafeln verschiedene Zahlensysteme verwenden, was auch auf unterschiedliche Sprachen schließen läßt (‹Fractional Quantities in Minoan Bookkeeping›, ‹American Journal of Archaeology›, 1950, Seite 204–222). Schon im nächsten Jahr veröffentlicht derselbe Autor 534 Linear B-Tafeln, die zwölf Jahre früher in Pylos gefunden worden waren.

Nun scheint der Bann gebrochen. Auch die 1900 bis 1905 in Knossos entdeckten Linear B-Dokumente aus dem Nachlaß des 1941 verstorbenen Arthur Evans werden durch Myres publiziert und damit der Öffentlichkeit zugänglich gemacht (1952). Während man die Grabungen in Pylos wiederaufnahm, kamen noch im selben Jahr durch Wace die ersten 33 Linear B-Tafeln in Mykenä zum Vorschein. Endlich steht genug Material zur Verfügung, um ernsthaft an eine Entzifferung gehen zu können!

Und wieder arbeitet Ventris mit modernen Methoden und gleichsam offenem Visier: Er gibt eine Reihe von 20 ‹Work Notes›, hektographierten ‹Arbeitsberichten›, heraus, mit denen er die interessierten Fachgelehrten über den Stand seiner laufenden Arbeiten informiert. Schon am 2. Juni 1952, mit der Nummer 20 seiner Arbeitsberichte, kommt er zu dem überraschenden Ergebnis, daß die minoische Sprache ein altgriechischer Dialekt sei. Einen Monat später gibt er dieses Resultat auch über den Rundfunk bekannt. Er interessiert damit den Cambridger Sprachwissenschaftler John Chadwick für seine Tätigkeit und gewinnt in diesem einen wichtigen und kenntnisreichen Mitarbeiter. Im Jahr 1953 erscheint ‹Evidence for Greek dialect in the Mycenaean Archives› (‹Journal of Hell. Studies›) mit der Veröffentlichung der ersten Ergebnisse von Michael Ventris im Druck. Aber ehe die große nachfolgende Arbeit Ventris' und Chadwicks erscheinen konnte (‹Documents in Myceanean Greek›, Cambridge 1956), starb Ventris im Alter von nur 34 Jahren an den Folgen eines Autounfalls.

Soweit man aus Ventris' ‹Work Notes› ersehen kann, hat er bei der Entzifferung verschiedene Wege beschritten. Ein Versuch legte dabei die schon bekannte kyprische Silbenschrift zugrunde, die allerdings erst Jahrhunderte nach den minoischen Tontafeln in Gebrauch kam. Ein zweiter Weg empirischer Art versucht, durch Einsetzen von Worten oder

Wortgruppen Entsprechungen zu finden. Dabei ging Ventris von der Voraussetzung aus, daß auf Tontafeln des Palastes von Knossos auch Ortsnamen aus der Umgebung zu finden seien, die man bereits aus der Antike kennt. Erinnern wir uns an Homers neunzehnten Gesang der ‹Odyssee›:

«Denn an Kretas Küste verschlug ihn die heftige Windsbraut,
Als er gen Ilion fuhr, und trieb ihn weg von Maleia.
Dort zum *Amnissos* gelangt, bei der Grotte der Eileithyia,
Fand er die fährliche Bucht und kaum entrann er dem Sturme . . .»

Der Hafen Amnissos nahe Knossos war so ein Name, den man doch wohl auf den Tontafeln erwarten konnte. Schon Kristopoulos, der sich seit längerer Zeit mit minoischen Texten befaßt hatte, glaubte, das Zeichen für den Buchstaben A in dem häufigsten Initialzeichen, nämlich der Doppelaxt, vermuten zu können. Nahm man die kyprische Silbenschrift zu Hilfe, so konnte man aus der Fülle der neunzig verschiedenen Zeichen diejenigen der n-Reihe (na, ne, ni, no, nu) bestimmen. Mit dem Zeichen für ‹a› und ‹ni› konnte man so lange suchen, bis man ein passendes Wort fand, bei welchem diese beiden durch ein weiteres Zeichen (mi) getrennt beziehungsweise von einem vierten (so) gefolgt werden. Nach der Entzifferung von Amnissos (minoisch: A-mi-ni-so) gewann man neue Silben, die sich zum Beispiel auf den Namen Knossos selbst (-no-so) anwenden ließen. Weitere Namen, die bei der Entschlüsselung der Linear B eine wichtige Rolle spielten, waren das Gewürz Koriander und der in der ‹Ilias› mehrfach erwähnte Dreifuß (ti-ri-po-de), auf Tontafeln deutlich zu erkennen an dem danebenstehenden Sachzeichen, dem stilisierten Dreifuß-Ideogramm.

Außer den Methoden der Entlehnungen aus dem kyprischen Syllabar (Silbenschrift) und des Probierens mit Einsatzwörtern hat Ventris noch Zeichenstatistik und Kombinatorik angewendet, wie sie beispielsweise bei geheimdienstlichen Aufgaben der Entschlüsselung üblich sind. Ventris war im Zweiten Weltkrieg als Navigationsoffizier bei der britischen Luftwaffe eingesetzt und hat möglicherweise als solcher Dechiffrierungsmethoden von Geheimcodes kennengelernt.

Die statistische Methode, bei der die Zeichenhäufigkeit mit der Verwendungshäufigkeit von Buchstaben und Silben in der Umgangssprache verglichen wird, um Zeichen und Buchstaben nach ihrer statistischen Vergleichszahl einander gleichzusetzen, wurde zuerst von dem Tübinger Altsprachler Ernst Sittig auf die minoischen Schriften angewandt. Er sah gewisse Vegleichsmöglichkeiten mit der Sprache der Ureinwohner Zyperns, der Eteokyprer, deren Schrift allerdings ebenfalls noch nicht entschlüsselt war. Voraussetzung für die Zeichenstatistik ist, daß man eine bestimmte Sprache zugrunde legt, denn die Häufigkeitswerte sind selbstverständlich von Sprache zu Sprache verschieden. Trotz aller Vorarbeiten wäre keiner der Versuche ans Ziel gelangt ohne Ventris' Vermutung, es könne sich um ein altes Griechisch handeln. Keiner der vor ihm mit der Entzifferung von Linear B befaßten Gelehrten hatte dies auch nur für möglich gehalten.

Die kombinatorische Methode analysiert die unbekannten Texte auf das Vorkommen von Hauptwörtern (Substantiven) mit bestimmten Endungen, die den einzelnen Fällen entsprechen, sowie auf andere wiederkehrende Wortformen, Stämme, Vorsilben. Die amerikanische Sprachwissenschaftlerin Alice Kober hat mit dieser Methode wichtige Beiträge zur Entschlüsselung der Linear B erarbeitet, ehe sie im Alter von nur 43 Jahren starb – noch im selben Jahr, in welchem sie auf Ventris' Fragebogenaktion kurz angebunden geantwortet hatte, das sei reine Zeitverschwendung. Ventris hat dann nach dem Tode Alice Kobers deren Methode an Hand des inzwischen veröffentlichten umfangreicheren Materials weiterentwickelt und bis zu einem ‹grid›, einem tabellenartigen Zeichen-Schlüssel, vervollkommnet.

Worin die hauptsächliche Schwierigkeit bei der Übersetzung der Texte besteht, wollen wir uns an einem einfachen Beispiel klarmachen, an der aus Pylos stammenden Tafel Py Ta 711. Sie gehört an den Anfang einer ganzen Serie, bestehend aus insgesamt 13 Stück mit einem umfangreichen Verzeichnis von ‹Gebrauchs- und Einrichtungsgegenständen›. Die erste Zeile der ersten Tafel handelt von einer Inspektion, bei der die nachfolgend aufgeführten Gegenstände als vorhanden festgestellt wurden. Ein gewisser Pukequiri führt die Inspektion aus. Fraglich ist hingegen der Anlaß, der im zweiten Teil der ersten Zeile erwähnt wird.

Wir stellen drei verschiedene Übersetzungsvorschläge untereinander zur Diskussion beziehungsweise Auswahl: Nach Ventris und Chadwick heißt es: «*So machte Pukequiri Inspektion, als der König Sigewas* (Eigenname) *zum Damokoros* (Bürgermeister) *ernannte.*»

Nach Doria ist Damokoros ein Eigenname: «*So machte Pukequiri Inspektion, als der König den Damoklos zum ‹?kewa›* (unbekannte Berufsbezeichnung) *ernannte.*»

Palmer hingegen gibt der Übersetzung einen völlig neuen Sinn, indem er das griechische Verb für ‹setzen, stellen, legen› nicht im Sinne von ‹einsetzen, ernennen›, sondern im Sinn von ‹beisetzen, bestatten› gebraucht: «*So machte Pukequiri Inspektion, als der König ?kewa den Damoklos bestattete.*»

In den beiden ersten Fällen denkt man an einen Verwaltungsakt bei der Amtseinführung eines höheren Hofbeamten. Bevor der neue Mann sein Ressort übernimmt, muß durch Inspektion festgestellt werden, daß sein Vorgänger das Inventar nicht veruntreut hat.

Die Palmersche Übersetzung hingegen, so geringfügig die Wortverschiebung an sich ist, weist das gesamte nachfolgende Inventar als Grabbeigaben aus. Liest man dann in der folgenden Liste von verzierten Krügen mit Göttinnen, Stierköpfen, Muschelmustern, Wagenlenkern, Spiralen, Frauenbildnissen und der Darstellung eines Schlachtgetümmels, so wird man in der Tat an Schliemanns Schachtgräberfunde aus Mykenä erinnert. Im Büro eines Bürgermeisters nehmen sich derartige Gegenstände, zumal wenn sich ihre Auflistung über dreizehn Tafeln erstreckt und sie nicht für praktische Aufgaben geeignet erscheinen, recht sonderbar aus. Unter den reichen Schätzen des griechischen Nationalmuseums in Athen hingegen würden sie zwischen den mykenischen Gold- und Silbergerätschaften keineswegs auffallen.

Welche Mühe hätte wohl ein Forscher, der unsere Sprache nicht kennt, sondern mühsam Wort für Wort übersetzen muß, mit so lapidaren Zeitungsmeldungen wie ‹Beisetzungsfeierlichkeiten› – ‹Wir beklagen das Hinscheiden des . . .› – ‹er ist heimgegangen›? Was kann man nicht alles aus der Wortverwandtschaft solcher kurzer Notizen herauslesen, wenn man nicht den eigentlichen Anlaß kennt! Es könnte sich sehr wohl um Einsetzungsfeierlichkeiten für Beigeordnete (eines Gerichts), um Trennungsschmerz bei der Abreise oder um die Rückkehr eines nahen Verwandten nach längerer Reise handeln. Auffälligerweise bedient sich die Umgangssprache gerade in derartigen Fällen nicht des trockenen Wortes – ‹er ist tot› –, sondern verhüllender Umschreibungen mit doppeltem Sinngehalt, die den wahren Sachverhalt durch die Wortwahl mildern sollen, ohne daß sie dies wirklich vermöchten. Je kürzer der Text, desto vieldeutiger wird er, sofern man nicht die äußeren Umstände und den Zusammenhang wenigstens ungefähr kennt, unter denen die Niederschrift abgefaßt wurde. Da die Linear B-Tafeln zum großen Teil Aufstellungen von Abgaben enthalten, liegt der Gedanke an Steuerlisten und ähnliches nahe. Geschichtlich auswertbare Daten oder Namen von Herrschern scheinen bisher außerordentlich spärlich zu sein. So war bisher die Entzifferung der Linear B, so groß die dabei vollbrachte Leistung aller beteiligten Sprachforscher auch zweifellos gewesen ist, nicht so aufschlußreich und vielleicht auch überzeugend, wie dies in der Freude über die zahlreichen Funde von vielen erwartet wurde. Doch deswegen gleich die gesamte Übersetzungsarbeit als unbefriedigend oder gar die Entzifferung als nicht geglückt zu bezeichnen, ginge wohl zu weit. Auch hat sich in den fast zwanzig Jahren seit Ventris und Chadwick keine Entzifferungsalternative angeboten, beispielsweise auf der Grundlage einer beliebigen anderen Sprache.

Zweifellos zu bedauern ist die augenblickliche Auseinandersetzung zwischen den ‹Traditionalisten› und den ‹Ventrisianern›, zumal da sie teilweise in einen unwissenschaftlichen Wortzwist auszuarten droht. Meinungsunterschiede in der Wissenschaft sollten nicht zu persönlicher Feindschaft führen, sondern zu genauerer Beobachtung anregen. Nur so erscheinen sie sinnvoll und berechtigt.

9. Der Stein des Anstoßes

Die Parzellen der Wissenschaft · Archäologie und Geologie · Spiro Marinatos und der Vulkan von Santorin · Gips statt Marmor! · Die Fingernagelprobe · Badezimmer mit wasserempfindlicher Täfelung? · Alabaster als geologisches Thermometer

Die Fronten hatten sich versteift. Traditionalisten und Ventrisianer vertraten ihre gegensätzlichen Meinungen, ohne daß Ausgleich oder Entscheidung möglich schien. Die Argumente und Gegenargumente waren zu wiederholten Malen dargelegt. Ein neuer Impuls mußte von einer Seite kommen, die möglichst unvorbelastet war, also weder aus dem einen noch aus dem anderen Lager, sondern von außen her, und vor allem von neuen Feldbeobachtungen.

Zunächst schien es sich bei der Linear B-Entzifferung um eine speziell archäologische Streitfrage zu handeln, deren Beantwortung die Archäologen unter sich auszumachen hätten. Tatsächlich ist, besonders in Deutschland, die Trennung der akademischen Fachrichtungen bereits so weit fortgeschritten, daß übergreifendes Arbeiten weder besonders gefördert noch von den Vertretern der traditionellen Fächer gern gesehen wird. Jede Fachrichtung versucht, ihr sorgfältig umhegtes Forschungsgebiet für sich allein zu beackern und gegen Einbrüche von außen abzusichern. Das Bild eines schön aufgeteilten, in gleichmäßige Stücke parzellierten Gartengeländes drängt sich auf: Im Mittelpunkt jeder Parzelle erhebt sich das mehr oder weniger hohe Gebäude der anerkannten Fachwissenschaft, umgeben von den sauber und ordentlich gehaltenen, aber meist schon etwas langweiligen und sterilen Monokulturen wissenschaftlicher Zuchtgewächse. Dabei ist längst bekannt, daß aus den Schwerpunkten der Forschungsdisziplin kaum starke neue Impulse zu erwarten sind. Jede Fachrichtung hütet sich peinlichst, sich allzuweit auf die Randgebiete vorzuwagen, wo der Grund schlüpfrig wird und wo man sich leicht den Anzug (sprich: den wissenschaftlichen Ruf) verderben kann.

Und gerade dort, nahe den ‹Zäunen› zwischen den Parzellen, auf noch unsicherem, schwankendem Untergrund, gedeihen die noch nicht katalogisierten, ins Herbarium eingepreßten, frei wachsenden jungen Triebe neuer Erkenntnis. Man muß allerdings den Mut aufbringen, entgegen der herrschenden Lehrmeinung die wohlgeordneten Beete zu verlassen und neue Wege in noch ungebahnten Regionen zu suchen. Doch bietet sich hier auch eine einmalige Chance: In der Wildnis entlang der Gartenzäune zwischen den Fächern, wo die Anregungen aus verschiedenen Fachrichtungen aufeinandertreffen, wo sich gleichsam der Superphosphatdünger des einen Gartennachbarn mit der Torfstreu des anderen mischt, besteht noch Hoffnung, neue, bisher unbekannte Arten zu entdecken. Es sind fast immer die zuvor ungenutzten Berührungsgebiete benachbarter Wissenschaften, aus denen sich Ansätze zu Neuem ergeben.

Ein solches Berührungsgebiet ohne nennenswerte Kontakte erstreckt sich seit langem zwischen den beiden im und am Boden forschenden Fächern Archäologie und Geologie, beide in der traditionellen Ordnung altehrwürdiger deutscher Universitäten streng voneinander getrennt und in zwei verschiedenen Fakultäten angesiedelt. Der Studiengang des angehenden Archäologen macht ihn mit den geisteswissenschaftlichen Fächern vertraut, mit alten Sprachen, alter Geschichte und Kunst. Grabungspraxis erwirbt er draußen am Objekt, bei den Forschungsvorhaben seines akademischen Lehrers oder eines der archäologischen Institute im Ausland. Ein geologisches Institut oder einen Kursraum für Gesteinskunde sieht er weder während des Studiums noch später je von innen. Der angehende Geologe hingegen ist froh, daß er dem Zwang altsprachlicher Schulzweige entronnen ist, und die Menschheitsgeschichte verengt sich ihm vor dem Hintergrund von Jahrmillionen zu einem in Sekundenschnelle vorüberziehenden allerletzten Abschnitt der Erdgeschichte. Die Praxis der Erschließung neuer Lagerstätten oder der Zusammenarbeit mit den Ingenieurwissenschaften ruft. Für archäologische Liebhaberei bleibt da meist keine Zeit.

Wie unterschiedlich die Denk- und Arbeitsweise ist, vermag man sich nur schwer vorzustellen. Vor einer Sphinx aus schwarzgrünem Hartgestein interessiert den *Archäologen* neben der künstlerischen Gestaltung vor allem die Hieroglyphen-Inschrift auf Sockel, Brust und Flanken, die das Kunstwerk etwa als ein Produkt aus der Zeit des Pharao Amenemhets III. aus der 12. Dynastie des Mittleren Reiches, 1839–1791 v. Chr. ausweist. Allenfalls wird ihn die Geschichte der Entdeckung und Bergung des Fundes interessieren sowie die Rückschlüsse, die dieses Stück auf die Denkart und Lebensweise jener Zeit zuläßt. Auch der *Geologe* wird sich dem fremdartigen Reiz der wuchtigen Gestalt in ihrer imposanten, gedrungenen Haltung nicht ganz entziehen können. Die Jenseitsvorstellungen der alten Ägypter, ihre gesellschaftliche Ordnung oder ihre fremdartigen Riten bleiben außerhalb seiner fachlichen Interessensphäre. Er bemerkt, daß es sich um einen Block aus hartem, dichtem Amphibolit handelt, einem überwiegend aus Hornblende-Mineralen aufgebauten metamorphen Gestein, das sich nur schwer bearbeiten läßt. Er will wissen, wo die Steinmetzen jener Zeit den Block gewonnen und bearbeitet haben, wie man ihn bis zu seinem Fundort transportieren konnte und wie es möglich war, mit bronzezeitlichem oder gar steinzeitlichem Gerät das Filigran der Löwenmähne oder die sorgfältig geglättete, spiegelblanke Oberfläche des Rumpfes zu schaffen.

Jede dieser unterschiedlichen Betrachtungsweisen hat ihre Berechtigung. Wir führen sie hier nicht an, um Gegensätze zu vertiefen, sondern im Gegenteil, um durch gegenseitiges Verständnis auszugleichen. Denn benachbarte Wissenschaften können nur gewinnen, wenn sie Verständnis für die abweichenden Standpunkte und Sinn für neue Anregungen von außen aufbringen.

Mein Weg führte mich nicht nach Kreta, weil ich als Geologe den Archäologen ins Gehege eindringen wollte. Zwar hatten mich auf vielen Reisen in verschiedene Teile des Mittelmeerraumes archäologische Grabungsstätten immer wieder angezogen, zumal da sie sich meist in unmittelbarer Nachbarschaft geologisch interessanter Objekte befanden. In einigen Fällen bestand auch ein direkter Zusammenhang zwischen archäologischer Fundstätte und geologischen Ereignissen: Ohne den Vesuv-Ausbruch des Jahres 79 n. Chr. gäbe es kein antikes Pompeji oder Herkulaneum, deren ausgegrabene Überreste noch heute auf dem Freigelände oder im Archäologischen Nationalmuseum Neapel die Besucher begeistern. Hier eröffnet sich auch dem Geologen ein Studienobjekt ersten Ranges, um die Vorgänge bei einer solchen Vulkankatastrophe aus den Bodenfunden heraus zu rekonstruieren.

Schon seit langer Zeit war auch für die minoische Kultur des alten Kretas die Vernichtung durch geologische Katastrophen angenommen worden. Arthur Evans selbst hat während der langen Zeit seines Aufenthalts auf der Insel mehrere schwere Erdbeben miterlebt und um die Erhaltung seiner Rekonstruktionen auf dem Ausgrabungsgelände gebangt. Sollte das soeben mühsam dem Boden abgerungene, wiedererstandene Knossos abermals ein Opfer solcher seismischer Erschütterungen werden? Und lag es nicht nahe, für das Ende der minoischen Welt ein solches schweres Erdbeben anzunehmen? Offenbar waren einst die Paläste unter der Wucht der Erschütterungen zu Boden gesunken, die wertvollen Kunstgegenstände und fortschrittlichen zivilisatorischen Errungenschaften für immer unter sich begrabend.

Der griechische Althistoriker und Archäologe Marinatos brachte dann, kurz vor dem Zweiten Weltkrieg, die Vernichtung der altkretischen Paläste und ihrer hohen Kultur in Zusammenhang mit Vulkanausbrüchen auf der Ägäis-Insel Santorin (Thera). Am Beispiel von Pompeji und Herkulaneum war ja ersichtlich, welche verheerende Wirkung den vulkanischen Kräften innewohnt. Tatsächlich fand man in den Jahren nach dem Kriege auf Santorin unter vulkanischen Auswurfmassen die Überreste minoischer Anlagen, die offensichtlich durch vulkanische Tätigkeit verschüttet worden waren. Akrotheri barg ähnliche Tongefäße, wie wir sie aus Knossos kennen, Schnabelkannen mit Gerstenähren-Dekoration sowie Fragmente minoischer Fresken, auf welchen dunkelgelockte, rotbraune Männergestalten sich vor Palmen verneigen. Die von Marinatos in jahrzehntelanger Arbeit freigelegten Magazin- und Kulträume gehören zweifellos dem minoischen Kulturkreis an: die Pithos-Magazine im Feldstein-Mauergeviert könnten aus jedem der großen kretischen Paläste ebensogut stammen wie die als kultische Schreine gedeuteten Räumlichkeiten. Physikalische Altersdatierungen auf der Grundlage des Gehaltes an radiogenem Kohlenstoff ließen darauf schließen, daß Akrotheri im frühen 15. Jahrhundert v. Chr. durch den Ausbruch des nahegelegenen Vulkans zerstört und nie mehr aufgebaut worden war. Vulkanische Aschen dieses Ausbruchs konnten in Bohrproben vom Meeresgrunde bis zu 800 Kilometer in südöstlicher Richtung verfolgt werden. Die Insel Kreta als Zentrum der minoischen Kultur liegt aber nur etwas über 100 Kilometer von Santorin entfernt.

Damit erhielt die Evanssche Vermutung vom katastrophalen Untergang der Minoer eine neue, plausible Grundlage: Eine Vulkan-Katastrophe ähnlich dem Ausbruch des Vulkans Krakatau in der Sunda-Straße, nur noch sechs- bis siebenmal so stark, hatte auf einen Schlag das blühende minoische Leben vernichtet. Soweit nicht die mit der Katastrophe verbundenen Explosionserschütterungen, Erdbeben und Auswurfmassen die minoischen Wohnsitze direkt getroffen hatten, waren sie durch nicht weniger wirksame Ferneinflüsse im Gefolge des Ausbruchs zerstört worden, durch Aschenregen und seismische Wogen. Amnissos, der Hafen von Knossos, oder Mallia, der von französischen Archäologen ausgegrabene Palast, rund 35 Kilometer östlich von Knossos, boten einer von Norden heranbrandenden sturmflutartigen Woge keinen Widerstand. Schutzlos war vor allem die minoische Flotte den Elementen ausgeliefert, jene Flotte, auf der Reichtum und Seemacht der Minoer beruhten.

Wie der Süden Italiens mit seinen berühmten archäologischen Ausgrabungsstätten, so liegt auch die Ägäis mit dem Inselbogen von Kreta in einem der jungen Faltengebirgsgürtel der Erde, in denen die geologischen Kräfte des Erdinnern noch bis in die Gegenwart hinein immer wieder aktiv werden. Deutliche Anzeichen sprechen hier dafür, daß die Gebirgsbildung mit allen ihren Begleiterscheinungen im südlichen Teil Europas noch nicht zum Abschluß gelangt ist. Hier können wir hoffen, unmittelbar Zeuge von Ereignissen zu sein, die sich im Norden Europas in erdgeschichtlichen Zeiträumen lange vor der geologischen «Gegenwart» abgespielt haben.

Wenn es auf Kreta und den Inseln der Ägäis archäologisch datierbare Stätten gibt, die durch geologische Ereignisse dieser Art vernichtet wurden, so muß es zweifellos von höchstem Interesse für einen Geologen sein, den Spuren solcher Vorgänge nachzugehen. Hier berühren sich Archäologie und Aktuotektonik, jenes Teilgebiet der Geologie, das sich mit Gebirgsvorgängen der Gegenwart und historischen Zeit befaßt, unmittelbar. Wenn man sich allerdings unter solchem Aspekt archäologische Ausgrabungsstätten ansieht, so stehen nicht so sehr Fragen des architektonischen oder künstlerischen Stils im Vordergrund, sondern mehr praktische Überlegungen der Haltbarkeit und Zweckmäßigkeit des verwendeten Materials. Für einen Brandmeister, der die Ursache eines Schadenfeuers zu ermitteln hat, ist es nicht so wichtig, aus welcher Stilepoche ein aus dem Brandschutt geborgener Gegenstand stammt, sondern aus welchem Material er besteht und welche Spuren er aufweist.

Neben dem allgemeinen Interesse, das wohl jeder Kretareisende den Resten früher Hochkulturen entgegenbringt, stand daher bei unserem Besuch der Ausgrabungsstätten die Suche nach den Spuren geologischer Einflüsse der Vergangenheit im Vordergrund. Aus welchem Material hatten die Minoer ihre Anlagen errichtet? Wie waren sie konstruiert und welche Haltbarkeit wies das Baumaterial im praktischen Sinn auf?

Und hier brachte schon der erste Besuch des Freigeländes von Knossos eine Überraschung. Mit beredten Worten hatte der Reiseführer die natürliche Schönheit der weißmarmorierten Alabasterplatten gerühmt, mit denen zahlreiche Räume des Palastes ausgekleidet waren. Wie Marmor warf einst der aus feingefügten Kristallen bestehende, hellglänzende Naturstein das indirekte Licht aus den Luftschächten zurück, die schattigen Untergeschoßräume mit zauberhaft-intimem Streulicht erhellend.

Selbst Fußbodenplatten, Türschwellen und Treppenstufen waren aus dem kostbaren Alabaster geformt, zum Beweis für den Reichtum und die verschwenderische Großzügigkeit seiner Bewohner. Und verbindet sich nicht schon mit dem Wort Alabaster ein Begriff edlen, wertvollen Materials?

Die Platten, Türschwellen, Treppenstufen und Orthostaten, die mir aus der glühenden Flut des reflektierten Sonnenlichts, dem Schatten hoher Säulenhallen und dem Dämmerschein finsterer Kellerräume entgegenleuchteten, bestanden jedoch aus nichts anderem als aus *Gips*! Und zwar nicht etwa aus künstlichem Gips, den der Rekonstrukteur bei den Wiederherstellungsarbeiten als billiges Abformmaterial verwendet hätte, sondern aus natürlichen Gipsplatten und -blöcken, die teils in minoischer Zeit in Steinbrüchen gewonnen und im Palast verbaut, teils in neuerer Zeit als Ersatz für zerstörte Teile angebracht worden waren.

Dieser Naturgips ist auf den ersten Blick, zumal von Laien, nicht von Marmor zu unterscheiden. Beide Gesteine besitzen ähnlichen kristallinen Habitus und häufig eine mehr oder weniger feine, graue Äderung. Während aber der Marmor aus Kalkspatkristallen aufgebaut ist, bestehen die Alabasterplatten des Palastes von Knossos aus Gipskristallen. Trotz ihres täuschend ähnlichen Äußeren besteht ein schwerwiegender Unterschied: Kalkspat ist relativ hart und widerstandsfähig gegenüber Abnutzung, etwa gegenüber dem Abschleifen beim ständigen Begehen. Gips hingegen ist ausgesprochen weich und wenig widerstandsfähig gegenüber ritzender oder schleifender Beanspruchung. Zur Unterscheidung beider Gesteine benötigt man keine besonderen Kenntnisse oder Ausrüstungsgegenstände. Der Fingernagel allein genügt. Gips ist schon mit dem Fingernagel ritzbar. Marmor ist es nicht. Das ist der Unterschied.

Was mochte die Minoer bewogen haben, so weiches Material in ihrem bedeutendsten Königspalais zu verwenden? Waren sie wirklich so reich und mächtig, wie es Evans und seine Anhänger vermuteten, so wäre es ihnen wohl auch sicher möglich gewesen, echten Marmor zu verwenden. Hatten sie nicht Seereisen bis nach Ägypten unternommen, über nahezu tausend Kilometer offenes Meer? Die ägäische Marmorinsel Paros lag verglichen damit fast vor der Haustür, nur knapp 150 Kilometer entfernt, und gehört zum unmittelbaren Machtbereich der Minoer. Und wenn es schon kein Marmor sein mußte, gab es doch hellen, fast marmorartig weißen Kalkstein genug auf der Insel, noch dazu nahe bei Amnissos, halbwegs zwischen Knossos und Mallia.

Falls die Minoer aber aus Unkenntnis seiner Materialeigenschaften den Gips statt Marmor oder Kalkstein verwendet hatten, so konnten ihre technischen Fähigkeiten nicht so hoch entwickelt gewesen sein, wie auf Grund der Wasserleitungen, Kanalisationen und sanitären Installationen geschlossen worden war.

Ein Dilemma, das von den Archäologen offenbar bisher über dem Streit der Traditionalisten und Ventrisianer völlig übersehen worden war, obwohl es jedem Anfänger in Gesteinskunde auf dem Grabungsgelände tausendfach entgegenstarrte, aus all den vielen Gipsplatten und -orthostaten, die seit minoischer Zeit an Ort und Stelle waren.

Arthur Evans hatte noch während seines Aufenthaltes in Knossos an der raschen Abnutzung der Stufen gemerkt, daß dieser Alabaster nicht sehr widerstandsfähig war. In seiner Sorge wandte er sich brieflich an einen ihm bekannten amerikanischen Geologen. Der wies auf die vielfache Verwendung von Alabaster für Skulpturen hin und auf die durchaus ausreichende Härte bestimmter Alabastersorten, vor allem aus Ägypten. Offenbar gab es unterschiedlich harten Alabaster, und wenn einmal einige Platten weicheren Materials darunter waren, was bedeutete das schon angesichts einer so ausgedehnten Anlage wie des Palastes von Knossos!

Was da in der älteren gesteinskundlichen Literatur als verschiedene Sorten des Alabasters galt, gehört jedoch der mineralogischen Zusammensetzung nach überhaupt nicht zusammen. Der sogenannte Kalkalabaster ist ein Sinterkalkstein aus kristallinem Kalkspat, wie er sich am Austrittspunkt besonders harter Quellwässer in Gestalt von Krusten und Sinterbarrieren abscheidet. Die in der ägyptischen Archäologie als Alabaster bezeichneten, für Skulpturen verwendeten Gesteine bestehen in den Fällen, in denen mir das Original zugänglich war, offensichtlich aus ‹Kalkalabaster›. Die Verwendung des Begriffes Alabaster in diesem Sinne für kristalline Sinterkalke ist jedoch heute in der gesteinskundlichen Nomenklatur nicht mehr üblich und zulässig. *Unter Alabaster versteht man in der modernen mineralogischen Terminologie, ganz gleich nach welchem Handbuch oder Tabellenwerk, einen feinkörnigen, reinweißen Gips.*

Und es ist durchaus nicht schwer, sich schon durch Probieren mit dem Fingernagel davon zu überzeugen, daß das gesamte Alabastermaterial des Ausgrabungsgeländes von Knossos nicht aus ‹Kalkalabaster›, sondern aus dem weichen Gips besteht.

Wie nicht anders zu erwarten, sind die Treppenstufen, über welche der heutige Besucherstrom flutet, vielfach bereits stark ausgetreten. Es finden sich aber auch in weniger begangenen Teilen der Anlage sowie im kleinen Palast Bodenplatten, Türschwellen und Treppenstufen, die eine auffällig geringe Abnutzung zeigen, auch wenn sie nachweislich nicht durch neue Steine ersetzt worden sein können!

Diese Beobachtung läßt nur eine einzige Schlußfolgerung zu: An all den Stellen, wo sich solche wenig abgenutzten Gips-Werksteine aus minoischer Zeit vorfinden, kann keine nennenswerte Verkehrsbelastung vorgelegen haben. Die betreffenden Räume wurden wenig oder nicht benutzt!

Aber vielleicht haben die alten Minoer den Boden ihrer Wohnräume ganz mit Teppichen ausgelegt, so daß der darunter befindliche weiche Stein geschützt war? Auch die Treppen konnten ja mit Läufern bedeckt gewesen sein. Doch erinnern wir uns an die großen Westmagazine des Palastes von Knossos, den zuerst freigelegten Teil des Palastes! Auch hier Gipsplatten an Wänden und Fußboden bis unter die großen Pithos-Behälter. Selbst die Schwellen der Räume bestehen zum Teil aus Gips. Wer würde wohl einen Vorratskeller für Olivenöl, Honig oder Gerste (oder was auch immer in jenen Vorratsgefäßen gewesen sein mag) mit Teppichböden ausstatten, nur um den weichen Alabaster des Fußbodens nicht zu zerkratzen! Aber auch in den ‹Wohnräumen› ist die Verwendung von Teppichen über den Alabasterplatten nicht völlig logisch. Entweder war der Gipsalabaster wegen seiner Schönheit als Baumaterial gewählt worden – dann war es unzweckmäßig, ihn so durch Teppiche zu verhüllen, daß man ihn nicht mehr sehen konnte. Oder man war gezwungen, den Boden mit Teppichen auszukleiden, dann konnte man gleich auf die Gipsplatten verzichten und geeigneteres härteres Material, Kalkstein- oder Schieferplatten verwenden.

Natürlich konnte man einzelne Platten hie und da auswechseln, wenn sie zu stark ausgetreten waren. Daß aber nicht unerhebliche Teile des Palastes noch kurz vor dem endgültigen katastrophalen Ende erneuert worden sein sollten, erscheint doch zu sehr an den Haaren herbeigezogen.

Viel wahrscheinlicher hatte man bewußt den leicht bearbeitbaren Gips (trotz seiner erwiesenen geringen Härte) benutzt, um einen Eindruck großen Reichtums und gediegener Ausstattung zu vermitteln, ohne daß dabei eine dauernde Verkehrsnutzung mit starker Beanspruchung der Fußböden, Schwellen und Treppen zu erwarten war! Die Minoer hatten schließlich einige Jahrhunderte Zeit, verschiedenes Material auszuprobieren und seine Eigenschaften genau kennenzulernen. Es wäre einfach unhistorisch, anzunehmen, die Minoer hätten ihre einheimischen Gesteine nicht hinreichend gekannt, obwohl sie der Steinzeit um Jahrtausende näher waren als wir heutigen Menschen!

Gips hat jedoch noch eine zweite Eigenschaft, die seine Verwendbarkeit als Baumaterial einschränkt: Es ist nicht widerstandsfähig gegenüber fließendem Wasser. Die dem Regen ausgesetzten Teile des Ausgrabungsgeländes zeigen schon heute, nach nur höchstens siebzig Jahren der Freilegung, zum Teil mehrere Zentimeter tiefe Lösungsrillen in Richtung des abfließenden Regenwassers. Man kann unschwer vorhersagen, daß viele dieser Blöcke bis zum Ende des Jahrhunderts weitgehend zerstört werden, wenn sie nicht schnellstens überdacht werden.

Dabei bilden sich nicht nur diese Lösungsrillen, sondern auch unzählige feine Haarrisse, die sich im Laufe der Zeit mehr und mehr erweitern,

30 Kalkstein-Wasserrinnen. Hagia Triada. Die Minoer wußten, daß Gips wasserlöslich ist: Echte Wasserrinnen bauten sie aus Kalkstein!

bis schließlich der gesamte Block zerfällt. Ursprünglich waren alle Teile des Palastes, die Gipsstein eingebaut enthalten, überdacht und daher nicht den Witterungseinflüssen ausgesetzt. Wo Gips auch für mächtige Mauerwerksblöcke der West- oder Nordostfassade Verwendung fand, muß er einst durch eine wasserabweisende Putzschicht bedeckt gewesen sein. War die Nordostmauer nur bis in Höhe des Zentralhofes aus solchem Material aufgeschichtet, das später, des schützenden Daches beraubt, zerfallen mußte, so bot sie sicher einst mit über 6 Metern Höhe einen nicht wesentlich weniger imposanten Anblick als die berühmten Mauern Ilions. Allerdings war nur derjenige Teil davon erhaltungsfähig, der beim Verfall des Palastes im Schuttfuß des Hügels eingebettet wurde, während die der Witterung ausgesetzten oberen Blöcke zerfielen. Troja VI hingegen war nicht aus Gipsblöcken errichtet und daher widerstandsfähiger.

Hatte man auch Knossos mit Mauern einschließen wollen, aber die Fortifikationen nicht mehr vollenden können, als die Anlage der Zerstörung anheimfiel? Dagegen spricht der ungeschützte Westzugang, der als erster durch Wall, Graben oder Bastionen hätte geschützt werden müssen, da hier das Gelände keinen natürlichen Schutz bot. Die Mauern sollten also offenbar nicht so sehr einen äußeren Feind abwehren, der mit Waffengewalt den Palast zu erobern suchte. Möglich, daß spätere Generationen sich einer solchen Anlage auch als Festung bedient hätten, als Fluchtburg, hinter deren zyklopischen Mauern man vorübergehend Schutz vor fremden Eroberern finden konnte. Trojas ‹heilige Feste Ilion› hat offenkundig einst einem solchen Zweck gedient, wenn wir die Gesänge Homers als fernen Abglanz geschichtlicher Ereignisse werten dürfen. Knossos hingegen scheint eine solche Funktion niemals ausgeübt zu haben.

Aber noch eine weitere Überraschung steht uns bevor: Selbst die sogenannten Badezimmer und kultischen Reinigungsbecken sind mit Gipsplatten ausgekleidet! Die Verwendung von Gips und diejenige von fließendem Wasser schließen sich aber gegenseitig aus. Die für diese Räume von Evans angenommene Funktion ist mit den geologischen Fakten des Baumaterials nicht im Einklang. Es *kann* sich *nicht* um Badezimmer und Wasserbecken gehandelt haben!

Daß Gips unbeständig gegenüber fließendem Wasser ist, muß den Minoern schon in den Steinbrüchen aufgefallen sein, aus denen sie ihr Baumaterial gewonnen haben. Sie haben es trotzdem, und offenbar ganz bewußt, verwendet. Also war der Verwendungszweck dieser Räume ein anderer, als ihn sich Evans vorgestellt hat.

Diese Feststellungen haben mich schon am ersten Tag des Besuches auf dem Ausgrabungsgelände zutiefst verblüfft und sehr nachdenklich gemacht. Mir war allerdings nicht klar, worüber ich mich mehr wundern sollte: Über die unzweckmäßige Verwendung von nicht geeignetem Baumaterial seitens der alten Minoer oder über die unzureichenden Materialkenntnisse der minoischen Archäologen, die folgenreiche Hypothesen über die Benutzungsfunktion von Räumen des Palastes aufstellten, ohne das Baumaterial auf seine Tauglichkeit hin fachmännisch zu prüfen.

Zu den ‹besonderen› Eigenschaften des minoischen Alabasters kommt noch ein drittes Merkmal hinzu. Immer wieder haben wir vom katastrophalen Brand gehört, der den Palast in Schutt und Asche gelegt haben soll, so daß er niemals wieder aufgebaut werden konnte. Tatsächlich fanden sich auch an manchen Stellen altkretischer Paläste Spuren, die auf Brand hindeuten: Zuvor weiche Tontafeln waren im Feuer gehärtet, Ziegel und Wände geschwärzt und Holz verkohlt. Offenbar war zusätzlich zum Erdbeben und Vulkanausbruch von Santorin, zusätzlich zu Flutwelle und Aschenregen noch ein Großbrand im Palast ausgebrochen, wie ja ein Unglück nicht selten allein kommt. Erdbeben lösen Großbrände geradezu aus, wie die Katastrophen von San Francisco 1906 und Tokio 1923 gezeigt haben.

Aber seltsam: Viele der Gipsplatten und -blöcke zeigten noch ihre ursprüngliche graue Bänderung, die ja den besonderen ästhetischen Reiz dieses sonst so unpraktischen Baumaterials ausmacht. Diese Bänderung besteht aber aus einer schichtig eingelagerten, feinen Beimengung von *Bitumen*, natürlicher organischer Substanz. Diese organische Substanz stammt aus den Überresten tierischer und pflanzlicher Organismen, die bei der Ablagerung des Gipses mit eingebettet wurden und im Laufe von Jahrmillionen eine weitgehende chemische Umwandlung erfahren haben.

Erhitzt man solche Gipsgesteine mit ihrem ursprünglichen Bitumengehalt zu sogenanntem Brenngips, so entweicht das Bitumen aus dem Gestein und verbrennt. Zurück bleibt ein rein weißer Stein, ohne die durch organische Beimengungen bedingte Grautönung. Die Entfärbung beginnt bereits bei 60°Celsius, wobei sich feine Risse im Gestein ausbilden. Schon bei 100 bis 120 Grad ist der Vorgang beendet. Aus dem zuvor graumelierten natürlichen Gipsgestein ist schneeweißer Gips geworden. Ist hingegen in einer Gipsprobe noch ursprüngliches Bitumen, so kann diese Gipsprobe keiner höheren Temperatur als maximal 100 bis 120°C ausgesetzt gewesen sein.

Von mehreren Materialproben aus dem Palast von Kato Zakro zeigten zwei einen Stuckgips als Verputzschicht, in ungefähr 7 bis 8 mm Stärke aufgetragen, wohl als Träger einer Malschicht, die jedoch nicht mehr zu erkennen war. Der Stuckgips war frei von Bitumen, zweifellos gebrannt, gemahlen und vor der Verarbeitung mit etwas Ziegelmehl gemagert, um den Schwund beim Trocknen zu reduzieren, das heißt, um eine Bildung von Haarrissen zu vermeiden. Die alten Minoer kannten also offenbar schon sehr genau die Technik der Gipsherstellung und Verarbeitung, wußten, daß man das Brennen rechtzeitig abbrechen muß, damit sich das Halbhydrat bei Zusatz von Wasser wieder in Gips (mit zwei Anteilen eingebautem Kristallwasser) zurückverwandelt, während der ‹totgebrannte› Gips (Anhydrit) kein Wasser mehr in das Kristallgitter einbaut (oder nur sehr langsam, innerhalb ‹geologischer› Zeiträume, die der Bauhandwerker naturgemäß nicht abwarten kann). Auch das Schwinden und Magern des angemachten Gipses war schon bekannt, ebenso die kurze Abbindezeit. Feine Luftblasen in den Proben zeigen an, daß man bei der Verarbeitung recht zügig vorging. Derartige praktische Details über die technischen Kenntnisse der alten Minoer dürften möglicherweise wichtiger und aufschlußreicher sein, zumal da sie auch eindeutig belegbar sind, als die phantasievoll ausgemalten Szenen aus dem Leben der Minoer, die man in vielen Darstellungen bisher findet.

Man kann also mit Hilfe grauer bituminöser Gipse die maximal erreichte Brenntemperatur bestimmen. Überall dort, wo der im Palast von Knossos verwandte Gips noch seinen ursprünglichen Bitumengehalt besitzt, also seine graumelierte schichtige Bänderung zeigt, können die Temperaturen beim Brand des Palastes nicht höher als 100 bis 120 Grad angestiegen sein.

Nun weiß man aber, daß beim Ausbruch eines unkontrollierten Brandes zunächst einmal die Entflammungstemperatur für brennbare Gegenstände überschritten werden muß, die von Brandspezialisten mit 140° Celsius angegeben wird. Beim eigentlichen Schadenfeuer steigt die Temperatur jedoch weit über diese Minimaltemperatur hinaus an, so daß mehrere hundert, ja über tausend Grad Celsius erreicht werden. Dies ist aber mit der Gipsmethode für den Palast von Knossos auszuschließen. Die aus zentraler Lage entnommenen Proben sowie die vielen, noch immer grau gebänderten Gipse in ursprünglicher Position beweisen, daß die obengenannte Entflammungstemperatur nicht erreicht oder überschritten worden sein kann.

Wohlgemerkt: Das bedeutet nicht, daß jede Art von Feuer auszuschließen ist. Es kann also sehr wohl an einigen Stellen des Palastes ‹gebrannt› haben. Die dabei erreichten Temperaturen blieben jedoch so niedrig, daß diese ‹Brände› sich niemals der Kontrolle der Menschen entzogen haben können. Mit anderen Worten: sie wurden absichtlich ent-

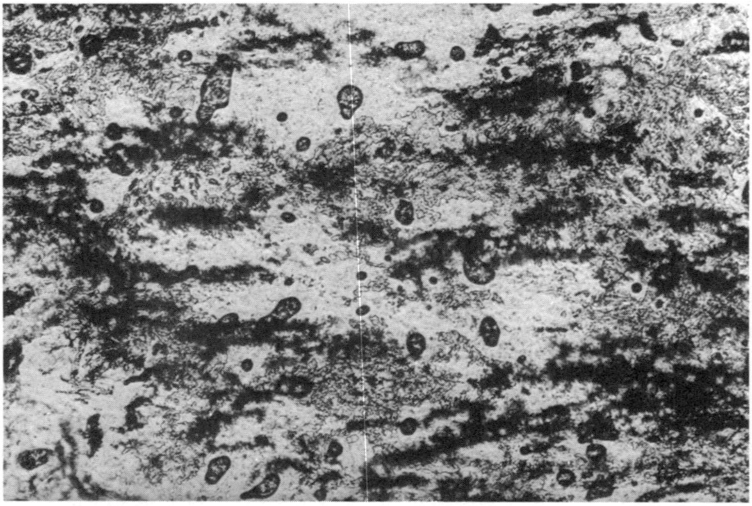

31 Gesteinsdünnschliff einer Alabasterprobe aus dem Palast von Knossos. Die schwarzen Flecken und Streifen bestehen aus organischer Substanz (Bitumen), die beim Erhitzen oberhalb 60° C aus dem Gestein entweicht. Die vorliegende Originalprobe aus minoischer Zeit kann also keinen höheren Temperaturen ausgesetzt gewesen sein, da das Bitumen noch im Gestein enthalten ist (Vergrößerung ca. 200fach)

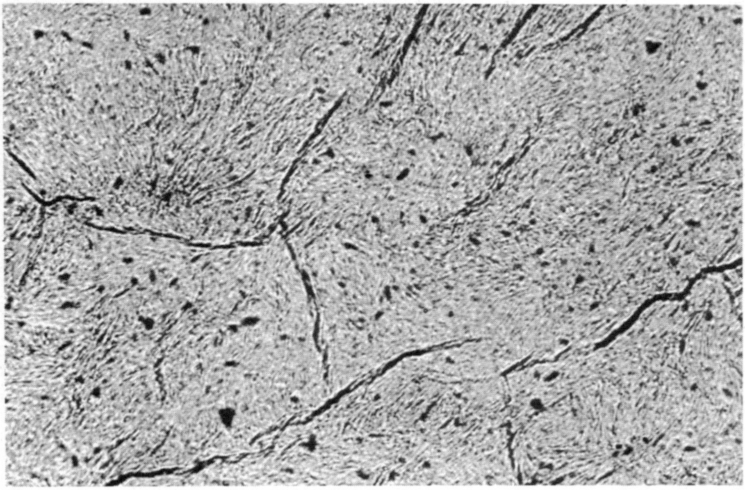

32 Gesteinsdünnschliff einer Alabasterprobe aus dem Palast von Knossos. Die Probe enthielt vor der Erwärmung auf maximal 120° C ursprüngliches Bitumen, das jedoch über die (im Bilde schwarz erscheinenden) Schrumpfrisse entweichen konnte, die ab 60° C infolge Wasserabgabe des Gesteins entstanden sind. Aus dem ursprünglich bituminösen, grauen Alabaster (Gips) wird dabei rein weißer Brenngips. Wo sich in minoischen Bauten noch bituminöses Originalgestein vorfindet, kann keine höhere Brandtemperatur erreicht worden sein, das heißt die Entflammungstemperatur von 140° C am Beginn von Schadenfeuern wurde nicht erreicht

facht und unterhalten, sei es zu Beleuchtungszwecken, als Herdfeuer, Brandopfer oder kultisches Feuer.

Die alten Minoer haben also gleichsam, ohne es zu wissen und zu wollen, an vielen Stellen *geologische Thermometer* eingebaut, die uns noch heute gestatten, die maximal erreichte Brandtemperatur abzulesen. Dazu ist ebenfalls kein großer Untersuchungsaufwand erforderlich, man muß nur seine Augen offen halten – oder, in Zweifelsfällen, eine kleine Probe entsprechend erhitzen, um die Entfärbung zu beobachten. Man kann diese Methode auch an allen anderen archäologischen Grabungsstätten anwenden, wo immer Gips mit primärem Bitumengehalt als Baumaterial Verwendung gefunden hat. Nur eines kann man künftig nicht mehr: Frei seine Phantasie spielen lassen und von großen Brandkatastrophen sprechen, ehe man die Bodenfunde entsprechend geprüft und nachgewiesen hat, daß zumindest Temperaturen von 120° Celsius überschritten wurden.

Zweites Buch: Die lebenden Toten

10. Von Phaistos bis Mallia

Erdbebenchronologie und minoische Baukonstruktion · Die drei großen Paläste: Übereinstimmungen und Unterschiede · Die Gesetzestafeln von Gortyn · Eingemauerte Vorratsgefäße? · Zisterne oder mundus subterraneus, Schacht zur Unterwelt? · Von seismischen Wogen und sinkenden Küsten · Der Sinn der ‹Ölsammelrinnen›

Die Betrachtungsweise, die bisher bei wissenschaftlich und sonst an den Ausgrabungen interessierten Besuchern im Vordergrund stand, war offensichtlich mehr eine künstlerische. Auf diesem Gebiet hat die minoische Kultur zweifellos hohe Leistungen vollbracht. Arthur Evans kam über die Ethnologie und Schriftforschung zur Spatenarbeit. Man kann ihm keinen Vorwurf daraus machen, daß seine naturwissenschaftlichen Kenntnisse nicht umfassend genug gewesen sind. Auch seine Anhänger kommen ganz überwiegend nicht von der Geologie her.

Es ist andererseits ganz natürlich, daß ein Geologe, der sich in fast zwanzigjähriger Tätigkeit als Baugrundfachmann und bei der Durchführung zweier eigener Wohnbauobjekte einige Praxis in Baukonstruktion und Bauausführung aneignen konnte, nicht alles ungeprüft hinnimmt, was über die technischen Fähigkeiten der alten Minoer von den mehr historisch-geisteswissenschaftlich orientierten Archäologen vorgetragen wird. Der Geologe sieht die minoischen Bauten gleichsam entzaubert von ihrem künstlerischen Reiz, in aller nüchterner Sachlichkeit der Leute ‹vom Bau›. War die Anlage zweckmäßig in Konstruktion und baulicher Ausführung, entsprach das verwandte Material den gestellten Anforderungen? Hatten hier in der Praxis erfahrene Handwerker nach den Regeln der Baukunst gearbeitet, wie es in der Juristensprache heißt, wenn der Einsturz eines Bauwerks vor dem Richter verhandelt wird? Oder waren hier Mängelrügen zulässig, ja angebracht?

Die Verwendung des weichen und nicht wasserresistenten Gipses konnte schon vor dreieinhalbtausend Jahren nicht als ‹den Regeln der Baukunst entsprechend› gelten. Entweder, die minoischen Bauleute hatten von ihrem Baumaterial keine Ahnung, oder – was man zu ihrer Ehrenrettung eher annehmen möchte – das Bauwerk konnte und sollte aus nicht sehr widerstandsfähigem Material ausgeführt werden, weil keine nennenswerte Abnutzung vorgesehen war. Dann aber konnte es sich nicht um einen normalen Wohnbau handeln!

Zwei Geschosse hoch erhob sich einst der Westtrakt des Palastes. Vier Geschosse folgten gar, bedingt durch die Lage am abfallenden Hang, im Ostflügel übereinander. Das Mauerwerk war hierfür sicherlich ausreichend. Aber wie stand es mit den Säulen? Bis in das zweite Untergeschoß hinab wurde die Last der Geschosse auf Säulen übertragen. Und diese berühmten minoischen Säulen bestanden – aus Holz! Auch zwischen dem Feldsteinmauerwerk der Untergeschosse überall Holzbalken, in horizontalen Lagen zwischen die Natursteinblöcke eingefügt. Nun ist Holz zwar durchaus ein geeigneter Werkstoff und kann Jahrhunderte überdauern, vorausgesetzt er wird trocken gehalten oder kann nach vorübergehender Durchfeuchtung rasch wieder trocknen. Man hat sogar vermutet, die Holzbalken im minoischen Mauerwerk seien aus Gründen besonderer Erdbebensicherheit eingebaut worden, als später bei den Bewohnern des ägäischen Raumes nicht mehr bekannte raffinierte Schutzvorrichtung gegen Erschütterungsschäden. Allerdings hätten sie dann im Ernstfall doch nicht viel geholfen ...

Verwendet man jedoch Holz in Form von Mauerwerksbalken und Säulen in Kellergeschossen, ohne diesen Werkstoff gegen aufsteigende Bodenfeuchtigkeit zu isolieren, so wird man seines Bauwerks nicht recht froh. Auch ohne den gefürchteten Hausschwamm zerfällt das Holz in vergleichsweise kurzer Zeit. Aus diesem Grunde baute die ‹unkultivierte› Bevölkerung des europäischen Mittelalters und der Neuzeit bis in unser Jahrhundert hinein Kellergeschosse möglichst ohne Verwendung von Holz im Mauerwerk oder als Stützen. Erst über dem Spritzwassersockel aus Naturstein begann die Fachwerkbauweise mit Holzgefachen, die Erdbeben auch nicht gerade schlechter überstehen würden als minoische Bauten. In Knossos hingegen ist das zweite Untergeschoß mit den ‹Wohnräumen› des Königs und der Königin auch dort mit Holzeinbauten ausgeführt gewesen, wo dies wegen der aufsteigenden Bodenfeuchtigkeit nicht günstig gewesen wäre. Die Holzsäulen sind unmittelbar auf den Naturstein der Säulenbasis aufgesetzt, mußten daher ‹Wasser ziehen›. Eine solche Konstruktion ohne jede Feuchtigkeitssperre ist auf die Dauer nicht bestandsfähig. Heute sieht man in solchen Fällen eine Trennung der beiden unterschiedlichen Materialien durch Einbau einer Sperrschicht vor oder faßt den Säulenschaft in einem hochgezogenen Metallfuß.

Möglich, daß trotz dieser Risiken die mächtigen Zedernholzbalken und -säulen einige Zeit ihre Tragfähigkeit behalten haben. Aber schon die Methode, das Holz mit einer Al-fresco-Putzschicht zu überziehen und damit nicht mehr atmungsfähig zu machen, stimmt bedenklich. Aus der Göttinger Altstadt sind mir Häuser bekannt, die ohne Schaden fast vierhundert Jahre überdauert haben, deren Fachwerk aber in diesem

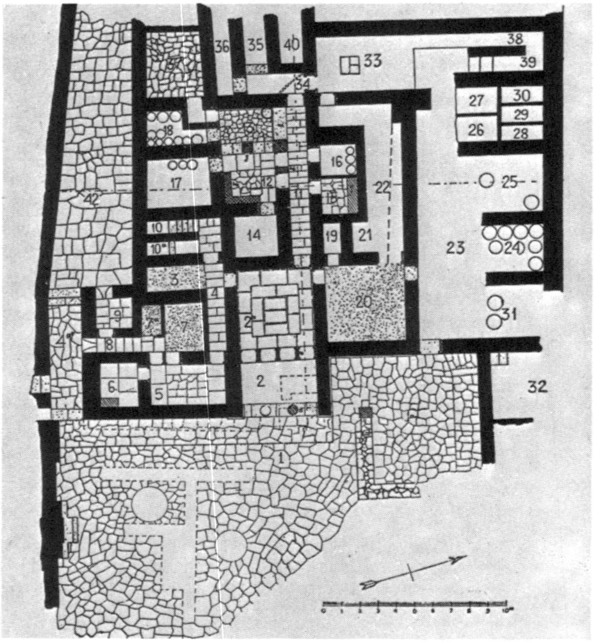

33 Minoische ‹Villa› von Niru Chani, 12 km östlich Iraklion. Grundriß nach Marinatos & Hirmer 1959

Jahrhundert überputzt wurde, so daß binnen weniger Jahrzehnte die Holzkonstruktion wie Zunder zerfiel . . .

Nach Arthur Evans gliedert sich die minoische Zeit in drei Perioden (früh-, mittel- und spätminoisch), die sich weiter in jeweils drei Abschnitte (I, II, III; im Falle der mittelminoischen Periode in I, IIa, IIb und III) gliedern lassen. Die mittelminoische Periode etwa von 2000 bis 1700 v. Chr. entspricht der ‹Älteren Palastzeit› im Sinne von N. Platon, dem zur Zeit namhaftesten griechischen Fachmann auf dem Gebiet der minoischen Archäologie (Protopalatikum). Evans' spätminoische Periode hingegen ist etwa Platons ‹Jüngerer Palastzeit› (Neopalatikum) von 1700 bis 1400 v. Chr. vergleichbar. Dieser intime Kenner minoischer Archäologie und Entdecker des vierten altkretischen Palastes (Kato Zakro in Ostkreta) glaubt, daß die insgesamt sechs Abschnitte des Proto- und Neopalatikums jeweils durch ein vernichtendes Erdbeben voneinander getrennt waren, das die Bewohner des Palastes immer wieder zum Neuaufbau ihrer zerstörten Anlage zwang. Bis schließlich nach dem letzten katastrophalen Erdbeben etwa zwischen 1450 und 1400 v. Chr. niemand zurückblieb, der den Palast noch einmal hätte wiederaufbauen und bewohnen können. N. Platon hat also eine Art von Erdbebenchronologie aufgestellt, bei welcher die verheerenden Schläge jeweils im Abstand von etwa hundert Jahren aufeinanderfolgen.

Wer Kreta auch nur flüchtig kennt, weiß, daß es in einem durchaus seismisch aktiven Teil des Mittelmeerraumes liegt. Insofern ist gegen die Deutung N. Platons nichts einzuwenden. Bei den genannten Baumängeln bedarf es ja auch nur verhältnismäßig geringer Erschütterungen, um die jeweils im Laufe von etwa hundert Jahren vermoderten Holzteile und damit den gesamten mehrgeschossigen Bau zum Einsturz zu bringen. Man muß aber hierfür nicht zwingend Erdbeben postulieren. Die überputzten und ungeschützt der aufsteigenden Bodenfeuchtigkeit ausgesetzten Bauhölzer hätten vermutlich auch so kaum ohne Schaden all die vielen Jahrhunderte des minoischen Zeitalters überdauert.

Besser noch als der durch die Evansschen Rekonstruktionen weitgehend umgestaltete Palast von Knossos zeigen andere, weniger überarbeitete minoische Stätten die hier erwähnten Konstruktionseigenschaften. Das kleine minoische Bauwerk von Niru Chani 12 Kilometer östlich von Iraklion ist recht aufschlußreich. Auch hier waren die Holzsäulen den Steinbasen direkt aufgesetzt und trugen eine pergolaartige Vorhalle. Die offenbar stärker begangenen und dem Regenwaser ausgesetzten Bodenplatten waren nicht aus Gips, sondern aus Kalkstein oder Chloritschiefer. Sehr wahrscheinlich hatten die minoischen Bauherrn über die geringe Werksteineignung des Gipses genau Bescheid gewußt. Auch eine sorgfältig behauene Wasserrinne in Niru Chani mit Krümmer und Anschlußstück war nicht etwa aus dem leichter zu bearbeitenden Gips, sondern weit mühsamer aus hartem Kalkstein ausgehauen, wobei die Schlagspuren noch deutlich zu erkennen sind. Keine Rede also davon, daß die Minoer den Gips aus ‹Unwissenheit› hätten eingebaut haben können!

Einige Räume in Niru Chani wiederum sind mit Gipsplatten ausgelegt, darunter ausgerechnet der vornehme Haupteingang. Das Bauwerk wird einem minoischen Priester zugeschrieben, der nebenbei noch einen Handel mit Devotionalien getrieben haben soll, weil man neben Pithos-Vorratsgefäßen ‹Lager› von Kultgegenständen gefunden hat. Ein reger ‹Kundenverkehr› im Hauseingang einerseits und Gipsplatten als Fußbodenbelag andererseits schließen sich aber mit Sicherheit aus. Auch eine Treppe aus Gipsstufen ins Obergeschoß ist erhalten. Die unteren Stufen sind weitgehend ausgetreten und durch abrinnendes Regenwasser zerfurcht. Die oberste Stufe aber, wo die Treppe heute blind ins Freie mündet und daher heute nicht mehr begangen wird, ist auffällig wenig abgenutzt.

Alle Türfüllungen weisen breite und tiefe Nuten auf. In ihnen sollen einstmals hölzerne Falltüren auf- und abwärts bewegt worden sein. Eine überaus zweckmäßige, fast möchte man sagen geniale, raumsparende Einrichtung. Eines aber scheinen die Minoer dabei nicht bedacht zu haben: Entweder läßt man die Falltür in einen Schlitz im Erdboden verschwinden. Dann bewegt sie sich bald nicht mehr richtig, weil dieser Schlitz zugleich als Sandfang und Staubfänger wirkt. Oder man läßt die Falltür sich nach oben emporziehen. Dann stört sie im Obergeschoß. Oder man macht die Tür so niedrig, daß man sich beim Eintreten den Kopf anstößt. Oder aber, man baut Geschosse von doppelter Türhöhe, also etwa 3,5 m lichter Weite. Dann aber muß man erklären, warum viele Räume diese Höhe nicht erreichen ... Wer Falltüren annimmt, muß glaubhaft darlegen, wie sie funktionieren konnten.

Die Nuten der minoischen Türfüllungen haben gerade die richtige Dicke, um darin die noch reichlich in manchen Räumen befindlichen Gipsplatten-Bruchstücke einzufügen. Ob die Falltüren wohl aus Gips bestanden? Oder waren die Türen vielleicht normalerweise überhaupt nicht ständig geöffnet, sondern mit Steinplatten fest verschlossen?

Das würde jedenfalls die geringe Abnutzung mancher Räume auf ei-

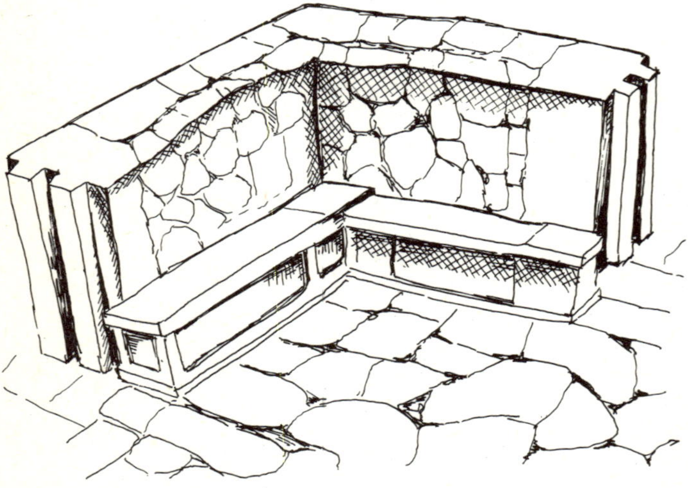

34 Eckbank aus Gipsplatten, Niru Chani. In den Türlaibungen Nuten zum Verschluß

35 Eckbank (Klinen). Etruskisches Felsengrab, aus vulkanischem Tuff gearbeitet. Man vergleiche mit der Eckbank aus Niru Chani

nen Schlag verständlich und die Verwendung des weichen Gipses durch minoische Handwerker sofort entschuldbar machen. Wenn die Räume unmittelbar nach ihrer Fertigstellung durch Steinplatten verschlossen wurden, also nicht einer ständigen Verkehrsbelastung ausgesetzt waren, wäre ja die Verwendung von Hartgesteinen, die sich nur schwer mit bronzezeitlichem Werkzeug bearbeiten lassen, völlig überflüssig! Nur: Wohnräume können es dann nicht gewesen sein!

Ein Raum in Niru Chani weist eine steinerne Eckbank auf, bedeckt mit den üblichen Gipsplatten. Sofort wird die Erinnerung an Räume mit ähnlicher Ausstattung wach, mit aus weichem Gestein geformten Einrichtungsgegenständen des täglichen Bedarfs, die jedoch nicht zum Gebrauch von Lebenden hergestellt waren, sondern als Wohnungsausstattung für Tote: Grabkammern im fernen Etrurien, mit den als Eckbank aus dem weichen Tuff der Hügel um Cerveteri geschnittenen Totenklinen, mit Nachbildungen von Hausrat, ja sogar von Haustieren aus Gips. Zwar sind Minoer und Etrusker nicht nur räumlich durch über tausend Kilometer Wasserfläche, sondern vor allem auch zeitlich durch annähernd ein Jahrtausend voneinander getrennt. Aber die Übereinstimmung ist erstaunlich. Und sollen nicht die Ahnen der Etrusker nach der Überlieferung der Alten aus dem Osten, aus Kleinasien über die Ägäis und das Ionische Meer nach Italien eingewandert sein? Aber auch ohne einen direkten Zusammenhang könnte in der äußeren Übereinstimmung in An-

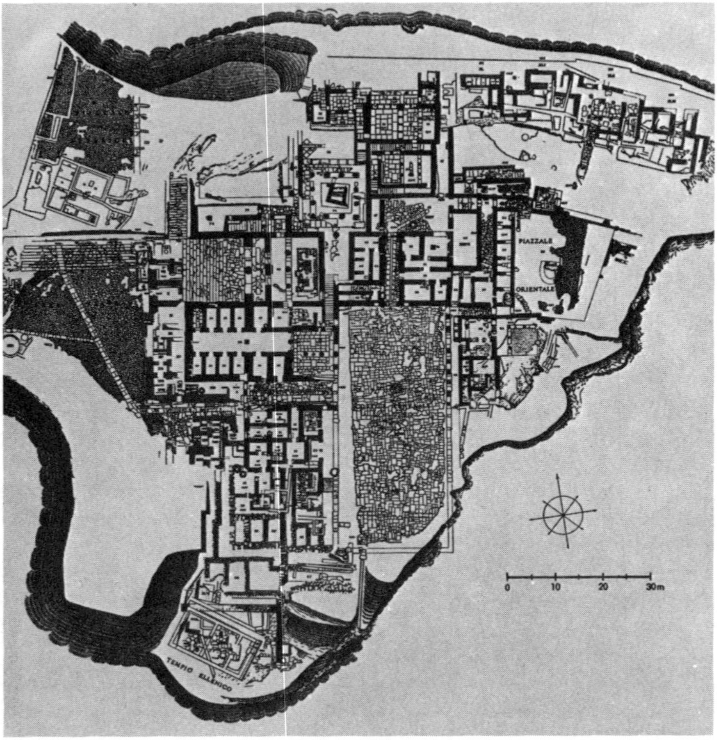

36 Palast von Phaistos.
Lageplan nach Marinastos & Hirmer 1959

ordnung, Form und Material ein Hinweis auf eine ähnliche Funktion zu suchen sein.

Glücklicherweise sind wir nicht auf einen Palast oder Wohnbau allein angewiesen. Neben Knossos, Niru Chani, Amnissos oder Zakro stehen vor allem noch die beiden anderen größeren Palastanlagen zur Verfügung: Phaistos und Mallia.

Alle drei großen Paläste zeigen gewisse Übereinstimmungen im Grundriß, insbesondere hinsichtlich des Zentralhofes, um welchen sich die Baulichkeiten gruppieren. Sogar das Längen-Breiten-Verhältnis der drei Zentralhöfe stimmt mit recht genau zwei zu eins auffällig gut überein.

In Phaistos ist allerdings der südöstliche Teil des Hofes und die umgebende Bauwerksgruppe infolge eines Bergsturzes verschwunden. In allen drei Fällen stimmen auch die Orientierung nach den Himmelsrichtungen sowie das rechtwinklige Grundmuster der Anlage überein, auch wenn sonst in der Größe und Verteilung der Räumlichkeiten beträchtliche Unterschiede bestehen. Knossos ist insgesamt die größte der drei Labyrinth-Anlagen, auch ist nirgendwo sonst auf Kreta eine vergleichbare Zahl von Geschossen übereinander nachgewiesen. Alle drei Paläste zeichnen sich durch den typischen abgewinkelten Verlauf von Gängen, durch besondere Konzentration von Magazinen im Westtrakt, durch einen Vorhof im Westen sowie durch eine größere Zahl von Nebengebäuden aus. Phaistos erhebt sich auf einem flach nach Süden geneigten Plateau hoch über der Messara-Ebene, einer fruchtbaren Niederung im Süden Kretas. Die Hang- und Hügellage von Knossos über dem fruchtbaren Kairatos-Tal sowie oberhalb der ebenso fruchtbaren Küstenebene der Nordküste wurde schon eingehend beschrieben. Mallia hingegen liegt auf flacherem Gelände, dicht an der Küste, auf einem nur flach über die Küstenebene ansteigenden Gelände. Dennoch ist in allen drei Fällen der räumliche Zusammenhang mit fruchtbaren Niederungen bemerkenswert, die weitgehend von jungen Lockerböden mit leichter Bearbeitbarkeit bedeckt sind. Diese Teile der Insel dürften schon seit der Steinzeit landwirtschaftlich genutzt worden sein und boten auch für vergleichsweise primitive Ackerbauwerkzeuge der Stein- und Bronzezeit keine Schwierigkeiten.

Die unmittelbare Umgebung der Paläste hingegen ist in allen drei Fällen harter, steiniger Untergrund, ohne tiefgründigen fruchtbaren Lockerboden, der erst mühsam aufgelockert werden muß, will man ihn überhaupt landwirtschaftlich nutzen. Vor Einführung eiserner Hacken und Pflugscharen war hier mühsames Arbeiten. Wahrscheinlich lagen die Paläste aber damals überhaupt außerhalb des eigentlichen Kulturlandes. Und das gilt nicht nur für Knossos, sondern auch für Mallia und insbesondere für Phaistos auf seinem hohen, trockenen Plateau.

Eine etwa zweistündige Autofahrt über gute, asphaltierte Straßen (noch keine Selbstverständlichkeit für die gebirgige Insel) brachte uns von Iraklion über Dafnes und Agia Varvara zur Messara-Ebene und nach Phaistos. Der zentrale Teil Kretas zwischen Iraklion und Phaistos ist zwar auch hügelig, fast gebirgig, aber nicht so steil, schroff und karg wie weiter im Osten und Westen. Reiche Dörfer markieren unseren Weg. Ein guter Wein wächst hier. Überall an den Straßen liegen ganze Berge von Weintrauben auf großen Planen, frisch geschnitten und bereit zum Abtransport. Kaum hält man an, um den malerischen Anblick der saftigen Trauben in Ruhe betrachten zu können, schon sieht man

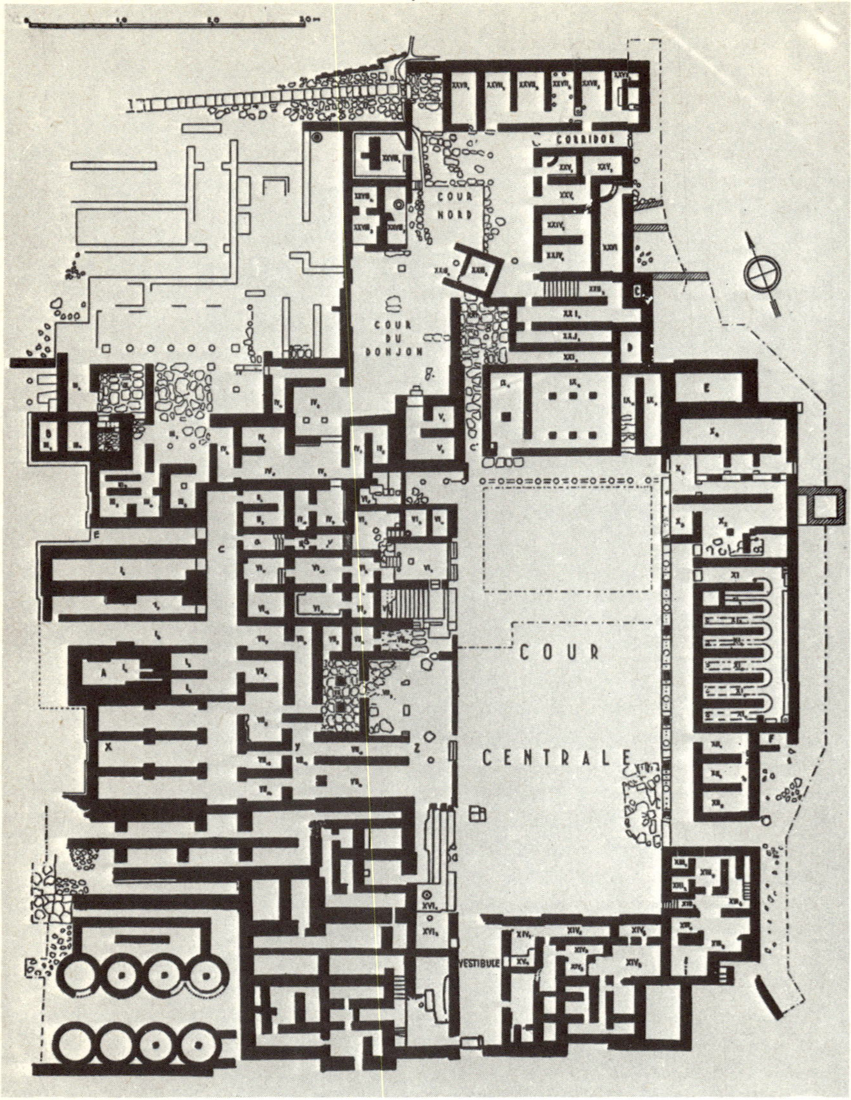

37 Palast von Mallia. Grundriß nach Marinatos & Hirmer 1959

sich reich beschenkt mit Händen voller Trauben. Ein Hochgenuß in der trockenen Hitze des kretischen Mittags.

Ein Abstecher gilt Gortyn, der alten römischen Hauptstadt Kretas und zeitweilig auch der Cyrenaika. Schon die Minoer wohnten hier. Seinen eigentlichen Aufschwung aber nahm der Ort erst in dorischer Zeit, als die griechische Akropolis mit ihren Magazinen, ein Theater und die berühmte Mauer mit der Inschrift des Stadtrechts von Gortyn errichtet wurde: Es ist die längste erhaltene griechische Inschrift überhaupt, abgefaßt um 450 v. Chr. und eingebaut in das aus der Zeit des Kaisers Trajan (98 bis 117 n. Chr.) stammende römische Odeon.

Ausgedehnte römische Tempelbauten sind noch im Süden der Fahrstraße freigelegt worden, darunter der Apollotempel, das Isis- und Serapis-Heiligtum, ein Nymphäum und das Prätorium. Italienische Archäologen sind gerade dabei, gewaltige, geborstene monolithische Säulen freizulegen. Aber nicht das römische, byzantinische oder hellenische Gortyn ist das Ziel unserer Fahrt. Schon zehn Kilometer weiter nach Westen überragt der isolierte Bergrücken von Phaistos die Niederung. In einigen Kehren erreicht die Fahrstraße das Bergplateau. Der Rundblick aus dieser Höhenposition aber ist überwältigend: Zu unseren Füßen dehnt sich das grüne Kulturland der Messara, eingerahmt fast allseitig von schroffen Bergmassiven, flimmernd im graublauen Dunst der Ferne. Vom Parkplatz aus führt ein flach ansteigender Weg zur Cafeteria mit dem unvermeidlichen Andenkenstand. Hier haben sich Touristen in großer Zahl unter das schattige Dach geflüchtet. Von hier aus überblickt man den ganzen Palast einschließlich des herrlichen Panoramas ringsum.

Wir halten uns nicht lange auf. Uns zieht es trotz der Mittagshitze auf das Ausgrabungsgelände, das wie im Grundriß vor uns liegt.

Gleich am flachen Abstieg unmittelbar neben dem mit Natursteinplatten gepflasterten Weg zwei langgestreckte Steinkistengräber aus hochkant gestellten Kalksteinplatten. Sie sind möglicherweise nicht aus minoischer Zeit, sondern jünger – für Erdbestattung in langgestreckter Haltung und ohne nennenswerte Grabbeigaben.

Den Westhof flankiert im Norden eine imposante Schautreppe. Sie ist keinem Eingang, sondern einer einfachen hohen Stützmauer vorgelagert und daher wohl eher dafür geeignet, einer großen Zuschauermenge gute Sicht über den Vorhof des Palastes zu gewähren, wenn hier festliche Ereignisse ihren Verlauf nahmen. Im Osten grenzt der Vorhof längs einer erhöhten Rampe an den Palast, dessen Westportal sich über einer breiten Zugangstreppe erhebt. Auch hier zwar massive Natursteinmauern aus mächtigen Blöcken, aber keine Anzeichen einer Verteidigungsbereitschaft, weder am Palast selbst noch in dessen weiterer

Umgebung. Insofern bietet sich hier dasselbe Bild wie bei allen erhaltenen minoischen Anlagen.

Phaistos läßt besonders deutlich die Übereinanderfolge von mindestens zwei großen Palastanlagen erkennen: Der jüngere Bau ist um 5 bis 10 Meter weiter nach Osten zurückgesetzt; die Fundamente des älteren bilden jene Rampe, die den Westhof nach Osten hin begrenzt.

Auch in Phaistos ist der Hauptzugang von Westen her, von Sonnenuntergang, von der Seite der schlechten Vorbedeutungen und des Todes. Die Westmagazine sind nicht ganz so umfangreich wie in Knossos: kürzere, dunkle, fensterlose Räume, mit den schlangengezierten Pithoi wie in Knossos, sowie ursprünglich mit Gipsplatten ausgekleidet wie dort. Neben einem der großen Vorratsgefäße findet sich ein trommelartiger niedriger ‹Hocker› mit zwei seitlichen Griff-Einbuchtungen. Mit Hilfe

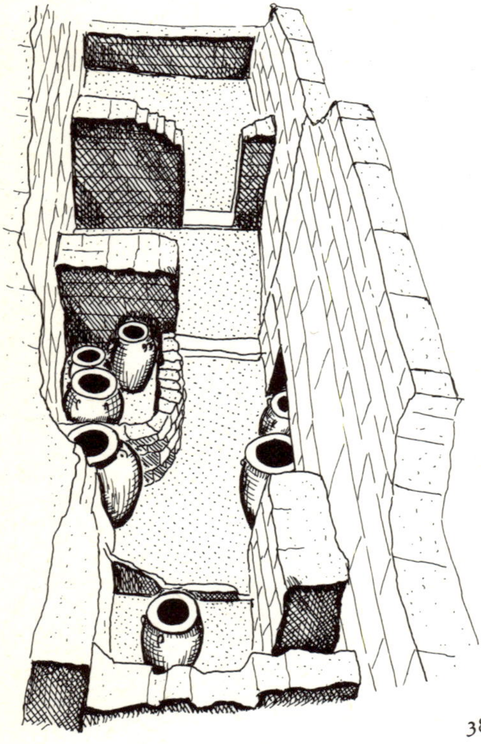

38 Pithos-Magazine, Phaistos

39 Phaistos. Pithos-Magazin im Westteil des Palastes. Die dickbauchigen, fast 1 m hohen Tongefäße sind so flach unter dem Fußboden beigesetzt, daß ein späterer freier Zugang praktisch unmöglich war

solcher kleinen Tritte soll die Palastbevölkerung den täglichen Bedarf an Nahrungsmitteln aus den mannshohen Standgefäßen entnommen haben. Aber selbst damit und mit langstieligen Kellen ist es kaum möglich, bis auf den Grund der mächtigen Pithoi zu gelangen.

Auch die mit Gips ausgekleideten ‹kultischen Reinigungsbecken› waren offenbar in Phaistos in Gebrauch: Drei Gipsstufen führen in den etwa 2 mal 3 Meter großen Raum hinab. Reste der ursprünglichen Gipsauskleidung hat man durch Einfassungen in Beton gegen die intensive Zerstörung durch Witterungseinflüsse schützen wollen.

Im Westen gehen die Ausgrabungen auf dem Niveau des älteren Palastes weiter. Von oben blickt man in die dem Publikum noch nicht zugänglichen Gänge und Magazine hinein, wenn die Planen über der Metallkonstruktion des Grabungszeltes zurückgeschlagen sind. Hier finden sich besonders interessante Magazinräume, in denen die Vorratsgefäße nicht nur wie sonst frei im Raum stehen: Am Ende eines langen Ganges mit Pithoi zu beiden Seiten steht ein einzelnes Gefäß in einer engen Nische, offenbar mit besonders kostbarem Inhalt. Der Inhalt muß so wertvoll gewesen sein, daß besondere Schutzvorkehrungen gegen unerlaubten Zugang nötig wurden: Man hat das Gefäß mit hochkant gestellten Steinplatten einfach in seiner Nische *eingemauert*! Weiter westlich im selben Gang sind gleich drei Gefäße mit einer einsteinigen Mauer abgetrennt. Wie beschwerlich beim Füllen und Entleeren, beim Reinigen oder Ersetzen der Pithoi. Wenn die Magd in den Keller geschickt wurde, mußten immer Maurerburschen sie begleiten, weil das Eingemachte sonst nicht zugänglich gewesen wäre.

Auch im Palast von Knossos waren uns schon solche in engen Räumen eingemauerten Pithoi aufgefallen, viel zu groß, um sie durch die enge Türe zu transportieren, zu kippen oder durch andere zu ersetzen, falls mal ein Stück zu Bruch gegangen sein sollte. Was hatten nur die alten Minoer in diese Vorratsgefäße getan, daß sie es so sorgsam verschlossen, als ob es für die Ewigkeit im engen Mauergeviert, Winkel oder Nischenraum bleiben sollte? An anderen Stellen wiederum ist die Decke über den Pithoi so niedrig, daß man die dicht bei dicht stehenden Gefäße von oben weder füllen noch leeren kann!

Die Gemächer mit Säulenvorhallen im Norden und Osten des Zentralhofes werden als Wohnräume gedeutet. Nicht weit davon entfernt finden sich die Reste eines Schmelzofens. Hier war also das ‹Handwerkerviertel›, nur zehn bis zwanzig Meter von den Wohngemächern entfernt, als ob es für Lärm, Schmutz und Rauchentwicklung der Werkstätten keinen anderen Platz auf dem weiten Plateau gegeben hätte!

An der Feuerstätte selbst müssen hohe Temperaturen erreicht worden sein, wie an den Sinter-Verkrustungen erkennbar. Doch war es

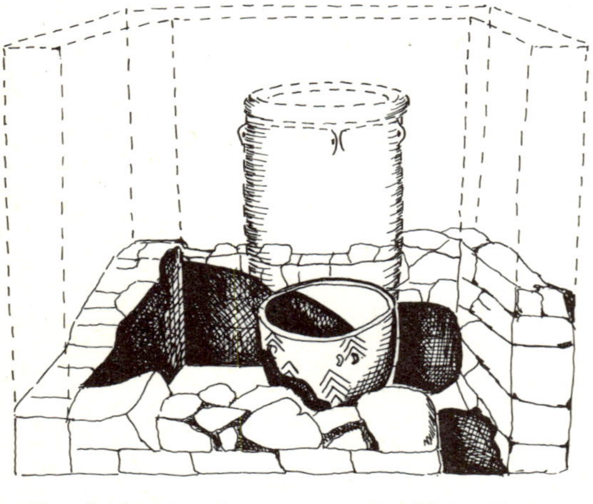

40 Knossos: Einzelpithos in Mauergeviert. Der kleine Zugang rechts ist zu schmal, um das Gefäß passieren zu lassen

41 Phaistos. Ausgemauerte Rundschächte aus der Nähe des westlichen Vorhofes. Die bisher als Zisternen gedeuteten Einbauten stellen vermutlich Schachtgräber aus spät-minoisch-mykenischer Zeit dar

kein unkontrolliertes Feuer, sondern eine eng umgrenzte Brandstätte inmitten eines freien Platzes von 300 bis 400 Quadratmetern. Normalerweise sind Öfen für Töpfer, Metall-, Glas- oder Emaillearbeiten unmittelbar dem Werkstattraum angegliedert. Hier aber liegt die Feuerstelle im Freien. Warum?

Dafür mußten die Handwerker das Wasser aus einer der weit entfernten Zisternen schöpfen, aus denen sich der Palast auf dem sonst wasserarmen, trockenen Plateau zweifellos mühsam versorgte. Eine Reihe solcher ‹Zisternen› findet sich am Rande des Westhofes, an derselben Stelle wie in Knossos. Eine besonders gut erhaltene, tief in den Fels gegrabene ‹Zisterne› liegt an der Südwestecke des Zentralhofes. Die oben dreiviertel Meter breite Schachtöffnung erweitert sich zur Tiefe hin birnenförmig zu einem gewaltigen Rund von vielleicht zehn Metern Tiefe. In Höhe des Erdbodens mündet eine mit Tonziegeln ausgekleidete Zuflußrinne ein, die vermutlich das auf den Dächern gesammelte Regenwasser dem Schacht zugeführt hat. Der gähnende Abgrund ist leer. Möglicherweise hat der verkarstete Fels ausnahmsweise an einer dieser wenigen Stellen das darin gespeicherte Wasser nicht sofort in den Untergrund versickern lassen. Aber unverkennbar muß die tägliche Wasserversorgung auf diesem exponierten Felsen ernste Probleme aufgeworfen haben. Zwar müssen auch die Bewohner mancher Nordseeinseln oft nur mit dem Regenwasser auskommen, wenn das Trinkwasserschiff ausbleibt oder die Versorgung vom Festland aus zu kostspielig wird. Aber in Norddeutschland und an der Küste regnet es regelmäßig auch während des Sommerhalbjahres, oft sogar täglich wenigstens für kurze Zeit. Auf den Mittelmeerinseln aber bleibt der Regen oft monatelang aus, und auf einem solchen isolierten Felsen hält sich das Wasser nicht im Boden! Trotz der herrlichen Aussicht ist der Platz also ausgesprochen ungünstig gewählt, zumindest für eine größere Wohnsiedlung, wenn man an das tägliche Wasser denkt. Nun war sicher auch auf unseren heimischen Ritterburgen so manches Mal das Wasser knapp. So fortschrittlichen Badekomfort indessen wie im minoischen Kreta hat man dort auch nicht betrieben. Aber was entbehrt man nicht alles, wenn die Zeit unsicher und das Leben bedroht ist! Die minoische Zeit soll aber friedlich gewesen sein. Und die Paläste waren unbefestigt.

Aber waren diese Brunnen und Zisternen überhaupt Anlagen für die Wasserversorgung? Wo waren uns solche eigenartigen, oben meterbreiten und sich zur Tiefe hin flaschenförmig erweiternden kreisrunden Schächte aus früher Zeit schon begegnet? Da kehrten sie in die Erinnerung wieder, die etruskischen ‹Pozzi› der Toskana, vom Poggio Renzo unweit Chiusi oder vom Poggio alla Guardia bei Vetulonia: gemauert oder in den Fels geschnitten, in allen Größen, türlos und hohl, die tiefsten bis zu 23 Meter hinabreichend, aber einst bis zum Rand gefüllt mit Tuffbrocken, Tierknochen, Grabcippen (Grabaufsätze), Opfergaben aller Art. Es waren einst Opferschächte, ‹*mundi subterranei*›, die zwischen der Welt der Lebenden und derjenigen der Toten vermittelten, die Opfer aufnahmen, welche für die Jenseitigen bestimmt waren. Und tatsächlich fand N. Platon im minoischen Palast von Kato Zakro in einem angeblichen Brunnen eine Schale mit Oliven: Es ist viel unwahrscheinlicher, daß diese Schale zufällig einer Magd beim Waschen der Früchte aus der Hand geglitten und hinabgestürzt ist, als daß sie absichtlich als Gabe für die Toten in den Schacht zur Unterwelt versenkt wurde – infolge eines Gelübdes, um die Toten günstig zu stimmen oder zu versöhnen nach vorangegangener Untat, zusammen mit anderen Opfergaben.

Ganz im Südwesten des Palastes von Phaistos hat man einen Rhea-Tempel entdeckt, ein Beweis, daß das hochgelegene Plateau auch in hellenischer Zeit noch als Kultstätte für die Mutter des Zeus gedient hat. Gewohnt hat aber offensichtlich zu dieser Zeit niemand mehr dort. Seit den Tagen des berühmten ‹Diskus von Phaistos›, einer frühminoischen Tonscheibe von 16,5 cm Durchmesser mit 241 spiralig eingestem-

42 Etruskischer Mundus subterraneus. Marzabotto

pelten ‹Hieroglyphen›, der im Nordostteil des alten Palastes gefunden wurde, bis in die hellenische Zeit hinein war der Hügel von Phaistos geweihte Stätte der Götter und Menschen . . .

Mallia liegt an der Nordküste, für seismische Wogen von der Ägäis her durchaus erreichbar. Von Amnissos bis Niru Chani finden sich an mehreren Stellen der kretischen Nordküste heute von Wasser überflutete Reste minoischer Fundamente, über die nach J. V. Luce einst ein Tsunami hinweggebraust sein soll, alles Leben und die Wohnsitze der Minoer unter sich begrabend.

Auf den ersten Blick sind diese überspülten minoischen Mauern ein eindrucksvoller Beleg für die Richtigkeit dieser Thesen. Aber der Geologe erkennt etwas ganz anderes, nicht weniger Wichtiges daran: Was immer der Zweck dieser minoischen Bauten nahe der Küste gewesen sein mag, sie sind ursprünglich nicht im Wasser, sondern auf dem Lande errichtet worden, da sie als Hafenbecken zu klein und als Seefischaquarien für die Haltung von Purpurschnecken oder anderem Seegetier zu unregelmäßig sind. Wenn aber die Gebäude einst auf dem Lande standen, heute aber vom Meerwasser umspült werden, so muß sich das Land gesenkt oder der Meeresspiegel gehoben haben! Für Gebäude, die sowieso im Wasser liegen, braucht man nicht erst einen Tsunami, um sie zu zerstören. Eine seismische Woge bedingt ja keine bleibende Erhöhung des Wasserspiegels; ist die Flut abgelaufen, so steht das Wasser nicht höher als zuvor. Hier liegt also ein schlichter Denkfehler vor. Statt eines Beweises für die unmittelbaren Einwirkungen seismischer Wogen sehen wir Anzeichen einer langsamen Küstensenkung, die an der Nordküste Kretas seit minoischer Zeit wertvolles Kulturland vernichtet hat. Wohl manche der 90 bis 100 altkretischen Städte, von denen uns Homer berichtet, dürfte so inzwischen untergegangen sein, da wohl viele von ihnen zwischen der fischreichen See und dem Ackerland unmittelbar an der Küste gelegen waren. Hier ergibt sich unverkennbar eine erfolgversprechende Aufgabe für Unterwasser-Archäologen und damit zugleich auch eine Möglichkeit für die deutsche Wissenschaft, sich mehr als bisher unmittelbar in die praktische Geländetätigkeit der minoischen Archäologie einzuschalten. Ich kann nur hoffen, daß eine entspre-

43 Von der Meeresbrandung überspülte minoische Fundamente. Küste von Niru Chani 12 km östlich Iraklion. Da die Fundamente in Höhe des heutigen Meeresspiegels liegen, ist für die Zerstörung keine seismische Woge erforderlich. Die normale Brandungstätigkeit reicht völlig aus. Hingegen dürfte sich die Küste gesenkt haben, da die Bauten ursprünglich wohl auf dem Trockenen errichtet worden sind. Ein starker Meeresspiegelanstieg ist in dem weithin der trockenen Klimazone angehörenden östlichen Mittelmeer wenig wahrscheinlich

44 Kalksteinplatte mit Vertiefungen für Opfergaben. Palast von Mallia

chende Anregung bald von jungen, am Tauchsport interessierten und fachlich vorgebildeten Kollegen aufgegriffen wird.

Auf dem Grabungsgelände von Mallia selbst finden sich keine sicheren Anzeichen einer solchen marinen Überflutung. Es sieht nicht grundlegend anders aus als an den übrigen minoischen Stätten auch. Der Hauptzugang liegt im Norden, während sich das Eingangstor wieder nach Westen öffnet. Ein spätminoisches, kleines Heiligtum scheint nachträglich etwas unmotiviert schräg in den vorderen Hofraum eingebaut worden zu sein. Am Rande des obligaten Zentralhofes findet sich neben der Schautreppe eine kreisrunde helle Kalksteinplatte als Opferstein, außer der großen vertieften Mitte des sorgsam bearbeiteten und geglätteten Steines fallen 33 kleine und eine größere Vertiefung am Außenrand auf.

In den tiefgelegenen Magazinen des nordwestlich gelegenen Nebengebäudes zeigt man uns eine erstaunlich rationelle Einrichtung der praktisch und sparsam handelnden mallianischen Palastverwaltung, die an Erfindungsgabe diejenige der Residenzen zu Knossos und Phaistos weit übertrifft. Es könnte ja einmal einer der (erheblichen Spannungen ausgesetzten) Pithoi bersten, und das kostbare Olivenöl müßte ungenutzt dahinrinnen! Oder wenn bei unachtsamer Entnahme Öl danebentropft, würden unliebsame Verluste entstehen. So hat man, um derartigen ver-

45 Pfeilergrab: Casal Marittima, Etrurien. Der Pfeiler hat keine konstruktive Funktion, das sogenannte ‹falsche› Gewölbe trägt sich selbst. Diese Art der Pfeilerkrypta ist nur kultisch zu deuten

drießlichen Vorkommnissen vorzubeugen, gleich eine Ölsammelrinne vor den Standgefäßen in den gestampften Fußboden eingelassen, die in eine Vertiefung mündet. Wie klug und praktisch! Aber überlegen wir einmal realistisch: Sollte wirklich einer der Hundert-Liter-Töpfe bersten, dann gibt es eine Überschwemmung, an der auch eine zentimeterbreite Rinne mit einer Zweiliter-Sammelmulde am Ende kaum etwas ändern würde. Und wenn in der Tat etwas Olivenöl danebentropft, sagen wir: auf den staubigen Außenrand des Gefäßes oder gar auf den Fußboden, dann sollten die sonst so reichen und großzügigen minoischen Herren plötzlich so geizig sein, daß sie den Göttern nicht einmal die paar Tropfen gönnen, obwohl ringsum noch ein Vorrat von Tausenden von Litern besten Öls in den Pithoi steht? Das zeugte von einer eigenartigen, raffiniert unpraktischen Denkweise. Nein, mit den ‹Ölsammelrinnen› muß es eine andere Bewandtnis haben.

Ähnlich unpraktisch war auch die Wasserversorgung gelöst. Hier in der Küstenniederung war an Wasser kein Mangel. Ein Brunnen von einigen Metern Tiefe hätte ausgereicht, um beliebige Mengen Grundwasser zu erschließen. Aber – man baut Zisternen (wie in Knossos und Phaistos, hoch oben am Berg), gleich acht nebeneinander in zwei Reihen am südlichen Rand des Westhofes. Manche dieser Zisternen aus rundem Feldsteinmauerwerk besitzen in der Mitte einen Pfeiler, um das in der sogenannten ‹falschen› Gewölbetechnik lagenweise übergreifende Dach zu tragen. Statt eines Brunnens in der Nähe der sogenannten Küchenräume im Nordostteil acht aus geologischen Gründen hier völlig überflüssige Zisternen genau im entgegengesetzten Teil des Palastes! Aber auch derartige ‹Pfeilerzisternen› sind von anderswoher bekannt, von den etruskischen Pfeilergräbern von Casal Marittima oder der Pietrera bei Vetulonia. Der mächtige vierkantige Pfeiler war nicht statisch erforderlich, sondern dient dort als symbolische Stütze des Himmelsgewölbes in einem als ‹*Templum sub terris*› ausgestatteten Grab. Eine rein zufällige Übereinstimmung?

11. Wenn die Erde bebt

Chronik des Schreckens · Von tückischen Tsunamis und tödlichen Glutwolken · Geisterstadt Bussana vecchia · Funktionswandel statt Untergang? · Katastrophismus und Evolutionismus: von Cuvier bis Toynbee · Die Schwierigkeit, die alten Minoer auszurotten

Wegen der Spuren geologischer Katastrophen der Frühzeit hatte ich die minoischen Stätten besucht. Gefunden aber hatten sich merkwürdige Widersprüche. Waren die ausgegrabenen Labyrinthkomplexe tatsächlich die palastartigen Wohnstätten ruhmreicher Könige, des sagenhaften Minos sowie seiner Brüder Sarpedon und Rhadamanthys, ja kann es sich überhaupt um Wohnstätten handeln? Die geologischen Beobachtungen sprechen dagegen. Kultstätten, Heiligtümer, geweihte Erde: ja;

aber keine menschlichen Siedlungen. Vergleiche mit anderen mittelmeerischen Kulturen deuten auf Totenkult hin. Mit Riten des Jenseitsglaubens, besonders der aufwendigen altmediterranen Totenbergung und -vorsorge für das Leben nach dem Tode lassen sich die meisten der aufgedeckten Ungereimtheiten angemessen deuten. Zwanglos fügt sich dann die bisher weitgehend isoliert gesehene minoische Kultur in das Gefüge der übrigen Mediterrankulturen ein. Die minoische Kultur war dann allerdings, soweit sie uns bisher vor Augen getreten ist, fast ausschließlich Totenkult. Das eigentliche Leben der minoischen Welt tritt uns entgegen nur im Spiegel der Totenriten. Nicht die Wohnstätten der Lebenden, sondern ihre Behausungen im Jenseits hatten die Ausgräber freigelegt . . .

Da die Minoer allerdings die ‹Lebensweise› der Toten derjenigen der Lebenden weitgehend angepaßt hatten, war möglicherweise die Aussage dieser Stätten aufschlußreicher als die Freilegung einiger Fundschichten von echten Siedlungsplätzen mit nicht viel mehr als Pfostenlöchern und Küchenabfällen. Wo aber hatten die Minoer gelebt? Natürlich da, wo es die Kreter auch heute noch tun, in den fruchtbaren Niederungen, an den Quellen und Küsten, nicht auf verkarsteten Plateaus in Aussichtslage, aber mit ständigem Wassermangel.

Und wie steht es mit der schließlichen Vernichtung der Minoer, mit den geologischen Katastrophen? Sind wir nicht immer wieder Zeugen der furchtbarsten Wirkungen, welche die Erde oft in Sekundenschnelle durch Beben, Vulkanausbrüche oder seismische Wogen hervorbringt?

Erinnern wir uns an die Chronik des Grauens allein in diesem Jahrhundert: Das Erdbeben von San Francisco am 18. April 1906 fordert 1000 Menschenleben und führt zur Einäscherung der ganzen Stadt. Nur zwei Jahre später kommen in Messina und Kalabrien am 28. Dezember 1908 84 000 Menschen um, ein großer Teil durch seismische Woge. Für einige Jahre stellt dann zwar der Mensch im Ersten Weltkrieg die Naturgewalten an Vernichtungskapazität weit in den Schatten. Aber schon 1920 sterben beim Ping-Liang-Beben vom 16. Dezember in der chinesischen Provinz Kansu annähernd 200 000 Menschen. Rund eine Viertelmillion fallen nur drei Jahre später, am 1.9.1923, beim Sagami-Bucht-Beben in Japan dem Brand von Tokio und Jokohama zum Opfer. Eine ganze Serie schwerster Erdbeben sucht 1939, 1944, 1953, 1967, und 1970 die Türkei heim. Vergleichsweise geringen Schaden brachten die Alaska-Beben in diesem Jahrhundert, weil dort die Siedlungsdichte verschwindend gering ist. Auch übertrifft der Mensch im Zweiten Weltkrieg wiederum an Zerstörungswut alle Rekorde der Natur. Aber wem wären nicht die großen Beben des letzten Jahrzehnts noch in schlechter Erinnerung, und sei es nur von der Tages- oder Wochenschau her: Agadir (1.3.1960), Chile, das schwerste Beben bisher seit Beginn der instrumentellen Überwachung, noch im selben Jahr (21. 5. 1960), Iran (1. 9. 1962), Skopje (26. 7. 1963), Sizilien (zwei Beben im Januar 1968). Und so geht es weiter, jahraus jahrein, mit weit über einer Million Erdbebenopfer allein in einem Jahrhundert. Wie kann angesichts solcher Verlustzahlen ein Zweifel darüber aufkommen, daß die Minoer durch geologische Katastrophen vernichtet wurden?

Und dabei geht alles so schnell, daß keine Zeit bleibt, Hab und Gut noch zu bergen. *Ein* großes nächtliches Erdbeben, und von großen modernen Wohnstätten bleibt nichts als ein Trümmerhaufen.

Hinzu kommen die Menschen, die weit entfernt vom Bebenherd noch ein Opfer der tückischen Tsunamis werden. Die Flutwelle des Chile-Bebens von 1960 breitete sich in weniger als 30 Stunden über den gesamten Pazifischen Ozean aus, um selbst an den über 15 000 Kilometer entfernten Küsten der asiatischen Randgebiete noch schwerste Schäden und Menschenverluste zu verursachen. Eine derartige seismische Woge erreichte am Kap Lopatka an der Halbinsel Kamtschatka sogar 65 Meter Höhe! Nicht genug damit, auch der Vulkanismus trägt nach Kräften zu dieser Bilanz des Grauens bei. Über die Explosion des Krakatau in der Sundastraße wurde schon berichtet. Um nur noch ein markantes Datum zu nennen: Am 8. Mai 1902 raste auf der kleinen französischen Antilleninsel Martinique eine gewaltige Glutwolke mit einer Geschwindigkeit von 150 Metern pro Sekunde von den Hängen des Vulkans der Montagne Pelée zu Tal. Die etwa 800° Celsius heißen vulkanischen Dämpfe, beladen mit glühendem vulkanischem Staub, vernichteten in Bruchteilen einer Minute die kleine Stadt Saint Pierre am Fuß des Berges mit allen 26 000 Einwohnern. Der Druck der Schockwelle, welche der Glutwolke voraneilte, schob ganze Gebäude einfach von ihren Grundmauern herab ...

Ist also die Katastrophentheorie nicht gut begründbar und durch zahllose gut beobachtete Beispiele direkt zu belegen? Und wenn die Beispiele der Gegenwart nicht ausreichen, was hindert uns daran, noch um ein Vielfaches wirkungsvollere geologische Katastrophen für die Vergangenheit anzunehmen?

Dem Geologen sind natürlich alle diese Erscheinungen nicht unbekannt. Ich weiß aber auch, wie schwierig es ist, schon nach wenigen Jahren in einer zuvor fast völlig zerstörten Stadt noch deutliche Spuren der Vernichtung zu finden, wie man sie etwa als akademischer Lehrer seinen Studenten in der Vorlesung im Lichtbild demonstrieren könnte. Geht man heute einmal in San Francisco, Messina, Tokio, Skopje oder Agadir auf die Suche nach Erdbebenschäden, man wird enttäuscht sein. Selbst von den Bombenschäden des Zweiten Weltkriegs, ob in England,

Deutschland oder Japan blieb nur noch wenig, und dann meist in denkmalartiger Verklärung, übrig. Man könnte sogar auf den Gedanken kommen, daß Bauwerke wie die Kathedrale von Coventry, die Kaiser-Wilhelm-Gedächtniskirche oder jener Kuppelbau von Hiroshima in erster Linie nur deshalb als ‹Mahnmal› in Ruinenform erhalten blieben, weil diesen Bauwerken in der Gesellschaft von heute keine wichtigere andere Funktion mehr blieb ... Sonst hätte man sie nämlich durch geeignetere Neubauten ersetzt.

Die amerikanische Nachkriegsreklame ‹See Europe now› mit starrenden Trümmerfassaden im Hintergrund war durchaus berechtigt insofern, als man sich tatsächlich beeilen mußte, bevor die rauchenden Trümmer beseitigt wurden.

Keine dieser von Krieg oder geologischen Katastrophen heimgesuchten Städte ist nämlich wirklich ‹untergegangen›. Sie alle lebten munter weiter, meist größer und schöner als je zuvor. Und wenn alle 26 000 Menschen von St. Pierre starben, so kommen andere, um dort zu siedeln, vorausgesetzt der Ort ist für eine solche Ansiedlung geeignet. Selbst Pompeji und Herkulaneum waren nicht endgültig vom Erdboden verschwunden. Es gibt sie heute an derselben Stelle wie im Altertum (zum Leidwesen der Ausgräber, die erst die Häuser der Lebenden abräumen müssen, um an die Spuren der Vergangenheit heranzukommen).

Nur dort, wo ein Siedlungsplatz unter modernen Gesichtspunkten nicht mehr geeignet erscheint, wird er nach und nach aufgegeben. Kommt dabei eine Naturkatastrophe dazwischen, so baut man den Ort nicht an derselben Stelle, sondern in günstigerer Lage neu auf.

So ist mir nur ein kleines Städtchen bekannt, das nach seiner Zerstörung durch ein schweres Erdbeben nicht wieder aufgebaut wurde und sozusagen als Geisterstadt und Fremdenverkehrsattraktion im Trümmerzustand erhalten blieb: Bussana vecchia nahe San Remo. Von Sarazenen und Normannen von der Küste in die Berge vertrieben, hatten die Bussaner Jahrhunderte hindurch in ihrem versteckten Felsennest im Gebirge hoch über der Küste ausgeharrt. Als dann ein schwerer Erdstoß, ausgerechnet am Sonntagmorgen zur Zeit des Gottesdienstes, fast die gesamte Einwohnerschaft tötete und die Häuser unbewohnbar machte, siedelte der geringe Rest der Bevölkerung an die Küste zurück, wo nunmehr mit staatlicher Hilfe Bussana nuova entstand. Aber eigentlich war man nur wieder an den Ausgangspunkt zurückgekehrt, von dem aus die Vorfahren einst unter dem Druck feindlicher Eindringlinge ins Gebirge ausgewichen waren.

Auch Krieg und Vertreibung haben in der Regel nicht die Wirkung, daß Städte oder ganze Völker ‹untergehen›. Die Eroberer setzen sich nämlich in den allermeisten Fällen an die Stelle der Vertriebenen, wobei es kaum eine Rolle spielt, ob die Neuankömmlinge ‹völkisch› oder kulturell ähnlich oder andersartig sind. Oft kommt es zu einer Symbiose der einheimischen Bevölkerung mit den ‹Eroberern›, und schon nach wenigen Generationen kennt man beide nicht mehr auseinander. Die meisten Funktionen und viele Verhaltensweisen werden einfach übernommen. Selbst so schwere Katastrophen wie der Zweite Weltkrieg spiegeln sich praktisch kaum in der Lebensweise der Bevölkerung nach dem Ende der Schrecken wider. Man knüpft dort wieder an, wo man bei Kriegsausbruch aufhören mußte. Wohnbauten von 1950 sind von solchen vor 1939 kaum zu unterscheiden. Und ostdeutsche Städte wie Breslau wurden von ihren neuen Bewohnern so naturgetreu wiederaufgebaut, daß kein Ausgräber späterer Jahrtausende auf die vorangegangene Katastrophe mit der Vertreibung von 400 000 Menschen schließen würde.

Natürlich gab und gibt es immer wieder Katastrophen. Aber sie beenden kaum je das Leben einer Stadt, geschweige denn eines ganzen Volkes. Kunststile, Jenseitsvorstellungen und Totenriten unterliegen auch ohne Katastrophen einem allmählichen Wandel. Dann scheint es, die alte Tradition sei vernichtet worden, obwohl sie nur außer Funktion gesetzt wurde. Und selbst dabei werden meist beträchtliche Anteile an überkommenen Formen und Verhaltensweisen mitgeschleppt. Hingegen verfällt auch ohne katastrophale äußere Einwirkung das, wofür in der sich wandelnden Welt kein Bedarf mehr besteht. So sind zahlreiche Burgen und feste Schlösser weniger durch unmittelbare Kriegseinwirkung zerstört worden, sondern nach und nach eingestürzt, weil die bauliche Unterhaltung so teuer und nur so lange tragbar war, wie man auf den Schutz der festen Mauern nicht glaubte verzichten zu können.

Nicht die germanischen Eroberer des Römischen Reiches haben den Palatin in Rom zerstört. Noch lange nach Romulus Augustulus und seiner Vertreibung durch Odoaker im Jahre 476 haben römische Päpste dort gewohnt. Bis die riesige Anlage, in großen Teilen ihrer ursprünglichen Funktion als geistiges Zentrum des Römischen Weltreiches entkleidet, aus mangelndem Interesse an einer baulichen Erhaltung nach und nach in sich zusammensank und als Steinbruch benutzt wurde.

Das zwanzigste Jahrhundert – man kann es getrost das Jahrhundert der Katastrophen nennen – hat in dieser Hinsicht einen guten Anschauungsunterricht erteilt. Es hat das kulturphilosophische Denkmodell vom ‹Untergang des Abendlandes› hervorgebracht. Es hat aber auch gezeigt, daß alle die genannten politischen wie natürlichen Katastrophen keinerlei kulturellen Untergang bedeuteten. Im Gegenteil, die abendländische

Kultur hat sich wie nie zuvor fremde Erdteile erobert und ist gegenwärtig dabei, sich zur universellen Einheitskultur auszuweiten.

Das Konzept ist schlicht und einfach falsch, auch wenn es noch so logisch erscheint und Phantasie wie Gemüter bewegt. Viel einschneidendere Wandlungen, als sie jede derartige Katastrophe hervorbringen könnte, vollziehen sich in den Vorstellungen der Menschen selbst. Der Dreißigjährige Krieg ist für die kulturelle Entwicklung Europas ziemlich bedeutungslos geblieben, zumindest, was Stilempfinden, zivilisatorische Höhe und technisches ‹Know how› anlangt. Aber die Gedankengänge Luthers hundert Jahre zuvor oder die Entdeckung Amerikas haben, und zwar ohne begleitende Katastrophen, das Gesicht der Menschheit unabsehbar verändert.

Über eine Million Erdbebenopfer allein in diesem Jahrhundert und weit mehr als das Zehnfache an Kriegstoten umfaßt die Bilanz der Katastrophen von heute. Das ist sicher mehr als die Einwohnerschaft der minoischen Ansiedlungen. Aber bei all den Opfern an Gut und Blut muß festgestellt werden, daß keine dieser Katastrophen eine bestehende Kultur oder auch nur eine Stadt ausgelöscht hat. Dies gilt selbst für atomare Katastrophen wie Hiroshima und Nagasaki. Es bleiben immer Menschen übrig oder wandern nach, die das Zerstörte wieder aufbauen. Für den einzelnen, ja für ganze Familien sind solche Ereignisse tödlich. Nicht aber für ganze Völker und Kulturen. Im Gegenteil. Nach vorangegangenen Katastrophen ist das restaurative Element, das Beharren an Vorstellungsweisen und äußeren Formen der ‹guten alten Zeit› oft besonders ausgeprägt, wie das nach zwei Weltkriegen gut zu beobachten war. Revolutionen, geistige Umwälzungen hingegen fallen in der Regel in Zeiten scheinbarer äußerer Ruhe, nicht in Zeiten von Naturkatastrophen.

Es ist also ein Trugschluß, wenn man das Ende kultureller Einrichtungen auf die Zerstörung der entsprechenden Bauwerke und auf totale Vernichtung ihrer Träger zurückführen will. Alle diese Einrichtungen und Bauwerke werden nur dann nicht wieder aufgebaut oder unterhalten, wenn sie keine lebendige Funktion mehr haben. Für das Ausklingen einer Kultur ist also weit bedeutsamer als alle äußeren Katastrophen der innere *Funktionswandel.* Die vermutete äußere Katastrophe ist nur ein «Deus ex machina», der darüber hinwegtäuschen soll, daß man sich über den zugrunde liegenden Funktionswandel noch keine Gedanken gemacht hat.

Es ist interessant zu sehen, daß der Gegensatz von Katastrophismus und Evolutionismus praktisch in allen Wissenschaftsbereichen mit historischer Betrachtungsweise wiederzufinden ist. In der Biologie wurde die Katastrophenlehre von Cuvier (1769–1832), einem Zeitgenossen der

Französischen Revolution, durch die biologische Evolution im Sinne von Darwin (1809–1882) abgelöst. In der Geologie brachte die Einführung des Aktualitätsprinzips durch K. E. A. von Hoff (1771–1837) und Lyell (1797–1875) eine Hinwendung zum Gedanken der Evolution, nach gewissen katastrophistischen Vorstellungen von Niels Stensen (Nicolaus Steno, 1638–1686). Nur in der Tektonik hat sich der Katastrophismus durch E. Sueß (1831–1914) und H. Stille (1876–1966) noch bis in dieses Jahrhundert hinein gehalten. Es zeigt sich aber immer deutlicher, daß selbst einschneidende Umwälzungen der Erdkruste, wie etwa die Gebirgsbildung, sich nicht in Gestalt einer oder weniger gewaltiger Katastrophen vollziehen, sondern fast kontinuierlich, aus einer Summation unendlich vieler vergleichsweise geringfügiger Teilbewegungen. Man kann durchaus auf einem werdenden Faltengebirge leben, ohne es zu merken. Auch in der Tektonik ist also der Übergang zum evolutionären Denken zwangsläufig.

In der Kulturgeschichte hat der Katastrophismus als Prinzip eigentlich erst in diesem Jahrhundert unter dem Einfluß Spenglers (1880–1936) Fuß gefaßt und den evolutionären Fortschrittsglauben des 19. Jahrhunderts abgelöst. Wie Spenglers ‹Untergang des Abendlandes› schon vor Ausbruch des Ersten Weltkrieges geschrieben worden war, so hatte sich auch die analoge geistige Entwicklung (mit steigender Unsicherheit und tiefgreifendem Vertrauensschwund hinsichtlich einer positivistischen Betrachtungsweise der allgemeinen und speziellen menschlichen Situation) schon lange vor 1914 fast unmerklich vollzogen. Der Weltkrieg war nicht Ursache, sondern möglicherweise sogar eine Folgeerscheinung; man wartete nur noch auf die Katastrophe, die dann auch prompt eintraf. Ob sich die Völker Europas wohl ohne diese pessimistische Grundhaltung mit einem ähnlichen Willen zur Selbstvernichtung in die Abenteuer zweier Weltkriege gestürzt hätten?

Als aber trotz zweier großer militärischer und zahlreicher natürlicher Katastrophen der erwartete Untergang ausblieb, hätte diese Art des Katastrophismus in der Kulturphilosophie eigentlich als widerlegt gelten müssen. Er wurde aber lediglich gemildert, unter Einbeziehung der unvermeidlichen kulturellen Überschneidungen, so in Arnold Joseph Toynbees ‹Studie zur Weltgeschichte› (1934–49) oder ‹Die Kultur am Scheideweg› (1949). So überzeugend viele Passagen erscheinen mögen, so sollte man sich nicht darüber hinwegtäuschen, daß derartige Gedanken-Systeme letztlich nicht viel mehr besagen, als daß der Wandel das einzig Beständige im Ablauf der Geschichte ist, und dies auch ohne äußere Katastrophen. Die in der Archäologie dieses Jahrhunderts verbreitete Vorstellung von den Völkern als Träger bestimmter, nur ihnen eigener Kulturen, von deren Wanderung und Untergang sowie dem Erstarken und

Aufblühen neuer Kulturen an deren Stelle ist überholtes Gedankengut des ausgehenden 19. und beginnenden 20. Jahrhunderts.

Jeder kann sich überall an Ort und Stelle davon überzeugen, daß die zeitlichen und räumlichen Übergänge zwischen Kulturen und ihren Trägern absolut fließend sind und in aller Regel nicht mit Volkstumsgrenzen zusammenfallen. Einerseits sind die landschaftlichen Unterschiede im Brauchtum ein und desselben Volkes von Ort zu Ort oft grundlegend; andererseits leben Angehörige der verschiedenartigsten Abstammung nicht selten gemeinsam in engem kulturellem und zivilisatorischem Verband. Die Überschätzung des im vorigen Jahrhundert künstlich hochgezüchteten Nationalismus mit seinen verheerenden Folgen für die Generationen dieses Jahrhunderts ist ebenso falsch, um nicht zu sagen: verbrecherisch, wie die Betonung religiöser Gegensätze am Beginn der Neuzeit oder wie das Hochspielen ideologischer Differenzen. Damit verglichen erscheinen die offenkundigen Raubzüge absolutistischer Herrscher als eine fast ehrliche Sache, bei denen nicht erst durch ideologische Motivation davon abgelenkt wurde, daß es letztlich um den Besitz realer Machtpositionen geht.

Auf das Problem vom Ende der minoischen Welt angewandt bedeutet dies die Frage, ob es möglich ist, daß alle Träger dieser Kultur durch geologische oder militärische Katastrophen so geschwächt wurden, daß jeder Wiederaufbau unmöglich wurde, oder ob wir es vielmehr mit einem Funktionswandel, mit einer Abkehr von überkommenen Vorstellungen und Verhaltensweisen zu tun haben.

Schon die Tatsache, daß man für die Vernichtung der Minoer alle nur erdenklichen unterschiedlichen Arten von Katastrophen und Fernwirkungen als Erklärung bemüht hat, zeigt die theoretische Schwierigkeit, eine große, reiche, kulturell und zivilisatorisch hochstehende Bevölkerung völlig oder zumindest weitgehend aussterben zu lassen. Die Sache wird aber noch weit schwieriger, wenn man sich die Dinge auf Grund geologischer Kenntnisse praktisch vorstellt.

Nehmen wir zunächst die Erdbeben. Die dabei freigesetzten Energien können bis zu einigen Billionen Kilowattstunden reichen (10^{12} kWh) und damit das Hunderttausendfache der Hiroshima-Bombe betragen. Pro Jahr ereignen sich auf der Erde etwa 8 Großbeben mit Energien über 10^8 kWh, etwa 130 Beben, die noch bis in 10 000 km Entfernung instrumentell nachweisbar sind, sowie viele Tausende kleiner Erdstöße.

Die bei einem Erdbeben freiwerdende Energie richtet sich nach Tiefenlage, Ursache und Gestalt des Herdes. Bei tektonischen Erdbeben an großen Horizontalverschiebungen der Erdkruste, wie beispielsweise in

Kalifornien oder Nordanatolien, steht ein vergleichsweise ausgedehnter Energiespeicher zur Verfügung, indem die durch Reibung verzögerte langsame Krustenbewegung beim Überschreiten eines Grenzwertes der inneren Spannung in eine plötzliche ruckartige Bewegung übergeht. Dabei wird sozusagen zuvor verhinderte Gleitung längs ausgedehnter Bruchflächen unvermittelt schlagartig nachgeholt. Die in Form elastischer Spannungen im Gestein aufgespeicherte Energie kommt als ruckartiger Versatz der Bruchfläche sowie als sich wellenartig vom Zentrum her ausbreitender seismischer Impuls zur Entladung. Je größer die Reibung entlang der Bruchfläche, je ausgedehnter die Störungslinie und je länger der zeitliche Abstand aufeinanderfolgender derartiger Erdstöße, desto höher ist die Freilassungsenergie des einzelnen Erdbebens.

So entsprach die Energie des Bebens von San Francisco 1906 etwa derjenigen einer Masse von 26 Milliarden Tonnen, die aus 280 Kilometer Höhe auf die Erde fällt.

Verheerungen der Bebenstärke 10 und darüber (im Sinne der zwölfteiligen Mercalli-Sieberg-Skala) erstreckten sich dabei auf einen fast 500 Kilometer langen, aber nur wenige Kilometer breiten Küstenstreifen. Erschütterungen der Stärke 8–9 mit Beschleunigungen zwischen 25 und 100 cm/sec^2, wobei Häuser durch Risse und teilweisen Einsturz schwer beschädigt werden und einzelne Todesfälle zu verzeichnen sind, waren noch auf etwa 15 Kilometer beiderseits der San-Andreas-Störung zu verspüren. Auf rund 70 Kilometer Entfernung beobachtete man ein Abbröckeln von Putz, erste leichtere Beschädigungen der Häuser und den Einsturz von Schornsteinen. Bis in 200 Kilometer Abstand gerieten noch kleinere bewegliche Gegenstände in Schwingungen, infolge mäßiger, aber allgemein verspürter Erschütterungen. Darüber hinaus wurde das Beben nur von wenigen Personen unter günstigen Bedingungen wahrgenommen, während die instrumentelle Aufzeichnung auf der ganzen Erde möglich gewesen wäre.

Selbst so starke Beben konzentrieren sich also auf einen vergleichsweise schmalen Krustenstreifen von nur wenigen Kilometern Breite; die Herdtiefe ist mit 10–20 Kilometern gering. Der Impuls breitet sich rasch nach allen Seiten aus, wobei naturgemäß die Schwingungsweite ab-, die Schwingungsdauer zunimmt. Aber auch mit einer größeren Herdtiefe läßt sich keine Zunahme der Wirkung erzielen, im Gegenteil, mit steigender Herdtiefe nimmt die Freilassungsenergie erfahrungsgemäß ab.

Die großen Zahlen von Menschenverlusten entstehen nur zum kleineren Teil durch die unmittelbare Erschütterung oder gar durch den Einsturz der Häuser bei Bebenstärke 10 bis 12, also innerhalb des schmalen Kernbereiches. Sie sind eine Folge der Fernwirkungen, der Brandkatastrophen, Erdrutsche und seismischen Wogen. So sind in San Francisco

1906 insgesamt nur etwa 1000 Menschen umgekommen, in Tokio und Jokohama 1923 jedoch rund eine Viertelmillion.

Eine Vulkanexplosion auf Santorin nach dem Beispiel der phreatischen Großexplosion des Krakatau in der Sundastraße hätte somit zwangsläufig einen flachgründigen Herd und einen ausgesprochen kleinen, punktuellen Herdraum. Selbst wenn wir für dieses Zentrum eine Bebenstärke vom Grad 12 der Mercalli-Skala (maximale Beschleunigung bis 1000 cm/sec^2 mit katastrophaler Zerstörung aller Bauten bis auf das Fundament) annehmen, so bliebe davon im 120 Kilometer entfernten Kreta allenfalls noch eine Erschütterung wie in 15 Kilometer Entfernung vom Herd des San Francisco-Bebens übrig, das heißt mit Beschädigung von Wohnhäusern und vereinzelten Todesfällen. Nicht aber mit einer völligen Ausrottung der Bewohner. Mit der Erdbebenerschütterung allein geht es also nicht.

Daher greift etwa Denis Page (‹The Santorini Volcano and the Desolation of Minoan Crete›, 1970) zu den Fernwirkungen. Eine Brandkatastrophe nach Art San Franciscos, Tokios oder Jokohamas ist jedoch nach den geologischen Beobachtungen im Palast von Knossos unwahrscheinlich. Sie würde ja auch nur die großen Anlagen treffen, nicht aber einzelne Gehöfte und Landhäuser. Bleiben also noch Aschenregen und seismische Flutwellen. Damit Menschen und Tiere unter einer dichten Schicht vulkanischen Staubes und von größeren Auswurfsprodukten (Lapilli bis einige Zentimeter, Bomben bis einige Meter Durchmesser) ersticken, sind allerdings nicht nur Decken von Zentimeterstärke erforderlich, sondern meterdicke Aschenlagen, wie wir sie etwa von Pompeji her kennen. Dieser Ort liegt aber nur 10 Kilometer vom Ausbruchszentrum entfernt, nicht 120 km und mehr wie Kreta. Selbstredend fehlen alle Anzeichen mächtiger vulkanischer Aschendecken auf Kreta. Für Bergrutsche und ähnliche Erscheinungen bietet Kreta zwar durchaus an manchen Stellen die erforderlichen Ausgangsbedingungen, doch sind diese Erscheinungen jeweils nur örtlich begrenzt wirksam und ziehen nicht die ganze Insel in Mitleidenschaft.

Obwohl die These vom Untergang der minoischen Kultur durch einen Ausbruch des Vulkans von Santorin von dem griechischen Archäologen Spyridon Marinatos schon vor über dreißig Jahren aufgestellt wurde, hat sie bis heute keine allgemeine Anerkennung gefunden. Der Grund ist recht einfach: Während das antike Pompeji und Herkulaneum unter einer Bedeckung mächtiger, viele Meter dicker vulkanischer Ablagerungen verborgen lag (und zum großen Teil noch heute liegt), so daß an der Ursache des Unterganges kein Zweifel sein kann, fehlen auf Kreta vergleichbare vulkanische Ablagerungen. Erst nach längerem Suchen findet man in den Ausgrabungsstätten etwas Bimsstein, der aber auch heute an vielen Küsten des Mittelmeeres angespült wird. Er kommt nach J. D. Evans (1968) auch schon in den neolithischen Ausgrabungsniveaus von Knossos vor und wird bis heute verschiedentlich gern als leichtes Baumaterial geschätzt, ist also für einen Nachweis vulkanischer Katastrophen nicht von Belang. Die von N. Platon (1968) aus dem Palast von Zakro beschriebene sogenannte Lava hat sich, wie der holländische Geologe G. J. Boekschoten inzwischen auf Grund der Untersuchung der Originalstücke aus dem Museum von Iraklion feststellen konnte, als «nicht vulkanischen Ursprungs» erwiesen. Dieser Autor konnte in einer mikroskopischen Untersuchung von Proben aus der alleroberstenBodenschicht von Nord- und Nordostkreta, und zwar nur bis in höchstens einige Zentimeter Tiefe, Minerale vulkanischen Ursprungs beobachten, wie sie auch von Santorin bekannt sind. Es handelt sich um längliche grüne Pyroxene, farblose, eigengestaltige Feldspatkristalle, schwarze, glänzende Magnetit-Oktaeder und farblose bis bräunliche vulkanische Gläser. Der Aschenfall kann also nur die Größenordnung von Zentimeterstärke erreicht haben und war mit Teilchen größer als 0,07 mm (!) auf den Norden des Psiloritis sowie des Dikte-Gebirges beschränkt. Offenbar wurden die tiefliegenden Aschenwolken von den Bergen Zentralkretas aufgehalten, so daß der Süden (wie auch der gesamte Westteil der Insel) weitgehend verschont blieb. So findet man zwar vulkanische Minerale bis zu Sandkorngröße in Knossos, nicht aber in Phaistos, obwohl gerade Knossos am längsten als Palastanlage in Funktion gewesen zu sein scheint.

Die strittige Frage, ob ein vulkanischer Ausbruch von Santorin das bronzezeitliche Kreta beeinflußt haben kann oder nicht, war Gegenstand eines wissenschaftlichen Kongresses, der im September 1969 auf der Vulkaninsel abgehalten wurde. Nach wie vor gehen aber auch unter den Archäologen die Meinungen weit auseinander.

Während Marinatos, gestützt auf die Untersuchung von Tiefseeablagerungen um Kreta von Ninkovich und Heezen, an seiner These festzuhalten sucht, äußert sich M. I. Finley neuerdings sehr skeptisch (‹Early Greece. The Bronze and Archaic Ages›, London, 1970). Er denkt weit eher an kriegerische Auseinandersetzungen als Ursache der bronzezeitlichen Zerstörung der minoischen Paläste. Tatsächlich reicht selbst ein ungewöhnlich starker Ausbruch des Vulkans von Thera (Santorin) nach den vorstehenden Beobachtungen kaum aus, um das Ende der minoischen Kultur zu erklären. Immer wieder wird die Parallele mit der Vulkankatastrophe des Krakatau in der Sundastraße gesucht, wobei Fernwirkungen durch Tsunami ausgelöst wurden. Selbst Flutwellen von 80 bis 100 Meter Höhe, wie sie der griechische Seismologe Angelos Galanopoulos für die Explosion von Thera annimmt, können nur einen

Teil der minoischen Anlagen erreichen. Und schwere Erdbeben, wie sie den Ausbruch von Santorin begleitet haben sollen, wurden – worauf Boekschoten mit Nachdruck hinweist – bei der Krakatau-Katastrophe nicht beobachtet.

Man muß schon seine Zuflucht zu solchen (vergleichsweise seltenen) Erscheinungen wie einer Vergiftung der Vegetation und damit der Weidetiere durch vulkanischen Aschenfall nehmen. Tatsächlich berichtet S. Thorarinsson 1970 von einer Fluorvergiftung von Schafen durch vulkanischen Ausbruch der Hekla auf Island. Wir haben aber gesehen, daß offenbar die Berge Zentralkretas ausgereicht haben, die schweren, tiefhängenden Aschenwolken aufzuhalten, so daß nicht unbeträchtliche Teile der Insel unbeeinflußt blieben. Eine totale Vernichtung des Viehbestandes auf Kreta durch Fluorvergiftung ist daher ebenfalls höchst unwahrscheinlich, zumal da sich keine Beeinflussung der Vegetation beweisen läßt. Eine nur teilweise Vernichtung hätte auch zwangsläufig die Regeneration aus dem Bereich der geringen oder fehlenden Beeinflussung nach sich gezogen.

Galanopoulos, Bacon und J. W. Mavor jr. (‹Reise nach Atlantis›, 1969) suchen allen Ernstes das sagenhafte, versunkene Atlantis, von welchem Plato berichtet hat, zwischen Kreta und Santorin. Ein ägyptischer Priester habe dem griechischen Gesetzgeber Solon von einem untergegangenen Reich «weit im Westen» berichtet, dessen Bewohner – die «Atlantiden» – 9000 Jahre zuvor mit den Athenern heftige Kämpfe ausgefochten hätten. Den «ungeheuer großen Zentralplatz» dieser untergegangenen Insel, von dem Plato schrieb, sehen die genannten Autoren im minoischen Kreta, das damit praktisch Atlantis gewesen sein soll.

Auf diese Hypothese näher einzugehen, erforderte nahezu ein Buch ähnlichen Umfanges wie das hier vorliegende. Man braucht sich aber eigentlich nur die in der Karte des östlichen Mittelmeeres auf der hinteren Innenseite des Einbandes eingetragenen Beziehungen zwischen Kreta, Ägypten, Syrien, Sizilien und dem griechischen Festland vor Augen zu halten, um sich davon zu überzeugen, daß die Menschen dieses Raumes zur Bronzezeit schon recht klare Vorstellungen von ihrer geographischen Position gehabt haben müssen. Sonst wären entsprechende Funde in so großer Zahl in bronzezeitlichen Anlagen nicht denkbar. Es handelt sich offenbar nicht um einzelne Zufallserscheinungen, sondern um einen regelrechten Austausch von Gegenständen aller Art über Entfernungen von vielen Hunderten von Kilometern, über Land wie über See. Es ist völlig unhaltbar anzunehmen, ägyptische Priester hätten nicht gewußt, wo Kreta zu suchen ist – und daß das sagenumwobene, untergegangene ‹Atlantis› etwas völlig anderes als das wohlbekannte Kreta gewesen sein muß. Da zudem im alten Ägypten seit Jahrtausenden ein vergleichsweise genauer Kalender bestand, läßt sich eine derartige Überlieferung nicht einfach aus der frühen Vergangenheit mitten in die Zeit der bekannten 18. Dynastie hineinprojizieren. Der von Plato zitierte ägyptische Priester hätte dem Solon, der überdies selbst Kreta besucht und die Gesetzestafeln von Gortyn (die Vorgänger der heute noch erhaltenen dortigen Gesetzesinschrift) studiert haben soll, in diesem Falle genau sagen können: «Zur Zeit des Sohnes des Re, Thutmosis III., Frieden, Heil, Gesundheit! – zwischen dem Lande der Keftiu und dem nördlichen Festland, von wo Du selbst, o Fremder, herstammst»!

Man sollte die geographischen Kenntnisse der Alten nicht so maßlos unterschätzen, nur weil sie keine Seekarten hinterlassen haben. Diese brauchte man nicht. Man lernte die Segelanweisungen auswendig und gab sie an Sohn und Enkel mündlich weiter. Von der damals bekannten Welt aus gesehen, und diese schloß Ägypten wie die gesamte griechische Welt ein, ist Atlantis «fern im Westen» zu suchen, das heißt zweifellos nicht im Mittelmeer, sondern westlich der Säulen des Herakles, also des Atlas. Sonst gibt der Name keinen Sinn. Ob es sich nun um eine der vielen Vulkaninseln im Atlantik handelt oder um einen abgesunkenen Teil des beiderseitigen Festlandssockels, muß einstweilen offen bleiben.

Auch die Seuchengefahr wie sie meist im Gefolge einer Erdbebenkatastrophe auftritt, ist kaum geeignet, die angenommene Katastrophe zu vervollständigen: Durch seine differenzierte landschaftliche Gliederung und das Vorkommen natürlicher Quellen ist eine Seuchenausbreitung über die ganze Insel bis in die letzten versteckten Buchten und bis hinauf in die entfernten Hochtäler praktisch ausgeschlossen.

So bleibt als einziges großräumig wirksames Element nur das Meerwasser, angeregt durch seismische Wogen. Da derartige Flutwellen mehrere Dutzend Meter Höhe erreichen können, wäre es also denkbar, daß die Küstenstädte zerstört und insbesondere die minoische Flotte vernichtet worden wäre. So konnten sich dann die zermürbten Minoer nicht mehr wehren, als die griechischen Angreifer über sie herfielen.

Überlegt man sich aber, woher diese Angreifer kommen, so fällt einem im Nu die Widersprüchlichkeit dieser Annahme auf: Die Eroberer sind Griechen, das heißt Angehörige des gleichen ägäischen Lebensraumes, deren Schiffe also ebenfalls dem Tsunami zum Opfer gefallen sind (falls sie nicht alle – ganz zufällig – hoch an Land gezogen waren). Ja, wenn Ägypter oder andere, entferntere Anrainer des Mittelmeeres als Angreifer aufgetaucht wären, deren Flotte intakt blieb, hätte das Ganze noch einen gewissen Sinn. Aber daß die Achäer, kaum daß sie mühsam ihre eigenen Schäden ausgebessert und neue Schiffe gebaut haben, sogleich auf einen Raubzug nach Kreta ausgehen, ehe die Kreter selbst ihre Flotte erneuern konnten, das sind herbeigewünschte Hirngespinste.

Den Bewohnern des hochgelegenen Phaistos auf der Südseite, der Ägäis abgewandten, oder gar der kretischen Gebirgstäler konnte die Flutwelle ja ohnedies nicht gefährlich werden.

Tsunamis besitzen aber noch eine weitere spezifische Eigenschaft, die von Laien nicht beachtet wird. Wie dieser Name – zu deutsch: ‹Große Woge im Hafen› – besagt, wird eine seismische Woge nicht auf offener See wirksam, sondern nur an den Küsten. Auf dem freien Ozean beträgt die Fluthöhe nur etwa einen halben bis einen ganzen Meter, wie etwa auf Hawaii oder den anderen kleinen Inseln des Pazifik. Erst mit abnehmender Wassertiefe im Schelfbereich wächst die Flut zu ihrer imposanten Höhe empor! Nur Schelfküsten der Kontinente und großer Inseln sind in der Lage, derart gefährliche Tsunamis auflaufen zu lassen. An kleinen Inseln wie den unzähligen Fels-Eilanden der Ägäis beispielsweise ist man ziemlich sicher vor seismischen Wogen.

Da die Minoer nicht nur auf Kreta zu Hause waren, sondern auch auf den Inseln der Ägäis (wie zum Beispiel auf der als Obsidian-Lagerstätte bedeutsamen Insel Melos), kann nicht ihre gesamte Flotte durch eine Flutwelle vernichtet worden sein. Darüber hinaus werden sogar minoische Niederlassungen im fernen Phönizien und Ägypten vermutet.

Um es nochmals zu betonen: Nicht die Möglichkeit geologischer Katastrophen an sich oder die Wahrscheinlichkeit kriegerischer Auseinandersetzungen soll hiermit bestritten werden. Derartige Ereignisse hat es immer gegeben und wird es leider wohl immer geben. Meine Zweifel richten sich gegen die Vorstellung, Naturkatastrophen oder Kriege wären eine geeignete Erklärung für das Verschwinden bestimmter Kulturen, speziell der minoischen. Kulturen verschwinden durch Anpassung an benachbarte, fortgeschrittenere, durch eigenen Wandel, seltener durch Aufgabe von Lebensraum am Rande der Ökumene, wobei teilweise der Mensch durch falsche Nutzung selbst die Voraussetzungen schafft. Daß aber ein hochentwickeltes, technisch begabtes Volk in fruchtbarer Umgebung in einem Lebensraum von der Größe der Ägäis auf einen Schlag vernichtet wird, ist eine Fiktion, die nur dadurch erforderlich erscheint, weil seit Evans die Minoer als etwas ganz Außergewöhnliches, als ein in kultureller und zivilisatorischer Hinsicht für die damalige Zeit völlig aus dem Rahmen fallendes Element angesehen werden. Man hat so in Gedanken eine minoische Welt geschaffen, die man dann hinterher wieder mit allen Mitteln verschwinden lassen muß. Wir werden sehen, daß die Minoer als echte Glieder der altmediterranen Bevölkerung durch eine Fülle von Parallelen mit den anderen Bewohnern dieses Raumes in so engem Kontakt stehen, daß ihre bisher angenommene Sonderstellung und Ausnahmesituation in keiner Weise gerechtfertigt sind. Nur unzureichende Kenntnis der anderen Völker konnte den Eindruck aufkommen lassen, die alten Minoer seien einzig in ihrer Art und hätten das Geheimnis ihrer einmalig hohen Kultur und Zivilisation ohne Mitteilung an die Nachwelt in einen plötzlichen Massentod aller ursprünglichen Bewohner mitgenommen.

So überrascht es uns nicht, in den ‹Historien› des Herodot, wo er von der zweifachen Entvölkerung Kretas handelt, weder von Erdbeben noch von Vulkanausbrüchen, noch von Flutwellen, sondern von Krieg und Hungersnot zu lesen. In Kapitel 170 f. des 7. Buches heißt es: «Die Sage von Minos berichtet nämlich, daß Minos auf der Suche nach Daidalos auch nach Sikanien, dem heutigen Sizilien, gekommen und dort durch Gewalt ums Leben gekommen sei. Darauf hätte ganz Kreta mit Ausnahme von Polichne und Praisos auf göttliches Geheiß einen großen Kriegszug nach Sikanien unternommen ... Auf der Flucht aber, bei Iapygia *(Golf von Tarent)*, habe ein furchtbares Unwetter sie überfallen und an den Strand geworfen. Da ihnen keine Möglichkeit blieb, nach Kreta zu gelangen – die Schiffe waren zu Wracks geworden –, gründeten sie nun die Stadt Hyria *(Oria zwischen Tarent und Brindisi)*, und blieben dort im Lande wohnen. Statt Kreter hießen sie nun iapygische Messapier ... In dem entvölkerten Kreta siedelten sich, wie man in Praisos berichtet, andere Völkerschaften, hauptsächlich hellenische an ...»

Hieraus wird meist gefolgert, daß vordem keine Hellenen auf Kreta gewohnt hätten. Man kann diesen Satz aber auch so auffassen, daß der Zuzug *überwiegend* aus Hellenen, untergeordnet aber auch aus anderen bestand. Jedenfalls kamen diese Hellenen nicht als feindliche Eroberer, sondern als Siedler, um die zum Teil menschenarme Insel wieder zu bevölkern. Es kann auch keine Rede von einer plötzlichen Naturkatastrophe sein. Ein mißlungener Kriegszug über See hat die arbeitsfähige männliche Bevölkerung der Insel dezimiert, so daß der Rest der Bevölkerung, überwiegend Alte, Kranke, Frauen und Kinder, das Land nicht mehr hinlänglich bestellen konnten. Doch hören wir Herodot weiter: «Nach der Rückkehr *(der Kreter)* aus Troja raffte aber in Kreta Hungersnot und Seuche Mensch und Vieh weg, bis das Land zum zweitenmal verödete und eine dritte Bevölkerung gemeinsam mit dem Rest der alten das Land besiedelte.» Also wiederum keine restlose Vernichtung, sondern erneuter Zuzug nach vorangegangener Hungersnot, wohl infolge längerer Trockenheit und Mißernten. Und wieder keine Rede von feindlichen Angriffen, sondern friedliche Neubesiedlung *gemeinsam mit dem Rest der alten* Bevölkerung. Zumindest in diesen Punkten haben wir keine Veranlassung, an Herodots Worten zu zweifeln!

12. Das Geheimnis der minoischen Paläste

Publikation als Testballon · Meister der Imitation · Die Scheinwelt der minoischen Paläste · Nach innen gekehrte Repräsentation · Der Sarkophag von Hagia Triada · Ein Tal der Toten · Agglomerat von Knochen und Scherben rund um den Palast · Geschäfte mit dem Tod

Nachdem unsere Beobachtungen auf den Ausgrabungsfeldern so weit gediehen waren, ergab sich die folgende Alternative: Man begnügt sich mit der Feststellung, daß ein geologischer Feldnachweis der vermuteten Katastrophen nicht zu führen war, und überläßt im übrigen den minoischen Archäologen das Feld zu neuen Hypothesen und Lösungsvorschlägen.

Oder man spricht offen aus, daß die bisherigen Deutungen aus geologischen Gründen als unbefriedigend erscheinen müssen. Das bedeutete zwar eine sicher nicht gerade gern gesehene Einmischung und Störung des so liebevoll ausgemalten Bildes vom Kulturleben der alten Minoer. Aber konnte, ja durfte man schweigen zu einer so ungenügenden Auswertung der Beobachtungstatsachen und zu offensichtlichen Fehldeutungen?

Da mir kein deutscher Archäologe mit eigener Grabungspraxis auf Kreta bekannt war (ich glaube, es gibt zur Zeit auch keinen, jedenfalls hat sich bisher noch kein solcher zu Wort gemeldet), blieb also nur ein Hinweis in der Presse. Die Erscheinungen waren so offensichtlich, daß jederzeit ein anderer Geologe oder geologisch Vorgebildeter aus dem In- oder Ausland zum selben Resultat gelangen konnte wie ich. Nach schlechten Erfahrungen mit der Veröffentlichungsdauer wissenschaftlicher Fachblätter kam eigentlich nur ein überfachliches Organ mit rascher Erscheinungsfolge in Frage, zumindest für eine erste, ‹einstweilige› Publikation zur Wahrung der Anciennität.

Gleichzeitig aber war eine solche kurze Veröffentlichung ein Test. An der Richtigkeit der geologischen Befunde war nicht zu zweifeln. Wie würde die minoische Archäologie reagieren? Würde sie das neue Konzept überdenken? Oder war mit ähnlich scharfen Attacken zu rechnen wie bei der Linear B-Kontroverse?

Schon auf Kreta hatte ich nach den geologischen Tagesexkursionen infolge der herbstlich-früh einbrechenden Dunkelheit Zeit gefunden, meine Gedanken zum Problem der minoischen Bauten schriftlich niederzulegen. Beim abendlichen Rotwein fiel vielleicht manche Wendung spitzer aus als sonst in wissenschaftlichen Artikeln. Aber schließlich schrieb ich nicht für ein Fachorgan und nicht als Archäologe, sondern zu meinem Vergnügen. Einige glaubten, darin eine Verunglimpfung von Sir Arthur Evans oder gar der gesamten minoischen Archäologie sehen zu müssen, was natürlich in keiner Weise beabsichtigt war.

Nach der Rückkehr an den Studienort zum Wintersemester 1970/71 – gerade hatte ich meine Antrittsrede an meiner neuen Hochschule Stuttgart gehalten – erreichte mich eine Anfrage für eine überwiegend für Ärzte bestimmte Zeitschrift ‹n + m› (‹Naturwissenschaft und Medizin›), den Text meines öffentlichen Antrittsvortrages zur Verfügung zu stellen. Da ich meine Vorträge gern völlig frei halte, hatte ich mir außer einigen Skizzen keine vollständige Ausarbeitung gemacht, sah mich aber auch wegen des beginnenden Semesters außerstande, den Text innerhalb kurzer Frist druckreif auszuarbeiten. Ich bot statt dessen aber mein Kreta-Manuskript an, das angenommen und gedruckt wurde.

Darin ist in den Grundzügen mein Zweifel an der Stichhaltigkeit der bisherigen Deutung der minoischen Bauten und Lebensvorstellungen auf der Grundlage meiner geologischen Beobachtungen niedergelegt, wenn auch ohne umfangreichen wissenschaftlichen Apparat, der mir auf Kreta nicht zur Verfügung stand. Im Laufe der weiteren Beschäftigung mit der Materie, zum Teil auf Grund von Briefzuschriften und Diskussionen, hat sich noch manches ergeben, was damals noch nicht berücksichtigt werden konnte. Hie und da hat sich auch meine Auffassung etwas geändert, wie noch auszuführen sein wird; allerdings nicht bezüglich der geologischen Beobachtungen an den knossischen Gipsen und der Grundtendenz, in den altkretischen Palästen keine Wohnsitze lebender Könige zu sehen, sondern Stätten der Toten. Da mir das Spengler-Zitat von 1935 damals noch unbekannt war, fehlt ein Hinweis auf seine Ansicht, Knossos und die anderen minoischen Labyrinthbauten seien Totentempel gewesen. Im Grunde decken sich unsere Vorstellungen durchaus, wenn ich auch den Begriff ‹Totenpalast› für treffender halte.

Nach Darlegung der geologischen Beobachtungen heißt es in diesem ersten Aufsatz:

«Die alten Kreter erweisen sich bereits vor der eigentlichen Epoche des Palastbaues (in der neolithisch-präpalatialen Periode) als wahre Meister der Nachahmung von Holz, Flechtwerk und gar Metalloberflächen auf Tongeschirr. In der Zeit der ersten Paläste (um 2000 vor Chr.) erzeugen sie einen Keramiktyp, dessen dunkelgrün-bronzefarbene, sorgfältig mit metallischem Mattglanz versehene Oberfläche auf den ersten Blick kaum von bemaltem Metallgeschirr zu unterscheiden ist (in einer Höhle des Ithi-Gebirges bei Kamares erstmals lokalisiert und seither nach dieser Lokalität benannt). Schwere Vasen-Untersetzer aus Ton in pseudo-metallischer Machart lassen diese Täuschung nahezu vollkommen erscheinen. Hauchdünne Tassen bronzefarben bemalten Tones, als

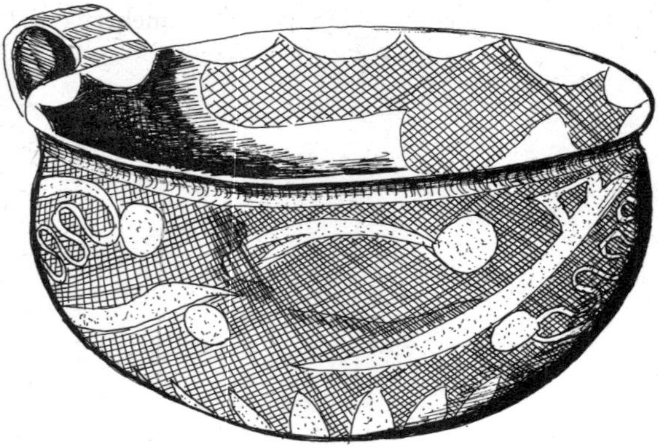

46 Eierschalen-Tasse (Kamares-Stil). Alter Palast von Knossos

‹Eierschalen›-Keramik bekannt, erwecken den Eindruck der Nachahmung dünnwandiger Bronzegefäße. Für den täglichen, praktischen Gebrauch ist derlei Gerät nahezu ungeeignet; als die Entdecker diese Eierschalentassen als Zeichen überfeinerten Luxus der minoischen Epoche priesen, mag ihnen feines chinesisches Porzellan – mit seiner allerdings weit größeren Härte und Beständigkeit – vorgeschwebt haben.

Ähnliche Imitationsgabe bewiesen die minoischen Kreter auch bei Goldgerät: Kultvasen bis zu beträchtlicher Größe wurden aus dem ebenfalls sehr weichen Silikatmineral Steatit (Speckstein) geschnitten und sodann mit Blattgold überzogen, um den Anschein schwerer getriebener Goldarbeit aus gediegenem Edelmetall zu erwecken. Bis auf geringfügige Reste wurde allerdings dieser Goldbelag später wiederum vom (nur künstlerisch wertvollen) Steatitkern abgelöst – man wird dabei an nachträgliche Beraubung der Palastanlagen denken müssen, wie sie auch von den ägyptischen und etruskischen Grabkammern seit dem Altertum bekannt ist. Selbst bei den kultischen Wahrzeichen des Minoischen Reiches, der berühmten Doppelaxt (Labrys), scheut man nicht die Imitation. Zahlreiche der gefundenen Stücke sind so dünn, daß jeder kräftige Schlag auf harten Gegenstand zum Verbiegen führen müßte.

Es ist eine merkwürdige Scheinwelt, die uns in den altkretischen Palästen entgegentritt, voller Imitationen, wenn auch teilweise außerordentlich gut gemachten, ein Mehr-darstellen-Wollen an Stelle gediegener Wertarbeit für den praktischen Gebrauch. Jede einfache Sandstein-Wegeplatte oder Türschwelle, jede normale Steinsäule, wenn auch unbehauen, jedes brave ländliche Tongeschirr, jede primitive Feuersteinaxt wäre für den praktischen Gebrauch geeigneter gewesen als diese Talmikunst. So bleibt der eigentliche Eindruck nach mehrfachem, intensivem Besuch des archäologischen Museums Iraklion, das praktisch alle minoischen Funde Kretas vereinigt, daß nur wenige der gefundenen Stücke praktischen Zwecken des Lebens gedient haben; glaubt man aber endlich derartige Stücke des täglichen Gebrauches gefunden zu haben, so weist sie der Fundort als Grabbeigabe aus!» . . .

«Welchem Zweck aber konnte eine Palastanlage wie diejenige von Knossos, Phaistos, Mallia oder Zakros dienen, wenn viele ihrer Räume nur selten betreten, die meisten gefundenen Gegenstände kaum jemals praktisch (außer für Kultzwecke) gebraucht und die Anordnung der Räume mit den zahllosen winkligen Gängen und Treppen so unbequem wie nur möglich angelegt wurden? Einfachen Wohnzwecken eines Priesterfürsten, seiner Familie und Dienerschaft sicher nicht, hatte man doch bei der Ausgrabung größte Mühe, überhaupt nur einige halbwegs ‹wohnliche› Gemächer aufzufinden neben all den großen und kleinen Magazinen, die wie Bienenwaben einen gigantischen, überdimensionalen Stock durchziehen. Und dann fand man sie schließlich im tiefsten Innern der Anlage, zwei Geschosse tief unter dem Niveau des Zentralhofes von Knossos, ohne direkten Ausblick auf das Vorland des Palasthügels, rings von hohen angrenzenden Geschossen zugebaut, mit Luftschächten, die mehr an Großstadt-Hinterhöfe denn an Palastanlagen erinnern.». . .

«In den ‹Wohnräumen des Königs› im Palast von Knossos fand man zwei Doppeläxte, die ihren ursprünglichen Platz offensichtlich neben einem an der Stirnseite des Raumes erhaltenen Sandsteintorso hatten, der wahlweise als Thron oder Altar gedeutet wird. Da der König aber im ‹offiziellen› Teil des Palastes bereits über einen Thron verfügte und gleich nebenan im Wohnraum neben dem Saal der Doppeläxte einen weiteren besaß, scheint die Deutung als Altar wahrscheinlicher. Sie wird gestützt durch den Vergleich mit Malereien auf dem vorzüglich erhaltenen Tonsarkophag aus dem Palast von Hagia Triada im Süden der Insel; dieser Sarkophag stellt das Glanzstück des archäologischen Museums von Iraklion dar und zeigt in eindrucksvoller Weise den Verlauf des minoischen Totenkultes. Man erkennt deutlich zwei junge Kreterinnen in Begleitung eines lyraspielenden ‹Priesters› in Frauenkleidung, die den Inhalt von großen konischen Gefäßen mit beiderseitigem Henkel in einen erhöht stehenden Kessel schütten; dieser Kessel auf seinem altarähnlichen Podest wird beiderseits von aufgerichteten Doppeläxten flankiert. Im rechten Bildteil erkennt man die Erscheinung des Toten in aufrechter Haltung, wenn auch etwas kleiner als die übrigen Personen, und in Tücher gewickelt, die (außer dem Kopf) keine Gliedmaßen freigeben. Ihm werden Opfergaben dargeboten: Ein gewaltiges Stierge-

47 Totenopfer / Sarkophag von Hagia Triada

hörn und zwei (offenbar verkleinerte) Abbildungen von schwarz- und braungefleckten Stieren. Hinter dem Toten erkennt man einen bemalten Sarkophag von der Form, wie er auch im Original vor uns steht, ebenfalls mit der charakteristischen spiraligen Bemalung der Eckpfosten (der Form nach handelt es sich offenbar ursprünglich um geschnitzte Holzsarkophage, die später in Ton nachgebildet wurden). Das Gefährt des Toten im Diesseits ist ein von Pferden gezogener Wagen, abgebildet am Fußende des Sarkophages, sein Gespann im Jenseits besteht aus Greifen, Phantasiegestalten mit Vogelkopf und Vogelschwingen, aber einem Raubkatzenkörper, wie am Kopfende des Sarkophages dargestellt. Über die Art des Opfers gibt die Rückseite des Sarkophages Auskunft: Man erkennt einen Stier, gefesselt auf einem Opfertisch liegend, dessen Blut in ebensolche Gefäße rinnt, wie sie in der Darstellung der Vorderseite von den Mädchen mitgeführt werden. Es ist offenbar das Blut der Opfertiere, das dem Verstorbenen dargebracht wird, und auch das Blutopfer selbst (der Stier scheint noch zu leben) wird vor einem mit Doppeläxten flankierten Altar vollzogen, vor welchem eine Priesterin ihres Amtes waltet. Begleitet wird die Zeremonie, die offenbar im Freien vor einem bunt bemalten, von Baumkronen überschatteten palastartigen Gebäude stattfindet, von der Musik eines Flötenspielers.

Offenbar weist uns die szenische Trennung der Bilder auf dem Tonsarkophag auf die unterschiedlichen Schauplätze des Totenkultes hin: Blutopfer im Freien vor dem Totenpalast, Totenverehrung und Darreichung der Opfergaben im Innern der Grabkammer, wo für die gesamte Opferzeremonie kein Raum gewesen wäre. Der Tote selbst in seinem unterirdischen Gelaß (Treppenstufen auf dem Bild der Vorderseite deuten die tiefe Lage der Grabkammer an) erhält nur das Stiergehörn, verkleinerte Nachbildungen der Opfertiere sowie deren Blut – als Beweis für das tatsächlich vollzogene Opfer. Derartige verkleinerte Abbildungen von Opfertieren und Menschen(!) hat man in den altkreti-

48 Hagia Triada – Sarkophag: Blutopfer und Greifenwagen

schen Palästen in großer Zahl gefunden, auch die entsprechenden Gefäße jeder Art und Größe für kultische Zwecke. Die menschlichen Abbildungen zeigen nicht selten typische Gesten der Ehrerbietung, die Rechte zur Stirn erhoben oder über dem Herzen.

Zweifellos war anfänglich auch das Menschenopfer üblich: Die griechische Überlieferung, wonach alljährlich (alle sieben oder neun Jahre?) sieben athenische Jünglinge und Jungfrauen dem Minotaurus dargebracht wurden, läßt dies jedenfalls vermuten, und die zahlreichen Votivdarstellungen von Menschen, die den späteren Toten mitgegeben wurden, sind wohl als eine Art der Ersatzhandlung für das einstige echte Menschenopfer zu deuten. Auch viele der weniger begüterten Toten haben sich wohl mit Nachbildungen der Opfertiere begnügen müssen, während das echte Blutopfer vornehmlich den wohlhabenden Verblichenen vorbehalten war.

Man hat die Darstellungen des Sarkophages von Hagia Triada also aufzufassen als Teilszenen der Zeremonie des altkretischen Totenkultes, bei welchem der sorgfältig für das Jenseits gerüstete Verstorbene in aufrechter (später wohl auch sitzender) Haltung die Opfergaben der Hinterbliebenen in Empfang nimmt. Und dieselben Kultgegenstände finden sich ausgerechnet in den sogenannten Wohnräumen des Königs im Palast von Knossos? Offenbar weilte dieser König, der in diese Räume Einzug hielt, bereits nicht mehr unter den Lebenden! Die von Arthur Evans als Wohngemächer aufgefaßten Räumlichkeiten haben sichtlich einer Zeremonie von der Art gedient, wie sie auf dem Sarkophag von Hagia Triada abgebildet ist: Einer Beschwörung und kultischen Verehrung nicht eines Lebenden, sondern eines Toten. Und es gab in diesem Palast offensichtlich nicht nur einen derartigen verehrungswürdigen Toten, sondern – wie die zahlreichen, im Prinzip ähnlich angelegten, wenn auch weniger aufwendigen übrigen Räume erkennen lassen – unzählige andere, vielleicht zu Lebzeiten weniger vermögende und hochgestellte Persönlichkeiten. Ihnen allen wurde im Palast von Knossos und in den übrigen, ähnlich gestalteten altkretischen Palästen, eine ähnliche, uns heute fast unverständliche, ja makaber anmutende Zeremonie zuteil: Ihnen wurden ähnliche, vielfach blutige Opfer der Verehrung dargebracht, wenn sie zur letzten Ruhe vorbereitet waren, die offenbar in altkretischer Vorstellung ein Weiterleben nach dem Tode auch des Körpers im Jenseits darstellte.

Die Paläste von Knossos, Phaistos, Hagia Triada, Mallia und Zakros waren also keineswegs heitere Residenzen fried- und kunstfertiger Fürsten, zu denen sie erst durch die Phantasie von Sir Arthur und seinen Nachfolgern avanciert waren: In Wirklichkeit handelt es sich offensichtlich um kompliziert gestaltete Kultbauwerke zur Totenverehrung und -bestattung. Sir Arthur – und zahllose Besucher nach ihm – hat sich lediglich täuschen lassen durch die Anmut der Freskenmalerei in den über- und unterirdischen Gemächern, die tatsächlich an Lustschlösser des Barock denken läßt. Aber die Wirklichkeit war eine weit weniger heitere: Ein palastartiger Gebäudekomplex zur kultischen Verehrung und standesgemäßen Aufbewahrung von Zehntausenden wohlhabender kretischer Verstorbener. Statt einer Euphorie des Lebens eine Welt des Todes, in welcher nur ein fahler Abglanz des heiteren Diesseits den Toten umgibt, um ihn auch nach dem Hinscheiden zu erfreuen.

So zeigen auch die Darstellungen beispielsweise etruskischer Grabkammern vielfach heitere, lebensvolle Bilder mit Musik, Tanz, Jagdszenen und Bildern aus dem täglichen Leben, teilweise auch Vorgänge (wie der körperlichen Liebe), die an Eindeutigkeit nichts zu wünschen übriglassen und sicher in dieser Form nicht für die Öffentlichkeit bestimmt waren. Der Tote, der ja für die Alten nicht wirklich abgeschieden war, sollte eben auch in seiner Totenwohnung nichts an Freude und irdischen Genüssen entbehren. Man wird daher auch die jungen Damen mit freier Brust in den minoischen Totenpalästen nicht als frühe Vertreterinnen der Oben-ohne-Mode im alten Kreta auffassen dürfen, die etwa die damals allgemein bei den Frauen übliche Bekleidung verkörpern. Evans und mit ihm die minoische Fach-Archäologie hat die heiter-anmutige Scheinwelt der altkretischen Totenpaläste für die echte Welt des minoischen Lebens gehalten, und man muß ehrlicherweise zugeben, daß diese Täuschung nahezu perfekt ist.

Auch unsere heutigen Friedhöfe verkörpern vielfach eine solche Welt des Scheins, mit viel Imitation, ‹hehrer› Anmut der Grabfiguren, heiterer Gelassenheit des Todes, aber auch viel Kitsch, ja nicht selten geschmacklosen Entgleisungen. Aber kaum ein Ausgräber kommender Jahrtausende würde wohl einen unserer großen Friedhöfe der Gegenwart mit Leichenhallen, Andachtsräumen, Krematorium und Verwaltung für Siedlungen unserer Zeit ansehen, indem er die Grabmalkunst, die Urnen und religiösen Geräte als Gebrauchsgegenstände unseres täglichen Lebens betrachtet, den ‹Pompe funèbre› als Ausdruck unserer künstlerischen Empfindungen wertet. Die echten ‹alten Kreter› können ganz anders gedacht und empfunden haben als es die Scheinwelt ihrer Totenpaläste glauben machen will.

Nun wird uns manches verständlich, was zunächst merkwürdig erschien, was in Überlieferung und Sage vom Labyrinth des Königs Minos berichtet wird. Auch der minoische Friede, jene von den Archäologen staunend gerühmte Friedfertigkeit der alten Kreter, die auf Mauer, Wall und Graben um ihre Ansiedlungen verzichten konnten, erscheint in neuem Licht: Es ist nichts weiter als Friedhofstille (sofern man vom Gebrüll der verröchelnden Opfertiere absieht). Kein Mensch würde daran denken, einen Friedhof – oder Totenpalast – mit Wehranlagen zu umgeben. Tote können (und brauchen) sich nicht mehr zu verteidigen.

Andererseits sind die altkretischen Totenpaläste mehr als nur Friedhöfe in unserem heutigen Sinn. Solche hat es (für unbemittelte Minoer) auch damals schon gegeben, ebenso wie einzelstehende Tempelgräber für die höchstgestellten Persönlichkeiten. Möglicherweise hat gerade das Vorkommen von einfacheren Gräbern und kunstvoll in den Fels gehauenen Kuppelgräbern um Knossos herum Evans darin bestärkt, in den eigentlichen Palastbauten Gebäude für Lebende zu sehen. Aber das gesamte Knossos, mit den beiden Palästen, mit ‹königlicher Villa›, ‹Karawanserei›, Tempel- und Felsengräbern, mit einfachen Erdbestattungen und Höhlengräbern talaufwärts, stellt gewissermaßen ein gewaltiges Totenreich an den Abhängen eines ‹Tales der Toten› dar, ausgehend zunächst von einfachen Naturhöhlen, über künstliche Höhlen und immer kunstvollere Grabbauten bis hin zu den Totenpalästen mit 20 000 Quadratmetern Grundfläche. Mehr als nur Friedhof, ja mehr noch als die etruskischen Nekropolen (Totenstädte), handelt es sich um eine Anlage kommerzialisierter Totenverwahrung, wie sie uns (außerhalb Ägyptens) sonst kaum wieder begegnet. Das Totenopfer, die Beschwörung des Verstorbenen, seine Verehrung im göttlichen Sinn, die sorgfältige Erhaltung seines Leibes und Ausrüstung für das Jenseits mit allerlei Gerät, mit Schmuck und Wegzehrung (Schalen mit Früchten und ähnlichem wurden, wenn auch verkohlt, mehrfach gefunden), dies alles ist uns heute fremd, ja wirkt teilweise abstoßend. Der Tote wird ja nicht in unserem Sinne begraben, sofern es sich nicht um unbedeutende Menschen oder kleine Kinder handelt. So glaubte man bisher, man habe damals Kinder unter dem Fußboden der Wohnräume (!) beigesetzt, und die mit Alabaster ausgekleideten Kistengräber in den ‹Magazinräumen› des Palastes seien Schatzkammern oder Aufbewahrungsbehälter für Getreide und ähnliches gewesen.

Die hochgestellten Persönlichkeiten wurden in Tonsarkophagen (Larnakes) beigesetzt, wobei sich im Laufe der Zeit zwei Typen, nämlich Truhenform und Badewannenform entwickelten. Ein ovaler badewannenähnlicher Sarkophag wurde tatsächlich in einer Grabkammer des Palastes von Knossos neben dem ‹Megaron der Königin› gefunden und sogleich von Evans als Badezuber gedeutet. Man hat aber hinlänglich viele echte entsprechende Tonsarkophage ovaler Form sogar mit Knochenresten in Erdgräbern gefunden, um den eigentlichen Zweck dieser ‹Badewannen› zu belegen. Man kann doch wohl kaum annehmen, die Minoer hätten je nach Bedarf in Sarkophagen gebadet oder sich in Badewannen bestatten lassen! Es gilt also leider, von der uns in der höheren Schule staunend mitgeteilten Vorstellung Abschied zu nehmen, die Minoer seien die Erfinder eines ersten raffinierten Badekomforts. Die eigenartigen, etwas vertieften, mit Alabaster ausgekleideten ‹Lustralbecken› – je nach Gutdünken als Erdheiligtümer, als Baderäume oder Aufbewahrungsort heiliger Schlangen gedeutet – waren nichts anderes als der Aufstellungsraum der Tonsarkophage bedeutender Toter, also die eigentliche Grabkammer. Die in der Regel größeren Räume daneben – und oft in mehreren Etagen darüber, so daß eine Vielzahl von Treppen die oberen Kulträume mit dem tiefer gelegenen Grabgemach verbindet – dienten dem Totenkult und der Aufbewahrung der Grabbeigaben (so fand man u. a. drei auf kleinstem Raum ineinander verflochtene Pferdeskelette). Je vornehmer der verehrungswürdige Tote, desto mehr Geschosse mußte man zu seiner Grabkammer hinabsteigen: Im Totenpa-

49 Wannensarkophag aus Gurnia

50 Minoischer Truhensarkophag. Paläokastro

last gilt die umgekehrte Rangordnung der Räume wie im Palast der Lebenden, wo die vornehmsten Gemächer den höchsten Punkt der Ansiedlung beherrschen. Da sich die kretischen Totenpaläste aus natürlichen Höhlen entwickelt haben (kaum eine andere Insel ist so reich an bedeutenden Naturhöhlen wie Kreta), die ursprünglich als Begräbnis- und Kultstätten dienten und in Westkreta (wie auch in der Dikte-Höhle oberhalb der Lassithi-Hochebene) noch bis in die späte Palastzeit in gleicher Weise wie die Totenpaläste genutzt wurden, wird diese ‹umgekehrte Hierarchie› mit dem Drang zum Dunkel und zur Tiefe verständlich. Da Westkreta über besonders zahlreiche Naturhöhlen verfügt, war dort der Bau künstlicher Totenhöhlen (Totenpaläste) kaum notwendig.

Neben den Tonsarkophagen waren für Bestattungszwecke mannsgroße, künstlerisch verzierte Tongefäße (Pithoi) in Gebrauch; unzweifelhafte Grabpithoi mit Knochenresten wurden in Gräberfeldern gefunden. Ähnliche Formen waren in der Jungsteinzeit auch im übrigen Mittelmeerraum bis hin zu den Liparischen Inseln im Gebrauch. Auch die Totenpaläste Kretas lieferten Pithoi in großer Zahl, diese galten aber bislang nach Evans als Ölkrüge, da man ja den Palast eines lebenden Königs vor sich zu haben glaubte. Nun sind ähnliche große Tonkrüge auch heute noch im Mediterrangebiet, beispielsweise auch in Sizilien, insbesondere für Olivenöl in Gebrauch. Sie unterscheiden sich jedoch von den Grabpithoi durch die stärker gebauchte Form, durch die weniger schmuckvolle

Oberflächengestaltung und die enge Öffnung des Halses: Da eine weite Öffnung schlechter abzudecken wäre und der Verschmutzung des Inhalts Vorschub leistet, sind Ölkrüge bewußt oben eng gestaltet; sie erlauben einem Erwachsenen nicht, hindurchzuschlüpfen, wie Luigi Pirandello in einer seiner sizilianischen Novellen scherzhaft ausgeführt hat. Grabpithoi hingegen sind oben etwa schulterbreit in der Öffnung, zeigen nur andeutungsweise eine leichte Ausbauchung und verjüngen sich weniger stark nach unten. Diese Grabpithoi finden sich nun in nahezu allen Räumen der Paläste, teils in langen Reihen in ‹Magazinen› angeordnet, teils vereinzelt in eigenen Kammern, teils neben Sarkophagen oder in den Ecken der ‹Megara›. Es ist aber absolut unwahrscheinlich, daß die alten Minoer diese Pithoi je nach Bedarf als Särge, ein andermal als Ölkrüge verwendet hätten.

Weshalb aber finden sich nun Tonsarkophage, Grabpithoi und Erdbegräbnisse nebeneinander? Weshalb wurden nicht alle Toten gleich behandelt? Die Antwort darauf liefert uns die ägyptische Archäologie, die uns über die Begräbnissitten der damaligen Zeit recht gute Auskunft geben kann. Nach Herodot und Diodor kannten die alten Ägypter besonders drei Arten der Einbalsamierung: Die erste hat etwa 40 000,– DM in heutigem Gelde (1 Talent) gekostet, die zweite war schon für 20 Minen (ca. 10 000,– DM) zu haben und die dritte war auch für das breitere Publikum erschwinglich. Bei der ersten Methode wurden die Eingeweide entfernt und in sogenannten Kanopenvasen gesondert beigesetzt, der Leichnam hingegen mit Myrrhen, Kassie, Harzen und anderen aromatischen und fäulnishemmenden Stoffen angefüllt und mit einem natronartigen alkalischen Salz imprägniert. Dieses in Ägypten verbreitete Verfahren der echten Mumifizierung kam offenbar auf Kreta kaum zur Anwendung; jedenfalls hat man derartige Mumien weder von Menschen noch von Tieren in den kretischen Totenpalästen gefunden. Bei der zweiten, wesentlich preiswerteren Konservierungsmethode erfolgte keine operative Entfernung der Eingeweide; der Tote wurde mit Zedernöl aufgefüllt, beim dritten Verfahren hingegen eingesalzen. Diese beiden Konservierungsmethoden scheinen auch im alten Kreta angewandt worden zu sein; jedenfalls legen die zahlreichen, trichterförmigen sogenannten Rhytongefäße aus den minoischen Palästen nebst den buntbemalten Kannen mit lang ausgezogener Gießöffnung den Gedanken nahe, daß sie für die Zwecke der Einbalsamierung benötigt wurden. Die Rhyton-Trichter sind ursprünglich aus großen, spitz zulaufenden Meeresschnecken hervorgegangen, deren spitze Endigung abgebrochen wurde, um sie als Trichter zum Einfüllen des Zedernöles zu verwenden. Als später geeignete Meeresschnecken immer seltener wurden, ging man dazu über, künstliche Trichter in Schneckenform (und anderweitiger

51 Wildziegen-Rhyton (Trichter), Zakro
Darstellung eines von hohen Mauern mit kultischen Stierhörnern umgebenen Heiligtums

künstlerischer Gestaltung) nachzubilden. Da kretische Keramik auch auf den umliegenden Festländern Griechenland, Kleinasien und Ägypten gefunden wurde, kann man schließen, daß der Export von Zedernöl eine der wichtigsten Einnahmequellen des minoischen Kretas gewesen sein dürfte. In etruskischer Zeit verlagert sich die Produktion von Salb- und Balsamölen offenbar auf das griechische Festland, da in den Grabkammern der Toskana um 700 v. Chr. griechische Keramik eine bedeutende Rolle spielt. Möglicherweise war zu diesem Zeitpunkt der ursprüngliche Zedernbestand der kretischen Gebirgsregionen schon so weit gelichtet, daß die Balsamöl-Produktion zurückging. Man wird daraus schließen dürfen, daß damit auch der Reichtum des minoischen Kretas sein Ende fand, zumal auch mit der Änderung der Bestattungssitten immer weniger Bedarf an Ingredienzen zur Einbalsamierung bestand.

Der Totenkult der damaligen Zeit scheint ein einträgliches Geschäft gewesen zu sein (wie ja schon die Preise der Einbalsamierung aus Ägypten erkennen lassen). Auf Hunderten von Tontäfelchen in der erst 1953 von Michael Ventris in England entzifferten sogenannten Linear B-Schrift fand man Verzeichnisse über Abgaben von Naturalien, Sklaven, Vieh, Hausrat und Vorräten, die zunächst als Steuerlisten gedeutet wurden, aber offenbar ihrem Fundort in den Totenpalästen nach eher Legate für die Begräbniskosten enthalten. Als Einheitswert galt das Schaf; teilweise scheint die Abgabe aber auch in Gestalt von Bronzebarren (charakteristischerweise in Vlies-Form) erfolgt zu sein, wie die zahlreichen gefundenen Barren erkennen lassen. Es war recht kostspielig, in einem der renommierten Totenpaläste standesgemäß beigesetzt zu werden.

Auf den Tontäfelchen finden wir auch Hinweise auf die beschäftigten Handwerker: Weihrauchbrenner, Töpfer der Kultgeräte, der Tonsarkophage für die einbalsamierten sowie der Grabpithoi für die weniger bedeutenden Toten (Angehörigen und Dienerschaft), Stuhltischler, die besondere Stühle von der Art hergestellt haben, wie sie verschiedentlich, wenn auch aus Sandstein oder Alabaster gefertigt, als sogenannter ‹Thron des Minos› gefunden wurden. Die Toten wurden ursprünglich in aufrechter Haltung, mit nicht geschlossenen, scheinbar ins Unendliche blickenden Augen, verehrt. Da sie aber selbst nicht mehr stehen konnten, bediente man sich für die Totenzeremonie besonderer, charakteristischer Stühle, ursprünglich aus Holz, später aus Stein oder Alabaster, mit typischer hoher Lehne, um dem Oberkörper des Toten festen Halt zu geben. Je drei beiderseitige Einbuchtungen dienten offenbar zur Befestigung von Haltegurten. Damit der Tote einen besseren Halt auf seinem Sitz fand, war die Sitzfläche vertieft, mit Anpassung an die Körperformen, jedoch einer zusätzlichen Erhebung am Außenrand, die von Lebenden eher störend empfunden worden wäre, aber den Toten hindert, vom Sitz zu gleiten. Außerdem werden auf den Tontäfelchen in großer Zahl Badehelferinnen erwähnt; nun kann man annehmen, daß sich die Minoer wohl selbst gebadet und gewaschen hätten, wenn sie hierzu noch imstande gewesen wären. Es scheint sich vielmehr um Leichenwäscher gehandelt zu haben, von denen in Pylos allein 37 beschäftigt wurden, um die Toten gebührend für die Totenzeremonie und das Jenseits vorzubereiten.

Damit erklärt sich aber auch die sorgfältige Anlage von Brunnen, Wasserleitungen und Abflußkanälen in den minoischen Palästen. Was Arthur Evans und seinen Mitarbeitern als Ausdruck höchster Zivilisation erscheinen mußte, nämlich als Toiletten mit Wasserspülung, war nichts anderes als eine komplizierte Anlage zur Vorbereitung der Toten für die Einbalsamierung. Ohne Abbrennen von Weihrauch wäre es kaum in den unterirdischen Kult- und Grabkammern auszuhalten gewesen vor Opferblut- und Verwesungsgeruch. Daß sich manche kirchlichen Zeremonien noch heute des Weihrauches bedienen, erinnert – den heutigen Menschen unbewußt – an diesen alten Totenkult der Mittelmeerkulturen.

Die angeblichen Lichtschächte, die das tiefe Innere der Paläste mit ‹zauberhaft-indirektem Licht› erhellt haben sollen, waren wohl überwiegend Be- und Entlüftungsschächte, ohne die die tiefliegenden Grabkammern aus Frischluftmangel kaum zugänglich gewesen wären.

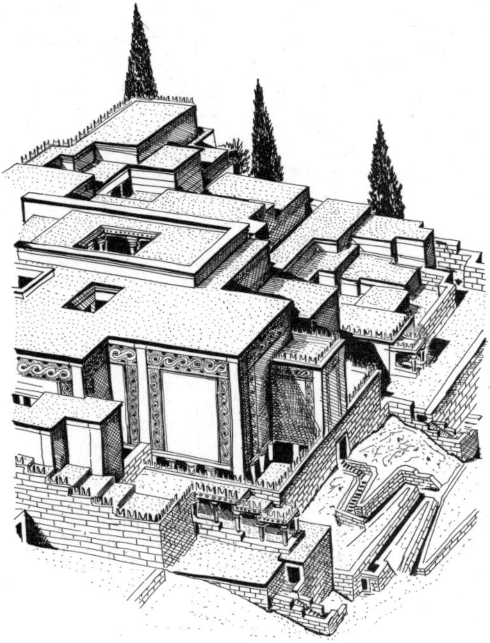

52 Palast von Knossos. Osttrakt: Rekonstruktion

Weshalb hat aber nicht schon Evans die ‹Badewannen› und ‹Vorratsgefäße› in ihrer wahren Funktion erkannt? Die Antwort lautet: Sie waren fast alle bereits leer, ehe sie, in Stücke geschlagen, im Schutt der Paläste eingebettet wurden. Außerdem haben die minoischen Sarkophage unten Belüftungsöffnungen (zwecks Erhaltung der Trockenmumien), die Evans wohl als Abflußlöcher für das Badewasser gedeutet hat. Da im Badezimmer neben dem ‹Megaron der Königin› des Palastes von Knossos jedoch weder Wasseranschluß noch Bodenentwässerung verlegt ist, wäre dort das Baden ein mühseliges Beginnen (man müßte die Wanne eben doch ausschöpfen). Wo aber sind die Zehntausende von Leichen geblieben, die einstmals im Palast untergebracht waren?

Offensichtlich sind die kretischen Totenpaläste, wie auch der größte Teil der übrigen, ägyptischen wie mediterranen Grabkammern, noch im Altertum ausgeplündert worden. Da es im Labyrinth eng und dunkel war, was die Arbeit der Grabräuber erheblich erschwerte, hat man die Särge und Tongefäße zerschlagen, die in Binden gewickelten Toten ins Freie geschafft und dort ausgepackt, um an Schmuck und Totenmasken zu gelangen. So hat Evans nur die vergleichsweise geringen Schmuckreste (sowie die für Grabräuber wertlosen Kultgefäße und Votivgaben) gefunden, die ihm das Räubergesindel übriggelassen hat. Die Grabräuber scheinen durchaus auf ihre Kosten gekommen zu sein: Um den Palast herum, konzentriert in der Nähe der ehemaligen Ausgänge, stapelt sich mehrere Meter hoch ein Agglomerat von Knochen und Pithoischerben. Möglich, daß Sir Arthur darin die Abfälle der Palastküche zu erkennen glaubte.

Die weithin verstreuten Knochen rings um das Labyrinth machen es aber durchaus verständlich, weshalb dieser Ort den Lebenden stets unheimlich war, weshalb sich die Sage seiner bemächtigte und sich niemand (vor den Türken des 17. Jahrhunderts) an dieser Stelle ansiedeln wollte.»

Dies sind die wesentlichen Passagen aus meinem Aufsatz ‹Das Geheimnis der Minoischen Paläste›, der im Frühjahr 1971 in Heft 36 der Zeitschrift ‹n + m› (Naturwissenschaft und Medizin) erschienen ist. Wie schon erwähnt, ist dieser Text eher als ‹Versuchsballon› gestartet worden und wurde von mir nicht als gesichertes Ergebnis eines von langer Hand vorbereiteten wissenschaftlichen Forschungsprogramms verstanden. Die Unvereinbarkeit des funkelnden Bildes, das Evans von Blüte und Vernichtung der minoischen Kultur entworfen hatte, mit den geologischen Tatsachen, war für mich zu einem reizvollen und fesselnden wissenschaftlichen Problem geworden. Wenn die Geschichte Altkretas so nicht gewesen sein konnte, wie Evans sie geschaut hatte, wie war sie dann?

Nun geht es in der kritischen Auseinandersetzung mit den Evansschen Rekonstruktionen keineswegs nur um so vergleichsweise belanglose Dinge wie Badewannen, Wasserleitungen, Vorratsmagazine und Wohnungskomfort. Interessant werden diese eher musealen Details erst durch die sehr weitreichende Deutung, die Evans aus ihnen ableitet, um daraus ein umfassendes Bild von der Urgeschichte des hochkulturträchtigen östlichen Mediterranraumes zu gewinnen.

Je nachdem, wie man die Stellung der minoischen Epoche im Zusammenhang mit den vorderorientalisch-ägyptischen Reichen, mit den Kulturen der Inselwelt, Kleinasiens und Griechenlands sieht, verschiebt sich der Entwicklungsgang der abendländischen Menschheit bis hin zum relativ hellen Zeitalter Homers ganz wesentlich. Evans gliedert seine minoische Kultur aus dem Zusammenhang mit anderen Kulturen aus und gibt ihr eine unvergleichliche Sonderstellung: danach wäre das Jahrtausend von der frühminoischen Zeit um 2500 v. Chr. bis zum jähen Verlöschen in der spätminoischen Katastrophe um 1450 v. Chr. ein goldenes Zeitalter ohne Folgen gewesen.

Unvergleichlichkeit, Einmaligkeit, ja Einzigartigkeit – einem Wissenschaftler, der sich mit der Erforschung der Naturgesetze beschäftigt, fällt es vielleicht besonders schwer, sich mit diesem «individualistischen» Ansatz abzufinden. Die moderne Geologie arbeitet vorwiegend mit den theoretischen Modellen der Genese, der Evolution. Selbstverständlich gehorcht die Menschheitsgeschichte – wenn überhaupt – anderen Gesetzen als die Erdgeschichte. Aber für einen geologisch, und das heißt auch in geschichtlichen Kategorien denkenden Wissenschaftler muß es eine methodologische Herausforderung bleiben, wenn er ein bedeutendes geschichtliches Phänomen wie das minoische Jahrtausend akzeptieren soll als Blitzerscheinung aus heiterem Himmel, ohne Voraussetzungen, ohne Folgen. Eine solche einmalige und unvergleichliche Setzung außerhalb jeder Evolution – daran wird ein Naturwissenschaftler erst dann zu glauben bereit sein, wenn zweifelsfrei bewiesen ist, daß die Tatsachen zu dieser «gesetzwidrigen» Ausnahmeinterpretation *zwingen.*

Diesen zweifelsfreien Beweis für die Notwendigkeit der Evansschen Theorie hat die minoische Archäologie aber nicht geliefert. Meine relativ einfachen geologischen und logischen Überlegungen, die ich angesichts der Ausgrabungen und Rekonstruktionen von Evans in Knossos angestellt hatte, mußten zu Zweifeln an der Stichhaltigkeit unseres traditionellen Kretabildes führen. Entweder mußten diese Zweifel ausgeräumt werden, oder das Problem der minoischen Kultur mußte ganz neu aufgerollt werden im Rahmen der gesamten ostmediterranen Kulturentwicklung, aus welcher unsere eigene griechisch-abendländische Welt hervorgegangen ist.

Mit meinem Aufsatz über ‹Das Geheimnis der Minoischen Paläste› wollte ich den Anstoß geben, den ganzen Fragenkomplex Altkreta noch einmal neu und unvoreingenommen zu durchdenken, um am Ende vielleicht mit besseren Gründen zu erkennen, wie es denn nun wirklich gewesen ist. Was als Denkanstoß gemeint war, hat sofort heftigen Anstoß erregt. Nicht lange nach Erscheinen des Artikels von einer Auslandsreise zurückgekehrt, fand ich Berge von Zuschriften vor, die ein Interesse der Öffentlichkeit bekundeten, das ich nie erwartet hatte. Vor allem die vielseitig interessierte Ärzteschaft meldete sich mit Anfragen und Hinweisen zu Wort. Durch eine Reihe weiterer Presseveröffentlichungen war jedoch auch darüber hinaus ein lebhaftes Echo geweckt worden. Und wie meist, wandten sich Leser mit zustimmender Meinung direkt an mich, solche mit ablehnender Haltung aber an die Presse ...

Im Laufe eines Jahres entspann sich eine umfangreiche Korrespondenz mit Fachleuten, Liebhaberforschern und Laien nicht nur hierzulande, sondern in vielen Gegenden der Welt. Dankbar empfange ich Ermutigung, sachliche Kritik und förderliche Anregung. Daß daneben auch giftige Anschuldigung, verletzende Angriffe und persönliche Beleidigung auf mich abgefeuert werden, trägt zwar zur Sache gar nichts bei, ist aber wohl leider unvermeidlich. Denn die altkretische Kultur übt, wie ich erfahren habe, jedenfalls in der visionären Verklärung, die Evans ihr verliehen hat, eine so starke Wirkung auf tiefe emotionale Bedürfnisse des modernen Menschen aus, daß viele von diesem Traum nicht lassen wollen und um sich schlagen. Solche Träume stören, heißt offenbar an den Schlaf der Welt rühren.

Interdisziplinäre Forschung hat bei uns mit mannigfachen, oftmals ganz unwissenschaftlichen Widerständen zu kämpfen. Zumal wenn offenbar inbrünstig verehrte Lehren eines genialen Stifters erschüttert zu werden drohen, ist die Abwehrbereitschaft gegen den ketzerischen Außenseiter besonders leidenschaftlich. Vielleicht weil hier Glaubensinhalte gefährdet erscheinen, die mit rationalen Argumenten nicht verteidigt werden können.

Um den Gedankengang dieses Buches nicht unnötig zu behindern und um durch Exkurse und Wiederholungen nicht vom Ziel zu weit abgelenkt zu werden, möchte ich in diesen Kapiteln nicht auf die Einzelheiten der recht akzentfreien Kontroverse eingehen, die seit nunmehr fast einem Jahr ausgetragen wird.

Andererseits möchte ich mich nicht dem Vorwurf aussetzen, die Einwürfe meiner Kritiker unterdrückt zu haben.

Aus diesen Gründen bringe ich nicht hier, sondern zitiere im Anhang dieses Buches Belege für den Verlauf der bisherigen Auseinandersetzung um meinen neuen Lösungsvorschlag für das Geheimnis der minoischen Paläste. Der Kampf der Meinungen ist reich an gezielten und ungezielten Vorstößen. Auch mancher Tiefschlag ist vorgekommen. Aber insgesamt zeigt diese Dokumentation doch sehr aufschlußreich, in welchen Bahnen die Rezeptionsgeschichte einer neuen wissenschaftlichen These auch verlaufen kann. Der Interessierte findet dort ein Beispiel für Stil und Niveau einer Diskussion zwischen Wissenschaftlern heute in Deutschland, das ich als kleinen Beitrag zur Zeitgeschichte des wissenschaftlichen Denkens betrachte.

Nach diesem Hinweis auf den Anhang wenden wir uns wieder unserem Gegenstand zu. Wenn die minoischen Palastanlagen keine Königssitze von Lebenden gewesen sind, sondern Totenpaläste im Diesseits für die nicht völlig ins Jenseits entrückten Verstorbenen – welche Folgen hat dieser neue Ansatz für unser Bild von der frühen Geschichte des östlichen Mittelmeerraumes und von der Keimungsphase Europas?

13. Kreta und Ägypten

Unterschiede und Gemeinsamkeiten · Rotbraune Männer, weißhäutige Frauen · Kretische Prozessionen im alten Ägypten · War Kreta den Pharaonen tributpflichtig? · Kreta, Apotheke des Altertums · Diener und Herden der Toten · Hekatomben für Götter und Menschen · Aus einem ägyptischen Totenpapyrus · Herodot besucht das Labyrinth von El Faijum · Kretischer Heroenkult, altägyptische Grabräuberprozesse · Der Fluch der Pharaonen

Eine der wenigen Kulturen, ebenfalls aus dem ostmediterranen Raum und von vergleichbarem Alter, die schon zu Evans' Zeiten relativ gut bekannt war, ist das alte Ägypten. Zweifellos hat Evans ägyptische Funde und Forschungsberichte gut gekannt. Er hat auch seine eigenen Ausgrabungsergebnisse mit den von Ägypten her bekannten Formen verglichen. Sein Ergebnis war jedoch, daß praktisch keine nennenswerte Übereinstimmung zwischen altkretischer und altägyptischer Kultur vorgelegen haben könne. Zu verschieden waren die architektonischen und künstlerischen Befunde. Gerade ein Fehlen solcher Übereinstimmungen hat ihn zur Prägung des Begriffs einer ‹minoischen› Kultur veranlaßt, die er sich weitgehend abgetrennt von den übrigen gleichzeitigen Kulturen des östlichen Mittelmeerraumes vorstellt.

Diese traditionelle Vorstellung, Kreta und Ägypten seien kulturell ohne Verbindung gewesen, kommt in einem Leserbrief auf meine Veröffentlichungen hin gut zum Ausdruck:

«Die ägyptische und die kretische Kultur haben sich wohl etwa gleichzeitig entwickelt und zu hoher Blüte geführt. Ihre Gedankengänge haben sich aber nicht gegenseitig befruchtet. Beide Länder waren vollkommen voneinander getrennt, und es wurden erst in späterer Zeit geringe Handelsbeziehungen aufgenommen.»

Auf dem Sarkophag von Hagia Triada «sind weder ägyptische Klageweiber dargestellt, noch findet eine Einbalsamierung des Toten statt. Der Tote steht vor seinem kleinen Totenhaus, nicht wie in Ägypten vor einer imponierenden Pyramide mit zahlreichen Räumen, deren Wände bemalt sind mit den kriegerischen Taten des Herrschers, mit seinen zahllosen Gefangenen, aber auch mit Bildern aus Handwerk und Landwirtschaft, aus denen wir Schlüsse auf das Leben der alten Ägypter ziehen können.

Nichts dergleichen in Knossos. Außer dem Fehlen des Totenvogels lassen sich auch keine Spuren des Einbalsamierens der Toten feststellen. Ein langer Zug Gefäße tragender Gestalten in auffallend schmuckvoller Kleidung und stolzer Haltung begleitet den Ankömmling bis zum ‹Li-

53 Knossos: Prozessionsfresko

lienprinzen› am Eingang des Empfangsraumes. Alle Wände dieser offiziellen Gemächer sind reichlich mit Bildern ausgeschmückt, die uns einen Eindruck geben vom prunkvollen Leben, das im Palast geherrscht hat. Der weitaus größte Teil der Bilder ist den Kultspielen gewidmet.» ...

«Wir sehen in Knossos aber auch ein Theater. Ein langer Zugangsweg führt zu einem kleinen Bühnenplatz, der abgeschlossen wird durch eine breite, aufsteigende Stufensitzreihe. Im kleineren Palast von Phaistos ist diese Sitzreihe im Theater durch eine zweite seitliche Reihe vervollkommnet. Bei den Kultspielen muß man auch auf die Schlangenbändigerinnen hinweisen, die wir als Skulpturen im Museum sehen ... Nicht unerwähnt möchte ich die Schnittervase lassen, mit den singenden, teils trunkenen Schnittern, die von der Ernte zurückkommen. Ein frohes, heiteres Bild, das menschliche Charakterzüge zeigt. Solch frohe, heitere Atmosphäre habe ich auf ägpytischen Bildern nicht gesehen, und es scheint mir abwegig, ägyptischen Kult als Deutung für einen kretischen Palast anführen zu wollen.» (Hedwig Hinze in der ‹FAZ›)

Fassen wir zusammen. Ägypten ist bekannt durch seine Pyramiden, Obelisken, Tempel, Mumien, Darstellungen von kriegerischen Taten, von Handwerk und Landwirtschaft, aber ohne frohe und heitere Atmosphäre auf den etwas steifen Bildern. Tatsächlich wirkt die ägyptische Malkunst auch da etwas steif, wo Szenen aus dem täglichen Leben, wo Musikanten oder Tänzerinnen abgebildet sind wie beispielsweise in den Gräbern des Nacht und des Nebamun in Theben. Allenfalls liegt heitere Gelassenheit auf den Gesichtszügen und über der Szene bei Bildern wie dem berühmten ‹Spaziergang im Garten› aus der Amarnazeit (Berliner Museum) oder bei den beiden Töchtern Amenophis' IV. Echnaton (Wandmalerei aus dem Palast beim Atontempel in Amarna, Oxford, Ashmolean Museum). Häufig sind ausgesprochene Trauerszenen, Opferszenen vor Verstorbenen auf ihren Totenstühlen, Prozessionen der Opfergabenträger und natürlich auch das obligate Totengericht dargestellt. Ströme von Tränen vergießt eine Trauernde aus der Darstellung eines Leichenbegängnisses im Grab zweier Bildhauer in Theben.

54 Keftiu-Prozession, Grab des Mencheperresenb. Theben, 15. Jh. v. Chr.

Die minoische Welt erscheint demgegenüber heiter, lebendiger, mit Bildern aus der Tierwelt und von den Kultspielen. Minoische Mumien hat man nicht gefunden, ebenso keine Pyramiden, Obelisken oder Totentempel. Die Architektur erscheint mehr auf das Maß des einzelnen Menschen bezogen, weniger aufwendig, aber auch ohne die Symmetrie und mathematische Klarheit ägyptischer Bauten. Götterbilder und menschliche Großplastiken fehlen im minoischen Kreta, sofern man nicht in den Stierdarstellungen und den ‹Schlangenbändigerinnen› derartiges erblicken will. Dafür scheinen auf Kreta kultische Kampf- und Theaterspiele eine größere Bedeutung gehabt zu haben als im alten Ägypten. Es lassen sich also durchaus nennenswerte Unterschiede herausstellen, die auf eine Eigenständigkeit der minoischen Kultur hindeuten.

Die scharfe Trennung Kretas von Ägypten jedoch, wie sie in den eingangs zitierten Worten zum Ausdruck kommt, ist kaum im vollen Umfang aufrechtzuerhalten.

So stellt beispielsweise Friedrich Matz (‹Große Kulturen der Frühzeit, Kreta, Mykene, Troja›, 5. Auflage, Stuttgart 1965) fest: «Der verschiedene Fleischton in der (minoischen) Malerei – bei den Männern rot oder rotbraun, bei den Frauen weiß – ist eine von den Ägyptern übernommene Konvention. Auf den Bildern erscheinen die Männer fast immer unbekleidet bis auf einen Schurz. Jedenfalls sind sie, wie die Ägypter immer, in der guten Jahreszeit wirklich so aufgetreten. Die sonnenverbrannten, bronzefarbenen Körper, die dem Leuchten des Auges eine so wirkungsvolle Folie sind, dürfen daher auch als authentisch angesehen werden.»

Weitere Übereinstimmungen sind die Prozessionsdarstellungen, die kleinfigürliche Votivplastik mit ganzen Herden von Stieren und anderem Getier sowie kleinen männlichen oder weiblichen Figuren in großer Zahl und die Vorliebe für keramische, in Stein geschnittene oder bronzene Importware.

55 Keftiu. Grab des Rekhmire. Theben (18. Dynastie)

Auch das mag noch nicht viel erscheinen. Die deutsche «Fremdvölkerexpedition» unter Eduard Meyer brachte jedoch aus der Nekropole von Theben höchst aufschlußreiche Aufnahmen typischer kretischer Prozessionszüge als Wandmalereien in ägyptischen Gräbern des 15. Jahrhunderts mit, so beispielsweise aus dem Grab des Mencheperresenb, dem Grab des Senmut oder aus dem Grab des Rekhmire. Es handelt sich also nicht etwa um eine einzige mehr zufällige Darstellung eines solchen Zuges, etwa einer einmaligen kretischen Gesandtschaft von ‹Tributbringern›, sondern um eine schon fast stereotype Grabausmalung in einer ganzen Reihe von verschiedenen Grabbauten.

Es ist hochinteressant, sich diese als *‹Keftiu›* = Kreter bezeichneten Figuren näher anzusehen. Sie gleichen in Aufzug und Attitüde weitgehend ihren knossischen Vettern, und auch ihre Gaben sind weitgehend dieselben: kunstvoll bemalte Vasen, Schalen, ein- und mehrhenklige große Krüge, Kratere mit dem minoischen Spiralmuster, eimerartige Gefäße mit Stierkopfbemalung, je einen Henkeltrichter nach der Art des berühmten ‹Trichterträgers› im Palast von Knossos (nahe der Prunktreppe zum Piano nobile von Evans gefunden), Kupferbarren in Ochsenhaut-Form (d. h. im Umriß einer abgezogenen Ochsenhaut gleichend), kleinere Abbildungen von Stieren (möglicherweise Stierkälber) und sogar ganze Stierköpfe mit mächtigem Horn. Im Grab des Mencheperresenb schreitet der kretischen Prozession ein Priester in langem weißem Gewand voran, eine kleine menschliche Gestalt mit rückwärts gewandtem Kopf (Opferknabe, Votivbild?) auf den Händen tragend.

Wie kommt diese kretische Prozession, wie wir sie schon aus dem Palast von Knossos kennen, gleich in mehrfacher Ausfertigung ausgerechnet in die Gräber der Hofbeamten der 18. ägyptischen Dynastie?

«Es sind ‹Tributbringer›, die dem Pharao als oberstem Herrn des Landes die Abgaben der tributpflichtigen Insel bringen», so lautet die offizielle Antwort in Ägypten.

Wie seltsam, das seebeherrschende, reiche minoische Kreta war dem ägyptischen Pharao tributpflichtig? Die Minoer besaßen als seetüchtiges Volk eine starke Flotte. Die Ägypter hingegen sollen weniger Erfahrung mit der Hochseeschiffahrt besessen haben. Warum blieben die Kreter dann nicht einfach zu Hause auf ihrer geschützten Insel, unerreichbar für Tributzahlungsforderungen des Pharao im fernen Nilland?

Noch geheimnisvoller wird die Sache, wenn man auf Tontafeln aus dem labyrinthischen Palast von Mari im mittleren Euphrattal ähnliche Gerätschaften aufgeführt findet, wie sie die Keftiu-Prozession in Knossos und Theben mit sich zu führen pflegt, sogar mit dem schriftlichen Hinweis, daß die Gegenstände von kretischen Künstlern gefertigt wurden, also offenbar auch aus Kreta stammen. War Kreta denn auch den Herren von Mari in Mesopotamien tributpflichtig?

Und wenn es sich schon um Tributbringer handelt, weshalb bildet dann der (anderen tributpflichtige) Herr von Knossos in seinem eigenen Palast eine ähnliche «Tribut-Prozession» ab? Größenwahn eines ehrgeizigen Duodezfürsten? Mit Ausnahme der Kupferbarren haben ja die meisten der Tributgaben im wesentlichen nur künstlerischen oder musealen Wert. Einen Knaben kann man allenfalls opfern, um so die eigenen Landeskinder zu schonen. Kreta konnte sich ja dann an athenischen Opferknaben und -mädchen schadlos halten! Auch den Stierköpfen und Kultgefäßen kommt kaum ein materieller Wert zu, wie ihn im allgemeinen Tributzahlungen darstellen. Und dieses merkwürdige Hin und Her eines doppelten, ja dreifachen Tributes von Athen nach Kreta, von dort nach Mari und Ägypten?

Nicht nur Prozessions-Darstellungen von Keftiu finden sich in den ägyptischen Gräbern von Theben; die Keftiu haben auch in anderen Gräbern deutliche Spuren ihrer Anwesenheit hinterlassen: So fanden sich Gefäße kretischer Provenienz und Fragmente von echten minoischen Kamaresvasen in den ägyptischen Nekropolen von Abydos, Kahun und Illahun sowie spätminoische, postpalatiale Vasen in Tell el Amarna, dem Sitz Amenophis' IV. Echnaton, dessen religiöse Reformen den typischen, aufgelockert und heiter anmutenden Amarna-Stil eingeleitet haben. Unter seinen Nachfolgern Sakere und Tutenchamun brachte die Rückkehr nach Theben nicht nur eine religiöse und geistige Restauration unter der Herrschaft der thebanischen Amun-Priester, sondern auch die Wiedereinführung des ‹strengen› ägyptischen Kunststils. Die Reformbestrebungen sowie Versuche einer geistig-religiösen Befreiung waren gescheitert. Die Priesterkaste in Theben saß wieder fest im Sattel und widersetzte sich erfolgreich allen späteren Reformansätzen. Ägypten wurde so zu einem lebenden Museum, in welchem steinzeitlich-bronzezeitliche Kultvorstellungen bis in die römische Kaiserzeit hinein sorgfältig konserviert wurden. Progressive Denker mögen das bedauern. Für die Frühgeschichtsforschung ist dieses Freilichtmuseum hingegen von unschätzbarem Wert geworden. Es ermöglicht uns den Einstieg in Zeitabschnitte der geistigen Menschheitsentwicklung, die anderswo durch den späteren raschen Wandel geistiger Substanz und Potenz bis zur Unkenntlichkeit überlagert wurden.

Doch zurück zu den kretischen «Tributzahlungen» an Ägypten. Wie abwegig diese Vorstellung ist, wird sofort deutlich, wenn man im Museum von Iraklion diejenigen Gegenstände sieht, die sich durch ihre typische Form oder gar Beschriftung als von ägyptischer Herkunft erweisen. Darunter befinden sich neben zahlreichen ägyptischen Bronze-Statuetten, neben Skarabäen (Abbildungen heiliger Mistkäfer) sowie Opferschalen aus kristallinen Hartgesteinen, die nicht auf Kreta, wohl aber in Ägypten hergestellt sein können, weil dort das betreffende Gestein gebrochen wurde, vor allem eine beschriebene Diorit-Statue und der Deckel einer Büchse aus dem einstigen Besitz des ägyptischen Pharaos Chian. In einem Grab im Hafen von Knossos fand sich zudem eine Alabastervase mit dem königlichen Zeichen des Pharaos Thutmosis III. (etwa 1490–1436). Das ergäbe ein Geschäft auf Gegenseitigkeit: Die Kreter haben den Ägyptern Tribut gezahlt, und diese haben sich dafür durch Gegengaben aus dem königlichen Besitz bedankt. Nein, von Tributzahlungen kann hier offensichtlich keine Rede sein.

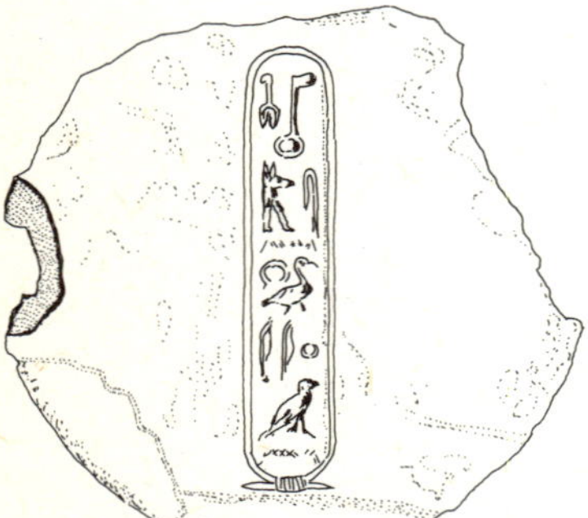

56 Alabaster-Deckel mit Kartusche vom Pharao Chian (17. ägypt. Dyn.), Knossos

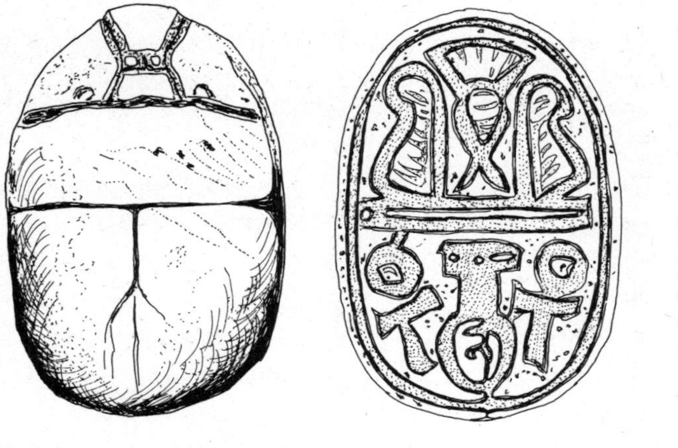

57 Ägyptischer Glücks-Skarabäus (Mittleres Reich), Knossos. In Mumien oft an Stelle des Herzens eingefügt. Echte Tiere liefern das Gift und Aphrodisiakum ‹Kantharidin›

Oder hat man einfach miteinander Handel getrieben, und die Prozessionen zeigen die Ankunft der Keftiu-Kaufleute vor dem Pharao? Was sollen dann aber diese merkwürdigen ‹Handelswaren› in den Händen der Kreter, und wie kommen diese Dinge ausgerechnet in Gräber? Und zwar in Ägypten wie auf Kreta! Wenn es sich um Stoffballen, Fässer mit Olivenöl oder Wein, edle Hölzer und Kupferbarren handeln würde, wäre eine Handelsabordnung eher verständlich. Aber ein solches Sammelsurium von ausgefallenem Kunsthandwerk läßt kaum auf ernsthafte und ehrbare Kaufleute schließen. Oder handelt es sich um eine Völkerschau? In Ägypten hätte ja vielleicht ein Zug Kreter mit ihren seltsamen Gerätschaften noch den Reiz des Neuen und Fremdartigen. Aber würde sich König Minos einen genau gleichen Zug in sein eigenes Palais malen lassen? Würde er nicht lieber eine ägyptische Völkerschau vorziehen, da er doch seine eigenen Landsleute täglich vor Augen hat?

Aber studieren wir den Keftiu-Prozessionszug nur etwas genauer. Im Grab des Mencheperresenb schreitet hinter dem Anführer in langem weißem «Priestergewand» (mit dem «Opferknaben» in Händen) als erster der nur mit Lendentuch bekleideten rotbraunen Gestalten ein «Stierkopfträger». Auf einer Schale hält er eine verkleinerte Nachbildung eines kretischen Stieres, nur Haupt und Gehörn, empor. Diese Stiernachbildungen kennen wir im Original aus altkretischen Palästen. Ein besonders schönes Stück wurde bei den Ausgrabungen von Nicolas Platon in Kato Zakro in Ostkreta gefunden: Ein sogenannter Stier-Rhyton aus schwarzem Steatit in Form eines Stierkopfes, heute im Museum Iraklion.

58 Niru Chani (12 km östlich von Iraklion). Beckenartige Einbauten, als Magazine (Schatzkammern) gedeutet

Einst war das Stück bemalt und vergoldet. Das Innere ist hohl, und am Munde tritt eine kleine Öffnung aus. Es handelt sich offenbar um ein kultisches Trinkhorn, wie es bei minoischen Weihehandlungen Verwendung fand.

Halten wir fest: minoische Kultgegenstände in ägyptischen Gräbern, ägyptische Opfergaben, Amulette und Statuetten in minoischen Gräbern und Palästen! Wie hatte es da eingangs geheißen: «Die ägyptische und die kretische Kultur haben sich nicht gegenseitig befruchtet, waren vollkommen voneinander getrennt und nahmen erst in späterer Zeit geringe Handelsbeziehungen auf?» Die Grabfunde Kretas und Ägyptens beweisen das Gegenteil.

Was hätten sonst typisch kretische Kultgegenstände inmitten der dem ägyptischen Jenseitsglauben gewidmeten Grabbauten zu suchen? Und wie soll man sich die Übereinstimmung der Prozessionszüge aus den thebanischen Gräbern Ägyptens und dem Palast von Knossos anders erklären, als mit einer engen Verbindung gewisser kultischer Vorstellungen? Weisen sie nicht auf einen Zusammenhang des minoischen Palastes mit ägyptischen Grabriten hin?

Was anläßlich der deutschen «Fremdvölkerexpedition» in Ägypten noch als kretische Tributzahlung an den Pharao gelten konnte, erweist sich heute als Prozessionszug im Rahmen einer großen ägyptischen Totenfeier. Die Prozession bewegt sich nämlich nicht auf einen lebenden Pharao zu, sondern auf einen verstorbenen hohen Beamten des alten Ägyptens in der traditionellen Pose des verehrungswürdigen Toten auf seinem Totenstuhl. Es ist jeweils der Grabeigner selbst, dem diese Prozession gilt, und sie kommt nicht unter Zwang einer Tributpflicht, sondern freiwillig, das heißt, man hat sie sich gegen Entlohnung aus dem fernen Kreta kommen lassen. Nicht etwa zur Volksbelustigung oder zur Demonstration weltlicher Macht, sondern weil man in Ägypten nichts Gleichwertiges finden konnte: Es sind griechische oder genauer kretische Heilkundige, die Gewalt über den Tod besaßen, die die Verstorbenen mit ihrer Kunst für das ewige Leben erhalten, das heißt haltbar machen konnten. Noch bis in die römische Kaiserzeit hinein lassen sich die Großen der Mittelmeervölker von griechischen Ärzten behandeln und, wenn die ärztliche Kunst am Lebenden versagt, für die Ewigkeit einbalsamieren. Noch heute gilt die Schlange des Äskulap als Symbol unserer modernen ärztlichen Heilkunst! Nicht die Ägypter selbst haben die Balsamierkunst zu ihrer höchsten Blüte entwickelt, sondern sind gelehrige Schüler der erfahrenen griechischen Ärzte gewesen, die sie zum Dank für deren erfolgreiche Bemühungen mit Ehrengaben aus pharaonischem Besitz überhäuften. Die ägyptischen Taricheuten (Einbalsamierer) sind offensichtlich nichts anderes als die auf handwerkliche Stufe abgesunkenen Schüler knossischer Heil- und Balsamierkunst!

Man hat mir vorwurfsvoll entgegengehalten, ich hätte die minoische Mumifizierung und die Totenkultriten für die kretischen Paläste schlichtweg erfunden. Dabei kann man im Museum in Iraklion noch heute das bronzene ärztliche Besteck solcher Äskulap-Jünger bewundern. Man mußte sich schon ganz gut im menschlichen Körper auskennen, um den Toten nicht zu verstümmeln und zersetzende Vorgänge im Leichnam wirksam zu unterbinden. Wir werden in den nächsten Kapiteln hören, wie man dabei zu Werke ging. Den Kretern kam hierin die Natur, vor allem die Vegetation ihres Landes sehr wesentlich zu Hilfe: Wohl gedieh einst noch die Zeder auf der Insel, deren trockenes Destillat das Zedernöl, das *kedrion* der griechischen Ärzte lieferte. Mit dem aus verschiedenen Zistrosenarten Kretas gewonnenen Ladanum-Harz verhinderte man das Ausfallen der Haare und benutzte es als adstringierendes Heilmittel. Von den Myrtaceen wurden Früchte und Wurzeln von *Punica granatum*, dem Granatapfelbaum, medizinisch verwendet. So erscheint der Granatapfel immer wieder auf mediterranen Grabausstattungen (etwa auf den antiken Totenhäuschen des archäologischen Museums in Palermo). Das Destillat der Braut-Myrte *(Myrtus communis)* aber lieferte ein beliebtes Schönheitselixier, das sogenannte Engelwasser, und die großblättrige Myrte *(Myrtus c. var. romana)* diente zur Herstellung von Kränzen und Girlanden für Verstorbene, als sogenannte Totenmyrte. Vom berühmten kretischen Honig wird später noch ausführlicher zu sprechen sein.

Nicht einfach war es, die medizinischen Agenzien in die Körperöffnungen einzuflößen. Hierzu diente offenbar der obligate Trichter, der zur Ausstattung der kretischen Heilprozession gehört. Die äußerliche Anwendung der Flüssigkeiten erfolgte in speziellen Wannen, wie sie noch heute in Anatomischen Instituten benutzt werden, flache Becken, in welchen der Tote für ganz bestimmte Zeitdauer eingelagert wurde. Eine Gruppe deutscher Ärzte, die im Juni 1971 den Palast von Knossos unter Anleitung des Münsteraner Althistorikers Helmut Thierfelder besuchte, stieß auf jene Einbauten in den Substruktionen des Palastes, auf «kleine und mittelgroße Kammern mit etwa einem halben Meter hohen Abgrenzungen, die wie kleine Bäder aussehen», und kam zu der Ansicht, «daß diese Anlagen wie Vorrichtungen für Mumifizierungen wären, derart, um die Körper in einer etwa 30, höchstens 50 cm hohen Salzlauge liegen zu lassen». Als Trichter verwendete man anfangs große spiralige Meeresschnecken mit abgebrochener Spitze. Später bildete man Rhytontrichter in Schneckenform nach.

Weshalb hat sich aber der Brauch der Mumifizierung in Griechenland nicht gehalten, und weshalb sind uns gut erhaltene Mumien nicht aus Griechenland, wohl aber in großer Zahl aus Ägypten bekannt? In den unruhigen Zeiten der ‹Dorischen Wanderung› und des ‹Sturmes der Seevölker› des ausgehenden zweiten vorchristlichen Jahrtausends wurde es immer mehr üblich, Gräber und Totenpaläste auszurauben. Um der Grabschändung zu entgehen, ging man mehr und mehr zur Totenverbrennung über, und zwar samt aller Grabbeigaben und zumindest anfänglich noch nach vorangegangener sorgfältiger Salbung des Toten. Das feucht-mediterrane Klima Griechenlands war zudem einer Erhaltung der Mumien weit weniger günstig als das regenfreie ägyptische Wüstenklima außerhalb des Siedlungsraumes Oberägyptens, wo sich am Beginn der Wüste die Totenstädte erheben.

Die Grabausmalungen Oberägyptens zeigen uns den alten Totenritus in allen seinen Stadien, wie ihn etwa Herodot in hellenischer Zeit beobachtet und beschrieben hat. Zu dieser Zeit war man in Griechenland längst davon abgekommen und empfand diesen Ritus als fremdartig. Mehr als ein halbes Jahrtausend trennte ja auch die Zeit Herodots von der minoischen, und die ägyptische Mumifizierungstechnik hatte sich gegenüber den altkretischen Verfahren weiterentwickelt.

Zu dem altägyptischen Opferzug der Totenprozession gehören auch die Herden der Opfertiere, die Leichenfeiern mit Musik, Tanz und Gelage, die Wettkämpfe nackter Ring- oder Schwertkämpfer, das ‹Fischerstechen› auf dem Nil und schließlich die Überfahrt über den Fluß in das Totenreich des Westens. Dem Toten wurden als Diener für das Jenseits kleine Ton- oder Bronzefigürchen mitgegeben. So leisteten sich anspruchsvolle Verstorbene gleich 365 solcher Votivfiguren, für jeden Tag des Jahres eine.

Auch in Knossos und anderen minoischen Stätten hat man ganze Herden solcher Votiv-Opfertiere, meist in Stierform, sowie Armeen von Terrakotta-‹Dienern› gefunden. Während aber die Ägypter auf architektonische Klarheit und symmetrische äußere Form Wert legen, hingegen auch beliebige ungerade Zahlen von Opfertieren hinnehmen, legen die Griechen weniger Wert auf die äußere symmetrische bauliche Gestaltung als auf die Einhaltung genauer Zahlen von Opfertieren. So sind auf der Linear B-Tafel Kn Db 1099 90 Böcke und 10 Mutterschafe, auf Kn Dg 1280 (beide aus dem Palast von Knossos) 39 junge, 10 alte und 40 vorjährige Böcke sowie 11 Schafe genannt. Beidemal addiert sich die Gesamtzahl einer Tafel gerade auf einhundert.

Werner Ekschmitt schreibt hierzu: «Daß die Herde genau 100 Tiere zählt, ist eine Eigenart der meisten kretischen Schafherden, wenigstens auf den Linear B-Tafeln. Eine noch merkwürdigere aber ist die, daß diese Herden zum größten Teil aus Böcken bestehen. Vielleicht, daß sich solche Herden im Lande der Entzifferer finden, mit aller Zuversicht aber läßt sich behaupten, daß es im ganzen heutigen Griechenland keine einzige solche Herde gibt und ganz sicher auch im Altertum nicht gegeben hat. Bibel-Leser erinnern sich vielleicht an das Versöhnungsgeschenk, das Jakob seinem Bruder Esau bei der Rückkehr macht: 200 Ziegen, 20 Böcke, 200 Schafe, 20 Widder usw. (Gen. 32, 15). Das gibt in runden Zahlen das natürliche Verhältnis für eine normale Herde an. Unmöglich kann es sich um die Registratur normaler Schafherden durch die Palastverwaltung, es kann sich nur um Opfertiere (Hekatomben) handeln.»

Und solche Hekatomben, je hundert der überwiegend nicht für die weitere Aufzucht benötigten Widder und alten Mutterschafe, opfern die Griechen bei Homer den Göttern und (verstorbenen) Menschen. Das berühmte knossische Tontafelarchiv des Palastes enthält also zum Teil Opferlisten von Hekatomben. Es sind Listen, wie wir sie aus den ägyptischen Toten-Papyri (Totenbüchern) kennen. Eine besonders umfangreiche derartige Liste enthält der ‹große Papyrus Harris I› des Britischen Museums in London. Hören wir hierzu Günther Roeder (‹Die ägyptische Götterwelt›, Band 1, Zürich und Stuttgart 1959, S. 21): «Als der Tod von Ramses III. herannahte oder vielleicht schon eingetreten war, gab die königliche Kanzlei an die Tempel des Landes die Anweisung, einen Bericht über den Stand ihres Besitzes einzureichen und zahlenmäßig die

Zuwendungen anzugeben, die unter seiner Regierung an den betreffenden Tempel gemacht worden waren ... In der königlichen Kanzlei verfaßte man eine Einleitung, die auf Seite 1 des Papyrus der ganzen Urkunde vorangestellt wurde ... Die Urkunde wurde auf den Todestag des Königs Ramses III. datiert. Die königliche Kanzlei klebte die Berichte der drei großen Tempel, die auf einen Streifen Papyrus von dem genormten Format geschrieben eingegangen waren, im Original aneinander, ohne sie abschreiben zu lassen. Aus den Berichten der übrigen Tempel wurde eine Niederschrift hergerichtet.» Das gesamte Werk mit der Aufzählung der Opfer und Stiftungen («Ich habe als König Dir ein Heiligtum gebaut, in seine Magazine flossen Abgaben, ich stiftete Getreide für Deinen Tempel, ich wiederholte meine Stiftungen für Deinen Tempel auf zwei bronzenen Tafeln, ich schmückte Deine Statuen mit Amuletten und Halsschmuck, ich machte Dir eine geheime Kapelle aus dem Gestein von Elephantine, ich machte Dir gewaltige Erlasse mit geheimen Worten, festgestellt in der Halle der Schriften von Ta-Meri, angebracht auf Stelen von Stein, graviert mit dem Meißel, um Dein ehrwürdiges Haus zu verwalten bis in Ewigkeit, und zu verwalten Deine reine Siedlung der Frauen, ich ließ alljährlich einmal Honig und Weihrauch durch die Sammler an Deinen Tempel abliefern, ich legte Magazine mit Getreide für Deinen Tempel an, ich stiftete Königsfiguren mit Opfergaben ...») – diese umfangreiche Urkunde wurde dem toten Pharao ins Jenseits mitgegeben als schriftlicher Beweis für die vielfältigen Opfer, die er seinem Vater, dem ehrwürdigen Gott Ptah zeit seines Lebens dargebracht hat. Gott Ptah, «dem Gewaltigen, südlich seiner Mauer, Herrn von Anch-tawi, Ta-tenen, Vater der Götter, hoch an Federn, spitz an Hörnern, schön an Gesicht, wohnend auf der großen Stätte».

Auch die Hekatomben von den knossischen Linear B-Tontafeln waren Aufzeichnungen der oftmals aufwendigen Opfer, welche die Verstorbenen einst den Göttern und Ahnen dargebracht hatten. Durch die Opferlisten konnten sie auch im Jenseits unter Beweis stellen, wieviel Gutes den Göttern durch sie erwiesen worden war, falls die Götter es inzwischen vergessen haben sollten. Die Opferlisten dienten als Ausweis für ein gottgefälliges Leben und Empfehlungsschreiben für eine gute, ja möglichst bevorzugte Aufnahme in der Welt der «lebenden Toten». Daß man sie an über fünfzig verschiedenen Stellen im Palast von Knossos gefunden hat, beweist, daß es sich im dortigen Labyrinth nicht nur um einen einzigen Toten gehandelt haben kann. Die königliche Kanzlei aber befand sich nicht dort, wo man den Papyrus des Toten oder die Tontafeln gefunden hat, nämlich in den Grabbauten, sondern in den Stätten der Lebenden. Möglicherweise war den größeren Totenpalästen auch eine besondere Schreibstube angegliedert, sowohl für die Totenbücher als auch für die von den Lebenden mit den Toten geführte Korrespondenz.

Die Keftiu-Priesterärzte mit ihren Heilgehilfen, mit ihren Opferknaben (für jedes zu errettende oder für die Ewigkeit zu erhaltende Leben mußte ein anderes Leben, Knaben oder Mädchen, geopfert werden), mit ihren Libations-(Salb-)Gefäßen, Rhyton-Trichtern, Kedrion-, Ladanum-, Myrten-, Granatapfel- und Honig-Vasen, ihrem bronzenen Mediziner-Besteck und den geschickten Händen, ganz abgesehen vom eigentlichen medizinischen Wissen über den Sitz der lebenswichtigen Organe und die bei der Balsamierung zu entfernenden, verweslichen Körperbestandteile waren stets willkommene, ehrfürchtig bestaunte und gut bezahlte Gäste. Das Auftreten der kretischen Heilgehilfen-Prozession allein muß schon einen so gewaltigen Eindruck auf die primitiven Gemüter gemacht haben, daß schon davon eine heilende psychologische Wirkung ausging. Und war man erst gestorben, so gab eine solche Keftiu-Prozession den Trauerfeierlichkeiten erst den nötigen Hauch von Vornehmheit, jenseitiger Zauberkraft, undurchdringlicher geheimer Mächte und weltmännischem Air, kurz, eines schwer zu überbietenden Pompe funèbre. Daher malte man die Keftiu wohl auch an die Grabwände, selbst wenn man sie nicht zur eigentlichen Leichenzeremonie in Wirklichkeit hinzuziehen konnte.

So finden wir kretischen Einfluß in ägyptischen Gräbern über einen längeren Zeitabschnitt der bedeutenden 18. Dynastie (etwa 1560 bis 1309 v. Chr.), und zwar interessanterweise ganz gleich, ob die Priesterkaste von Theben an der Macht ist oder ob unter Amenophis IV. Echnaton kultische Reformen versucht werden. Ob der höchste Gott nun Amon oder Aton heißt, die Toten wollen auch im Jenseits weiterleben, und niemand versteht sein Geschäft so gut wie eben jene geheimnisumwitterten Keftiu.

Aber die Kreter sind dabei keineswegs nur die Gebenden (beziehungsweise materiell Nehmenden). Außer begeisterten Dankesbeweisen für vorzüglich geleistete medizinische Hilfe (die dann zum Teil wieder in die eigenen Gräber wandern), neben medizinisch wichtigen Reagenzien (wie Natron, Asphalt, Weihrauch und Myrrhen) und dem üblichen Honorar haben sie zweifellos auch selbst neue Anregungen erhalten. So weiß die griechische Sage zu berichten, daß Dädalus, der Erbauer des knossischen Labyrinthes, sein Bauwerk nach einem damals berühmten ägyptischen Vorbild konstruiert habe, und zwar nach dem Labyrinth des Amenemhet III. Dieser Pharao, der auch unter dem Namen Amenemes bekannt ist, regierte während des Mittleren Reiches als sechster Herrscher der bedeutenden 12. Dynastie zwischen 1839 und 1791 v. Chr. und gilt als der Kolonisator des Faijums, einer fruchtbaren Landschaft innerhalb der Libyschen Wüste südwestlich der unterägyptischen Hauptstadt Memphis. Sein Labyrinth, ein Totentempel für Begräbnis- und Trauerfeiern, lag einst in der Nähe seiner Grabpyramide von Hawara, acht Kilometer östlich Medinet el Faijum.

Über das Labyrinth bei Faijum schreibt I. E. S. Edwards (‹The Pyramids of Egypt›, London): «Amenemhet III. war unsterblich geworden durch die Erzählungen über ihn als Schöpfer des Moeris-Sees bei Faijum und als Erbauer des Labyrinths in der Nachbarschaft des Sees, das eine Ähnlichkeit mit dem älteren Labyrinth des Minos bei Knossos aufzuweisen scheint ... Die Beziehung von Amenemhet III. zum Labyrinth konnte von Petrie durch seine Ausgrabungen 1888/89 nachgewiesen werden. Als er des Königs zweite Pyramide bei Hawara aufdeckte, konnte er feststellen, daß der Totentempel der Pyramide tatsächlich als eine Art von Labyrinth entworfen worden war. Es war eine große Anlage, die eine Fläche von etwa 305 Metern (ca. 582 ägypt. Ellen) in der Länge und etwa 245 Metern (ca. 464 Ellen) in der Breite bedeckte. Dieser Totentempel unterschied sich von jedem sonst bekannten Totentempel, da er nicht aus einer Serie von Höfen und Gängen bestand, die zum Heiligtum führten, sondern aus einer großen Anzahl von Einzelhöfen, in Reihen geordnet. Es konnten indes durch Petrie nur wenige bauliche Einzelheiten erkannt werden, da der Verfall zu vollständig war.»

Eine gewisse Vorstellung vom früheren Aussehen dieses unterägyptischen Labyrinths bei Hawara können wir aus den Zeugnissen antiker Schriftsteller gewinnen.

Der griechisch schreibende Historiker und Geograph Strabo, geboren 64/63 v. Chr., gestorben nach 23/26 n. Chr., war ein weitgereister Populärschriftsteller. Um 25/24 v. Chr. war er mit dem römischen Praefectus M. Aelius Gallus nach Syene, den Grenzen Äthiopiens und nach dem Roten Meer gezogen. Aus eigener Anschauung unter reichlicher Benutzung von Experten aus anderen Schriften und mit Hilfe von Augenzeugenberichten schrieb er um 18 n. Chr. die siebzehn Bücher seiner ‹Geographika› nieder. Im letzten Buch schildert er Ägypten und Libyen. Dort heißt es:

«Wir haben hier also das Labyrinth, ein Werk ebenbürtig der Pyramide und dem Grabmal des Königs, der das Labyrinth errichtete. Da ist eine tischförmige Ebene mit einem Dorf und einem großen Palast, der sich aus so vielen Palästen zusammensetzt, wie es ehemals Bezirke gab. Es gibt eine gleiche Anzahl von Höfen, die von Pfeilern (Säulen) eingefaßt sind, einer an den anderen sich anschließend, alle in einer Linie, ein Bauwerk bildend, wie eine lange Mauer, davor liegend die Höfe. Da sind viele gedeckte Gänge mit sich windenden Durchlässen, so daß kein Fremder den Weg hinein und hinaus ohne Führer finden würde. Das

Überraschende ist, daß die Abdeckung der Räume jeweils aus einem Stein besteht und daß die abgedeckten Wege in ihrer ganzen Ausdehnung mit einzelnen Steinplatten von außerordentlicher Größe gedeckt sind – ohne Verwendung von Holz oder einem anderen Material.

Von oben gesehen wirkt es wie ein großes Steinfeld, der Blick unten in die Höfe zeigt es gestützt von einer Reihe von 27 Pfeilern, jeder aus einem Stein bestehend ... Am Ende dieser Bauanlage liegt das Grabmal, aus einer quadratischen Pyramide bestehend ... Die Anzahl der Höfe ergab sich, weil es der Brauch war, daß alle Bezirke sich ihrem Rang entsprechend dort versammelten, mit ihren eigenen Priestern und Priesterinnen, um Opfer und Gebete zu verrichten und um in wichtigen Angelegenheiten vorstellig zu werden. Jeder der Bezirke wurde in den für ihn bestimmten Hof geleitet.»

So beschreibt Strabo um die Zeitenwende das ägyptische Labyrinth, wie er es wahrscheinlich aus eigener Anschauung kannte, wobei er allerdings manche der Bauwerke in schon zerstörtem Zustand angetroffen hat.

Knapp ein halbes Jahrtausend früher bereiste ein anderer Grieche das Land am Nil: Herodot, der «Vater der Geschichte». Die Lebensdaten dieses berühmten Mannes sind uns nicht genau überliefert. Es heißt, er sei 484 v. Chr. in der kleinasiatischen Stadt Halikarnassos geboren worden und bald nach Ausbruch des Peloponnesischen Krieges 430 v. Chr. in der Kolonie Thurioi am süditalienischen Golf von Tarent gestorben. Herodot führte das Leben eines wissenschaftlichen Globetrotters in früher Zeit. Sein dickleibiges Werk mit dem Titel ‹Darlegung der Forschung› (meist als ‹Historien› zitiert) ist uns zum Glück erhalten geblieben. Lebendig, anekdotenreich, abenteuerlich und ungemein anregend liest sich noch heute, was dieser historische Erzähler vielfach aus eigener Anschauung zu berichten weiß über Geschichte, Sitten und Künste fremder Völker in fernen Ländern der alten Welt. Ägypten besuchte Herodot nach der persischen Wiedereroberung des Landes, also nach 448 v. Chr., und zwar in den Herbstmonaten, als die Nilüberschwemmung zurückging.

Im zweiten Buch der ‹Historien› schildert Herodot, wie er das Labyrinth von Hawara besichtigt. Einleitend spricht er von den Erbauern als von zwölf «Königen». Gemeint sind Gaufürsten des Deltagebietes, und die Zahl zwölf ist wohl unhistorisch. Diese zwölf ‹Könige› hatten sich untereinander verschwägert und waren obendrein noch durch einen Gewaltverzichtsvertrag auf ein Regiment einträchtigen Friedens eingeschworen.

«Auch ein gemeinsames Denkmal wollten sie hinterlassen und erbauten infolgedessen ein Labyrinth, das ein wenig oberhalb des Moeris-

Sees bei der sogenannten Stadt der Krokodile liegt.» (Herodots Bezeichnung *labyrinthos* erklärt sich aus ägyptisch *lopero-hunt*: «Palast am [Eingang des Moeris-] See[s]». Nach ägyptischer Darstellung ist diese nüchterne topographische Angabe die Bedeutung des Begriffs Labyrinth, der also nicht von griechisch *labrys* = Doppelaxt abzuleiten ist.) «Ich habe dies Labyrinth gesehen», fährt Herodot fort: «es ist über alle Beschreibung. Nimmt man sämtliche Mauerbauten und anderen Bauwerke der Hellenen zusammen, so steckt in ihnen noch nicht soviel Arbeit und soviel Geld wie in diesem einen Labyrinth. Dabei sind doch auch der Tempel in Ephesos und der in Samos recht ansehnliche Bauwerke. Schon die Pyramiden sind ungeheuer, und jede von ihnen wiegt viele große Werke der Hellenen auf; aber das Labyrinth übertrifft noch die Pyramiden. Es hat zwölf überdachte Höfe, je zwei liegen einander gegenüber, sechs nach Norden, sechs nach Süden, alle stoßen unmittelbar aneinander. Rings herum läuft eine einzige Mauer. Zwei Arten von Kammern sind in dem Gebäude, unterirdische und oberirdische, zusammen dreitausend Kammern, nämlich je fünfzehnhundert. Durch die oberirdischen Gemächer bin ich selber gegangen und spreche also aus eigener Anschauung; von den unterirdischen habe ich nur erzählen hören. Die Aufseher wollten sie mir durchaus nicht zeigen. Sie sagten, es ständen die Särge der Könige, die das Labyrinth gebaut, und die Heiligen Krokodile darin. Daher kann ich von den unteren Kammern nur sagen, was ich gehört habe; die oberen aber, die ich gesehen habe, sind ein geradezu übermenschliches Werk. Die Flucht dieser Kreuz- und Querwege durch die Höfe, der bunteste Schmuck allenthalben – das alles ist voll unzähliger Schönheiten; von den Höfen tritt man in die Kammern, von den Kammern in Säulenhallen, dann wieder in Kammern und wieder in Höfe. Überall ist die Decke aus Stein ebenso wie die Wände, und diese Wände sind voller Reliefs, und jeder Hof ist mit Säulen umgeben und die Wände aus weißen, sorfältig gefügten Steinen. Und ganz hinten am Ende des Labyrinths steht eine vierzig Klafter große Pyramide, in die riesige Figuren eingehauen sind. Ein unterirdischer Weg führt in die Pyramide hinein.»

In den «weißen, sorgfältig gefügten Steinen», aus denen die Wände des Labyrinths gebaut sind, dürfen wir mit guten Gründen unseren «Alabaster» wiedererkennen: möglicherweise Gips! Denn Ägypten ist arm an Marmor.

Nach all diesen Querverbindungen dürfte es wohl außer Frage stehen, daß Kreta nicht isoliert betrachtet werden darf, sondern nur im allgemeinen kulturellen und zivilisatorischen Zusammenhang der übrigen alt-ostmediterranen Kulturen. Auf Verbindungen nach Etrurien wurde

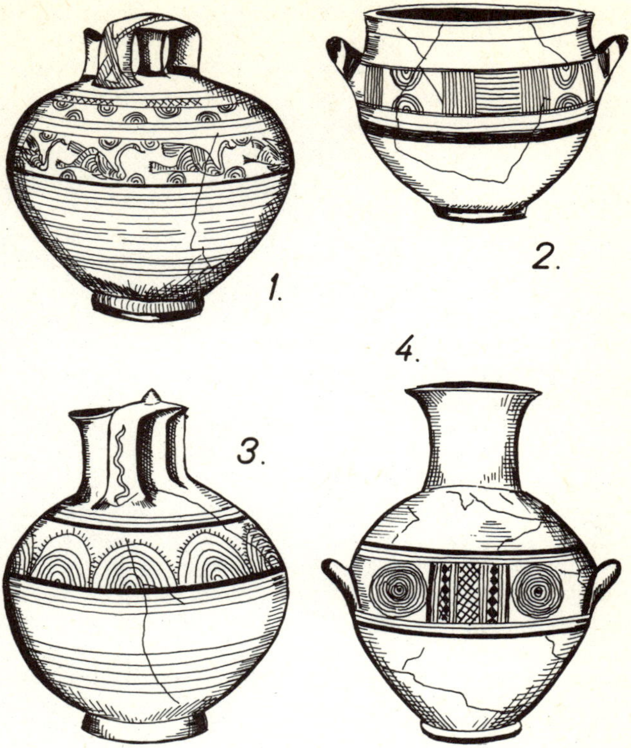

59 Stilwandel statt Stilbruch am Beispiel der Keramik. 1. und 2. spätmykenisch (13./12. Jh. v. Chr.), Mykenä, 3. submykenisch (12./11. Jh. v. Chr.) und 4. protogeometrisch (11./10. Jh. v. Chr.) vom Kerameikos-Friedhof Athen.

schon in früheren Kapiteln von Fall zu Fall hingewiesen. Die Vorstellung von einer minoischen Kultur, die in einsamer Höhe und weitgehender Isolation alle anderen Kulturen des Mittelmeerraumes überragt, ehe sie ohne Nachwirkungen auf die spätere kulturelle und zivilisatorische Welt geologischen oder militärischen Katastrophen zum Opfer fällt, ist also, auch aus archäologischen Gründen, nicht mehr aufrechtzuerhalten. Man muß sich nur die Mühe machen, auch über die Fachgrenzen der minoischen, mesopotamischen, ägyptischen oder etruskischen Archäologie hinweg nach solchen Querverbindungen zu suchen. Ägypten bietet dabei den einzigartigen Vorteil, daß hier über lange Zeit Lebens- und Kultformen bewahrt wurden, die in Griechenland und dem übrigen Europa längst aufgegeben waren. So erschien Ägypten schon Herodot, dem ersten europäischen Bildungsreisenden der Antike, als eine fremde Welt, obwohl sich nicht Ägypten, sondern Europa von den ursprünglich ähnlichen steinzeitlich-bronzezeitlichen Vorstellungen entfernt hatte.

Wer auf Grund von künstlerischen Stilmerkmalen einen Zusammenhang zwischen Kreta und Ägypten zu minoischer Zeit leugnen will, sollte bedenken, daß bedeutende Stilunterschiede auch zwischen minoischer und helladischer Epoche bestehen, obwohl wir heute wissen, daß zwischen beiden ein nicht nur sprachlicher Verband bestanden hat. War es im einen Falle die geographische Trennung, so ist es im zweiten die zeitliche mit dem dazwischenliegenden Interregnum der späten Bronzezeit und frühen Eisenzeit mit der protogeometrischen, geometrischen und achaischen Stilrichtung.

Dennoch sind alle diese Stilrichtungen durch kontinuierliche Übergänge miteinander verbunden, und die sprachliche und mythologische Überlieferung schlingt ein enges Band um Minoer, Mykener, spätbronzezeitliche wie eisenzeitliche Griechen. Nur der Umstand, daß die minoische und mykenische Zeit erst durch die Spatenfunde wieder voll in das Bewußtsein der Wissenschaft und Öffentlichkeit gerückt wurde, sollte uns nicht zu dem Fehlschluß verleiten, die Zeit des klassischen Hellas sei ohne Kontakt mit den angeblich versunkenen Kulturen zuvor gewesen.

Die aus dem Palast von Knossos erhaltenen Fresken zeigen uns, welche große Bedeutung das kultische Spiel im minoischen Leben besaß. Dies ist eine Tradition, die das klassische Griechenland zweifellos in Gestalt der kultischen Festspiele zu Ehren seiner Heroen intensiv gepflegt hat. Und gerade in dieser Tradition der hellenischen Epoche leben auch die Heroen des alten Kretas vollgültig neben denen des griechischen Festlands und der Inseln weiter. Die Überlieferung des minoischen Kretas ist also nicht verlorengegangen, sondern wie diejenige des mykenischen Griechenlands in Mysterienspielen auch weiter lebendig geblieben.

Aufschlußreich ist nun, daß auch das alte Ägypten derartige Mysterienspiele kannte. Günther Roeder schreibt hierzu: «Die Ägypter haben ihre mythologischen Erzählungen nicht nur gelesen (dazu waren nach ihrer Vorbildung nur wenige in der Lage), sondern sie haben sie als dramatische Vorführungen gesehen, und wenn Gläubigkeit sie trieb oder Fähigkeiten es ihnen ermöglichten, als Schauspieler oder Sänger in ihnen mitgewirkt ... Berühmt waren die Mysterienspiele des Osiris in Abydos; aus ihnen lebten die Mysterien der Isis während der Entstehung des Christentums fort und zogen die Suchenden noch in den ersten Jahrhunderten nach Christi Geburt an ... Ein Festspiel bei der Thronbesteigung des Pharao läßt ihn darstellen, was Horus erlebte, als er die Herrschaft auf der Erde von seinem Vater Osiris übernahm ...»

Ein Denkstein aus Edfu in Oberägypten (Etienne Drioton, ‹Le théâtre égyptien›, Revue de Caire, 1942) berichtet aus dem Leben des Schauspielers Meheb: «Ich bin es, der seinem Herrn auf seinen Gängen folgte und der nicht versagte beim Rezitieren. Ich machte es gleich *(war ein Gegenspieler)* zu meinem Herrn bei allen seinen Rezitierungen. War er ein Gott, so war ich ein Herrscher. Wenn er tötete, so belebte ich wieder.» An der Umfassungsmauer des Tempels von Edfu wurden unter Ptolemaios XI. Alexandros II. in elf Szenenbildern die einzelnen Phasen des alten Mysterienspieles ‹Horus ersticht seinen Gegenspieler Setech als Nilpferd› dargestellt.

Beim ägyptischen Theater fällt allerdings ein nicht unwesentlicher Unterschied zum griechischen auf. Es wird im wesentlichen das Leben der Götter dargestellt. Heroen, das heißt aus dem Volke aufsteigende Helden, werden praktisch nicht verherrlicht. Heroenspiele sind hingegen geradezu charakteristisch für das griechische Theater (neben den dort auch verbreiteten Mysterien).

Ägypten kannte also, um es in modernen Worten zu sagen, keine Verherrlichung des ‹Selfmade-Mannes› aus dem Volke, der seinen Aufstieg bis zu göttlichen Ehren eigener Initiative verdankt. Ägypten bot praktisch überhaupt keine Aufstiegschancen für Leute aus dem Volke. Seine Helden sind Götter oder als Prinzen Geborene, keine Männer mit unsicherer Abkunft, die sich erst später einen Gott als Vater suchen müssen, weil sie keinen irdischen Vater aufzuweisen haben (nicht selten wohl, weil das Kind im Tempel gezeugt oder geboren wurde). In Ägypten wurden die Kinder der Tempeldirnen wohl meist ausgesetzt, nicht zuletzt, um einer Überbevölkerung vorzubeugen. In Griechenland konnten auch Kinder ohne bedeutenden leiblichen Vater zu hohen Ehren gelangen.

Wie dies geschah, zeigen uns die griechischen Heroengeschichten. Es geht bei griechischen Heroen (wie bei germanischen Helden) meist nur über einen Besuch der Unterwelt, wo man allerlei Gefahren zu bestehen, aber auch die große Chance hat, mit einem ‹Hort› – von merkwürdigen Fabeltieren, Unterweltsgestalten und ‹Zwergen› bewacht –, also reich mit Schätzen beladen wieder nach Hause zu kommen. Um es offen zu sagen: Man gewinnt Macht und Reichtum, indem man einen Tempelschatz oder die Grabbeigaben eines Totenheiligtums plündert. Viel Schlachtengeist gehört kaum dazu, da man weniger einen äußeren Feind, als mehr die innere Angst vor fremden umheimlichen Mächten überwinden muß. Und nach dem saloppen Spruch: «Hat man erst mal die

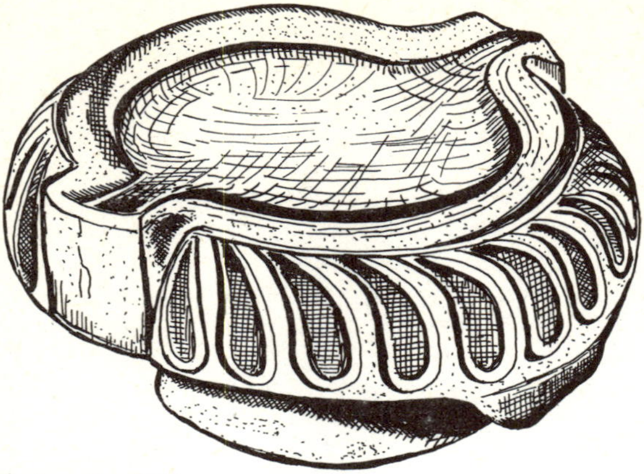

60 Porphyrbecken, Insel Psira

Moneten, findet alles weitre sich» – auch eine reiche Erbin, die den weiteren Aufstieg ebnet und die Dynastie zu begründen hilft.

Ägypten kennt keine solchen ‹Helden›. Bei der dort herrschenden Ordnung und Zentralgewalt kann man sich zwar auch nicht gegen Grabräuberei schützen, aber die ‹Räuberhelden› werden aufgegriffen, man macht ihnen den Prozeß und bestraft sie als gemeine Verbrecher. Unter Ramses IX. (1125–1105 v. Chr.) wurden der Steinmetz Hapi, der Kunsthandwerker Iramun, der Bauer Amenemheb, der Wasserträger Kemwese und der Negersklave Ehenufer erwischt und gaben nach der Folter (mit einer Doppelrute an Händen und Füßen geschlagen) zu: «Wir öffneten ihre Särge und ihre Hüllen, in denen sie waren. Wir fanden die erhabene Mumie des Königs ... Da war eine große Reihe von Amuletten und goldenen Schmuckstücken an seinem Hals. Sein Kopf war mit einer goldenen Maske bedeckt. Die erhabene Mumie des Königs war ganz und gar mit Gold bedeckt. Ihre Hüllen waren innen und außen vergoldet und versilbert; mit allen köstlichen Steinen ausgelegt. Wir rissen das Gold ab, das wir an der erhabenen Mumie dieses Gottes fanden, und ihre Amulette und Schmuckstücke, die an ihrem Halse waren, und die Hülle, in der sie ruhte. Wir fanden des Königs Gemahlin in der gleichen Weise. Wir steckten ihre Hüllen in Brand. Wir stahlen ihre Geräte, die wir bei ihnen fanden, als da waren Gefäße aus Gold, Silber und Bronze. Wir teilten und machten das Gold, das wir an den Mumien dieser beiden Götter fanden, und die Amulette, Schmuckstücke und Hüllen in acht Teile» (nach C. W. Ceram: ‹Götter, Gräber und Gelehrte›).

Man fand also reiche Beute in den Gräbern, wie später Heinrich Schliemann oder Howard Carter. Im zwölften Jahrhundert vor Christus hatte Edelmetall schon seinen Handelswert, während es zuvor meist nur für den Totenkult benötigt wurde. Aber auch Amulette und möglicherweise sogar Teile der Mumien selbst hatten Zauber- und Heilkraft. Was nicht benötigt wurde, ließ man liegen oder steckte es in Brand (möglicherweise auch davon rühren Brandspuren mit geringer Entflammungstemperatur in Grabbauten her!). Schutz gegen Grabräuber bot nur der allmähliche Übergang zur Leichenverbrennung in der protogeometrischen Periode des alten Griechenlands, die aber bei den mehr statischen Glaubensvorstellungen Ägyptens dort nicht Fuß fassen konnte. Mit dem Ende der minoisch-mykenischen Zeit ist es daher auch aus mit dem ‹Heroentum›, es gibt keine Unterwelt mehr zu bezwingen und keinen Hort zu gewinnen, weil alle Grabbeigaben mitverbrannt wurden. Bronzegeräte in Gräbern werden nicht selten vor der Beisetzung zerschlagen und in irdenen Gefäßen beigegeben und gelten heute meist als «Depotfunde» (Museum Lipari). Oder man schmolz die Bronze ein und goß sie in Barrenform, wie die Kupferbarren von je etwa 29 kg Gewicht aus Hagia Triada bei Phaistos oder die ähnlich gestalteten Barren der Keftiu-Prozessionen in ägyptischen Gräbern der 18. Dynastie von Theben.

Die minoischen Opfersteine mit runden Vertiefungen sowie flache Schalen mit erhöhtem Bord und Abfluß an einer Seite, wie man sie von vielen minoischen Stätten kennt, finden ihre Parallele in den Opfersteinen und Schalen für Weihegüsse an den Gräbern Ägyptens. Die minoische Archäologie hat allerdings in den Schalen für das Trankopfer je nach Größe entweder «Lampen» oder «Untersätze von Ölmühlen» gesehen. Der Fluch, mit welchem Ägypter diejenigen belegten, die ihr Vermächtnis nicht einhielten oder das Grab schändeten, lautete: «Möge einst ihr Opferstein leer bleiben und ihnen die Wasserspende für die Toten versagt bleiben.»

Aus einem Brief der Witwe Merti an ihren verstorbenen Sohn (Oberägypten, erste Zwischenzeit, zwischen dem Alten und dem Mittleren Reich, 2280–2050) erfahren wir, daß in Ägypten schon im dritten Jahrtausend vor Christi Geburt Bier gebraut wurde und als Trankopfer für die Toten Verwendung fand. Die mit der Brauerei verbundenen Verfahren sind also zum wesentlichen Teil uralt, wie etwa das Mälzen der Braugerste (daher die Gersteschnitterinnen von Hieroglyphen- und Linear B-Inschriften).

Beim Mälzen wird die Gerste nach begonnener Keimung geröstet, also ein weiteres Austreiben der Keimlinge verhindert. Anschließend wird das Braumalz mit gewissen Zusätzen zu Bier vergoren. Der Gedanke liegt nahe, daß die vergleichsweise frühe Erfindung des Mälzens ursprünglich lediglich dazu diente, das Getreide der Grabbeigaben haltbarer für das ‹Jenseits› zu machen, nachdem es in den zum Teil unterirdischen Magazinen unter Einwirkung der Bodenfeuchte zu keimen begonnen hatte. Bei erneuter Durchfeuchtung setzte zwangsläufig der Gärungsprozeß ein, der schließlich ein berauschendes, bierähnliches Produkt entstehen ließ, dessen Wirkung zweifellos nicht unwesentlich zu den oft phantastischen Jenseitsvorstellungen der Alten beigetragen haben dürfte, bis das Bier auch in die profane Welt Eingang fand.

Für das Mälzen werden vergleichsweise große Gefäße benötigt, die feuerfest sein müssen. Es scheint nicht ausgeschlossen, daß die erstaunlich voluminösen rundlichen Bronzebehälter der späten Palastzeit im Museum von Iraklion die bisher ältesten, auf uns gekommenen Braupfannen darstellen, aus einer Zeit, ehe sich in Griechenland der Wein als Opfertrank allgemein durchsetzte. Die neuerlich zu beobachtende Ausbreitung des Bieres im Mittelmeergebiet (und darüber hinaus), nicht zuletzt infolge des Massentourismus, ist also eigentlich lediglich eine Rückkehr in Gebiete, wo schon zur Bronzezeit Bier gebraut wurde. Allerdings wohl sicher zum nicht unwesentlichen Teil für die Versorgung der Dahingeschiedenen im ‹Jenseits›. Zu Strabos Zeiten (*64/63 v. Chr., † nach 23/26 n. Chr.) wurde *Zythos* (Gerstenwein) in den Kneipen von Alexandria ganz allgemein getrunken.

Eine Übereinstimmung seltsamer Art zwischen dem frühen Kreta und dem alten Ägypten sind ausgerechnet Additionsfehler in Linear B- und Hieroglyphen-Schriften. Werner Ekschmitt widmet in seiner aufschlußreichen Kritik der Linear B-Entzifferung (‹Die Kontroverse um Linear B›) einem solchen Rechenfehler auf der berühmten Pylos-Tafel Py Ab 553 anderthalb Seiten. Es soll sich bei dem Text um Rationen (Weizen und Feigen) für «Badepersonal» handeln. Fest steht jedoch lediglich die Anzahl der Personen, deren Geschlecht (männlich, weiblich) und die Mengenangabe an Naturalien, die auf diesen Personenkreis entfällt. Die Rechnung geht aber nicht auf; statt der verzeichneten 666 Liter kommt Ekschmitt auf Grund der Personalangaben nur auf eine benötigte Menge von 654 Liter. Eine solche Abweichung in einer Steuerliste oder Palastregistratur scheint mit einer ordentlichen Buchführung unvereinbar. Er findet die Texte nicht zuletzt aus diesem Grund «bei näherem Zusehen widerspruchsvoll und unglaubwürdig, und das um so mehr, als man diese Widersprüche durch Willkürlichkeiten des Drucks, der Berechnung und der Interpretation zu überspielen sucht». Verständlich, daß Ekschmitts scharfe Kritik ihrerseits bei den Ventrisianern nicht minder scharfe Entgegnungen auslöst, wovon die ersten beiden bereits im Druck erschienen sind (hier kann darauf nicht näher eingegangen werden).

Inwieweit heutige Steuerlisten und anderweitige Verzeichnisse (selbst oder gerade im Zeitalter der Computertechnik) fehlerfrei sind, wollen wir nicht erörtern. Nicht uninteressant erscheint aber in diesem Zusammenhang, daß sich im Vermächtnis des Pharaos Scheschonk I. (etwa 950 bis 929) für den Totendienst seines Vaters Namirt gleich fünf (!) Rechenfehler finden, obwohl es sich hier nicht um lächerliche paar Scheffel Weizen oder Feigen, sondern um Silber (Fehlersumme mindestens 70 Gramm) und einen Diener handelt. Zweifellos würde jede ernsthafte Verwaltung an solchen Rechenfehlern nach und nach zugrunde gehen. Ekschmitt könnte auch den Ägyptologen Widersprüchlichkeit und Unglaubwürdigkeit vorwerfen, nur weil bei der Abfassung der damaligen Texte gepfuscht wurde. Es handelt sich aber gar nicht um Aufgaben ernsthafter Verwaltung, sondern um Totenkult, bei welchem eine nachträgliche Kontrolle überflüssig und ein übertriebener Zahlenwert im Interesse der Reputation durchaus nicht unerwünscht waren. Maßstäbe unserer heutigen Verwaltung darf man hierbei sicher nicht anlegen. Unsere Untersuchung des Verhältnisses zwischen dem minoischen Kreta und dem alten Ägypten möchte ich mit aller Vorsicht – und nicht ohne nachdrücklichen Hinweis auf den vorläufig noch ganz hypothetischen, ja sogar spekulativen Charakter des Folgenden! – durch einen Exkurs beenden.

Exkurs: Wer war Minos?

Die minoische Kultur hat von Arthur Evans ihren Namen nach dem sagenhaften ersten König Kretas erhalten. Der Mythos lautet so: Minos, Rhadamanthys und Sarpedon sind Söhne des Zeus, gezeugt mit der phönizischen Prinzessin Europe auf Kreta. Europe vermählt sich mit dem einheimischen Herrscher Asterios, der ihre drei ‹Gottessöhne› adoptiert. Minos vertreibt seine rivalisierenden Brüder und wird König. Er heiratet Pasiphaë, eine Tochter des Zeus und der Nymphe Krete, seine Halbschwester also. ‹The Oxford Classical Dictionary› sagt (s. v. MINOS) über Pasiphaë: «Ihr Name, die ‹Allstrahlende›, ist als der einer Mondgöttin gedeutet worden, was aber nicht zwingend ist, da er auf ein rein menschliches Kind des Sonnengottes paßt (vgl. Phaëton); aber daß sowohl die Könige als auch die Königinnen des minoischen Kretas ganz oder teilweise für göttlich gehalten wurden, ist gut möglich». Der Artikel MINOS in demselben Lexikon spricht zu Anfang davon, daß «‹Minos› ein dynastischer Name oder Titel» gewesen sein könne.

Diodoros Siculus unterscheidet zwei Könige: Minos I., den Sohn des Zeus, von Minos II., dem Sohn des Lykastos. Minos II. soll danach ein Enkel des ersten Minos gewesen sein.

Nun liegt aber zwischen Minos I. und seinem Enkel Minos II. auch in der mythographischen Überlieferung eine Zeitspanne von gut *zweihundert Jahren!*

Man ist geneigt, diesen Widerspruch (zwischen der Lebenszeit von Großvater und Enkel können allenfalls einhundert, aber gewiß nicht zweihundert Jahre liegen) dadurch aufzulösen, daß man in der kretischen Frühgeschichte eine oder mehrere Minos-Dynastien annimmt. ‹Minos› wäre demnach nicht nur ein Personenname, sondern zugleich ein Titel gewesen, gleichsam die Bezeichnung für das Amt des jeweils Herrschenden.

In diesem Zusammenhang möchte ich ein reizvolles Aperçu des Althistorikers der Universität Münster, Prof. H. Thierfelder, erwähnen. Er wies mich im Gespräch auf die vielleicht doch nicht ganz zufällige Ähnlichkeit der Namen ‹Minos› und ‹Menes› hin. ‹Menes› ist die gräzisierte Form des ägyptischen Herrschernamens ‹Meni›. Die Vokale werden ja in der altägyptischen Schrift nicht wiedergegeben. Wie der Name für ägyptische, kretische und hellenische Ohren geklungen hat, läßt sich nicht mehr ausmachen.

Wenn – und ich betone nochmals: in diesen Dingen ist vorerst keine Sicherheit gegeben, wir sind auf Vermutungen angewiesen, die vielleicht nichts beweisen, aber doch zu weiterem Nachdenken anregen können – wenn also der Name ‹Minos› der altkretischen Dynastie etymologisch auf den altägyptischen Namen ‹Meni› = Menes zurückgehen sollte, dann läge hier ein frühes Beispiel für Generalisierung eines Eigennamens vor. Ein bedeutender Mensch lebt weiter in seinen legitimen oder usurpatorischen Nachfolgern dadurch, daß diese sich mit dem mächtigen Zauber seines Namens schmücken und so gewissermaßen seine Erben werden. Dieser dynastische ‹Trick› ist weltgeschichtlich mehrfach belegt. Bekanntestes Beispiel: Alle *Kaiser* und *Zaren* des Abendlandes tragen ihren höchsten Namen nach dem gerade eben noch republikanischen oder doch schon monarchischen Römer Gaius Iulius *Caesar.*

Wer war nun Menes?

Menes war der Einiger des ersten, des Alten Reiches der Ägypter. Im Jahre 2950 einte er Ober- und Unterägypten unter seiner Herrschaft. Menes war die älteste und somit ehrwürdigste große Majestät, die über ein seiner Ausdehnung und Menschenzahl nach auch heute noch imponierendes Imperium gebot.

Die Ägypter um 1700 v. Chr. sprachen nicht von ‹Pharao› als Bezeichnung für ihre Herrscher – dieser Begriff geht auf die Bibel zurück –, sondern gebrauchten die altüberlieferte, fünfteilige Titulatur: *Horus,* der die beiden Länder einrichtet, *Horus über Nubti* (erinnert an den Sieg des Fürsten aus dem südlichen Falkengau über Nubt), Dauernd an Liebe, *Sohn des Re* (in Memphis ersetzt durch Ptah, in Hermopolis durch Thot), *Geier* und *Schlange* (entsprechend den Landesgöttern von Ober- und Unterägypten). «Geliebt von Osiris, der Ersten der Westlichen, Herr von Abydos», so schließt beispielsweise der Titel von Noferhotep zur Zeit der 13. Dynastie in der Zweiten Zwischenzeit zwischen dem Mittleren Reich und dem Neuen Reich (etwa zur Zeit der älteren ‹minoischen› Paläste).

Erst im Neuen Reich seit dem 14. Jahrhundert vor Christi Geburt wird in Ägypten für den Königspalast, den Hofstaat und den König selbst der Begriff ‹Großes Haus› (ägyptisch: par-ó) gebräuchlich. Man scheut sich offenbar, den eigentlichen Namen zu nennen, und spricht statt dessen vom ‹Hofe›. Sicher nicht ganz zufällig datiert in diese Zeit der Bau gewaltiger Totentempel mit angefügtem Palast (Ramesseum, Medinet Habu u. a.).

Aus ‹par-ó› aber wurde das ‹Pharao› der Bibel, mit dem wir heute die ganze Reihe der ägyptischen Könige von Menes bis zu den Ptolemäern bezeichnen.

Offizielle Titel aber blieben beispielsweise für Thutmosis III. (1490 bis 1436), den größten Feldherrn Ägyptens: «Starker Stier, Erglänzend in Weset *(Theben)*, Glücklich an Königtum wie Re im Himmel, Mächtig an Kraft, Prächtig an Kronen, König von Ober- und Unterägypten, Herr beider Länder *(Menchoper-Re)*, Sohn des Re *(Thutmose, der die Gestalten vereinigt)*». Oder für Ramses II. (1290–1223), den durch seine zahlreichen Bauten bekannten: «König von Ober- und Unterägypten *(Woser Maat Re = stark ist die Wahrheit des Re, danach in der griechischen Überlieferung König ‹Usermare› genannt)*, Sohn des Re, von ihm geliebt, Herr der Kronen, *(Geliebt von Amon, Ramses = sein ursprünglicher Name als Prinz)*, mit Leben beschenkt wie Re in Ewigkeit, geliebt von Osiris, dem Herrn von Abydos». Schließlich seien noch die Titel von Ramses III. (1181 bis 1150), des Erbauers von Medinet Habu genannt: «König von Ober- und Unterägypten, (Stark ist die Wahrheit des Re, Geliebt von Amon) Leben, Heil, Gesundheit!, der gewaltige Gott».

Aus dem «Sohn des Re» Ramses II. ist ein «gewaltiger Gott» Ramses III. geworden, das heißt die göttliche Verklärung der Pharaonen nimmt von der 19. Dynastie zur 20. Dynastie noch zu. Daher die begreifliche Scheu des Volkes (und offensichtlich auch der Hebräer), den Namen dieser Gottheiten offen auszusprechen. Man sagt also einfach «bei Hofe», «im Großen Haus», im Palast: Par-ó.

Möglicherweise war in frühen Dynastien außer den offiziellen Titeln als Bezeichnung im Volke für den Pharao der Name des ersten, Menes, im Gebrauch. Wenn aber der kretische Titel ‹Minos› gleichbedeutend mit Menes als Begriff der Amtswürde wäre, verlöre die inzwischen für das frühe Kreta eingebürgerte Bezeichnung einer ‹minoischen› Kultur ihren eigentlichen Sinn. Sie wäre dann nichts anderes als eine ‹meneische›, also altägyptische Kultur. Aber so weit sollte man bei allen Anklängen nicht gehen.

14. Balsam und Honig – Mumifizierung nach antiken Berichten

Was hierüber in der Bibel steht · Lots Weib wird zur Salzsäule · Der zerstückelte Vater: seltsames Totenmahl der Issedonen · Wie eine Mumie entsteht · Trauerriten im alten Ägypten · Taricheuten prüfen ‹auf Herz und Nieren› · Drei-Klassen-Mumifizierung · Syphilis bei Pharaonen, 2000 Jahre vor der Entdeckung Amerikas? · Kilometerlange Totenbinden · Das Totengericht · Trokkenmumien und Leichendörrung

Über die Bestattungsriten alter Völker des Ostmediterranraumes unterrichten uns Zitate aus der Bibel (1. Moses, 50), aus Herodot (‹Historien›, Zweites Buch, Kap. 85 sowie Viertes Buch, Kap. 26), Lukian (de Luctu, Kap. 21), Diodor (I, Kap. 91–92) und Porphyrius (IV, Kap. 10) sowie gerichtsmedizinische Untersuchungen an echten Mumien (Czermak: ‹Beschreibung und mikroskopische Untersuchung zweier ägyptischer Mumien›, Sitzungsberichte der mathematisch-naturwissenschaftlichen Klasse der kaiserl. Akademie der Wissenschaften, Wien 1852, sowie F. Küchenmeister: ‹Die verschiedenen Bestattungsarten menschlicher Leichname, vom Anfange der Geschichte bis heute›, Vierteljahresschrift für gerichtliche Medizin, neue Folge, Band 42, Berlin 1885).

Jakobs Leichnam wurde auf Anweisung seines Sohnes Joseph von Taricheuten, mit der Einbalsamierungskunst vertrauten Heildienern, «gesalbt». «Und Joseph befahl seinen Knechten, den Ärzten, daß sie seinen Vater salbeten. Und die Ärzte salbeten Israel, bis daß vierzig Tage um waren; denn so lange währen die Salbetage. Und die Ägypter beweineten ihn siebenzig Tage.» (Die Zahl 7 galt im alten Ägypten als heilig.) Die einbalsamierte Leiche Jakobs wurde nach siebentägiger Leichenfeier nach Kanaan überführt. Auch Joseph selbst wurde nach seinem Tode (im 110. Lebensjahr) einbalsamiert, aber in einem ägyptischen Sarg bestattet.

Noch zur Zeit des Neuen Testaments ist das Salben der Toten im Gebrauch: «Und da der Sabbath vergangen war, kauften Maria Magdalena und Maria, des Jakobus Mutter, und Salome Spezerei, auf daß sie kämen, und salbeten ihn» (Jesus) (Markus 16, 1). Die Grabeskirche in Jerusalem birgt noch heute die Totenkline (Aufbahrungssockel im Felsengrab), auf welcher die Balsamierung vollzogen werden sollte.

Der griechisch schreibende syrische Sophist und Satiriker Lukianos aus Samosata (ca. 120–180 n. Chr.) schreibt in der Abhandlung ‹Über die Trauer›:

«Bezüglich der Bestattungen gilt allen derselbe sonderbare Brauch. Gehen wir die Bestattungsriten bei den Völkern durch, so verbrannte der Grieche, der Perser begrub, der Inder überzog seine Leichen mit Hyalos *(Steinsalz, Marienglas?)*, der Scythe verspeiste sie, der Ägypter aber machte sie zu Mumien.»

Bezüglich des ‹Hyalos› bei Indern *(und Äthiopiern)* sagt Herodot *(III, 24)*: ‹Nachdem man den Toten nach Art der Ägypter getrocknet und mit Gips *(Kreide)* überzogen hat, wird er mit Malereien geschmückt und von ihm *(dem Verstorbenen)* so gut als möglich ein Bild gemalt. Dann aber umgibt man ihn mit einer hohlen, aus Hyalos bereiteten Säule *(einem glasähnlichen, d. h. durchscheinenden Sarg)*. Dieses Material wird bei den Äthiopiern reichlich ausgegraben und ist leicht zu bearbeiten. Der Tote inmitten der Säule schimmert *(durch den Hyalos)* hindurch, ohne irgendeinen üblen Geruch noch sonst etwas Unangenehmes zu verursachen. Es ist alles durchsichtig und *(dem Toten)* ähnlich. Die nächsten Verwandten aber bewahren die Säule ein Jahr in ihren Häusern, spenden derselben alle Erstlinge als Opfer, schaffen sie nach Ablauf dieser Frist fort und stellen sie *(die Säulen)* um die Stadt auf.» Wer wird bei der Lektüre dieser Textstelle nicht an Lots Weib erinnert, das auf der Flucht aus der brennenden Stadt Sodom umkam und «ward zur Salzsäule» (1. Moses 19, 26, d. h. sie wurde offenbar nach östlichem Brauch in Hyalos bestattet).

Da Steinsalz bei Feuchtigkeit löslich ist und sich an der Luft leicht trübt, wird man eher an das leicht bearbeitbare Marienglas, d. h. durchsichtigen Gips, eventuell auch an Hellglimmer-Tafeln (Muskowit) denken.

Über den seltsamen Brauch, Tote zu verspeisen, spricht auch Herodot (‹Historien›, Viertes Buch, Kapitel 26): «Das Land östlich von den Kahlköpfen *(Skythen)* kennen wir; da wohnen die Issedonen ... Von den Issedonen wird folgendes erzählt. Wenn einem Issedonen der Vater stirbt, bringen alle Verwandten Vieh herbei, das geschlachtet und zerlegt wird. Aber auch der tote Vater des Wirtes wird zerlegt, unter das andere Fleisch getan und dann ein Mahl gehalten. Dem Schädel wird die Haut abgezogen; dann wird er gereinigt und vergoldet und gilt nun als etwas

Heiliges. Jährlich werden ihm große Opfer gebracht, und zwar von dem Sohne, ähnlich wie an dem Totenfest der Hellenen. Im übrigen sollen auch sie ein friedliches Volk sein, und die Frauen sollen gleiche Rechte haben wie die Männer.»

Die Kunde vom Totenritual der exotischen Issedonen Zentralasiens wird von Herodot selbst mit leichten Vorbehalten referiert. Ein sehr realistisches Bild können wir uns dagegen von der Mumifizierung im alten Ägypten machen. Außer aus Herodot schöpfen wir dazu aus zwei anderen antiken Autoren.

Der eine ist Diodoros Siculus von Agyrion auf Sizilien. Von seinem Leben wissen wir nur, daß er längere Zeit in Rom und 60/56 v. Chr. in Ägypten gelebt hat. Dreißig Jahre lang schrieb er an seiner ‹Bibliotheke›, einer Universalgeschichte von den Uranfängen der Menschheit bis in seine Gegenwart, als Caesar den Gallischen Krieg unternahm. Wir können sicher sein, daß Diodoros im ersten der insgesamt 40 Bücher seiner ‹Bibliotheke›, wo er von Ägypten spricht, eigene Erfahrungen aus seinen Jahren am Nil authentisch wiedergibt.

Der andere antike Autor, dem wir Informationen über die Mumifizierungsgebräuche im alten Ägypten verdanken, ist Porphyrios. Eigentlich hieß dieser ungemein vielseitig gebildete Philosoph und fruchtbare Schriftsteller Malchos. Er wurde um 234 n. Chr. im phönizischen Tyros geboren, 75 Kilometer südwestlich vom heutigen Beirut im Libanon. Er studierte zehn Jahre in Athen Philosophie bei Longinos (bis 262 n. Chr.), ehe er Schüler Plotins in Rom wurde, wo er wahrscheinlich in den Jahren 301 oder 305 n. Chr. gestorben ist.

Aus den Angaben von Herodot, Diodor und Porphyrios ergibt sich folgendes Bild von der Mumifizierung im alten Ägypten, wenn man auch berücksichtigen muß, daß die Prozedur innerhalb des langen Zeitraumes von etwa 2000 vor Christus bis ungefähr 200 nach Christus verschiedentlich gewechselt hat, und auch in den Landesteilen Ober-Ägypten (mit den Tempelstätten des obersten Reichsgottes Ammon in Karnak, den Tempeln von Luxor und den Totenpalästen, Felsengräbern sowie dem Tal der Könige von Theben-West auf der linken Nil-Seite) und Unter-Ägypten (mit der Hauptstadt Memphis 20 Kilometer südlich Kairo während des Alten Reiches, den Grabpyramiden von Gise, Sakkara und Dahschur sowie den Heiligtümern des Gottes Ptah und der heiligen Stiere des Apis) etwas abweichend gehandhabt wurde.

Hören wir zunächst Herodot (Zweites Buch, Kap. 85): «Sobald jemand von einiger Bedeutung starb, bestrich sich das ganze weibliche Geschlecht *(alle weiblichen Anverwandten)* aus der Familie Haupt und Gesicht mit Lehm *(‹Schmutz›, heller bindiger Ton, der nach Diodor während des gesamten Trauerzeitraumes von siebzig Tagen nicht entfernt wurde.*

Möglicherweise geht diese Sitte ursprünglich auf den fruchtbaren Nil-Schlamm zurück, als Zeichen der Beschwörung auch kommender Fruchtbarkeit. Während der Trauerperiode nehmen die Angehörigen kein Bad, meiden Wein und wohlschmeckende Speisen, bis auf einfachste, notwendige Nahrungsmittel, und kleiden sich in dunkle Gewänder). Der Tote blieb in seinem Hause; die Frauen aber schweiften in der Stadt umher, schlugen sich, schürzten sich auf und entblößten die Brüste. Auch die Männer schürzten sich auf und schlugen sich. Sobald dies geschehen war und alsbald nach dem Tode *(abgesehen von Leichen junger Mädchen und Frauen, die man aus Furcht vor der Unsittlichkeit der Heildiener bis zum Beginn der Fäulnis zu Hause behielt)* trug man den Verstorbenen zur Einbalsamierung zu den Taricheuten *(nach Diodor eine eigene Kaste, nach der Bibel den Ärzten nahestehend: Heilkundige, die sich auf das ‹Einsalzen› des Fleisches, auf das ‹Zusammennähen› und die Behandlung der Leichname mit ‹würzigen Stoffen› verstehen).* Dies Geschäft ist die Beschäftigung besonders hierzu Angestellter, welche diese Kunst verstehen und treiben *(nach Diodor: vom Vater jeweils auf den Sohn ererbte Tätigkeit).*

Brachte man einen Toten zu ihnen, so zeigten diese den Angehörigen zunächst hölzerne Muster, Abbildungen Verstorbener auf Holz, die in der Zeichnung an jene erinnerten. Sie sagten, daß die Abbildung der Verstorbenen, deren Namen sie nicht nannten, ganz getreu sei. Alsdann zeigten sie den Angehörigen noch ein zweites Muster, welches billiger war als das erste, und zuletzt noch ein drittes, billigeres Modell, das billigste. Die Verwandten bestimmten nun, welches von den drei Modellen *(welche Mumifizierungsklasse)* sie gewählt wissen wollten und handelten mit den Taricheuten um den Preis.»

Nach Diodor «wird der Körper nun auf die Erde gelegt und hierauf bezeichnet zuerst der sogenannte Zeichner *(Grammateus)* an der linken Hüfte *(des Leichnams)* so viel, wie durchschnitten werden soll. Hierauf nimmt der sogenannte Ausschneider *(Paraschistes)* den äthiopischen Stein, den er in der Hand hält *(Nephrit- oder Feuersteinklinge)* und durchschneidet so viel, wie das Gesetz befiehlt, von dem Fleische und entflieht sogleich eilig, während die Angehörigen ihn verfolgen, mit Steinen nach ihm werfen, ihn verfluchen und gleichsam die ganze Versündigung an dem Körper auf seinen Kopf werfen. Denn sie glauben, daß jeder, der an einem Körper seiner Familie Gewalt verübt, ihn verwundet oder ihm irgendein Leid zufügt, hassenswert sei.

Wenn die Taricheuten *(welche nach Diodor gleiche Stellung und Rechte wie die Priester hatten)* sich zur Präparation des angeschnittenen Körpers versammelt haben, so steckt einer von ihnen seine Hand durch die in den Leichnam geschnittene Öffnung bis in die Brusthöhle und nimmt die Eingeweide heraus, bis auf das Herz und die Nieren *(prüft die Eingeweide gleichsam ‹auf Herz und Nieren›)*. Ein anderer reinigt die Eingeweide Stück für Stück und spült sie in phönizischem Wein und Spezereien *(Thymiamata)*. Sodann bereiten sie den Körper mit Zedernöl und verschiedenen anderen Sachen über 30 Tage lang zu, worauf sie ihn mit Myrrhen und Kassia und anderen Mitteln, die ihn nicht nur lange erhalten, sondern auch wohlriechend machen, einbalsamieren *(offenbar wurden die namentlich genannten Drogen generell angewandt, während die nicht namentlich erwähnten Zusätze ein Fabrikationsgeheimnis einzelner Taricheuten-Familien blieben)*.

So wird jedes Glied des Körpers so unversehrt erhalten, daß auch die Haare an den Augenlidern und Augenbrauen stehen bleiben, die ganze Gestalt des Körpers unverändert fortbesteht und man noch seine Bildung erkennen kann.»

Genauer geht Herodot auf die drei Klassen der ägyptischen Mumifizierung ein. Bei der teuersten entfernten die Taricheuten zunächst «mittels eines hakenförmigen Eisens das Gehirn durch die Nasenlöcher und gossen hierauf gewürzte Drogen *(Pharmaka)* in die enthirnte Schädelhöhle *(hierzu war ein Trichter oder eine Spritze erforderlich)*. Dann aber spalteten sie mit einem zugespitzten äthiopischen Steine *(wie bei Diodor berichtet)* die Weichen des Bauches in der Flanke, holten durch diese Öffnung den ganzen Bauchhöhleninhalt heraus, reinigten ihn, wuschen die Teile mit phönizischem Wein und hierauf nochmals mit ungemischten zerriebenen aromatischen Substanzen. Darauf füllen sie die Bauchhöhle mit reiner zerriebener Myrrhe und Kassia und den übrigen aromatischen Substanzen mit Ausnahme des Weihrauches. Hierauf nähten sie den Leib zusammen, salzten den Leichnam mit Litron (= *Nitron: Natriumkarbonat* $Na_2 CO_3$) ein und hielten ihn 70 Tage in dieser Lauge an einem dunklen Orte. Den Leichnam noch länger *(in der Pökellauge)* zu lassen, war weder praktisch noch Sitte.

Nachdem diese 70 Tage vorüber waren, wurde der Tote abgewaschen und sein ganzer Körper mit Byssusbinden *(Baumwolle, z. T. auch aus Hanf oder Flachs)* gut umwickelt und diese mit Gummi *(Kommi = Mastix, ein Pflanzenharz)*, dessen sich die Ägypter gewöhnlich statt des Leimes *(Kolla)* bedienen, überstrichen.

Die Anverwandten übernahmen dann den Toten wieder; man ließ einen der Menschenform entsprechenden hölzernen Kasten anfertigen und schloß den Verstorbenen dahinein. Der so Eingeschlossene wird wie ein Schatz aufbewahrt, und zwar in einem für Mumien-Aufbewahrung geeigneten Grabgewölbe und aufrecht an die Mauer gestellt. *(Herodot verwechselt hier das Bildnis des beigesetzten Toten – das im Serdab, einem besonderen Raum der Totenwohnung, aufgestellt wurde – mit dem eigentlichen Sarg in der unzugänglichen Grabkammer; die rechteckig angelegten Privatgräber aus dem Alten Reich Ägyptens werden übrigens wegen ihrer Ähnlichkeit mit arabischen Sitzbänken mit dem arabischen Wort für diese Bänke als Mastaba bezeichnet.)*

Bei dieser teuersten Methode geben sich die Taricheuten eine ganz besondere Mühe» (nach Diodor kostete diese Klasse ein Talent, 3840,– Goldmark, oder nahezu 40 000,– DM in heutigem Gelde).

Diese vor allem in Theben (Oberägypten), vereinzelt auch in Memphis (Unterägypten) gebräuchliche Methode hatte den Nachteil, daß dabei das Siebbein zerstört wurde, wodurch leicht die Nase einsank. Diese Erscheinung hat aber nichts mit einem etwaigen Auftreten von Syphilis im alten Ägypten zu tun, worauf F. Küchenmeister 1885 hinweist.

In Unterägypten wurde daher nach Czermak das Gehirn meist von einem Genickschnitt in der Höhe des Atlas aus entfernt und anschließend Hirn- und Rückenmarkshöhle mit Erdpech aus den Asphaltquellen des Toten Meeres und Kleinasiens aufgefüllt, wozu das Pech durch Erhitzen verflüssigt wurde. Bei Verwendung von Pech zur Füllung der Leibeshöhle konnten auch die Schnitte (Seitenbauchschnitt, Dammschnitt) unvernäht bleiben. Eingeweide wurden teils in den Leib zurückgelegt, sobald sie der Reinigung unterzogen waren (ein Brauch, der offenbar noch bis in das vorige Jahrhundert hinein auch bei den Bestattungsriten Indiens geübt wurde, wobei der Tote erst balsamiert und anschließend verbrannt wird), teils hat man auch die Gedärme in Holzkästen dem Nil übergeben. Eine eigentümliche Sitte war das Abziehen der Fußsohlen-Epidermis (manchmal auch der Handteller-Epidermis), möglicherweise in Zusammenhang mit der Anbringung bemalter oder vergoldeter Verzierungen an Händen und Füßen. Czermak fand die abgezogene Haut im Innern der Bauchhöhle, mit Eingeweideresten in Pech eingeschlossen. Die Körperoberfläche wurde zum Teil mit einer dicken, schwarzen Schicht von Mumienharz überstrichen; manchmal wurden auch die Leinwandstücke und Binden auf dem Körper mit nach Weihrauch duftendem Pechharz bedeckt. Die Extremitäten sind einzeln umwickelt; die Binden lassen sich lagenweise abwickeln und erreichen bis zu 2500 Meter Länge! Bei den Männern liegen die Arme gekreuzt auf der Brust, bei Frauen mit den Handtellern seitlich an den Oberschenkeln. Verbleibende Vertiefungen der Körperoberfläche wurden mit Stoffballen ausgepolstert, die weiblichen Brüste z. T. flach an den Thorax gepreßt. Die Schädel-Abmessungen sind ganz unterschiedlich (‹ägyptisch›, ‹semitisch›, ‹pelasgisch› etc.), so daß man nicht von einem einheitlichen Rassentyp sprechen kann. Körperhaare sind entweder entfernt oder beim Pökelprozeß ausgefallen, mit Ausnahme der Lidhaare und Augenbrauen, die nicht mit der Lauge in Berührung kamen.

Die Zeremonie am Tage der Überführung des Toten in die Grabkammer (Totenwohnung) schließt die Überfahrt des Totenschiffes über den Nil zu den jeweils jenseits des Flusses gelegenen Gräberfeldern, Totenpalästen, Mastaben und Pyramiden sowie das Totengericht ein, das von über 40 im Halbkreis sitzenden Totenrichtern über den Verstorbenen abgehalten wird. Das Totengericht dient der Entsühnung der Toten; er kann erst Ruhe in seinem Totenhause finden, wenn seine Verpflichtungen in der Welt der Lebenden abgewickelt sind und begangenes Unrecht von den Angehörigen nach Landessitte gesühnt und abgegolten ist. Daher auch die Angst vor der Rückkehr der Geister nicht entsühnter Toter, die auch im europäischen Mittelalter noch sehr ausgeprägt war. Totengerichtsbräuche sollen noch heute im arabischen Raum hie und da üblich sein. Die Welt der Toten ist (von der Trauerzeit bis zu einem Jahr abgesehen) von der der Lebenden streng getrennt; die Gräberfelder finden sich über dem Fluß am Rande der Wüste, bei Memphis und Theben westlich des Nils, bei Beni Hassan und Tell el Amarna auf der Ostseite des Flusses, in der Regel an den Flanken von Hügeln, welche über die schmale fruchtbare Flußebene emporragen.

Beim Totengericht nicht entsühnte, auch etwa verpfändete Mumien können erst die Fahrt über den Fluß antreten, wenn alle Verpflichtungen des Diesseits abgegolten sind. Nichteinlösung verpfändeter Mumien gilt als schwere Schande für die gesamte Nachkommenschaft, und noch nach Generationen setzen die Kindeskinder alles daran, solchen Mumien durch Einlösung ein anständiges Begräbnis zu sichern. Werden beim Totengericht keine Einwände erhoben oder wird eine Anklage als falsch ausgewiesen (was für den falschen Ankläger mit harter Strafe verbunden ist), so folgt die Lobrede auf den Toten, und dieser kann unter die Gerechten aufgenommen werden. Bei hochstehenden Verstorbenen, etwa den Pharaonen, erfolgt die Einbalsamierung und Verehrung jenseits des Flusses in den Taltempeln unterhalb der Pyramiden oder in den Totenpalästen vor dem Tal der Könige. So bedeutenden Toten stehen auch mehrere Totenwohnungen und Grabanlagen in den verschiedenen Teilen des Reiches zu. Zweifellos diente die Erhaltung des Leibes nicht nur dem Wohle des einzelnen, sondern war nach dem Glauben der Ägypter Voraussetzung für Fruchtbarkeit und Wohlergehen des Landes, von Mensch und Tier, ja aller Nachkommen des Dahingeschiedenen. In einem Land, dessen Lebensraum und Reichtum einzig vom Wasser, von der durch unbekannte Mächte regierten wechselnden Fluthöhe der jährlichen Nilschwemme abhängt, bildete sich schon früh der Glaube an einen direkten Zusammenhang zwischen dem Wohlergehen der Orts- und Reichsgötter, lebender wie toter, insbesondere des im Pharao personifizierten Osiris, dem Gott der Vegetation, der durch die Göttin Isis im Jenseits zu neuem Leben erweckt wird, und dem Wohlergehen des Landes. Jeder Pharao war zugleich Gott Osiris, wie die Totenmasken und die Inschriften auf den Mumienbinden erkennen lassen. Und jeder Ägypter war fest davon überzeugt, daß eine Mißachtung des Gottes Osiris in Gestalt des lebenden oder toten Pharao Dürre, Mißernten und Hungersnöte zur Folge haben könne. Die ständige Angst vor dem Ausbleiben der Nilschwemme, ja nur vor einer zu niedrigen Flutwelle, von deren Zustandekommen in den Quellbereichen des unzugänglichen Oberlaufes die damalige Zeit ja keinerlei Vorstellung hatte, trieb die alten Ägypter zum wohl aufwendigsten Totenkult der Stein- und Bronzezeit. Im Prinzip ähnliche Gedankengänge dürften jedoch in der gesamten damaligen Menschheit in der einen oder anderen Form weit verbreitet gewesen sein.

Über die beiden billigeren Arten der Mumifikation schreibt Herodot: «Wer die Kosten scheut und die mittlere Einbalsamierungsart vorzieht, verfährt folgendermaßen. Man füllt die Klystierspritze mit Zedernöl und führt das Öl in den Leib der Leiche ein, ohne ihn jedoch aufzuschneiden und die Eingeweide herauszunehmen. Man spritzt es vielmehr durch den After hinein und verhindert den Ausfluß. Dann wird die Leiche die vorgeschriebene Anzahl von Tagen eingelegt. Am letzten Tage läßt man das vorher eingeführte Zedernöl wieder heraus, was eine so große Kraft hat, daß Magen und Eingeweide aufgelöst und mit herausgespült werden. Das Fleisch wird durch die Natronlauge *(das Litron)* aufgelöst, so daß von der Leiche nur Haut und Knochen übrigbleiben. Danach wird die Leiche zurückgegeben, und es geschieht nichts weiter mit ihr. *(Der Tarif für dieses zweite Verfahren betrug nach Diodoros Siculus 20 Minen, das sind etwa 1260,– Goldmark oder ungefähr 12 000,– Mark in heutiger Währung.)*

Die dritte, von den Ärmeren angewandte Art der Einbalsamierung ist folgende. Der Leib wird mit *Syrmaia* ausgespült und die Leiche dann die siebzig Tage eingelegt. Dann wird sie zurückgegeben.»

Syrmaia ist nach Herodot 2,77 ein kräftig wirkendes Abführmittel, welches auch sonst üblicherweise an drei Tagen des Monats angewandt wurde, um gegen Krankheiten vorzubeugen, «denn sie meinen, alle Krankheiten rühren von den eingenommenen Speisen her». F. Küchenmeister nimmt an, bei der Syrmaia könne es sich um frischen Rettichsaft gehandelt haben, der, in größeren Mengen verabreicht, «drastische Wirkungen» hervorruft.

Die Kosten für das drittklassige «Armenbegräbnis» dürften nach Diodorus Siculus überaus gering gewesen sein; Zahlenangaben macht er allerdings nicht.

Wie es in den altägyptischen Taricheutenbetrieben zugegangen ist, beleuchtet ein Streiflicht, mit dem Herodot seine Sittenschilderung fortsetzt: «Die Frauen angesehener Männer werden nicht gleich nach dem Tode zur Einbalsamierung fortgegeben, auch schöne oder sonst hervorragende nicht. Man übergibt sie den Balsamierern *(Taricheuten)* erst drei oder vier Tage später; und zwar geschieht das deswegen, damit sich die Balsamierer nicht an den Frauen vergehen. Es sei einmal einer wegen der Schändung einer frischen Frauenleiche bestraft worden, den ein Berufsgenosse angezeigt hatte.»

Positiv wird bei diesen einfacheren Methoden außer dem geringeren Preis zu bewerten gewesen sein, daß der Leichnam nicht verletzt, das heißt durch Seiten- oder Dammschnitt geöffnet zu werden brauchte. Sicher aber galt als negativ bei dieser zweit- und drittklassigen Behandlung die schlechtere Erhaltung der äußeren Form sowie die Vernichtung der Eingeweide, die bei der ersten Methode nach erfolgter Reinigung in die Bauchhöhle zurückgelegt wurden. Es ist aber selbstverständlich, daß bei zunehmender Bevölkerungsdichte eine gewisse Rationalisierung der Mumifikation unausweichlich war, und eine solche Rationalisierung war durch die Anwendung einer einfachen, naßchemischen Behandlung gegeben. Da mit diesen Methoden bei der Masse des Volkes ein nicht unbeträchtliches Geschäft zu machen war, blieb die tatsächliche Zusammensetzung der Reagenzien geheim, und auch Herodot und Diodor konnten sie nicht in Erfahrung bringen. Czermak nahm an, es handle sich im wesentlichen um konzentrierte Ätznatronlauge, der Zedernöl oder Rettichsaft zum Teil des Geruches wegen zugesetzt wurden. Hierzu hat F. Küchenmeister Versuche an tierischer Hirnsubstanz durchgeführt und dabei feststellen können, daß Hirn und anhaftende Gewebeteile (der Pia mater und des Gefäßplexus) am raschesten durch eine Mischung von konzentrierter Natronlauge mit Zedernöl aufgelöst wird. Dieses Reagens wirkt besser als eine Mischung von Kali- und Natronlauge oder als Kalilauge allein, während eine Lösung von Salpeter in Pökellauge (2 Teile Salpeter und ein Teil Kochsalz) die Hirnsubstanz verhärten ließ und auch eine Mischung von Kochsalzlösung und Rettichsaft kein Ergebnis zeigte. Natron stand in Ägypten aus den Salzabscheidungen des Wadi al Natrun und anderer trockenen Binnenbecken reichlich zur Verfügung. Das Zedernöl hingegen aus den Randgebirgen des östlichen Mittelmeeres dürfte eine große Kostbarkeit (zumal in größeren Mengen) und daher ein wichtiges Handelsprodukt – ähnlich den Spezereien, der Myrrhe und dem Weihrauch – gewesen sein.

Fest steht jedenfalls, daß durch konzentrierte Laugen der Alkalien und beschleunigt durch Zusatz von Zedernöl bei Temperaturen weit unter dem Siedepunkt Hirnsubstanz und Gewebeteile des menschlichen

Körpers einschließlich der Gedärme ziemlich schnell in eine seifenähnliche, in Wasser leicht lösliche und ausfließfähige Masse verwandelt werden können. Die dabei entstehenden Natronseifen lassen sich durch Ausspülen mit lauem Wasser aus der Leibeshöhle entfernen. Auch bei der Entleerung der Schädelhöhle dürfte diese Mischung aus Natronlauge und Zedernöl zur Anwendung gekommen sein, da eine vollständige mechanische Entfernung des Gehirnes durch die Nase oder eine Öffnung nahe des Atlas kaum gelingen dürfte.

Nach dem Trocknen der Leibeshöhle wurde diese zum Teil mit flüssigem Pech ausgegossen, um ein Einsinken des Körpers zu verhindern. Dabei entstand keine homogene Pechmasse; das Pech gerann vielmehr in zahlreichen unregelmäßigen Klumpen, was auf eine gewisse Rückstandsfeuchte im Körperinnern schließen läßt.

Unter dem Pharmakon bei Herodot hat man also möglicherweise ein Gemisch von Natronlauge, hergestellt aus kohlensauren Natronsalzen natürlicher Natronseen und gebranntem Kalk, und verschiedenen organischen Zusätzen mit antiseptischer und Duftstoffwirkung zu verstehen. Das ebenfalls erwähnte Litron (des ionischen Dialekts, in dem Herodot schreibt; attisch Nitron) dürfte Pökelsalz gewesen sein, wofür Kalisalpeter unter Zusatz eines halben Anteiles Kochsalz in Frage kommt. Da der Chile- oder Natronsalpeter in der Alten Welt unbekannt war, erscheint Kalisalpeter hier wahrscheinlicher. Mit einer solchen Pökellauge konnte die verbleibende Körpersubstanz, insbesondere die Oberhaut, haltbar gemacht werden.

Czermak und Rouyer, die sich im vorigen Jahrhundert anläßlich gerichtsmedizinischer Untersuchungen mit der Mumifikation befaßt haben, kommen zur folgenden Einteilung:

1. *Klasse:* mit Öffnung der Bauchdecken in der linken Seite und Zerstörung des Siebbeines;
   a) Füllung der Körperhöhlen mit aromatischem Harzpech
   b) mit geruchlosem Asphalt oder Bitumen.
2. *Klasse:* ohne Öffnung der Bauchdecken; Einführung von eingeweidelösenden Reagenzien und Entleerung der Körperhöhlen auf chemischem Wege;
   a) danach Einsalzung und Trocknung des Leichnams,
   b) zusätzlich Füllung der Körperhöhlen mit Asphalt und Einbettung des Toten in Asphalt.

Die von Herodot genannten Reagenzien Syrmaia, Pharmakon, Litron und Kedria wurden in beiden Klassen unterschiedlich verwendet. Syrmaia als billiges Abführmittel zur Reinigung der Körperhöhle, Pharmakon als Verseifungsmittel unter Zusatz von Kedria, und Litron schließlich als Pökellauge zur Haltbarmachung der zu bewahrenden Überreste. Insgesamt beweist die ägyptische Mumifizierung den hohen Stand experimenteller Erfahrung über die Anwendung dieser Reagenzien, deren Zusammensetzung und Gebrauch wohl weithin Berufsgeheimnis der Taricheuten blieben und nicht der Nachwelt überliefert wurden. Daß sich die Taricheuten auch im Innern des menschlichen Körpers gut ausgekannt haben müssen, zeigten die verschiedenartigen, an medizinische Operationen grenzenden Eingriffe, wofür allerdings im Laufe der langen ägyptischen Geschichte Hunderttausende von Toten als Experimentierobjekte zur Verfügung standen. In hygienischer Hinsicht stellt die Mumifikation eine durchaus geeignete Methode dar, die Verbreitung schädlicher Keime und Gifte zu verhindern.

Da nur ein Teil der erforderlichen Ingredienzen in Ägypten selbst natürlich vorkam, war man auf Einfuhren, wohl in Form des Tauschhandels, angewiesen. Das betrifft in erster Linie das Zedernöl aus den Gebirgsländern des östlichen Mittelmeeres sowie Weihrauch und Myrrhentinktur aus den Trockengebieten Südarabiens, Ostafrikas bis nach Indien hinein.

Außer den genannten Ingredienzen kommen für die Leichenkonservierung noch weitere Stoffe in Frage. Nach Aemilius Probus (von Cicero bestätigt) wurden Leichen nicht selten in Honig oder Wachs eingebettet, zum Beispiel diejenigen spartanischer Könige, wie etwa die des Agesilaos (gestorben um 360 v. Chr. in Kyrene/Cyrenaika), der wie Alexander der Große nach dem Tode in Honig konserviert wurde. Alexander ist nach der vorläufigen Einbettung in Honig anschließend in Memphis mumifiziert und erst später nach Alexandria überführt worden, wo seine Mumie noch zu Lebzeiten des Augustinus (354–430 n. Chr.) gezeigt wurde.

61 Hockermumie des 20. Jahrhunderts. Von australischen Ureinwohnern bereitet im Jahre 1904

62 Australische Trockenmumie, Seitenansicht

Schließlich ist in diesem Zusammenhang die Trockenmumifizierung zu nennen, die bei verschiedenen Völkern der Erde durchgeführt wurde. Erwähnt seien die peruanischen Indianer, die ihre Toten zum Teil durch Austrocknen in freier (das heißt vor allem keimfreier) Luft der südamerikanischen Hochandenregion in kauernder Stellung mumifizieren ließen, und zwar noch mindestens bis in das vorige Jahrhundert hinein. Die Trockenmumie wird zu einem handlichen Paket mit reichem Umhang verschnürt. Kinn und Knie des Toten berühren sich dabei. Auch bei den Guanchen auf den Kanarischen Inseln (ebenfalls in keimfreier Umgebung) wurde die Herstellung von Trockenmumien betrieben, und zwar für Ärmere an der Luft, für Reichere künstlich. Die Trocknungszeit betrug dabei 14 Tage. Die Körperhöhlen wurden entleert und mit Körnern und aromatischen Kräutern aufgefüllt, der Körper in Ziegenlederstreifen eingebunden und in vulkanischen Höhlen (wie der Baranco de Herque auf Teneriffa) deponiert.

H. Kaatsch berichtete 1905 (‹Zeitschrift für Ethnologie› 37, S. 772 bis 781, Berlin 1905) über die Räucherung (Corroboree) des Königs Narcha, eines nordqueensländischen Häuptlings aus den Bellenden-Ker-Bergen im Gebiet ‹Boenje› bei Cairns in Australien. Dieser Mann von hoher Statur und tapferer Kämpfer in den Kriegen der australischen Ureinwohner gegen die einbrechenden weißen Goldsucher und Pioniere, die um 1890 die schwarzen Männer, Weiber und Kinder schonungslos niederschossen, wurde nach seinem Tode im Jahre 1904 in folgender Weise mumifiziert: «Die Leiche wurde für einige Tage begraben, dann wieder herausgeholt und die verwesende Epidermis sowie alle Haare entfernt. Der Leib wird aufgeschnitten und der Körper auf einem Gestell aus Baumstämmen langsam über dem Feuer gedörrt. Mit dem herabtropfenden Fett und Blut schmieren sich die Gins die Haare ein, sie in Bündeln zu jener sonderbaren Trauertracht kräuselnd (sie nennen es in ihrem

Blackenglisch ‹Devil Devil-Hair›), welche an den letzten Tasmaniern auffiel. Der Körper wird dann in seine definitive Haltung gebracht (Arme und Beine in enger Hockerstellung eng an den Körper gepreßt, Knie am Kinn, Hände hinter den Ohren, insgesamt ein handliches Paket von ca. 80 cm Länge und 40 cm Breite und Tiefe bildend) – eine Photographie in Vorder- und Seitenansicht ist dem Fundbericht beigegeben –, mit Stricken (aus Rindenfasern) die Extremitäten eng an den Rumpf angeschnürt. Die ganz extreme Hockerstellung, welche hierbei resultiert, deute ich in dem Sinne, daß die Haltung des Fötus im Utero nachgeahmt wird.» Chemische Reagenzien werden bei der Herstellung solcher australischen Trockenmumien nicht benutzt. Es handelt sich also im wesentlichen nur um ein langsames Räuchern.

«Die Sitte, Mumien zu machen, scheint in der Gegend von Cairns bis gegen Cooktown nördlich und Townsville südlich in alten Zeiten die vorherrschende Form der Leichenbehandlung gewesen zu sein.» «Das Trocknen von Leichen über dem Feuer wird auch aus anderen Gegenden, z. B. Südaustralien, berichtet.» Die Mumie des Königs Narcha konnte von Kaatsch den Eingeborenen gegen «überreichliche Spenden von Tabak, Kleidung und Nahrung abgenommen» werden und wurde der Gesellschaft für Anthropologie in Berlin übergeben, nachdem sie nur für 8 Monate im Besitz des uraustralischen Volksstammes verblieben war.

Reste ursprünglicher Einbalsamierungs-Zeremonien werden von Max Müller (‹Zeitschrift der deutschen morgenländischen Gesellschaft›, 1855, Band 9, S. 1 ff) auch von der Feuerbestattung der brahmanischen Inder berichtet. Unter den ‹Vorbereitungen zum Verbrennen› liest man: «Kopfhaar, Bart, Körperhaare und Nägel des Toten verschneidet man, salbt ihn mit Spieke *(Lavandula spica, einer mediterranen Lavendelart, deren Blätter und Blüten als Volksheilmittel, als Gewürz- und Duftstoffe Verwendung finden)*, setzt ihm auch einen Spiekekranz aufs Haupt; schneidet seine Eingeweide aus und reinigt sie vom Unrat, füllt sie mit Milch und Butter (die Schaumbutter für die Väter) und bringt sie wieder in den Bauch. Dann schneidet man von einem ungebrauchten Stück Zeug (Leinwand) den einen Saum zur Aufbewahrung durch die Söhne ab, bedeckt den Toten damit und richtet den noch belassenen Saum nach Westen; die Füße bleiben unbedeckt und bloß ... Dann tragen die Verwandten Feuer und Opfergerätschaften nach der Brandgrube ... Hierauf folgte, wenn ein Tier mitverbrannt wurde, eine Kuh oder einfarbige, bei einigen eine schwarze Ziege ... Des Toten Frau und, wenn er Krieger war, seinen Bogen setzen sie auf den Scheiterhaufen im Norden, bis der Schwager ... ein Pflegekind ... oder alter Diener (zu den Worten eines Opferspruches) die Frau vom Scheiterhaufen herabführen.» Offenbar wurde zumindest zeitweilig die Ehefrau mitverbrannt, aber später durch einen Ersatzspruch vom Verbrennen bewahrt. Der Tote wird mit zahlreichen Opfergeräten, Spendengefäßen, Hölzern, Mörser und Stößel in ganz bestimmter Weise bedeckt. «Alles was von Eisen, Metall und Ton gemacht ist und die beiden Steine (die dem Toten zunächst auf das Gebiß gelegt wurden), soll der Sohn an sich nehmen. Dann schneidet der Opfervollbringer das Fett des zur Decke bestimmten Tieres heraus und legt es auf das Antlitz des Toten ... hierauf die Nieren und gibt die rechte in die rechte, die linke in die linke Hand des Toten ... das Herz auf des Toten Herz legend ... und hierauf das ganze enthäutete Tier Glied auf Glied passend auf den Toten und deckt über das Ganze die Tierhaut.» Die Gebeine des Verbrannten werden an ganz bestimmten Tagen in eine Trauerkumbha, ein Gefäß mit brustähnlicher Wölbung bei Frauen und ohne solche bei Männern, gesammelt und in der Erde beigesetzt, wobei abermals bestimmte Riten beachtet werden.

15. Totenbestattung in mykenischer und vormykenischer Zeit

Rundhütten oder Kuppelgräber? · Hockerleichen und Pithos-Bestattungen · Schliemann öffnet die mykenischen Schachtgräber · Leichenbrand oder Trockenmumifizierung? · Das Gesicht unter der Goldmaske · «Leichen buchstäblich mit Gold überladen» · Leichenbehälter in Badewannenform

Im Jahre 1903 führte eine bayrische archäologische Expedition unter Leitung von Bulle und Furtwängler Ausgrabungen in Orchomenos, nördlich der böotischen Hauptstadt Levadia durch, die unter den mykenischen Resten (mit dem sogenannten Schatzhaus des Minyas, einem mykenischen Kuppelgrab von 14 m Durchmesser) einfache Rundbauten aus Luftziegeln mit kreisrundem bis ovalem Lehmfundament freilegten. Diese vormykenischen, sogenannten minyischen Stätten zeichneten sich durch Grabanlagen aus, in denen die Toten in Hockerstellung mit nahe an das Kinn angezogenen Knien in Seitenlage unter dem Estrich der Lehmbauten bestattet waren.

Hierzu schreibt J. Zehetmaier (‹Leichenverbrennung und Leichenbestattung im alten Hellas›, Leipzig 1907): «Nach uralter indogermanischer Sitte ward auch hier der Tote innerhalb der menschlichen Wohnstätte in die Erde gebettet. Der teure Verstorbene, der im Leben den Seinen so nahestand, mußte auch im Tode unter ihnen weilen und Leid und Freud, Speise und Trank mit der Familie teilen. Als Lebender hatte er unter dem Dach der einfachen Rundhütte in zusammengekauerter Stellung der nächtlichen Ruhe gepflegt, als Toter mochte er in derselben Lage den ewigen Schlummer schlafen unter dem häuslichen Herde . . .» In diesen Lehmziegel-Rundbauten hat man zweifellos die Vorläufer der späteren Kuppelgräber der mykenischen Zeit zu sehen, die allerdings statt aus Lehmziegeln aus Naturstein errichtet wurden. Beiden gemeinsam ist die runde bis ovale Anlage, in der sogenannten falschen Gewölbetechnik überwölbt, das heißt Mauerwerkskranz über Mauerwerkskranz nach oben zu immer weiter überkragend, bis sich schließlich die Wölbung schließt (im Gegensatz zur echten Gewölbetechnik der römischen Zeit, bei welcher segmentförmige Blöcke in Bogenform den Gewölbedruck aufnehmen). Genau wie vielfach Tote in den mykenischen Kuppelgräbern unter dem Boden des Kuppelraumes (also außerhalb der seitlich angebauten Grabkammer) beigesetzt wurden, dürften auch die Hockerleichen des minyischen Orchomenos entgegen herkömmlicher Vorstellung nicht unter dem Fußboden ihrer Wohnhäuser, sondern in speziell dafür errichteten Lehmziegel-Kuppelgräbern bestattet worden sein. Zehetmaiers bildhafte Rekonstruktion minyischen Totenbrauchs geht offenbar auf eine Verwechslung von Grabbauten mit echten Wohnungen zurück, was leicht verständlich ist, wenn man sich vergegenwärtigt, daß Brandopferreste und Grabbeigaben den «häuslichen Herd» mitsamt der Wohnhausausstattung widerspiegeln.

Hockergräber mit seitlich liegenden Hockerleichen hat man bei Argos, auf Lefkas sowie im Jahre 1899 am Südhang der athenischen Akropolis gefunden.

Alte, nach Aussagen der Ausgräber vormykenische Grabstätten fand man in Thorikon an der Südostküste von Attika, zusammen mit einfachen runden und rechteckigen Gebäudefundamenten, bei Aphidnai nordwestlich Marathon und unweit Tiryns, in welchen die Toten in großen tönernen Pithoi bestattet waren. Ein vollständig erhaltenes Exemplar von Aphidnai maß 1,15 m in der Höhe und hatte eine 0,32 m weite Öffnung. Außer drei Henkeln war der Außenwand ein plastisches, wellenförmiges Band aufgesetzt, wie es auch bei Pithosfunden in Tirnys und auf Kreta immer wieder gefunden wurde.

Ebenfalls in Form liegender Hocker beigesetzt waren die Toten der Gräber unter dem Kastell Volo in Thessalien, und zwar in schachtförmigen Kistengräbern, sowie in einem Schachtgrab bei Korinth, das sich durch zwei am Grunde des Schachtes einander gegenüberliegende ovale Grabhöhlungen auszeichnete. Als Beigaben fanden sich Vasen, Kannen

63 Schachtgrabstele, Mykenä

ohne Fuß, Tassen und Schälchen aus einfachem, nur schlecht geschlämmtem Ton.

Beim Aphrodite-Tempel von Aigina im Saronischen Golf stieß man auf Gräber mit Pithosbestattung und in die Mauern eingelassenen Osteotheken: mit Menschenknochen angefüllten Nischen. Liegende Hocker begegnen uns wieder bei der sogenannten Inselkultur der Kykladen, wobei die Toten in eigentümlich trapezförmigen Plattengräbern beigesetzt sind. Die Rückenseite mißt dabei ca. 110 cm, die Vorderseite (nahe den Knien und Ellbogen) 90 cm, während Kopf- und Unterschenkelseite ca. 80 cm (bei 50 cm Grubentiefe) betragen. Als Grabbeigaben fanden sich Obsidianmesser, zerbrochene Marmorgefäße, Büchsen aus grünlichem Topfstein mit Reliefspiralen, der konkave Teil einer Handmühle (oder

Opferschale?), Scherben von Tongefäßen, maskenartige Gefäßaufsätze, Bronzespitzen (!), Gefäßuntersätze aus einer Mischung aus Blei und Silber, tönerne Spinnwirtel und Schleifsteine aus Sandstein. Derartige Gräberfelder kennt man zum Beispiel von Amorgos, von Paros, Antiparos, Despotikos und anderen Inseln dieser Gruppe. Auf Syros hingegen herrscht, ähnlich wie im minyischen Orchomenos, der runde Grabtholos (kreisrund bis elliptisch, manchmal zum fast trapezförmigen bis rechteckigen Grundriß übergehend) vor. Die falsche Gewölbetechnik schließt oben mit einer flachen Platte ab; die Kuppelbauten sind durch eine 60 cm hohe und tiefe Eingangsöffnung (Dromos) zugänglich. Den Toten beigegeben waren nackte weibliche Marmoridole, die Arme unter der Brust gekreuzt, Gefäße aus weißem Marmor, Schüsseln und Becher aus Ton, größere runde Tonbüchsen mit Deckeln und röhrenförmigen Ansätzen, gravierte Ornamente aus konzentrischen Kreisen mit Wellenlinien, Pithos-Reste mit ähnlicher Zier, Deckelbüchsen aus Schiefer sowie kleines Bronzegerät von dünner Meißelform.

Nahe Palaikastro (Ost-Kreta) stieß man zu Beginn dieses Jahrhunderts auf offenbar vormykenische (also minoische) Grabanlagen, deren Kamares-artige Tongefäße denen der Höhlengräber von Zakros (kretische Ostküste) gleichen. In einer rechteckigen Steinumfriedung fand man fünf durch Parallelmauern abgetrennte lange Gänge (fast 10 Meter lang und 2 Meter breit), angefüllt mit über 70 Schädeln und den wichtigsten Skelettknochen in Häufchen zusammengelegt und mit Tonvasen umstellt. Ein Gefäß enthielt die Gebeine eines Kindes. Nahebei fanden sich Obsidianklingen und eine kleine Bronzeaxt.

Anzeichen vormykenischer Feuerbestattung sind durch einen Brandurnenfund aus Eleusis belegt.

Aus *mykenischer* Zeit sind Schachtgräber, Kuppelgräber, Kammergräber und die Feuerbestattung bekannt, das heißt alle Bestattungsarten, die wir – wenn auch in einfacherer Form – auch schon aus vormykenischer Zeit kennengelernt haben. Sieht man von der zunehmenden Vollendung der Grabbauwerke ab, so scheint also kein grundsätzlicher Unterschied in der Bestattungsweise vorzuliegen. Die mykenischen Grabbauten entwickeln sich demnach folgerichtig aus den vormykenischen, wie dies bereits am Beispiel von Orchomenos in Böotien angedeutet wurde.

Die wohl berühmtesten Schachtgräber begegnen uns in der Unterburg von Mykenä, wo sie 1876 von Schliemann (1877 ein sechstes von Stamatakis) entdeckt wurden. Innerhalb eines ringförmigen Areals von 26,5 m Durchmesser waren die Gräber mit rechteckigem Grundriß (Seitenlänge 3 bis 6,75 m) bis zu 5 m Tiefe in den anstehenden Fels eingeschnitten. Das Innere war mit Steinplatten ausgekleidet und mit kupferbeschlagenen Holzbalken abgedeckt. Sie trugen Deckplatten, die mit Erde überdeckt waren. Schliemann hielt den plattenumsäumten Kreis der Unterburg für die «Agora», den Versammlungsplatz von Mykenä, worin er der Beschreibung des Pausanias aus dem zweiten Jahrhundert nach Christus folgt. Chrestos Tsuntas, der 1886–1902 für die Griechische Archäologische Gesellschaft in Mykenä gegraben hat, glaubte in dem Platten-Doppelkreis den Unterbau eines Tumulus (Hügelgrabes) erkennen zu können, der einstmals die Schachtgräber überwölbt haben soll. Doch weist Zehetmaier darauf hin, daß die Platten-Einfriedigung möglicherweise auch mit ähnlichen Steinsetzungen im Norden Europas zu vergleichen sind, wie sie zum Beispiel in England häufiger anzutreffen sind, Cromlechs genannt werden und einen heiligen Bezirk abgrenzen. Die Schachtgräber waren nämlich ursprünglich durch Grabstelen markiert, über Grab III waren noch die Gebeine der geschlachteten Opfertiere zu finden.

In den Schachtgräbern selbst stieß Schliemann auf deutlich sichtbare Anzeichen von Brandopfern, was ihn an Leichenbrand denken läßt. «Die Massen von Asche von den Gewändern, die sie bedeckt, und dem Holze, welches ganz oder teilweise ihr Fleisch verbrannt hatte, ferner die Farbe der unteren Steinschicht und die Merkmale des Feuers und Rauches an der steinernen Mauer, welche auf dem Grunde des Grabes alle vier Seiten desselben bekleidete, können in dieser Hinsicht keinen Zweifel übriglassen; ja es fanden sich dort die unverkennbaren Beweise von drei verschiedenen Scheiterhaufen.» Hierzu äußert sich Zehetmaier: «Es ist merkwürdig, daß ein Mann von dem Wahne, die aus den homerischen Epen hervorleuchtende Kultur bis aufs kleinste durch Tatsachen bestätigt vor sich zu sehen, so sehr bestrickt und befangen war, daß er trotz der natürlichen Lage der gut erhaltenen Skelette, ja trotz des an einigen Schädeln unter der Gesichtsmaske noch haftenden wirklichen Fleisches die Leichenverbrennung seinem Homer zuliebe als hier unabweisbar vorliegend annahm.» Dörpfeld hat demgegenüber die Vermutung ausgesprochen, die Toten seien zwar nicht *ver*brannt *(katakaiein)*, aber *ge*brannt *(kaiein)*, nämlich zur besseren Haltbarmachung einem leichten Feuer ausgesetzt worden. Auch Brandopfer im Grabe sind denkbar.

In fünf Meter Tiefe des Schachtgrabes I fand Schliemann drei weibliche Leichen, zum unterlagernden Fels hin durch eine Schicht Kieselsteine getrennt und auch mit einer solchen abgedeckt. Drei große goldene Diademe, 40 kleinere Gold-Schmuckstücke, ein Kupferring, eine Messerklinge, ein Vasenfragment, Tonvasen, Perlen aus blauem Glas, eine knöcherne Büchse als Fragment sowie zwei weibliche Idole aus Ton waren den Toten beigegeben. Auch in Grab II waren die Kieselsteine unter der einzigen Leiche durch Brand geschwärzt; eine dicke Aschenschicht bedeckte

64 Stierkopfanhänger.
Schachtgräber von Mykenä

den Toten. Lanzenspitze, Schwert, Goldbecher, Goldarmband, drei Vasen aus ägyptischem «Porzellan» und zwei bemalte Tongefäße waren dem Toten beigegeben. Grab III enthielt neben drei Frauenleichen die Überreste zweier Kinder: «Die Leichen waren buchstäblich mit Gold überladen.» Zwei große goldene Diademe, ein Dutzend goldene Gehänge, Anhängsel, Ohrringe und Haarspangen, über 700 Goldplättchen als Verzierung der Gewänder, weitere rund 200 Gegenstände aus Gold, Goldmasken auf den Gesichtern der Kinder, deren Hände und Füße mit Goldblech umwickelt waren, vier Silbervasen, Alabaster- und Bronzegefäße, drei Bronzekessel, ein Bronzemesser, Sardonyx- und Amethyst-Gemmen, Achatperlen, Bernsteinperlen, eine ägyptische Scherbe mit einem Kriegerkopf sowie eine Tonkanne waren die Ausbeute. Über der zugeschütteten Decke dieses Grabes fand man mehrere Menschenskelette. Diese stammen nach Zehetmaier «ebenso wie die vor den Türen anderer Gräber, z. B. der Kammergräber der mykenischen Unterstadt, von unglücklichen Sklaven oder Kriegsgefangenen her, die am Grabe ihres Herrn oder am Grabe eines Helden geschlachtet wurden.»

Grab IV barg unter einem Opferaltar aus Stein im Mittelpunkt des heiligen Runds drei männliche und zwei weibliche Skelette. Den Frauen hatte man unter anderem mitgegeben: zwei Diademe, sieben Goldbänder, ein Armband, Haarnadeln aus Gold, 56 Ideole aus Goldblech, nämlich Stierköpfe mit Doppelaxt zwischen den Hörnern darstellend, zwei goldene Siegelringe, drei ‹Astarte›-Tempelchen aus Gold sowie weitere kleine Gegenstände dieser Art sowie zahllose Bernsteinperlen; den Männern drei goldene Gesichtsmasken, eine goldene Brustdecke, Schwerter, Dolche und Speere, alle aus Bronze, Obsidianspitzen, ein Kupferbeil, fünf mit Gold und Silber eingelegte Dolchklingen, goldene Wehrgehänge, Schildteile, Knöpfe, einen silbernen Stierkopf mit goldenen Hörnern, neun goldene Becher, eine Alabastervase, eine Silber- und eine Goldkanne, viele Tongefäße und Vasenscherben, 34 Kannen und Kessel aus Kupfer, ein zoomorphes Gefäß (Hirsch mit offenem Rücken aus Blei-Silber-Legierung und ähnliches mehr).

Grab V war abermals mit drei männlichen Toten belegt, wovon jedoch nur zwei goldene Gesichtsmasken trugen. Unter der einen «war das runde Gesicht mit allem Fleische wunderbar unter der goldenen Maske erhalten; man sah keine Spur von Haar, jedoch waren beide Augen deutlich sichtbar, ebenso der Mund, der unter der auf ihn drückenden großen Last weit geöffnet war und seine 32 schönen Zähne zeigte» (Schliemann). Neben vielen Bernsteinperlen fand man über 300 goldene (Schwert-) Knöpfe und -Buckel, zwölf viereckige Goldplatten, eine Doppeladler-Gliedkette, ein Armband, Austernschalen und Eberzähne (wahrscheinlich als Kopfschmuck, wie er in ähnlicher Form im Museum von Iraklion auf Kreta aufbewahrt wird), vier Becher und Bruchstücke einer Silbervase, drei Goldbecher, zwei Alabastergefäße, Kupferkessel und Wasserkrüge, Tonvasen, 60 Schwerter und Dolche aus Bronze mit teilweise eingelegter Gold- und Silberarbeit mit Jagd- und Kriegsszenen, Reste von Schilden sowie – sehr erstaunlich – ein Straußenei.

Der Fund eines Straußeneies in den Schachtgräbern von Mykenä hat bisher noch keine schlüssige Erklärung gefunden. In diesem Zusammenhang ist es immerhin bemerkenswert, daß aus rund tausend Jahre jüngeren Gräbern in der Nähe von Paestum (Süditalien) ganze Schalen voller Hühnereier ans Tageslicht gekommen sind (heute im dortigen Museum erhalten). Hierbei denkt man natürlich zunächst an Wegzehrung für das Jenseits. Zur altüberlieferten Tradition des jüdischen Pessach-(Passah-)Festes gehören Eier als Trauersymbol. Möglicherweise bietet dies eine plausible Erklärung für den Ei-Fund in mykenischen und lukanischen Gräbern: Viele Eier – und selbstverständlich besonders *große* Eier, wie die von Straußen – bedeuten auch *große* Trauer. Vielleicht leitet sich von diesem Symbol auch die Verwendung der sogenannten Eierstab-Leisten als Zierde von Grab- und Tempelbauten der Antike ab. Vom jüdischen Pessach gelangte das Ei in das christliche Osterbrauchtum, wo es allerdings seinen ursprünglichen Sinn verlor. Da die christliche Kirche kein Mazzoth (ungesäuertes Brot) kennt, von welchem am Abend vor dem ersten Pessach-Tag ein Stück versteckt und vom jüngsten Familienmitglied gesucht werden muß, ist die Sitte des Versteckens und Suchens

65 Badezimmer der Königin, Knossos

auf die Ostereier übergegangen. Doch ist der Ursprung dieser Sitte aus der israelitischen Tradition heraus verständlich.

Eng mit dem Symbol der Trauer verbunden ist das der Auferstehung; als solches ist wohl das Straußenei zu deuten, das in koptisch-(ägyptisch-)orthodoxen Kirchen vor der Ikonostase, der Wand mit den Bildern der Heiligen, hängt. Auch hier knüpft offenbar die christliche Überlieferung an weit ältere Traditionen an. Zweifellos aber war in mykenischer Zeit eine Handelsverbindung von Griechenland nach Ägypten vorhanden, über welche derartige Importartikel wie Straußeneier nach Europa gelangten.

Das von Stamatakis ausgegrabene Schachtgrab VI barg weniger kostbare Beigaben, jedoch zwei recht gut erhaltene männliche Leichen. Helbig (‹Das Homerische Epos›, S. 53 ff) hält es für erwiesen, daß der Bestattung eine Balsamierung vorangegangen ist, und zwar denkt er dabei auf Grund einschlägiger Textstellen an eine Konservierung mittels Honig. So wurde Hektor laut ‹Ilias›, 24. Gesang, erst am 22. Tage nach seinem Tode dem Feuer übergeben, Achill am 18. Tage (‹Odyssee›, 24. Gesang). Auch die Babylonier verwandten nach Herodot (Erstes Buch, Kap. 198)

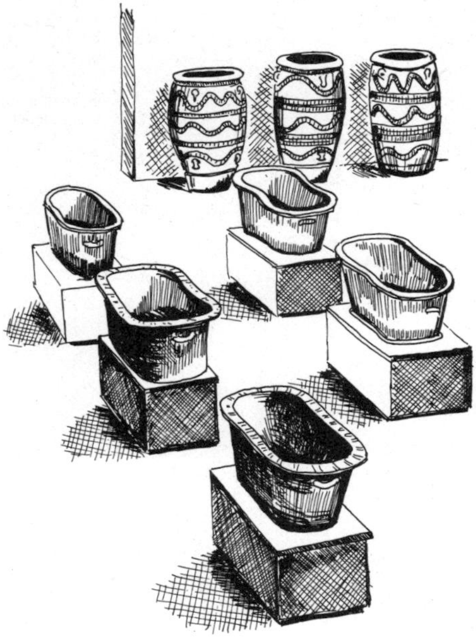

66 Sarkophagsaal, Museum Iraklion

Honig zu Leichenkonservierung. Auf dem Scheiterhaufen für die vor Troja gefallenen Griechen wurden nach der ‹Ilias› (23. Gesang, Vers 170) Amphoren mit Honig und Fett gestellt. Die neunzehn Toten der mykenischen Schachtgräber waren in halbsitzender Position (in einer Art Hockerstellung) mit erhöhtem Kopf bestattet. Nicht weit von dem Plattenkreis der Unterburg spürte man noch weitere, einfache Schachtgräber auf, die später von Gebäuden überbaut und daher nicht auszuwerten waren.

Neben den schachtartig in die Tiefe vorgetriebenen Gräbern waren in mykenischer Zeit noch Felsengräber in Gebrauch, die mit einem meist waagerechten Zugang *(Dromos)* in den Fels eingeschnitten oder aus Naturstein aufgebaut und mit Erde überdeckt waren. Je nach dem Grundriß der Hauptkammer spricht man von Kuppelgräbern, wenn dieser rund bis elliptisch und nach oben in Form der falschen Gewölbetechnik überwölbt ist, sowie von Kammergräbern, wenn es sich um eine rechteckige Kammer mit flacher Überdeckung handelt.

Von den neun bekannten Kuppelgräbern Mykenäs ist das ‹Schatzhaus des Atreus› mit 15 m Durchmesser und Höhe der Kuppel *(Tholos)*, mit dem 5,8 m hohen Eingang sowie einem Dromos von 35 m Länge und 6 m Breite das größte. Neben dem Kuppelraum befindet sich die eigentliche Grabkammer *(Thalamos)* mit über 8 m im Quadrat, in massiven Fels gehauen. Beim ‹Grab der Klytemnästra›, 1876 von Frau Schliemann freigelegt, ist statt des Thalamos ein Grabschacht im Tholos eingetieft, der jedoch möglicherweise jünger ist als die übrige Anlage. Spuren einer Flügeltür deuten auf den Verschluß des 5,60 hohen und ebenso tiefen Eingangs *(Stomion)*. Ein weiteres Kuppelgrab von 14,5 m Durchmesser liegt nordwestlich vom Löwentor, ein 1892 entdecktes innerhalb der Stadtmauer (!). Kuppelgräber kennt man außerdem aus dem alten Amyklai bei Sparta, aus Mittelgriechenland (Thorikos, Menidi, dem alten Acharnä, Orchomenos, Eleusis und Delphi), aus Nordgriechenland (Dimini bei Volos [Ioikos] Thessalien: Gura von Phthiotis, Ossa nordöstlich Larissa), von den Inseln Kephallenia, Mykonos und insbesondere von Kreta.

Schon lange, ehe man mit der Ausgrabung minoischer Paläste auf Kreta begonnen hatte, waren dort zahlreiche kleinere und größere Kuppelgräber bekannt. (Anoia Messaratika mit 4,5 m Höhe und 5 m langem Dromos, Milatos mit 2,3 m Durchmesser, Kurtes nahe Phaistos, mit gut ausgemauerten Dromoi bis 12 m Länge, Heraklea, Burlia, Praisos im Osten der Insel, Angathia bei Palaikastro u. a. m.). Die Toten waren zum Teil ohne Sarg oder Sarkophag am Boden auf einer dicken Schicht Sand mit Muscheln vermischt, auf aus dem Fels gehauenen Totenklinen oder in Larnakes, Tongefäßen in Truhen- oder Badewannenform beigesetzt.

Im vierten Kapitel hatte uns der Rundgang durch den Palast von Knossos auch zum sogenannten Badezimmer der Königin geführt. Von den technischen Problemen war dort schon die Rede: Was nutzt das ‹Abflußloch› in der Ton-‹Wanne›, wenn es keine Installation gibt? Wie wurde die Wanne geleert, ohne zu zerbrechen?

Jetzt soll uns eine andere Frage beschäftigen, nämlich: Was unterscheidet eigentlich diese Badewanne im Badezimmer der Königin von den zahlreichen Tonsarkophagen minoischer Zeit, die man seit langem von vielen Stellen der Insel kennt? Das Museum von Iraklion beherbergt im Saal der Sarkophage gleich links neben dem Haupteingang derartige Wannen in langen Viererreihen, alle auf einem niedrigen Podest, schön ausgerichtet in Reih und Glied. Alle diese Wannensarkophage sind phantasievoll, zum Teil bunt, bemalt, tragen Griffe am Kopf- und Fußende sowie an beiden Seiten, sind mehr oder weniger stark ausgebaucht, einer auch am Fußende abgeflacht, unterschiedlich stark zum Kopfende hin ansteigend, mit unterschiedlich breitem Rand. Aber alle sind auffällig klein, zwischen 80 cm und 120 cm lang! Hat uns das schon bei der Deutung als Badewanne in den Gemächern der Königin Kopfschmerzen bereitet, so scheint es geradezu unmöglich, einen ausgewachsenen Menschen in einem so kleinen Gefäß unterzubringen!

Sollten nur Kinder so beigesetzt worden sein? Dann müßte man aber für Erwachsene entsprechend größere Steinsarkophage oder ähnliches gefunden haben. Aber auch die Truhensarkophage aus Ton, der äußeren Form nach einer Holztruhe mit vier Eckpfosten nachgebildet, unterscheidet sich von den Wannensarkophagen nicht wesentlich in der Länge. In manchen fanden sich aber sogar noch Knochenreste, und diese stammten nicht von Kindern, sondern von ausgewachsenen Menschen!

Ein Hockergrab im selben Saal des Museums von Iraklion gibt uns eine Erklärung: Die Toten wurden nicht langgestreckt zum ewigen Schlaf gebettet, sondern in enger Hockerstellung, mit dicht an das Kinn gezogenen Knien. In dieser Form nimmt selbst ein großer Mann nicht mehr als knapp einen Meter ein. Hockerbestattungen haben schon seit der Steinzeit eine alte Tradition, und im minoischen Kreta war diese Tradition offensichtlich noch ungebrochen.

Im ganzen Museum kein Hinweis, in welchen dieser Wannensarkophage nun gebadet und welche ausschließlich für Bestattungszwecke angefertigt wurden! Auch keine eindeutigen Angaben darüber, welche Merkmale der Form oder Bemalung Badewannen und Tonsärge voneinander unterscheiden. Eine Fremdenführerin erklärt uns, ein breiter, abgeflachter Rand diene als Auflage des Sarkophagdeckels, während Badewannen am Rand nur einen verdickten Wulst aufweisen. Im Sarkophagsaal stehen aber auch solche mit Wulstrand ohne jeden Hinweis, daß es sich dabei um Badewannen handelt, und – einer davon enthält sogar noch Knochenreste.

Haben die Männer wahlweise in Sarkophagen gebadet oder sich in ihren Badewannen bestatten lassen? Ist es tatsächlich denkbar, daß man zwischen so unterschiedlichen Verwendungszwecken keinen Unterschied gemacht hat, etwa weil die Rundbogen-Form der ‹Vielzweckwanne› so ideal schien, daß sie durch keine andere zu ersetzen war? Weshalb aber dann die eckigen Totentruhen zur selben Zeit? Oder sollten es Sparsamkeitserwägungen gewesen sein, den Toten in seiner eigenen Badewanne zu bestatten? Das würde aber wiederum nur schwer zu der Vorstellung eines überaus reichen Landes zur Bronzezeit passen.

Übrigens: alle Sarkophage im Museum von Iraklion, ob rund oder eckig, besitzen Abflußlöcher. Die wannenförmigen am Fußende, die truhenartigen jeweils innen am Boden unmittelbar neben jedem der vier Füße.

Im Sarkophagsaal, so erinnern wir uns, stehen jedoch nicht nur wannen- und truhenförmige Tonsarkophage, sondern auch einige große, etwa anderthalb Meter hohe Tongefäße, sogenannte Pithoi, die als Gefäßsärge verwendet worden waren. Sie stammen aus Gräbern in verschiedenen Teilen der Insel. Die Toten waren offenbar auch darin in Hockerstellung beigesetzt worden. Die bis über 30 cm breite, von einem wulstigen Rand umgebene Öffnung reicht nur knapp aus, um einen Toten hineinzuzwängen. Wie die Ausgräber berichten, hat man dabei verschiedentlich offenbar auch Gewalt anwenden müssen. Wollte der Schultergürtel nicht durch die Öffnung passen, so wurden eben die Knochen gebrochen, um Platz zu schaffen. Die Sitte der Bestattung in Pithoi, in Gefäßsärgen, ist nicht auf das minoische Kreta beschränkt; wir kennen sie aus Kleinasien, aus Insel-Griechenland, aus Sizilien und von Lipari.

Minoische Grabpithoi zeichnen sich durch die charakteristische Verzierung ihrer Außenwandung aus. Neben einer größeren Anzahl aus Ton angesetzter ösenartiger Henkel, meist am oberen und unteren Rand, erkennen wir schlangenförmige Muster, die das Gefäß, meist in drei Reihen übereinander, umgeben. Wieder tritt uns das Schlangenmotiv entgegen, dem wir schon bei den Statuetten der Schlangenpriesterinnen im Westtrakt begegnet sind. Wer erinnert sich dabei nicht an die Sagen von Äskulap und Polyeidos mit ihren Schlangen; sie waren berühmte Ärzte des Altertums, die den jungen Glaukos, ja nach dem Glauben der Römer auch Hippolytos wieder zum Leben zu erwecken vermochten! Schlangen als Motiv der Wiedererweckung zum Leben, der Überwindung des Todes! Ist dies nicht ein durchaus sinnvoller Schmuck für einen Pithos, einen minoischen Gefäßsarg?

Und ausgerechnet solche mit dem Schlangenmotiv gezierte Pithoi, in völlig übereinstimmender Form und Größe, füllen die Magazine des Palastes von Knossos! Und nicht genug damit, sie sind selbst im Wohnzimmer der Königin zu finden! Im Palast freilich sollen sie nicht als Gefäßsärge gedient haben, sondern mit Olivenöl, Honig oder anderen Nahrungsmitteln gefüllt gewesen sein oder gar als Ersatz für Kleiderschränke gedient haben. Ähnliche Zweifel wie bei den Badewannen beschleichen uns. Machte man keinen Unterschied zwischen einem Ölkrug und einem Sarg, weil hier eine ideale Form eines ‹Mehrzweck-Containers› gefunden war? Dagegen spricht die gleichzeitige Verwendung von noch mindestens zwei verschiedenen Arten von Tonsarkophagen. Oder hat man die Toten der Einfachheit halber in dieselben Gefäße gesteckt, in welchen sie zeit ihres Lebens ihren Lebensmittel-Vorrat bargen? Vielleicht sollte sich der Tote gar aus dem gleichen Tongefäß ernähren, das diese Funktion schon zu Lebzeiten ausübte? Eine solche Sparsamkeit spräche gegen den sprichwörtlichen Reichtum der alten Minoer. Und die Lebenden, hatten sie stets den Tod vor Augen, wenn sie eine Handvoll Früchte, einen Becher Olivenöl oder ein Täßchen Honig aus einem der Vorratspithoi entnahmen? Welch merkwürdige Vorstellungen, die uns die minoische Archäologie da präsentiert! War nicht schon das Schlangenmotiv deutlich mit gewissen Todesvorstellungen verknüpft; sollte es nunmehr bei den Vorratsgefäßen die Haltbarkeit der Nahrungsmittel bewirken? Und wenn jemand starb, räumte man dann wahlweise eines der Vorratsgefäße leer, um den Toten darin beizusetzen?

Doch zurück zu der Frage: Wie konnten die Minoer die Leichen von ausgewachsenen Menschen in die relativ kleinen ‹Badewannen› legen oder durch die engen Öffnungen der Pithoi zwängen? In Heraklea fand sich ein Toter trotz eines 1,90 m langen verfügbaren Raumes in Hockerstellung mit stark zusammengebogenen Beinen vor. Dies erklärt, weshalb sich auch die Larnakes mit vergleichsweise kleinen Abmessungen begnügen können: Ein Leichenbehälter in Badewannenform aus demselben Grab maß oben 1,04 m, unten 0,95 m Länge bei 0,58 m Breite und 0,45 m Höhe. Zwei andere aus *Anoia Messaratika* ergaben 0,99 bzw. 0,80 m Länge, 0,42 m Breite und 0,64 bzw. 0,54 m Höhe. Das Museum in Iraklion bewahrt eine größere Anzahl solcher Tonsärge in verschiedengestaltiger Truhen- und Badewannenform auf, deren Abmessungen zu den genannten Werten passen. Vereinzelt sind auch noch kleinere, sogenannte Kinderbadewannen gefunden worden.

Bei einem Innenmaß der Länge von knapp einem Meter ist klar, daß selbst bei einer vergleichsweise kleinwüchsigen Bevölkerung die Toten nur mit stark angezogenen Knien, also in Form extremer Hockerstellung, in diesen Behältnissen Platz finden konnten, und zwar auf dem Rücken liegend, mit mehr oder minder angewinkeltem Kopf. Daß es tatsächlich möglich ist, Tote auf so engem Raum unterzubringen, zeigt die Trockenmumie des australischen Königs Narcha (siehe Seite 202). Wichtig ist dabei, daß das Volumen auch korpulenter Toter erheblich reduziert wird, da die Feuerbehandlung dem Körper praktisch die gesamte Gewebsflüssigkeit und Fettsubstanz entzieht, so daß im wesentlichen nur Haut und Knochen übrigbleiben. In den Kuppelgräbern nahe Phaistos deuten Brandspuren darauf hin, daß darin ‹ein gewaltiges Feuer› entzündet worden war, während die Knochenreste offenbar kaum angebrannt sind. Es ist durchaus möglich, daß es sich hierbei um einen solchen Prozeß der Trokkenmumifizierung unter Feuereinwirkung gehandelt hat, wie ihn die Ureinwohner Australiens noch bis in dieses Jahrhundert hinein geübt haben.

Auch aus den minoischen Palastanlagen wird immer wieder von Brandspuren berichtet, die dort allerdings nach den Untersuchungen an den Alabaster-Wandplatten keine hohen Brandtemperaturen erkennen lassen. Sofern es sich dabei nicht um Brandopfer oder ähnliches handelt, wäre ebenfalls an derartige Vorgänge der Trockenmumifizierung zu denken. Andererseits ist aber auch der naßchemische Weg der Mumifizierung in Betracht zu ziehen, wie er den Ägyptern bekannt war. (Siehe Seite 199) Die umfangreichen Kanalisationssysteme, zahlreichen trichterartigen Rhytongefäße und anderes für derartige Eingriffe geeignetes Gerät wie Wannen, Bodenbecken, Kannen mit spitzen Ausgüssen und ähnliches mehr läßt eher an die chemische Totenbehandlung denken, zumal ein reger Kontakt mit Kreta durch die Funde ägyptischer Provenienz in minoischen Gräbern und Palästen sowie Kamares-Tonscherben in ägyptischen Tempeln und Grabbauten belegt ist.

In Kuppelgräbern von Angathia waren die Knochen zu Haufen zusammengetragen und von je einem Schädel gekrönt. In Mittelkreta fand man in Tholos-Nekropolen die Toten in aufrecht hockender Stellung mit dem Rücken an die Wand gelehnt (Erganos). Ähnliches dürfte auch für die Kammergräber von Panagia (Provinz Pediada) gelten. In Menidi traf man auf wirkliche Aschenurnen.

Als Grabbeigaben der kretischen Gräber werden Bronzewaffen, Bügelkannen und Tongefäße, bronzene Armringe, goldene Spiralen und Glasperlen genannt. Ein Kammergrab nahe Chania enthielt neben einem Frauenskelett zwei goldene Fingerringe, einen großen Bronzespiegel, ein Steingefäß, Armringe und drei zerstörte Bronzegefäße. In Palaikastro wird vom Fund einer Leiche mit goldenem Brustschild und golden eingelegtem Schwert berichtet. Möglicherweise als spätere Nachbestattung ist eine ‹geometrische› Urne aus Knossos aufzufassen, die verbrannte Menschenknochen enthielt (Orsi in: ‹American Journ. of Archeology›, 1897, S. 254 ff.); die Höhe des Gefäßes beträgt mit Deckel 40 Zentimeter.

In welcher Weise Kuppelgräber aus dem westlichen Mittelmeerraum mit der kretisch-mykenischen Kultur in Zusammenhang stehen, ist noch ungeklärt. Es ist dabei an die Bauten von Matrensa bei Syrakus (mit mykenischen Vasen), an Kuppelgräber bei Florenz und Lissabon (Palmella), ja sogar an die sardinischen Nuraghen und die Talayotos auf den Balearen zu erinnern.

Wohl die bestausgestatteten Kammergräber Griechenlands hat wiederum Mykenä aufzuweisen. Bis 1896 waren bereits 99 in der ‹Unterstadt› freigelegt. Aus 15 von ihnen barg Tsuntas 1895 acht Bronzeschwerter, zwei Beile, eine Lanzenspitze, zwei Alabastergefäße, ein Goldband, einen Gürtel aus Goldblechen, ein 59teiliges Gold-Diadem, kleine goldene Perlen, 14 Gemmen, zwei Steine aus Glasfluß mit Tierdarstellungen, sechs goldene Ringe, fünf goldene Fibeln aus mehrfach gewundenem Draht, eine Silberschale, zwei eherne Gefäße und vier Steingefäße mit schöner Verzierung. Größere Kammergräber mit etwa 8 m langem Dromos und 4 x 4 m großem Grabinnern finden sich auf dem Nekropolengelände von Kato Paigadiu bei Mykenä, wobei vielfach in den Boden der Kammergräber Grabschächte mit Leichen ohne Grabbeigaben eingelassen waren. Offenbar wurden die Beigaben über den mit Platten verschlossenen Schächten im Kammerraum aufgestellt.

Bekannt sind weiterhin Kammergräber bei Nauplia, die nach Strabo bereits im Altertum ausgeraubt worden waren, in Epidauros, von Phoris, von Sphettos am Ostabhang des Hymettos in Attika, bei Halike nahe Athen, beim Heiligtum der Artemis in Brauron, am Hafen von Prasiai, auf Melos, Zypern und andernorts. Feuerbestattung aus spätmykenischer Zeit ist aus Eleusis, Athen, Dimini, Menidi, Halike und Argos belegt.

16. Bestattungsriten in klassischer Zeit

Tod auf dem Scheiterhaufen · Die ‹heroische› Totenbergung der homerischen Helden · Pest-Tote und Schlachtfeldsanierung · Todesstrafe wegen unterlassener Leichenbergung · Feuerspuren im Grab · Menschenopfer beim Heroenkult · Von Tonidolen und Totenbegleitern · Königin Melissa friert im Jenseits · Die gefallenen Makedonier nach der Schlacht von Chaironeia

Von Assurnasirpal I. wird berichtet, der assyrische König habe sich aus Furcht vor dem Belagerer Arbakes im Jahre 883 v. Chr. selbst getötet und wie folgt verbrennen lassen: «Der Scheiterhaufen inmitten des Hofes des Residenzschlosses war 4 Plethra (etwa 130 m) hoch aufgerichtet. Darauf waren 150 goldene Betten und ebenso viele goldene Tische gelegt. Im Scheiterhaufen befand sich ein hölzernes Zimmer von 30 m im Quadrat und darinnen ein größeres Lager und mehrere kleine Betten. In eines legte er sich selbst und seine Gemahlin, in die kleineren die Kebsweiber (die Kinder hatte er fortgeschickt). Jenes Zimmer war bedeckt mit großen dicken Balken. Durch reichliches Umlagern dieses Raumes mit dickem Holze war der Ausgang aus diesem Zimmer verschlossen, in welches er auch seine Schätze – 10 Myriaden Talente (wovon?, Gold?), 10 000 Talente Silber und eine große Menge purpurner Kleider und Gewänder gebracht hatte.» Der Scheiterhaufen soll 15 Tage lang gebrannt haben.

Einen gewaltigen Scheiterhaufen läßt Achill seinem toten Freund Patroklos zu dessen Leichenfeier errichten (Homer, ‹Ilias› 23, Vers 110 ff.).

Die trauernden Achäer

«Bauten das Totengerüst, je hundert Fuß ins Gevierte,
Legten dann auf die Kuppel den Leichnam traurigen Herzens;

Viele gemästete Schaf' und viel schwer wandelndes Hornvieh
Häuteten sie am Gerüst und bestellten sie, aber von allen
Nahm er das Fett und bedeckte den Freund, der edle Achilleus,
Ganz vom Haupt zu den Füßen, und all die enthäuteten Leiber
Häuft er umher. Auch Krüge mit Honig und Öle gefüllet
Lehnt er gegen das Bette, und vier hochhalsige Rosse
Wirft er mit großer Gewalt auf das Totengerüst, lautächzend.
Von neun häuslichen Hunden, ernährt an dem Tische der Fürsten,
Schlachtet er zween und wirft sie darauf gleichfalls aufs Gerüst hin,
Auch zwölf tapfere Söhne der edelmütigen Troer,
Die mit dem Erz er erwürgt, denn schreckliche Taten entsann er.
Und nun ließ er die Flamme mit eiserner Wut sich verbreiten.»

Zuvor hatten die Achäer sich die Haare abgeschnitten und auf den aufgebahrten Patroklos gelegt. Die glimmende Asche wurde mit Wein gelöscht, die Gebeine des Toten gesammelt und zur Überführung in die Heimat «in doppeltes Fett» und eine goldene Urne eingeschlossen.

Über der Brandstätte wurde ein Hügel aufgewölbt, der jedoch nur Brandreste der Beigaben, keine Gebeine des verehrten Toten enthielt. Kampfspiele zu Ehren des Verstorbenen schlossen sich an, wozu als Kampfpreise dreifüßige Kessel, Becken, Rosse, Maultiere, mächtige Stiere, schöngegürtete Weiber und blinkendes Eisen von den Schiffen geholt wurden.

Auch Achill selbst wird verbrannt, und zwar nach einer Trauerzeit von 17 Tagen. Damit der Leichnam während dieser (wohl vorgeschriebenen) Trauerzeit nicht verwest, war eine Balsamierung erforderlich, die zu Homers Zeiten offenbar nur von wenigen hohen Priestern, Priesterinnen oder gar Göttinen fachmännisch gehandhabt wurde. So lesen wir in der ‹Ilias› vom heldenmütigen Kampf um die *Leiche* des Patroklos, denn nur im Besitz des Körpers des toten Freundes konnten die erforderlichen Totenzeremonien abgehalten werden, sowie von der Sorge, die den trauernden Achill bewegt: «O daß mir nicht in die Leiche des tapferen Menoitiossohnes Fliegen sich setzen und tief in den Wunden, vom Erze geschlagen, wimmelnde Maden erzeugend, den Toten besudeln!» Jedoch seine herbeigeeilte Mutter Thetis, von göttlicher Abstammung, goß dem toten Freund ihres Sohnes «Ambrosiasaft und rötlichen Nektar dann in die Nase, daß unverweslich sein Leib sich erhalte». Der Tote wurde also selbst für eine nur 17tägige Trauerzeit gesalbt, das heißt vorsorglich balsamiert. Hier begegnen uns «Ambrosia und Nektar», die traditionelle Speise griechischer Götter, in ihrer eigentlichen Funktion, nämlich als Salböl und Honig zur Konservierung Toter. Die Götter, einstmals auch ‹menschlicher› Art, werden durch Nektar und Ambrosia ‹unsterblich›,

67 Aschenurne; minoische ‹Siedlung›, Knossos

sie werden es durch die im ägäischen Raum weitverbreiteten Konservierungsmittel. Auch bedeutende Tote, deren Nachkommen und Hinterbliebene sich ein teures Begräbnis leisten konnten, wurden durch Anwendung derartiger Substanzen gleichsam unvergänglich, sie konnten sich durch die Balsamierung einen Teil der Unsterblichkeit erkaufen.

Auch die übrigen gefallenen griechischen Helden des Trojanischen Krieges sind nach Homer verbrannt worden, wie in späterer Zeit Plutarch, Solon, Alkibiades, Philopoimen und König Pyrrhus von Epirus, der Sage nach ein Nachkomme des Achill. Auch die im Jahre 429 v. Chr. an der Pest verstorbenen Athener, unter ihnen Perikles, wurden dem Feuer übergeben. Dennoch scheint die Feuerbestattung nicht die ursprünglich in Griechenland heimische Bestattungsart gewesen zu sein, da es sich in den genannten Fällen meist um Krieger in der Schlacht oder Menschen in anderen Ausnahmesituationen handelt. Möglicherweise hat sich der Brauch der Feuerbestattung in kriegerischen Zeiten mehr, in langen Friedensepochen weniger stark auch auf die übrige Bevölkerung ausgewirkt.

Auf dem Kerameikos-Friedhof des alten Athens, der sich durch seinen langen Belegungszeitraum auszeichnet, setzt nach Manolis Andronikos (‹Totenkult›, Archaelogica Homerica III, Göttingen) in submykenischen Gräbern die Verbrennung zunächst nur zögernd ein, während sie in der protogeometrischen Periode (etwa 1000 bis 900 v. Chr.) allgemein vorherrscht. Es ist die Zeit nach dem Trojanischen Krieg, dessen lange Dauer, kulturpolitische Bedeutung und große Teilnehmerzahl

68 Hüttenurne aus Vetulonia, Etrurien

gleichsam sittenbildend gewirkt haben dürften, zumal da die Erinnerung daran in Heldengesängen wachgehalten wurde. Im neunten und achten Jahrhundert vor Christus treten dann wieder Skelettgräber auf, die um 750 besonders häufig sind und im 7. und 6. Jahrhundert wieder seltener wurden. Besonders zahlreiche Brandgräber aus der geometrischen Epoche sind von Kreta bekannt, wo auch die in Knossos zu Ende des vorigen Jahrhunderts gefundene Aschenurne diesem Zeitraum zugehört. Auf Kreta dürfte jedoch die Einführung des Leichenbrandes nicht durch die Dorer erfolgt sein, da schon der mit etwa 1900 bis 1300 v. Chr. datierte Horizont VI von Troja die Totenverbrennung kannte, wie die gefundenen Aschenurnen beweisen.

Der ‹Ilias› entnehmen wir, daß Totenverbrennung einerseits angewandt wurde, um die Opfer der Pest rasch und möglichst ohne Seuchengefahr zu beseitigen (1, 52). Andererseits sollten die Gebeine der Gefallenen den Angehörigen in der Heimat zurückgebracht werden (7, 332 ff.), was bei der langen Dauer des Rückweges nur in Form des Leichenbrandes möglich war. Aber auch die Troer verbrennen ihre Gefallenen, und zwar (7, 408 ff.) vor den Toren der Stadt, während die toten Danaer vor dem Schiffslager dem Feuer übergeben wurden. Die großen Verluste beider Seiten in der ersten Schlacht machten gleichsam eine Schlachtfeld-Sanierung erforderlich, wie sie in ähnlicher Weise in neuerer Zeit 1870/71 vor Sedan wiederum mit Hilfe des Feuers durchgeführt wurde. Wichtig für die Entstehung der ‹Ilias› wie für die Milderung der Sitten mit zunehmendem zeitlichem Abstand vom Kriege ist die Darstellung vom Ende des Hektor: Im (älteren, äolischen) 23. Gesang wird seine Leiche von Hunden zerrissen, während der (jüngere, ionische) 24. Gesang ausführlich die Verbrennung seiner Leiche auf dem Scheiterhaufen darstellt. Nachdem der Brand mit Wein gelöscht ist, bergen die Angehörigen die Überreste in mehrere weiche purpurne Gewänder, welche in einem goldenen Schrein verwahrt wurden. Diese Larnax (Totenkiste), wie man sie von Kreta oder auch aus der frühgeometrischen Nekropole von Hissarlik kennt, wurde in ein aus Steinplatten gefügtes Erdgrab (eine *kapetos*) gesenkt und mit einem Grabhügel bedeckt.

Auch beim Tode auf See mußte die Leiche an Land gebracht und dort verbrannt werden (‹Odyssee› 3, 285). Noch nach der Seeschlacht bei den Arginusen (406 v. Chr.) hat das Versäumnis der Gefallenen-Bergung zehn athenischen Feldherrn die Todesstrafe eingebracht.

Das Balsamieren der Leichen vor der Verbrennung, bekannt noch vom brahmanischen Indien der jüngsten Vergangenheit, dient vor Troja der Erhaltung des Leichnams während der langen Trauerzeit bis zum Leichenbrand (bei Achill am 18. Tage nach dem Tode). Außer Ambrosia und Nektar (wie beim Tode des Patroklos) dienen hierfür «ambrosische Gewänder», welche die Töchter des Nereus um den toten Achill hüllen, während sich Apollo selbst um Hektors Leiche bemüht. Man wird in dieser Balsamierung rituelle Reste einer sonst üblichen Skelettbestattung sehen müssen, die der äußerlichen Erhaltung des Körpers diente, aber natürlich nicht bei Kriegs- und Epidemie-Opfern in Frage kam. Daß die Verbrennung nicht die einzige Art der Leichenbergung zur Zeit der homerischen Epen war, zeigen die Verse, in welchen das griechische Wort *tarchyein* (nach Zehetmaier / *taricheuein*: dörren, räuchern, einpökeln, einbalsamieren) vorkommt (‹Ilias› 7, 85; 16, 454–457). Dörpfeld (‹Über Verbrennung und Bestattung der Toten im alten Griechenland›, Zeitschrift für Ethnologie, 37, S. 538–541, Berlin 1905) nahm an, daß sowohl in klassischer als auch in mykenischer Zeit praktisch die gleichen Bestattungsbräuche üblich waren, nämlich bestehend aus einem ‹Brennen› (oder Dörren zur besseren Haltbarmachung des Leichnams) neben der eigentlichen Erdbestattung. Nur im Kriege wurde der Körper völlig verbrannt *(katakaiein)*, sonst nur leicht angebrannt *(kaiein)*, um die Verwesung hintanzuhalten. Tatsächlich zeigen zahllose Gräber der minoischen und mykenischen Zeit Spuren solchen leichten Feuers (nach Bestimmung an bituminösen Gipsplatten als Wandauskleidung unterhalb 120°C). Dörrung über langsamem Feuer ist bekanntlich (neben der chemischen Mumifizierung) eine der beiden Methoden zur Herstellung relativ haltbarer Trockenmumien. Auch wenn Manolis Andronikos auf einen etymologischen und bedeutungsmäßigen Unterschied der beiden Worte *tarchyein* und *taricheuein* hinweist, spielt das Feuer in mykenischen wie geometrischen Grabstätten der griechischen Welt eine bedeutende Rolle und legt den Gedanken der Trockenmumifizierung (auch für die steinzeitlichen Hockerbestattungen) in den Fällen nahe, wo keine völlige Einäscherung erfolgte. Die Anwendung des Feuers beim Dörren wie beim Einäschern würde es auch verständlich erscheinen lassen, daß für die Griechen von der mykenischen bis zur klassischen Epoche beide Arten der Leichenbergung keinen so grundlegenden Unterschied darstellten wie etwa für den gläubigen katholischen Christen der letzten zweitausend Jahre.

Nach ‹Ilias› 16, 456 wären dem toten Lykier Sarpedon kaum die Überführung in sein Heimatland und Bestattung dort mit Erdgrab, Hügel und Säule in Aussicht gestellt worden, wenn der Begriff des *tarchyein* nicht die Erhaltung des Leichnams in seiner äußeren Form auch für die Dauer des langwierigen Transportes beinhalten würde. Beide Worte, *tarchyein* wie *taricheuein*, scheinen gleichwohl auf dieselbe Wurzel zurückzugehen. Da man unter Taricheuten die ägyptischen Mumien-Hersteller verstand, dürfte unter *taricheuein* das Mumifizieren im ägyptischen Sinn (nämlich unter weitgehender Anwendung chemischer Methoden der Pökelung und Eingeweideentfernung) zu verstehen sein, während das *tarchyein* möglicherweise doch soviel wie Leichendörrung (Trockenmumifizierung über leichtem Feuer) bedeutet.

Auch die Spatenforschung hat Bestätigungen für die Überlieferung homerischer Totenriten geliefert. Kenotaphe (‹leere Gräber›), das heißt Hügel über Totenbrandstätten, hat man wiederholt gefunden, allerdings zum Teil mit Nachbestattungen, wie sie auch in Grabhügeln üblich waren. Möglicherweise ist auch die geometrische Aschenurne aus Knossos als eine solche Nachbestattung aufzufassen. Der Grabhügel des In-Tepe am Kap Rhoiteion (nahe Troja) galt schon im Altertum als Tumulus des Aias, dessen Gebeine zur Zeit Kaiser Hadrians durch die Brandung freigespült, auf Geheiß des Kaisers geborgen und in einem neuen, mit Tempel und Statue geschmückten Hügel beigesetzt worden sein sollen. Auch auf dem Hügel Hissarlik (= Palast), von Schliemann als Troja ausgegraben, erhoben sich Tempel aus griechisch-römischer Zeit. Sechzehn andere von Schliemann ausgegrabene Tumuli bargen keinerlei Gebeine oder Urnen, die auf Brandbestattung hindeuteten. Sie sind also wohl als Kenotaphe aufzufassen.

Eine im Louvre aufbewahrte griechische Amphore zeigt Kroisos auf dem Scheiterhaufen. Der Tote liegt nicht auf einer Bahre, sondern sitzt mit geöffneten Augen auf einem Totenstuhl hoch über dem Holzstoß.

Verkohlte Teile finden sich nach Chrestos Tsountas praktisch in allen mykenischen Gräbern! Evans führt die dortigen Brandspuren auf Zeremonien einer kultischen Reinigung zurück. Nun ist uns die Reinigung von Bauwerken nach dem Tode noch aus römischer Zeit bekannt, aber gereinigt wurde das ehemalige Wohnhaus des Toten, nicht dessen Grab, das ja auch weiterhin den Toten barg. Hinweise auf frühe Brandbestattung kennt man auch aus den Ausgrabungen des Hügels von Jericho. Daß in der Tat Skelettbestattung und Einäscherung nebeneinander vorkommen, beweist ein von N. Platon geöffnetes Kuppelgrab bei Praisos, der submykenischen Epoche IIIc zugeschrieben, das in zwei Sarkophagen einmal die Aschenurne eines jungen Mannes, daneben eine unverbrannte Leiche enthielt.

Auch für die Menschenopfer beim Heroenkult erbrachte die Spatenforschung unmittelbare Beweise. Tatsächlich hat man in zyprischen Gräbern Skelette von an Händen und Füßen gefesselten Menschen als ‹Türhüter› (allerdings mit dem Gesicht nach unten) gefunden; außerdem Tote neben Opfersteinen mit Blutabflußrinnen. Andernorts wurden die echten ‹Türhüter› durch Statuen (man erinnere sich an das Grab des Tutenchamun) ersetzt. Tieropfer bei einer Bestattung sind reichlich belegt: Pferdeskelette finden sich in Gräbern seit der mittleren Bronzezeit, so auch in minoischen Anlagen. In Oxylithos auf Euboia fand man über jedem Toten Knochen von Rindern, Schafen, Ziegen, Schweinen und Hunden, praktisch von allen Nutztieren des ehemaligen Besitzers. Jeweils bestimmte Stücke von Tierknochen finden sich auch manchmal zusammen mit Menschenknochen in Amphoren auf dem Kerameikos-Friedhof des alten Athens.

Gruben und Rinnen in Gräbern kennt man auch aus Griechenland nicht selten, so etwa vom Grab der Klytaimnestra, vom Kuppelgrab 2 von Malthi, von Damania Monophatsiou auf Kreta, von Prosymna, von Pylos und von Tragana. Daß es sich dabei um keine Schleif- oder Wagenspuren handeln kann, ist bei der Enge mancher dieser Gräber selbstverständlich. Eher dürfte es sich um Opferrinnen (wie im zyprischen Beispiel) handeln. Ähnliche Rinnen sind übrigens auch vor den Pithos-Gefäßen des neuen Ausgrabungsgeländes von Mallia auf Kreta zutage gekommen.

Gefunden wurden des weiteren Kylikes (Trankgefäße) mit hohem Fuß für das Trankopfer am oder im Grab sowie durchlöcherte Gefäße für Spendengüsse im oberen Teil des Grabschachtes. Die auch bei Homer oft genannten Dreifüße tragen auf Totenszenen (Aschen-)Urnen. Um die Larnax in Kasten- oder Badewannenform, wie sie auf Kreta und in Mykenä sowie in archaischer Zeit in Zentral- und Großgriechenland gebräuchlich war, stellte man klagende weibliche Tonidole mit erhobenen Händen (und nur teilweise bedeckter Brust).

Derartige weibliche Tonidole mit klagend erhobenen Händen hat man auf Kreta in großer Zahl gefunden, und zwar nicht nur in ‹Heiligtümern› (Gazi bei Heraklion), ‹Landhäusern› (Kannia bei Gortyn), sondern auch im Palast von Knossos selbst (im ‹Heiligtum der Doppeläxte›). Die Darstellung der Klageweiber zeigt häufig – wenigstens andeutungsweise – die entblößte Brust, was an die antiken Berichte vom Verhalten der ägyptischen Klageweiber beim Tode von Angehörigen erinnert, die sich ebenfalls in dieser Weise entblößten. In Verbindung mit Klageweibern gezeigte Schlangen lassen sofort an die berühmten «Schlangengöttinnen» aus dem Palast von Knossos denken. Auch hierbei dürfte es sich um nichts anderes als um derartige Grabbeigaben in Gestalt klagender Tonidole handeln.

Die Badewannenform vieler kretischer Tonsärge hat E. Cahen an die Vorstellung von einem «ewigen Bad» denken lassen. Es ist aber zu bezweifeln, daß die in ihren Abmessungen viel zu kleinen und dennoch ausgesprochen unhandlichen badewannenförmigen Tonsärge jemals zum Baden gedient haben. Hierfür dürfte man sich eher der praktischeren Holzgefäße bedient haben, die sich – ohne allzu großes Gewicht – in geeigneter Größe herstellen lassen.

Für altkretische Goldfunde von Interesse sind unter anderem goldene Mundbleche als Kieferstütze zum Verschließen des Mundes vor Einsetzen der Totenstarre, wie man sie in eindeutig altgriechischen Gräbern gefunden hat. Möglicherweise stellt ein auf der kleinen Insel Mochlos im nordkretischen Mirabello-Golf gefundener Teil eines Goldschmuckes («Reif») ein derartiges Mundblech dar.

Die vielfach geübte stilgeschichtliche Trennung in mykenische, protogeometrische und geometrische Zeit könnte den Eindruck erwecken, es habe sich dabei stets aufs neue um eine völlig andere Bevölkerung mit eigenen Sitten und Gebräuchen gehandelt. Daß dem offenbar nicht so ist, zeigen Friedhöfe mit kontinuierlicher Belegung. Hierzu schreibt Zehetmaier: «Die Periode des griechischen Mittelalters schließt sich in ihren ersten Anfängen unmittelbar der ausgehenden mykenischen Kulturepoche an. An den Fundstätten sind oft die mykenischen Vasenscherben mit solchen des geometrischen Stils vermengt, so zum Beispiel in der eleusinischen Nekropole und in der Gruftanlage von Spata, so daß es oft recht schwerfällt, die Gräber mit ihren Bestattungsarten diesem oder jenem Zeitabschnitte zuzuweisen. Die beiden Kulturen gingen eben im griechischen Mutterlande und auf Kreta allmählich ineinander über, und die ältere mykenische wurde von der sogenannten archaisch-griechischen Zeit abgelöst.» Da auch zwischen der minoischen Kultur auf Kreta und der mykenischen gewisse gleitende Übergänge nicht von der Hand zu weisen sind, und da sich die minoische Kultur der Bronzezeit aus neolithischen Anfängen heraus entwickelt, kann offenbar von einer plötzlichen, katastrophalen Auslöschung dieser ethnischen Kulturträger keine Rede sein. Bei allem Wandel im Stilempfinden, im künstlerischen und technischen Detail bleibt dennoch eine gewisse kulturelle Kontinuität gewahrt. Daß die minoische und die mykenische Kultur reicher und zugleich künstlerischer erscheinen mag als die geometrische Epoche, so daß man geradezu von einem Zerfall des Kunstempfindens gesprochen hat, ist nicht auf das plötzliche Erlöschen der alten Bevölkerung des agäischen Raumes zurückzuführen, sondern beruht mehr auf einer allgemein zivilisatorischen Entwicklung. An die Stelle einiger weniger reicher Familien der Bronzezeit, die ihre Toten mit ihrem kostbaren Besitz unter allen nur erdenklichen Opfern an Schmuck, Nahrung, Tieren und gar Menschen ganz im Geiste altmediterranen Totenkultes bestatten, tritt eine rasch zunehmende Bevölkerung aus zwar nicht reichen, aber doch wohlhabenden Bürgern, mit kommerzialisiertem Geschmack, der zu stilistischem Abgleiten in die Serienfertigung, zur Abkehr von echtem künstlerischem wie religiösem Empfinden sowie zum Umfunktionieren des alten Totenritus in eine bürgerliche Statushandlung neigt. An die Stelle alter, echter Hand- und Wertarbeit treten massengefertigte Keramiken, an die Stelle des ursprünglichen Totenhauses, Fels- oder Hügelgrabes einfache Grabhügel, an die Stelle echter Opfer für den Toten mehr und mehr wertlose ‹Beigaben› als Ersatz für die dem Toten eigentlich zustehenden wertvollen Stücke des persönlichen Besitzes.

Aber diese Entwicklung hatte sicherlich auch ihr Gutes. Wer wollte sich schließlich darüber beschweren, daß an die Stelle echter Blutopfer von Mensch und Tier nach und nach Idole und Votivbilder treten, daß man nicht mehr ‹Begleiter›, ‹Türhüter›, Frauen, Sklaven, Dienerschaft, Pferde und Vieh in Fleisch und Blut, sondern mehr und mehr Bronze- oder Tonstatuetten ersatzweise darbrachte, und daß an die Stelle der doch recht makabren Methoden der Trocken- und Naßmumifizierung die einfache Erdbestattung (neben der Feuerbestattung der Krieger im Felde, der Diktatoren- und Epidemie-Opfer) trat? Die in alter Zeit weitverbreitete Hockerstellung der Toten ist in den oblongen (länglichen) Schachtgräbern der Friedhofsanlagen von Eleusis noch bis in die archaisch-griechische Zeit üblich, wenn auch die Zahl der Hockergräber mit der Annäherung an die klassische Periode langsam abzunehmen scheint, so daß schließlich die Bestattung in ausgestreckter Haltung bei weitem überwiegt.

Die Bestattung in Tongefäßen (Pithoi) bleibt in Eleusis am längsten den Kindern vorbehalten, und zwar noch bis in die geometrische Zeit hinein. Außer den Knochen der unverbrannten Leichen finden sich Tongefäße kleineren Ausmaßes mit Totengaben sowie einzelne kleinere tönerne Kugeln in den Pithoi. Erwachsene wurden offenbar zum Teil verbrannt, wie die 19 bei Eleusis gefundenen Brandplätze *(Pyrai)* erkennen lassen. Dabei nimmt die Größe der Pyrai aus mykenischer Zeit im Osten der Nekropole zur geometrischen Zeit im Westen des Bestattungsfeldes sichtlich ab. Brandplätze, auf denen man die verkohlten Gebeine nicht sammelte, sondern überdeckte, stellten offenbar die einfachste Form der Bestattung dar. Bedeutendere Tote erhielten *osteodocha angeia*, Aschenurnen mit geometrischen Motiven in Gestalt oft schön verzierter Amphoren (nie so einfach gestaltet wie die leichenbergenden Pithoi), die aufrecht stehend in die Erde gesenkt wurden, sei es ohne weitere Vorkehrung, sei es inmitten einer Steinpackung, eines Urnengrabes oder gar einer Steinkiste, die selbst zur Aufnahme eines nicht eingeäscherten Leichnams ausgereicht hätte. Die Pithoi der eleusinischen Nekropole hingegen sind meist seitlich liegend in den Erdboden versenkt, wobei eine Steinplatte, eine Tonplatte oder ein Bronzedeckel die Öffnung verschließt.

Bei Vurva in Ost-Attika war ein Hügel mit insgesamt sieben Brandgräbern aus dem 7. Jahrhundert vor Christus erhalten, die möglicherweise einem vornehmen Rittergeschlecht zuzuschreiben sind, während die übrige Bevölkerung dieser Zeit daneben auch die Erdbestattung übt. Nahm man in der Bronzezeit häufig die Erhaltung des Leibes als wichtige Voraussetzung für die Bewahrung der Seele, die sich zwar vom Körper gelöst hat, aber doch zweitweilig wieder in diesen zurückzukehren vermag, so setzt sich – sicher nicht zuletzt unter dem Einfluß der großen Dichter der homerischen bis klassischen Epoche – mehr und mehr die Erkenntnis durch, daß «die Seele durch das Feuer nicht gebannt und vernichtet werde», wie es Aischylos (‹Choëphoren›, V, Vers 324 ff.) über 400 Jahre vor Christus wörtlich formuliert. Dennoch werden selbst noch bis in die hellenistische Zeit hinein Hügelgräber wie das von Eretria mit gewölbter Grabkammer gebaut, die aus Stein gehauene Totenklinen (sitzbankartige Totenlager) und Thronsitze aus Stein enthalten. Statt jedoch die Toten wie einst auf die Kline zu betten oder auf dem Totensitz zu verehren, werden Klinen und Thronsitze inwendig ausgehöhlt und mit der Asche der Toten gefüllt, obwohl die Klinen mit 1,9 m Länge und 0,9 m Breite zur Niederlegung unversehrter Leichen durchaus groß genug gewesen wären.

Schließlich setzte sich wohl mehr und mehr die Vorstellung durch, die Seele könne, nachdem sie den vergänglichen Leib verlassen habe, der Grabbeigaben nur dann teilhaftig werden, wenn jene verbrannt (also ebenfalls in unsichtbare, gleichsam ‹ätherische› Form überführt) worden seien. So berichtet Herodot (5, 92) vom korinthischen Tyrannen Periander, dem seine verstorbene Gemahlin Melissa im Traume erschien und sich beklagte, sie wäre in der Unterwelt nackt und müsse frieren, weil die kostbaren, dem Erdbegräbnis beigegebenen Gewänder nicht verbrannt worden seien. Da läßt Periander flugs alle Frauen Korinths im Aphroditetempel versammeln, wo sie ihre sämtlichen Kleider ablegen und zugunsten Melissas verbrennen müssen.

Während man in Athen auf dem Friedhof vor dem Dipylon schon im 7. Jahrhundert den Toten unverbrannt ausgestreckt auf dem Rücken liegend bestattet, um ihn herum eine Anzahl von Gegenständen, die er auch im Leben benötigte (Schwert, Lanze, Diadem u. a. m.), finden auf den Inseln vereinzelt noch im sechsten vorchristlichen Jahrhundert Pithos-Bestattungen statt (Thera, Neandria). Daneben finden sich in den Nekropolen auch monolithische Särge, Tonsärge, Ziegelsärge aus Platten zusammengesetzt, Röhrensärge in Gestalt von Wasserleitungsrohren, Kammergräber (zum Teil mit Totenklinen), Ossilegien (zur Aufnahme unverbrannter, von anderer Stelle überführter Knochen), Osteotheken (kleine, flache Höhlungen mit Terrakotta-Platten ausgelegt, zur Aufbewahrung von Knochen und Asche), oblonge Gräber für Erdbestattungen oder zur Aufnahme von Aschenurnen (obwohl in manchen Fällen das Grab für einen unverbrannten Leichnam groß genug gewesen wäre) und Hügelgräber. Wie später im antiken Rom, so haben die Gesetzgeber Athens Mühe, den Aufwand für Leichenbegängnisse einzudämmen. Solon untersagt ausdrücklich das Schlachten von Rindern auf den Gräbern.

Fest steht jedenfalls, daß im alten Griechenland Erd- und Feuerbestattung gleichzeitig nebeneinander in Gebrauch waren, wobei nach den Statistiken von Zehetmaier für die Zeit von 600 bis 300 v. Chr. die einfache Erdbestattung offenbar überwiegt, und zwar selbst in den Zeiten, in welchen die ‹heroische Bestattungsart› des Verbrennens durchaus weite Verbreitung besaß. Anders war es freilich auf den Schlachtfeldern. So konnte man beispielsweise die Brandgräber von Marathon und Brandstätten von Plataiai, hier nach Stämmen geordnet, lokalisieren. Während man jedoch die Sieger von Marathon nach der Verbrennung an Ort und Stelle begrub, überführte man die Toten von Plataiai nach der Einäscherung nach Athen, wo sie – wie die Gefallenen anderer Feldzüge – mit militärischen Ehren beigesetzt wurden. Die toten Makedonier von Chaironia, wo Philipp II. über die Athener und Thebaner 338 v. Chr. gesiegt hatte, ruhen seit dem Leichenbrand unter einem Grabhügel von über 70 Meter Durchmesser und mehr als 7 Meter Höhe. Die Brandschicht selbst überdeckte mit 0,75 m einen Durchmesser von zehn Metern. Als man eine Fläche von 100 Quadratmetern davon freilegte und genau untersuchte, ergab sich, daß nur noch die dicksten Knochenstücke von Oberarm- und -schenkelknochen erhalten waren. Die Überreste der Gefallenen waren nicht in Urnen gesammelt worden, doch hatte man Vasen und kleine Becher aus feinem hellem Ton mit schwarzem Firnis beigegeben.

Bis in die vorgeometrische Epoche geht der Brauch zurück, die Grabstätte durch eine Stele zu markieren oder eine Tonvase über dem Grab einzulassen, durch deren durchbrochenen Boden Weihespenden in die lockere Verfüllung des Grabes gelangen konnten.

Wir beenden unseren in Raum und Zeit ungeheuer weit ausgreifenden Exkurs. Unsere Durchmusterung der Todesriten und Bestattungstechniken bei den alten Völkern des östlichen Mittelmeerraumes mag manchem Leser makaber erscheinen. Mir wurde sogar von wissenschaftlicher Seite, aber mit unwissenschaftlicher Einseitigkeit vorgeworfen, meine Deutung der minoischen Paläste als Totenpaläste habe mich zur Nekromanie, ja zur Nekrophilie verleitet. Diesen schalen Wortwitz kann man getrost überhören. Denn seit wann wäre denn der Verfasser einer Arbeit über Probleme der Pathologie gleich ein Hypochonder?

Soviel dürfte unsere Reise in die Vergangenheit deutlich gemacht haben: Die Einstellung des vorchristlichen Menschen zum Tode war grundsätzlich anders; der Tote spielte im Diesseits der Lebendigen eine ungeheuer wichtige Rolle; religiöse Vorstellungen und Sitten waren jahrtausendelang bei vielen Völkern im Osten des Mittelmeers gleichermaßen wirksam, die ethnische Herkunft, die verschiedenen Sprachen, die Staatsform, die Entwicklung einer Kultur nehmen sich vergänglich und be-

69 Knossos. Mehrgeschossige Anlage mit Andachtsräumen im Obergeschoß und Grabkammer im Untergeschoß. Man vergleiche mit Herodots Bericht von den je zwei entsprechenden, übereinanderliegenden Räumen des ägyptischen Labyrinths

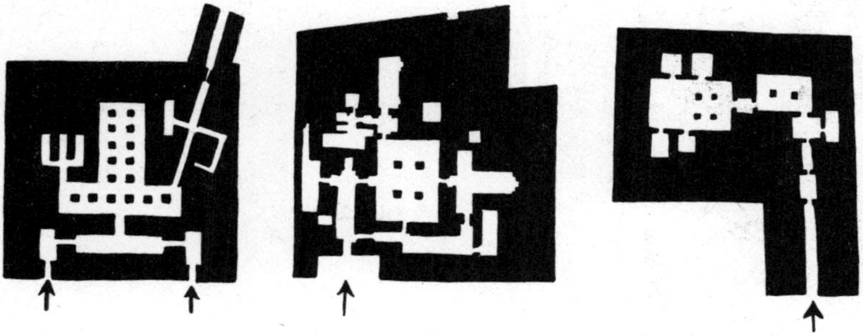

70 Bis zum 14. Jh. v. Chr. weisen ägyptische Grabbauten abgeknickte Zugänge (und Mehrgeschossigkeit) auf:
Beispiele abgewinkelter Zugänge altägyptischer Grabbauten:
Gise: Taltempel unterhalb der Chephren-Pyramide (4. Dyn.)
Sakkara: Mastaba des Prahhotep (5. Dyn.)
Theben-West: Felsengrab Amenophis' II. (18. Dyn.)

schränkt aus neben der eminenten Dauerwirkung, die der Todeskult in diesem Kulturenkreis durch sehr lange Perioden besessen hat. Dies sollte eigentlich niemanden wundern. Die christliche Religion mit ihrer ganz andersartigen Jenseitserwartung und Diesseitsverachtung hat immerhin zwanzig Jahrhunderte lang das Denken und Leben von Milliarden Menschen bis in alltäglichste Einzelheiten hinein geprägt.

Sicherlich fällt nunmehr ein fahles, magisches Licht auf die kretischen Funde; an die glanzvolle Festbeleuchtung, in welcher Evans und seine Schüler diese minoische Welt sehen wollten, können wir nicht länger glauben. Aber dafür erkennen wir jetzt, wie logisch und konsequent das minoische Kreta sich in seine geographische und kulturelle Umwelt einfügt. Der minoische Traum ist ausgeträumt. Die minoische Wirklichkeit steigt vor uns auf, verwandelt zwar, doch nicht weniger schön und faszinierend.

Drittes Buch: Im Schatten des Minotaurus

17. Nachrichten aus einem Totenhause

Das kretische und das ägyptische Labyrinth · Viele Räume sind ‹doppelt›, die einen unter, die anderen über der Erde · Gaukönige oder Pharaonen? · «Osiris, König Usermare» · Palast der Doppelaxt, Palast am See? · Von Totentempeln, Totenpalästen und Nekropolen · Frischluft für die Toten · «living dead» – Sasa und Zamani · Gespräch mit dem Jenseits · Heilmittel ‹Mumia› · Oben Wohnung, unten Grab? · Wer wohnte in den Palästen?

Wie hatte Strabo vom Labyrinth, dem ägyptischen bei Hawara gesagt? «Da ist eine tischförmige Ebene mit einem großen Palast, der sich aus so vielen Palästen zusammensetzt, wie es ehemals Bezirke gab. Es gibt eine gleiche Anzahl von Höfen, die von Pfeilern eingefaßt sind, einer an den anderen sich anschließend, alle in einer Linie, *ein* Bauwerk bildend, wie eine lange Mauer, davor liegend die Höfe. Da sind viele gedeckte Gänge mit sich windenden Durchlässen, so daß kein Fremder den Weg hinein und hinaus ohne Führer finden würde.» Und von Herodot hören wir: «Die Flucht dieser Kreuz- und Querwege durch die Höfe, der bunteste Schmuck allenthalben – das alles ist voll unzähliger Schönheiten; von den Höfen tritt man in die Kammern, von den Kammern in die Säulenhallen, dann wieder in Kammern und wieder in Höfe . . . Zwei Arten von Kammern sind in dem Gebäude, unterirdische und oberirdische . . . Durch die oberirdischen Gemächer bin ich selber gegangen und spreche also aus eigener Anschauung; von den unterirdischen habe ich nur erzählen hören. Die Aufseher wollten sie mir durchaus nicht zeigen. Sie sagten, es ständen die Särge der Könige, die das Labyrinth gebaut, und der heiligen Krokodile darin.»

Genauer kann man den Eindruck kaum beschreiben, den der Palast Knossos einst auf seine Besucher gemacht haben muß und teilweise noch heute auf den unbefangenen Touristen macht, sofern er versäumt hat, sich am Eingangskiosk einen der modernen genauen Lagepläne zu besorgen. Selbst die abgeknickten Zugangswege mit den ‹Geisterfallen›, die Zentralhöfe, die Säulenvorhallen, der ‹weiße Stein› werden erwähnt. Die offenkundig mit Fleiß ‹widersinnig› angelegten Knickkorridore nennen wir in Analogie zu den modernen Lichtschleusen vor fotografischen Dunkelkammern «Geisterschleusen». Sie dienten den Labyrinth-Erbauern zur Abwehr schädlicher Einflüsse, sei es von draußen ins Innere der Anlage, sei es umgekehrt: von innen nach außen. Der kundige, in den komplizierten Grundriß des Palastes von Knossos eingeweihte Mensch vermag sich hindurchzutasten. Fremde Zauber hingegen, in Gestalt böser Mächte in oder um den Palast herum, finden nicht den richtigen Weg, ihnen wird der Zugang verwehrt. Offenbar vertraut man nicht auf die Wirkung der Kultschilde allein, die im Prinzip genau demselben Zwecke dienen.

Man muß zwar bedenken, daß die ägyptische Anlage allen zwölf Gauen Ägyptens diente und nicht nur dem einen fruchtbaren Siedlungsland um Knossos. Aber für die begrenzten kretischen Verhältnisse ist das Labyrinth von Knossos schon verwirrend genug.

Klar hat Herodot ein Bauprinzip herausgestellt: viele Räume sind ‹doppelt›, nämlich über und unter der Erde. Auch in Knossos finden wir in den ‹Gemächern der Königin›, im ‹Haus des Oberpriesters› und an anderen Stellen diese Verdoppelung. Der oben gelegene Raum wird mit dem unteren durch Treppen verbunden. Oben ist der Zutritt noch gestattet; es sind Kulträume. Unten ruhen die Toten, deren irdischer Leib in seiner Verwandlung für das Jenseits nicht gestört werden darf. Wenn die ‹Gemächer der Königin› überhaupt für eine Dame angelegt worden sind, so hat sie nicht oben geschlafen und eine Treppe tiefer gewohnt (und gebadet), sondern oben war der Kultraum für die Lebenden, darunter aber Totenwohnung und Sargkammer.

«Sie sagten, es ständen die Särge der Könige darin.» Herodot drückt sich wissenschaftlich vorsichtig aus. Er hat die Sargkammern nicht selbst betreten. Man wird ihm auch schon aus Geheimhaltungsgründen nicht alles gezeigt haben. Aber so viele Könige auf einmal? Annähernd 1500? Diese Zahl hätte ausgereicht, alle Pharaonen von der ersten bis zur letzten, der dreißigsten Dynastie unterzubringen. Man weiß jedoch, daß die meisten Pharaonen bereits an anderer Stelle beigesetzt wurden. Mit «Königen» meinten die ägyptischen Führer auch gar nicht ‹Pharaonen›. Sonst hätten sie nämlich von Göttern gesprochen. Im Hieroglyphentext liest sich die Anrede für einen Pharao nämlich etwa so: «Im 14. Jahr im dritten Monat der zweiten Jahreszeit am 6. Tage wurde Osiris, König Usermare (Ramses II.) gebracht, um ihn wieder zu bestatten in dem Grab des Osiris, Königs Menmare Sethos (I.): durch den Oberpriester des Amun, Pinutem.» Im Labyrinth von Hawara namens Lopero-hunt (Lapyri-nth = Palast am See, wobei wir bedenken müssen, daß nur die Folge der Konsonanten L-p(b) – r – n – t(h), nicht aber die Höhe der Vokale aus dem Ägyptischen überliefert ist) wird nicht von Osiris-Königen gesprochen. Als Pharao war der ägyptische König zugleich Gott, und zwar Osiris, der Vegetations- und Totengott, Sohn des

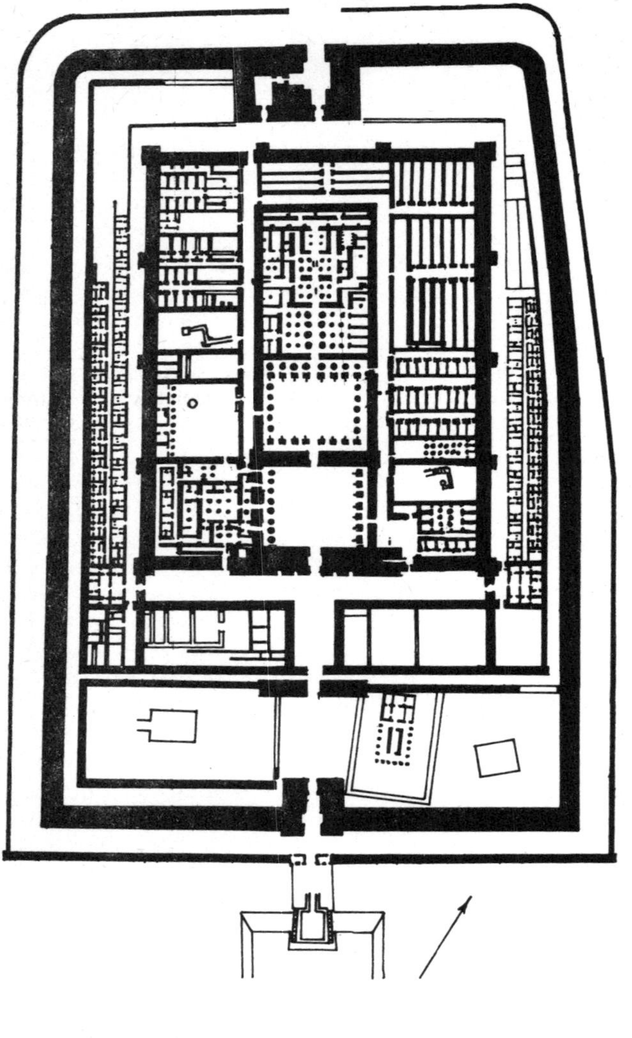

71 Medinet Habu: Totenpalast Ramses' III. Die Anlage dient nicht der Aufbewahrung des toten Pharao (er ruhte im Tal der Könige), sondern seiner Totenverehrung und Ausstattung für das Jenseits. Im Gegensatz zu Grabbauten daher kein abgeknickter, sondern gradliniger Zugang. Man beachte die Magazine

Ptah, des Schöpfergottes und Stadtgottes von Memphis. Von der Vegetation hing alles Leben im Nilland ab. Wie mit dem Messer gezogen ist die Grenze zwischen dem fruchtbaren Niltal und der lebensfeindlichen Wüste zu beiden Seiten. Der dem Pharao zustehende Totenkult mit den aufwendigen Pyramiden und Totentempeln hatte den Zweck, den verstorbenen Osiris zu versöhnen, also als Vegetationsgott gnädig zu stimmen.

Die 1500 Grabkammern und Totenwohnungen im Labyrinth waren nicht für Pharaonen, sondern für ‹Gaukönige›, Fürsten, Prinzen von Geblüt und ähnliche hochgestellte Persönlichkeiten der 12. Dynastie des Mittleren Reiches bestimmt. Eine ungeheure Grablege, wohl die größte, die je als einheitliche Anlage konzipiert und gebaut wurde!

Das Labyrinth ist also kein Toten*tempel* im eigentlichen Sinn. Darunter versteht man in Ägypten ein Bauwerk des Totenkultes, in welchem der Tote selbst nicht beigesetzt ist. Also beispielsweise Taltempel am Fuß der Pyramiden für die Totenzeremonie oder Totentempel wie das Ramesseum in Theben-West für die göttliche Verehrung des Verstorbenen, dessen Kultbilder zwar im Tempel aufgestellt sind, der jedoch selbst im Tal der Könige in einem Felsengrab bestattet wurde.

Die gewaltige Anlage des Totentempels von Medinet Habu (Theben-West), errichtet für Ramses III. (1181–1150), wurde insgesamt von nur zehn Leuten bewohnt und unterhalten: einem Aufseher, zwei Schreibern und sieben Bediensteten, die den täglichen Totendienst zu verrichten hatten. Von der Wohnstadt auf der Ostseite des Nils war diese kleine Gruppe so gut wie völlig abgeschnitten. Immer wieder kam es vor, daß die Bediensteten aus dem Gefühl der Verlassenheit und aus Angst vor den Geistern des Jenseits auf das andere, östliche Nilufer flohen und mit Polizeigewalt zurückgebracht werden mußten. Der Papyrus Nr. 10 494 der Staatlichen Museen Berlin (Verbleib nach 1945 unbekannt; veröffentlicht von Gardiner in ‹Proceedings of the Society of Biblical Archaeology› 31, London 1909) berichtet von einem solchen Fall sowie von der Einsamkeit des Aufsehers auf seinem verlorenen Posten: «Was uns hier angeht, so wohne ich in dem Tempelbezirk von *(Medinet Habu)*. Du kennst die Verhältnisse, unter denen wir hier wohnen, sowohl drinnen wie draußen. Was die Söhne der Totenstadt Cher *(auf dem Westufer)* betrifft, so sind sie in Nowet *(der Wohnstadt auf dem Ostufer)* angekommen und haben sich dort niedergelassen. Ich wohne hier ganz allein mit dem Schreiber Zaroj und dem Schreiber der Soldaten Penta-hit-nacht. Mögest Du veranlassen, daß die Männer der Totenstadt eingefangen werden, mögest Du sie mir auf dieses Ufer bringen lassen ... Wenn aber irgendeiner der großen Burschen sich empören sollte, so lasse ihn hierherkommen ...» Es war fast eine Verbannung, in der menschenleeren Totenstadt Cher auf der Westseite des Flusses leben zu müssen. Ganz undenkbar, daß ein lebender Pharao hier Hof gehalten hätte. Die an die Totentempel angebauten Paläste dienten *nicht dem lebenden* Pharao als Residenz, *sondern dem toten* als Wohnstatt für seine unsterbliche Seele.

Unter einem Labyrinth aber hat man tatsächlich ein Bauwerk zur Leichenbergung zu verstehen, das heißt, es dient nicht nur der Totenzeremonie und dem Totenopfer, sondern auch der Aufbewahrung der Toten. Deshalb habe ich in meinem Vorveröffentlichungen von Toten*palästen* gesprochen, ganz bewußt im Gegensatz zu Totentempeln. Tempel im eigentlichen Sinne finden sich in kretischen Palästen allenfalls als spätere Anbauten, wie etwa der Rhea-Tempel von Phaistos.

Aber auch eine Nekropole ist das Labyrinth nicht. Unter Nekropolen sind Toten*städte* zu verstehen, in welchen die Toten einzeln oder gemeinsam in Totenwohnungen oder Totenhäusern untergebracht sind. Nekropolen können sich an Labyrinthbauten anschließen. Das Labyrinth hat jedoch über die eigentliche Funktion als Totenhaus oder -wohnung hinaus noch weitere Aufgaben als geistiges Zentrum der umgebenden Siedlungsstätten, als Kultstätte, Versammlungsort, Arena, Archiv und Schreibstube, als Gerichts-, Hinrichtungs- und Opferstätte und anderes mehr. Hierzu dienen die großen Höfe und Nebenanlagen ebenso wie zu den großen Begräbnisfeierlichkeiten, die mit kultischen Spielen, Wettkämpfen mit Musik, Tanz und Gelagen begangen werden.

Was man unter einem Labyrinth zu verstehen hat, daß dort in den unterirdischen Räumen Tote ruhen, war in der Antike also durchaus bekannt. Daß es sich nicht um ein Wohnpalais lebender Könige gehandelt hat, geht aus Herodots Augenzeugenbericht nur allzu deutlich hervor. Aber dieses historisch genaue Wissen des Vaters der Geschichte wurde den modernen Wissenschaftlern nicht bewußt. Die Faszination der knossischen Funde von Evans war so überwältigend, daß man von Parallelen, gar Vorbildern für dieses einzigartige Wunder nichts wissen wollte. Und selbst als die Kamares- und postpalatialen Vasen und die Keftiu-Prozessionen in ägyptischen Gräbern auftauchten, wollte man unbedingt an dem einmal konzipierten schönen und liebgewordenen Bild vom minoischen Paradies und seinem verwunschenen Wohnpalast festhalten. Daher auch die rein minoische Deutung des Begriffes Labyrinth als «Palast der Labrys», der Doppelaxt. Schon Plinius der Ältere (geboren im Jahre 23 n. Chr. in Como und gestorben beim Vesuvausbruch des Jahres 79, als er als Befehlshaber der am Kap Misenum stationierten Flotte sich zu Schiff dem Vesuv näherte, um das Schauspiel aus möglichster Nähe zu beobachten, wobei er vermutlich in Schwefeldämpfen erstickte) schreibt nicht nur vom ägyptischen und kretischen Labyrinth, sondern führt noch ähnliche Bauten von Lemnos und Etrurien unter dem gleichen

Namen auf. Die Doppelaxt ist aber ein Kultsymbol, das im wesentlichen auf Kreta, vor allem Knossos beschränkt war und bei dem ägyptischen Vorbild am Zugang zum Moeris-See keine Rolle gespielt haben dürfte.

Ganz sicher aber war bereits in der Antike die Verwendung der Labyrinthe als Grabbauten bekannt. Ihre Konstruktion mit meist dicken Mauern und dunklen Gängen, praktisch ohne Fenster, aber mit Luftschächten und Säulen-Vorhallen, läßt darauf schließen, daß es nicht so sehr auf eine gute Licht-, sondern besonders auf reichliche Luftzufuhr ankam. Deswegen hat die Witwe Merti vor über viertausend Jahren an ihren verstorbenen Sohn folgende Worte geschrieben, als sie ihn um Beistand der Götter und toten Seelen gegen einen bösen Verwandten bat: «Osiris, Erster der Westlichen, möge Dir Millionen von Jahren machen, indem er Dir Wind *(frische Luft)* in Deine Nase gibt, und Brot und Bier zu Nahrung . . .» Frische Luft für die Toten, die sich im trockenen Wüstenwind besser hielten, weil sie nämlich vermutlich als Trokkenmumien zubereitet worden waren. Frische Luft, Nahrungsmittel und Wasser bekamen die Toten im Labyrinth, teils durch Luftschächte, teils von Tempeldienern in die hierzu bereitstehenden Opferschalen und Rinnen. Erst am Ende der Hyksoszeit (etwa 1650–1542) ging man von der primitiven Trockenmumifizierung zu den immer komplizierteren Verfahren der Einbalsamierung über, wobei sich anfangs die minoischen Keftiu, später ägyptische Taricheuten, als wahre Meister der Operation und der Leichenkonservierung erwiesen. Die älteste erhaltene Königsmumie ist die des Sekenenre (um 1550 v. Chr.). Diese Zeit entspricht der spätminoischen Periode.

Im Labyrinth waren die Toten aber nicht ‹aus der Welt›. Man konnte sie zwar nicht direkt besuchen, das hätte sie in ihrer Ruhe und Verwandlung im Grabe gestört. Aber man konnte in den oberen Kulträumen Opfergaben deponieren und sich mit den Toten direkt oder noch besser brieflich unterhalten, ihnen seine Sorgen und Nöte vortragen und um Beistand bei den ‹Westlichen› bitten.

In Teilen Schwarzafrikas hat sich diese Vorstellung von den «lebenden Toten» noch bis heute im Volksglauben erhalten. Professor John Mbiti von der Universität Kampala hat in seinem Buch über afrikanische Religion und Todesvorstellung aus seiner eigenen fundierten Kenntnis als Schwarzafrikaner den Begriff des *living dead* geprägt. Aus dem Sasa, der diesseitigen Gegenwart, gelangt der lebende Tote in das Zamani, die Vergangenheit oder Ewigkeit. Im Zamani bleibt er jedoch noch in der Erinnerung der Angehörigen lebendig, solange ihm diese täglich Wasser und Totennahrung wie etwa Kolanüsse bringen. Am Grabe spricht beispielsweise eine alte Frau laut mit ihren Toten, singt ihnen etwas vor, berichtet ihnen aus Familie und Nachbarschaft, aber kann auch durchaus heftig werden, wenn nicht alles nach Wunsch verläuft. Erst die Seelen lange verstorbener Menschen ohne noch lebende Angehörige werden zu ‹Geistern›, neben den von Göttern unmittelbar erschaffenen Geistern. «Afrikaner sind notorisch religiös», sagt John Mbiti, und ich möchte hinzusetzen, sie haben sich eine Religiosität bewahrt, die auch im Mittelmeerraum und weit darüber hinaus einst allgemein verbreitet war. Die Europäer freilich haben sich von diesem religiösen Urgrund entfernt, während in Afrika entsprechende Vorstellungen bis heute lebendig geblieben sind. Nicht mit der britischen Monarchie zur Jahrhundertwende, ihren Palästen und Landhäusern hätte Evans die minoische Welt vergleichen sollen, sondern mit der Denkweise der alten Ägypter und heutigen Schwarzafrikaner, die sich vergleichsweise weniger weit vom gemeinsamen Ursprung entfernt haben.

So mußte vor einigen Jahren der aus politischen Gründen vertriebene König von Burundi nach seinem Tod in seine Residenz zurückkehren, damit er im Tode versöhnt und den Lebenden günstig gestimmt wird. Ein unversöhnter toter König ist ein mächtiger Zauber, der Unglück verheißt. Sogar die schon aus dem alten Ägypten und vom minoischen Hagia-Triada-Sarkophag bekannten Totenvögel begegnen uns hier in abgewandelter Form wieder: Fledermäuse erscheinen beim Tod des Königs, um ihn ins Jenseits zu geleiten.

Derlei Beobachtungen kann man noch heute machen. Freilich nicht mehr an den Ausgrabungsstätten. Auch fällt der Totenkult der heutigen Afrikaner in das Gebiet der Völkerkunde und nicht in das der Archäologie.

Der Partikularismus in der Wissenschaft ist oft keine Selbstbescheidung, sondern Selbstbeschränkung. Wie in der Politik geht auch in der Forschung die Beschränktheit auf die eigene kleine Provinz mit um so aggressiverem Chauvinismus einher. So nahe es auch lag, die eigene hohe Zivilisation mit Errungenschaften wie Badekomfort, Kanalisation und Spülklosett entzückt wiederzuerkennen in den Denkmälern eines jahrtausendealten aristokratischen Inselreiches – ein solches Vorgehen bleibt zutiefst unhistorisch. Methodisch sauberer und wissenschaftlich ergiebiger ist dagegen der Vergleich eines neu entdeckten archäologischen Komplexes mit benachbarten oder verwandten Kulturen. Wir kommen der Wahrheit näher, wenn wir suchen und untersuchen, ob in anderen Teilen der Erde noch alte Lebensformen und Riten lebendig geblieben sind, die als Beispiel für eine bestimmte Stufe menschlicher Denk- und Verhaltensweisen besser dienen können als die eigene moderne Erfahrungswelt Westeuropas im zwanzigsten Jahrhundert. Wenn aus der Evans-Schule der Vorwurf kommt, ich konstruiere Analogieschlüsse, so blicke ich gelassen auf dieses Wurfgeschoß – es ist ein Bumerang.

Da wir gerade bei Anwürfen sind, ein Wort zu einem der beliebtesten Schlachtrufe, mit dem man gegen meine minoischen Studien zu Felde zieht: «Däniken ist unter uns!» Meine geheime Hoffnung, Erich von Däniken werde eines Tages doch noch die Katze aus dem Sack lassen, wird sich wohl leider nicht verwirklichen. Auch auf die Gefahr hin, die geheime Strategie dieses Autors zu verraten und ihm damit seine beste Pointe zu verpatzen – ich behaupte, Däniken ist der bedeutendste und genialste Satiriker der deutschen Literatur seit mindestens hundert Jahren. In Wahrheit ist es völlig belanglos, was dieser subtile Geist über kosmische Besucher schreibt, die sich auf Erden zu ihrem Pläsier ein globales Terrarium mit versuchsweise «angereicherten» Affen eingerichtet haben. Nicht in diesen eher zufällig ersonnenen Phantasmagorien liegt Dänikens Witz, sondern in der schneidend scharfen, erbarmungslosen Satire auf eine einflußreiche Schule wissenschaftlichen Denkens. Däniken, dieser Star unter den Sternen am Himmel der literarischen Spötter, geht in seinen kosmisch-komischen Büchern lediglich einen Weg bis ans äußerste Ende, der von namhaften Archäologen vorgezeichnet und betreten wurde und den auch Arthur Evans nicht immer gemieden hat. Zur Jahrhundertwende waren Badezimmer und Spülklosetts neuester zivilisatorischer Fortschritt. Noch im alten Berlin wurde einst die Badewanne aus dem Hotel ‹Adlon› über die Linden zum kaiserlichen Schloß getragen, wenn Seine Majestät den Wunsch zu einem Bade äußerten. Prompt fand Evans Badewannen und Spülklosetts bei seinen Ausgrabungen. Vor kurzem ging die Heimgrill-Welle durch die westdeutschen Haushalte, und schon fanden sich Grillroste in den Büdelsdorfer Ausgrabungen der Jungsteinzeit. Heute ist eben die Raumfahrt der letzte zivilisatorische Schrei, also wird sie von Däniken in den Ausgrabungsstätten der alten Kulturen schon für die Steinzeit nachgewiesen. Ein göttlicher Einfall von unwiderstehlicher Komik!

Auch der landschaftliche Rahmen der altkretischen Paläste dürfte sich in den dreieinhalbtausend Jahren wesentlich geändert haben. Ausgräber und Rekonstrukteure von heute sehen die Anlagen weitgehend eingegliedert in die landwirtschaftliche Nutzung der Insel, ohne zu bedenken, daß ein beträchtlicher Teil der heutigen Rebstöcke um den Hügel von Knossos sogar erst seit den Einwanderungen aus der Türkei nach Ende des Ersten Weltkrieges von kleinasiatischen Griechen gepflanzt worden ist, die in relativ kurzer Zeit die Trauben- und Sultaninenproduktion der Insel auf den höchsten Stand aller griechischen Provinzen brachten. Heute ist die Umgebung der Paläste ein Garten, dank eisernen Ackerbaugeräts, das man erst seit nachminoischer Zeit kennt. Der minoischen Zeit war jedoch die eiserne Hacke und die Pflugschar aus Eisen unbekannt; damit war Ackerbau und Anbau von Baumkulturen weitgehend beschränkt auf die jungen Lockerböden der Schwemmlandebenen. Die steinigen, harten Gehängeböden waren damals noch nicht landwirtschaftlich nutzbar, und so lagen die minoischen Paläste einst – genauso wie die ägyptischen Totentempel – außerhalb des besiedlungsfähigen, weil bebaubaren Landes, also im Ödland außerhalb der Ökumene. Eine derartige Position eines bewohnten Königshofes wäre nur aus einem Schutzbedürfnis heraus verständlich, aber die kretischen Paläste sind offenbar nicht als Festungen konzipiert. Es ist unlogisch, Wohnstätten einer bronzezeitlichen Bauernbevölkerung, deren höchstes Gut die Herden waren, weitab von Quellen und Ackerland ansiedeln zu wollen.

Bei jüngeren stratigraphischen Grabungen auf Knossos hat man festgestellt, daß der Palast an der Stelle jungsteinzeitlicher Lehmziegelbauten steht, unter deren Fußböden Kinderleichen bestattet wurden (analog zu den Feststellungen der bayrischen archäologischen Expedition in Orchomenos zu Beginn dieses Jahrhunderts). Man glaubt ernsthaft, auch bei diesen Funden Wohnstätten vor sich zu haben, ja nimmt für die Steinzeit eine solche Intra-muros-Bestattung als üblich an, obwohl die Angst vor der Wiederkehr der Toten, und demzufolge eine strikte Trennung von Lebens- und Totenbereich, bei den Alten unverkennbar sind. Viel sinnvoller scheint es daher, auch schon in den vorangehenden Lehmziegelbauten vor der Errichtung des Totenpalastes einfache Totenhäuser zu sehen, in welchen die Leichname teils in der Erde (besonders Kinder), teils in Gefäßen oder auf Totenlagern beigesetzt wurden, bis schließlich der immer aufwendigere Totenkult zur Gestaltung der Paläste führte.

Daß man bei den Ausgrabungen der Anlagen selbst keine Knochenreste gefunden hat, entspricht durchaus den Verhältnissen in ägyptischen Totenpalästen, obwohl dort die wohl höchstentwickelte Mumifizierungstechnik und ein für die Erhaltung von Mumien geradezu einmaliges Klima zu Gebote stand. Schließlich sind praktisch alle Stätten (einschließlich des noch relativ gut erhaltenen Tutenchamun-Grabes) von Grabräubern heimgesucht worden. Und auch an eine Entwendung von Mumien als Reliquien ist durchaus zu denken: Immerhin führten selbst unsere abendländischen Apotheken noch bis vor kurzem ‹Mumia› als Heilmittel wegen des legendären Rufes übernatürlicher Heilkraft. Aber auch ein natürlicher Zerfall der Leiber ist denkbar. In Arabien werden die Toten noch bis heute in unterirdischen Kammergräbern niedergelegt, wo sie oft in wenigen Jahren völlig zerfallen, so daß das Grab nach kurzer Zeit abermals belegt werden kann. Und ein moderner ‹Grabräuber›, wenn auch von wissenschaftlich anerkanntem Niveau, Heinrich

hinein finden sich ähnliche Darstellungen auf Aschenurnen, und die Ausmalung römischer Columbarien, Sammelstätten zur Aufbewahrung von derartigen Urnen, waren in der Farbe der Trauer, nämlich blau ausgeführt.

Auf Menschen des Altertums hat die Ausgestaltung des «Wohnraums der Königin» im Palast von Knossos ganz anders gewirkt als auf uns heute: Wir sehen Delphine in heiterem Spiel, von licht-blauem Ornament umgeben. Was könnte diesseitsbezogener scheinen als eine solche Darstellung! Für Menschen des Altertums waren aber die Delphine Symbol für die Befreiung der Seelen vom irdischen Körper, vergleichbar dem christlichen Kreuzeszeichen als Symbol der Erlösung, und die blaue Farbe entspricht unserem Schwarz der Trauer. Um den Eindruck der damaligen Zeit richtig zu verstehen, muß man sich die Fresken in Schwarz und mit Kreuzen statt mit Delphinen vorstellen. Schlagartig wird einem sodann der gruftartige Charakter des Bauwerks bewußt.

Stierspiele und festliche Versammlungen, wie sie auf anderen Fresken des Palastes von Knossos dargestellt sind, hat man wohl aus verschiedenen Anlässen abgehalten. Mit Sicherheit ist aber belegt, daß Wettkämpfe aller Art und allgemeine Zusammenkünfte in alter Zeit zu Ehren der Toten stattfanden. Gerade Stierspiele gehören zur bildlichen Ausgestaltung altrömischer Aschenurnen, genauso wie greifenartige und andere Fabelwesen, wie sie uns etwa im «Thronsaal» von Knossos begegnen.

Zahlreiche der Fragen, die uns die minoische Archäologie noch offen läßt, findet man bei den Etruskern beantwortet. So etwa die Pfeilerschachtgräber (Casal Marittima), die in Mallia als Zisternen gedeutet wurden, obwohl bei dem dortigen hohen Grundwasserstand ein Schachtbrunnen mehr Wasser liefert als acht Zisternen. Die Opferschächte (*mundi subterranei)* nach Art der Cuccumella und von Marzabotto in Etrurien, wie sie in nahezu gleicher Ausbildung im kleinen Palast von Knossos und in Phaistos wiederkehren, dort freilich ebenfalls als Zisternen gedeutet, die Vergöttlichung der Toten, die heiter anmutenden, in Wirklichkeit aber meist kultisch-ernst gemeinten Grabfresken, die Fisch-, Blumen- und Vogelmotive, die Jenseits-Reise auf greifenartigen Fabelwesen und anderes mehr.

Schwarze, extrem dünnwandige Keramik in ‹metallischer› Machart ist aus vielen Kulturen der Frühzeit und bis in die Antike als Grabbeigabe bekannt. Als Beispiel wollen wir hier besonders die Kunst der Etrusker anführen. So hat beispielsweise das schon wegen seiner Kultschild-Funde erwähnte Regolini-Galassi-Grab der Gregorianischen Sammlung in Rom in größerer Zahl solche kultische Keramik von der Art des Bucchero sottile geliefert. Es handelt sich um äußerst dünnwandige Ge-

72 Alter Palast von Knossos: Kamares-Krater. Man beachte die Kettenglied-Reste am linken oberen Rand, als Metall-Imitation aus Ton gebrannt und daher nicht für den praktischen Gebrauch bestimmt!

fäße von schwarzglänzender Farbe mit metallischem Habitus, die ganz zweifellos zum Teil an die Stelle echter Metallgefäße traten. Sie nehmen in der etruskischen Grabkunst dieselbe Stelle ein wie in der minoischen Kultur zuvor die Kamares-Eierschalenware. Die kretische Eierschalenkeramik, so benannt nach ihrer zerbrechlich dünnen Wandung, gilt seit Evans als Zeichen besonders überfeinerter Kultur und höchster künstlerischer Vollendung.

Der anerkannte Etruskologe O. W. von Vacano, einer der besten deutschen Kenner der Archäologie Etruriens, hat jedoch schon vor geraumer Zeit bezüglich des Bucchero sottile genau die gleiche Frage angeschnitten, nämlich ob solche Gefäße mit zerbrechlicher Wandung überhaupt im Profanleben Verwendung gefunden haben könnten oder ausschließlich für den Totenkult angefertigt wurden. Er kommt dabei zu dem Schluß, daß die Bucchero sottile-Ware (genau wie die zu dünnwandigen Kultschilde) wohl nur für den kultischen Gebrauch in Gräbern und nicht für das tägliche Leben bestimmt war.

Besonders deutlich wird die Metall-Imitation bei minoischen Vasen-Untersätzen mit aufgesetzten plastischen Blüten sowie ähnlich gestalteten Krateren in der sogenannten Barbotine-Technik. Ein schönes Stück dieser Art aus dem alten Palast von Knossos (Kamaresstil, Mittelminoisch II um 1800 v. Chr.) zeigt sogar noch zwei Glieder einer imitierten Metallkette. Frühe minoische Keramik, wie der doppelkonische Becher aus Pyrgos in Mittelkreta (heute im Museum Iraklion), ist in Holz- und Flechtwerk-Imitation ausgeführt (um 2500 v. Chr.). Die Keramik hatte sich also offenbar zunächst an den vorkeramisch allgemein üblichen Gefäßen aus Holz oder geflochtenen Pflanzenfasern orientiert und ging zeitweilig während der Bronzezeit zur Nachbildung von Metallgefäßen über. Holzgefäße waren aber mit Beginn der keramischen Epoche der Menschheitsentwicklung keineswegs außer Funktion gebracht. Im Gegenteil, der normale Hausrat bestand auch noch bis über die Bronzezeit hinaus aus Holzgeschirr und Holzlöffel, die schnell, billig und haltbar hergestellt werden konnten, die nicht zerbrachen, wenn man sie einmal fallen ließ, und die wesentlich leichter und handlicher sind als Tongeschirr von gleicher Festigkeit. Daneben hat man wohl häufig Kürbisfrüchte als Gefäße benutzt neben geflochtenen und mit Leder ausgekleideten Behältern und Weinschläuchen aus zugenähten Tierhäuten. Die warme Verpflegung bestand aus auf heißen Steinen gebackenen Fladen sowie aus am Spieß gebratenem Fleisch. Der große Kochkessel ist wohl erst eine Erfindung der Bronzezeit.

Für Totenwohnungen waren aber Holzgeschirr, Flechtwerk und Häute nicht haltbar genug. Hier griff die Keramik als ‹für die Ewigkeit› beständiger Werkstoff ein.

Zahllose der typischen, in der Keftiu-Prozession mitgeführten Gefäße, der Trichter, Stierkopf-Rhyten, der übrigen zoomorphen Vasen, Schnabelkannen, Vasen und Meeresschnecken-Imitationen dienten sicherlich dem Totenkult und der Heil- und Balsamierkunst. Sie wurden im Grab zurückgelassen, wenn es sich um eine große Totenfeier handelte. Andere Vasen, Schalen, Pithoi waren auch für Grabbeigaben bestimmt. Opfersteine mit rundlicher Vertiefung dienten zur Aufnahme der Totennahrung, Rinnen und flache Steine mit randlichem Bord und seitlicher Abfluß-Vertiefung waren für die tägliche Wasser-, Bier- oder Weinspende an dem Grabe gedacht; also weder Lampen noch Ölmühl-Untersätze.

Auf den Linear B-Tafeln werden die zum Teil ausgefallenen Gegenstände der minoischen Grabausstattung aufgeführt, einschließlich der berühmten Dreifüße. Das Museum von Iraklion ist voll solcher seltsamen Formen, für die der von Palmer geprägte Begriff der *ghost forms,* der wirklichkeitsfremden Formgestaltung als durchaus treffend bezeichnet werden muß. Palmer hat diesen Begriff allerdings für den internen Sprachgebrauch der Linear B-Sprachwissenschaftler gedacht, aber seine *ghost forms* stehen tatsächlich in den Schauvitrinen des Museums (oder könnten unbedenklich dort stehen, ohne zwischen den anderen seltsamen Formen aufzufallen, die man kaum zum täglichen Bedarf benötigt hat).

Besonders auffällig aber war schon seit langem die Darstellung von Frauen auf Fresken und in Statuetten mit offener Brust. Man hat daraus auf eine Damenmode im alten Kreta geschlossen (und bis heute in kunstgeschichtlichen Werken immer wieder abgebildet), welche die Brüste frei ließ. Dies wurde als Zeichen besonders freier, ja fortschrittlicher

Gesinnung aufgefaßt. Tatsächlich kann man aber schon bei Herodot nachlesen, daß sich die Frauen im alten Ägypten als Zeichen tiefster Trauer die Brüste entblößten. Zahlreiche Statuetten aus den minoischen Palästen mit klagend emporgerichteten Armen, teils auch die Hände vors Gesicht oder ein Kind beschwörend emporhaltend, jeweils mit freier oder zumindest angedeuteter Brust, sind weder als Beterinnen noch als Priesterinnen, sondern als Klageweiber aufzufassen. Das geht nicht zuletzt aus einem altgriechischen Sarkophag hervor, der die Darstellung dieser Klageweiber, von Schlangen umgeben, zeigt. Und wirklich tragen auch einige dieser minoischen Klageweiber die für die Trauer charakteristischen Schlangen, weshalb man sie flugs zu ‹Schlangenpriesterinnen› ernannt hat.

Ägyptische Grabkammern zeigen immer wieder das Motiv der Frau mit entblößtem Busen als Zeichen der Trauer (etwa beim Leichenbegängnis im Grab zweier Bildhauer in Theben aus der Zeit der 18. Dynastie um 1370 v. Chr. und vielen ähnlichen Darstellungen). Die Frauen zerrissen sich, wie es auch in der Bibel steht, die Kleider und schlugen sich die Brüste.

In spätminoischen Palästen hat man das Schicksal der Witwen dadurch erleichtert, daß man Ersatzfiguren als tönerne Klageweiber vor der Sargkammer aufstellte. Diese Terrakottafiguren (beispielsweise aus dem ‹Heiligtum der Doppeläxte› im Palast von Knossos, datiert um 1300 vor Chr.) werden als «Göttinnen» aufgefaßt oder als Ton-Idole angesprochen. Über einem runden, reifrockartigen Glockenfuß erhebt sich auf schmaler Taille der Oberkörper mit Betonung der Brust, mit extrem großen emporgehobenen Armen und breitgedrücktem, primitiv bemaltem Gesicht und starrem Blick. Es sind Stellvertreterinnen der Frauen des Toten, die so der selbstmörderischen, wochenlangen obligaten Trauer bis zur Selbstaufopferung enthoben waren. Noch ist die weibliche Brust betont, jedoch schon bei Stücken um 1300 v. Chr. teilweise bedeckt.

So zerreißt man sich nach der Bibelüberlieferung die Kleider zum Zeichen der Trauer, so entblößen sich die Ägypterinnen beim Tode ihrer Angehörigen die Brust, so findet sich dieser Trauer-Gestus auf römischen Sarkophagen, bei Kelten und Germanen. Die wohl ergreifendste Szene dieser Art aber verdanken wir Homer. Im zweiundzwanzigsten Gesang der ‹Ilias› (77–80) berichtet er, wie Priamus, der greise Vater des trojanischen Helden Hektor, seinen Sohn vor dem sicheren Tod im Kampf mit Achill bewahren möchte. Als er einsehen muß, daß alles Flehen vergeblich ist, daß der geliebte Sohn den Tod im Zweikampf mit dem überlegenen Gegner sucht, reißt er sich:

«. . . das graue Haar mit den Händen zerraufend,
Haare vom Kopf, umsonst aber bat er den Hektor.
Drüben jammerte auch die Mutter mit fließenden Tränen,
Machte den Busen sich bloß und hob die Brust mit der Linken.»

Hier begegnet uns in einer eindeutigen Quelle das Entblößen der Brust als Zeichen höchster Verzweiflung und Trauer auch in der altgriechischen Überlieferung, die ja unmittelbar an das Geschehen im ägäischen Raum gegen Ende der Bronzezeit anknüpft. An der Bedeutung dieser Gesten bei nahezu allen Völkern der alten Welt ist daher wohl kaum mehr ein Zweifel möglich. Nur im alten Kreta soll es anders gewesen sein, dort ist die entblößte Brust auf einmal ein Zeichen der Heiterkeit und des Frohsinns?

Weder die altkretischen Frauen gingen, außer in tiefer Trauer, brustfrei, noch war die Männermode normalerweise ein badehosenähnliches Bekleidungsstück, auf rotbrauner Haut getragen. Alle diese rotbraunen Männergestalten der minoischen Fresken zeigen nicht den alten Kreter in normaler Tracht, sondern am ganzen Körper geschminkt und entkleidet zum rituellen Spiel. Auch auf etruskischen Grabfresken begegnet uns noch zum Teil der leicht geschürzte, rotbemalte Trauernde, wenn auch nicht mit unseren heutigen Gesten der Trauer, sondern flötespielend, trunken, gar tanzend. Wer hierbei unsere heutigen Maßstäbe anlegt, muß also zwangsläufig zu Fehlschlüssen kommen.

Die Schlangen des altgriechischen Sarkophags und der fälschlich so genannten Schlangenpriesterinnen finden wir, als mehrfache Schlangenlinien stilisiert, auch auf den mannshohen Tongefäßen, welche die Magazine von Knossos und andere Räume füllen. Es handelt sich um die gleichen Tongefäße, die im alten Griechenland und auf den Inseln noch bis in die klassische Zeit hinein als Grabpithoi, als Gefäßsärge, Verwendung fanden. Evans und seine Nachfolger haben darin Vorratsgefäße für Olivenöl und andere Nahrungsmittel gesehen, und in der Tat glaubt man auch vereinzelt Spuren von Weizen und Linsen darin gefunden zu haben. Was aber hat dann ausgerechnet das Symbol der Schlange auf diesen Krügen zu suchen?

Zum Unterschied von echten Vorratsgefäßen, wie sie noch heute stellenweise im Mittelmeerraum benutzt werden, zeigen die altgriechischen Grabpithoi die charakteristische Schlangenlinie oder ähnlichen Schmuck, verfügen über eine meist über 30 cm breite Öffnung und sind weniger stark ausgebaucht. Dieselben Grabbeigaben von persönlichem Besitz und Wegzehrung für das Jenseits, die man sonst allgemein in Gräbern jener Zeit findet, wurde auch den Toten in die Grabpithoi mitgegeben. Daß Grabpithoi meist flach liegend beigesetzt wurden, während die Pithoi in

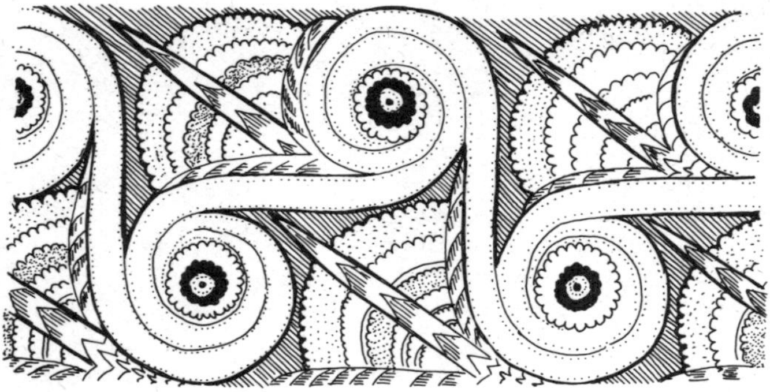

73 Spiralfresko mit Lotosblüten, Tiryns

den minoischen Palästen senkrecht aufgestellt sind, erklärt sich ganz einfach aus der Schwierigkeit, einen 1,5 m hohen Grabpithos mit etwa 1 m Überdeckung senkrecht in einem Erdbegräbnis unterzubringen, wozu eine fast 3 m tiefe Grube erforderlich wäre, was bei dem meist felsigen oder dem in den Küstenebenen hohes Grundwasser führenden Untergrund kaum durchführbar ist.

Es ist auch durchaus nicht auszuschließen, daß einige dieser Grabpithoi in den minoischen Palästen die Wegzehrung für das Jenseits für besonders bedeutende Verstorbene enthielt. Nahrungsmittel für Lebende hat man jedoch kaum darin aufbewahrt; schon das Schlangensymbol hätte die Menschen jener Zeit abgeschreckt.

Selbst so wenig beziehungsreich erscheinende Symbole wie die als Fries, auf Pithoi oder in Verbindung mit der Doppelaxt auftretenden Rosetten unterstreichen das Gesagte. Im Altertum war die Rose der Aphrodite geweiht, und wir erinnern uns, daß das Grab Minos' II. anläßlich seiner Sizilienfahrt neben einem Aphrodite-Heiligtum angelegt wurde. Die Rose stammt der Sage nach aus dem Blute des Adonis und wurde so zum Sinnbild der Vergänglichkeit des Menschen und zum Symbol des Todes. Nach alter Sitte wurden die Gräber im alten Griechenland und Italien mit Rosen bestreut und bepflanzt; ja ähnliche Rosetten finden sich noch bis in unser Jahrtausend hinein auf israelitischen, türkischen und arabischen Grabmälern. Im christlichen Gedankengut trat der Marienkult an die Stelle des alten Aphrodite-Kultes, von welchem er auch die Rose übernahm (Maria im Rosenhag). Mit dem Rosenhag oder Rosengarten sind von Wallhecken aus Heckenrosen umschlossene heilige Bezirke gemeint, wie sie im alten Mitteleuropa als Stätten des Totenkultes und kultischer Wettspiele – nicht selten auf Leben und Tod –

74 Kuppelgrab Orchomenos: Deckenverzierung mit Rosetten, Spiralen und Lotosblüten

dienten (Laurin- und vor allem großes Rosengarten-Epos, worin Kriemhild die Recken des Dietrich von Bern zum tödlichen Kampf in ihren ‹Rosengarten› einlädt). Rosen (und Krokus) pflückt Persephone, die Tochter der Demeter und des Zeus, als sie von Hades als Gemahlin in die Unterwelt entführt wird. Und ausgerechnet dieses Motiv des Blumenpflückens kehrt in Knossos wieder – allerdings als blumenpflückender Jüngling oder Affe gedeutet.

Ein in minoischen wie mykenischen Stätten immer wieder vorkommendes Motiv ist die Spirale. Sie begegnet uns schon in der sogenannten Kykladenkultur auf Specksteinbüchsen und den eigenartigen «Kykladenpfannen», auf Kreta im Schriftbild des Diskus von Phaistos, auf Kamares-Vasen, auf den Eckpfosten des Sarkophags von Hagia Triada (sowie auf dem darauf abgebildeten Altar und Grabbau), als Spiralfresko und Hintergrund des Schildmotivs von Knossos, in Tiryns als Freskoleisten und auf Tongefäßen, in Mykenä als architektonische Zierleisten, auf Grabstelen, auf goldenen Plättchen von den Gewändern der Toten aus Schliemanns Schachtgräbern, auf golden eingelegten Schwertgriffen, silbernen Kannen und Keramik. In der nachfolgenden geometrischen Periode geht die Spirallinie in den Mäander, die gebrochene Spirale, über. Noch lange hält sie sich auf Aschenurnen, Gefäßen aller Art und als Zierleiste an Bauten.

Wir treffen jedoch auch in Ägypten auf derartige Spiralen, als flache tischähnliche Platte mit plumpem Fuß und Felderteilung nach Art einer eingerollten Schlange mit augenbewehrtem Kopf in der Mitte. Auch der Brief der Witwe Merti an ihren verstorbenen Sohn ist spiralig auf eine flache Schale geschrieben. Beim ägyptischen Brettspiel galt ein flacher Stein in Gestalt einer eingerollten Schlange als Mehen, als ‹König› der Spielsteine. Das Spiel wurde von zwei Spielern auf einem Spielbrett mit 36 Feldern und 12 Figuren, je 5 schlichte und 5 mit Knauf versehenen (außer den beiden Königssteinen) gespielt. Es war allerdings kein Gesellschafts- oder Unterhaltungsspiel, sondern ging – um die Glückseligkeit im Jenseits! Max Pieper hat dieses Brettspiel der alten Ägypter durch die Kulturen verfolgen können bis hin zum Schachspiel der Inder und zu unserem heutigen Schach. Ein Papyrus der 20. Dynastie enthält außer einer Darstellung des komplizierten Spielverlaufs die Bitte an die Götter und Verstorbenen: «Sie mögen geben, daß ich eintrete in die Halle der Dreißig *(Richter, auf dem Spielbrett in Feld 7)*, und daß ich zu einem Gott werde, als Einunddreißigster ...» Wird der Gegner geschlagen, heißt es: «Ich stelle meine Steine fest in dem ‹schönen Haus› *(Feld 26)*. Ich packe *(die Steine des Gegners)* in dem Hause ‹Schöner Hinterkopf›. Meine Steine sind an der Spitze. Meine Finger sind wie ein Schakal, der die Barke zieht. Ich ergreife seine Steine. Ich werfe ihn in das Wasser. Er ertrinkt zusammen mit seinen Steinen. Deine Stimme ist wahr, so sagt er zu mir, der Mehen. Mein Herz ist froh (viel)mal.» Hier begegnet uns also die Spirale als Königsstein, ‹Schlange› Mehen, der den Sieg und damit Glückseligkeit für die Ewigkeit verleiht.

Auch die Spiralmotive und Zierleisten einschließlich des griechischen Mäanders, der ja als eine gebrochene derartige Spirallinie aufzufassen

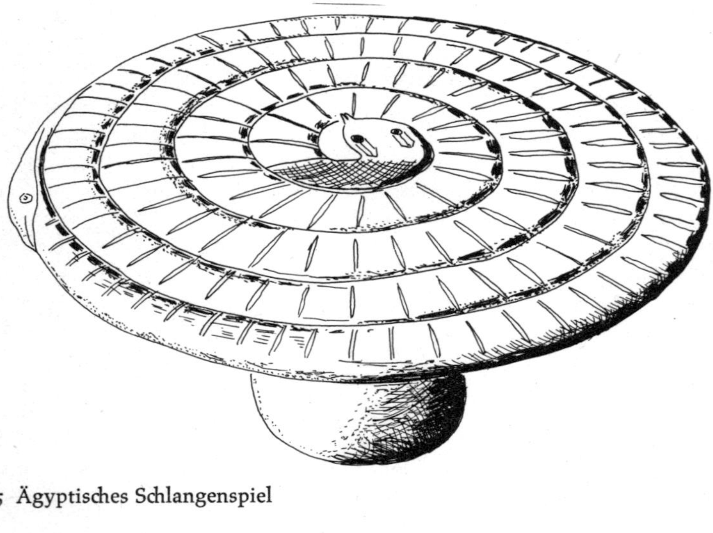

75 Ägyptisches Schlangenspiel

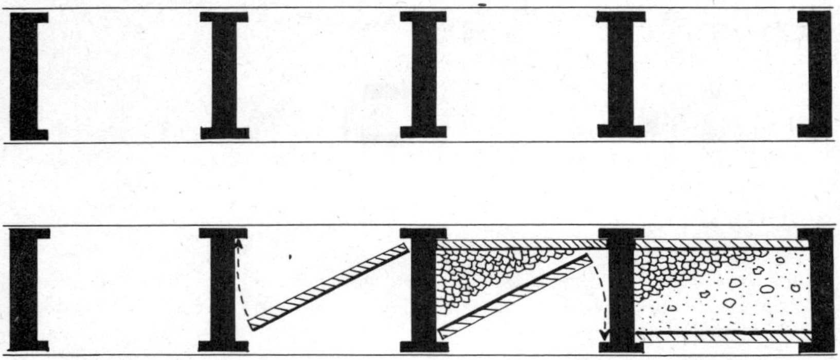

76 Viele Türen in minoischen Bauten zeigen doppelte Anschläge an den beiderseitigen Laibungen wie am Portikus von Niru Chani (Aufriß, oberes Bild). Sie konnten dauerhaft verschlossen werden, wie die untere Skizze veranschaulicht: Je zwei Platten für die Innen- und Außenseite wurden nacheinander eingefügt und in Anschlag gebracht, der Zwischenraum mit kleinstückigem Schüttmaterial aufgefüllt. Erneuter Zugang war nur durch Aufbrechen der Außenplatten möglich. Feierliches Verschließen festlicher Portale mit Mauerwerk und zeitweiliges Aufbrechen aus festlichen Anlässen im langjährigen Abstand ist auch im christlichen Ritus nicht unbekannt. Ähnliche Türprofile kennt man bereits aus altägyptischen Grabbauten

ist, bedeuten offenbar Glückseligkeit für die Ewigkeit, ob sie nun in der Kykladenkultur, bei Minoern, Mykenern, Hellenen oder später bei Römern oder bis in die Gegenwart auftreten. Nur ist uns inzwischen das Bewußtsein für diese Bedeutung verlorengegangen; wir nehmen daher diese Symbole nur noch als Zierat, nicht mehr als Glücksbringer. Hierfür haben wir unsere Schornsteinfeger oder Glücksschweinchen, die sich allerdings nur auf die Lebenden beziehen. Im altmediterranen Glauben war die Spirale aber ein Symbol der Glückseligkeit für die Toten.

Eine fast noch bedeutsamere Parallele zwischen altkretischen Bauwerken und altägyptischen Grabbauten sei hier noch genannt. Einige der Türen altkretischer Paläste sind mit schwalbenschwanzartigen Einschnitten an den Türpfosten ausgestattet, die zu einer festen Verriegelung der Türe nach dem Schließen führen. Ist der Flügel erst einmal vor die Türöffnung gedreht, so läßt er sich später nicht mehr von außen öffnen. Sofern derartige Räume keine weiteren Eingänge aufweisen, sind sie somit ‹für die Ewigkeit› verschlossen. Und nach demselben Prinzip waren auch Grabtüren vor den Felsengräbern der altägyptischen Pharaonen konstruiert!

19. Im Zeichen des Stieres

Homer mit Meßband und Stoppuhr · Was sagen uns Mythen und Legenden? · Zum Primat der Spatenforschung · Wie die Alten dachten · Wer war Minotaurus? · Stierkult oder Stieropfer? · Vom koscheren Schlachten und von alten Opferriten · Die ‹öffentlichen Häuser› der Göttin Hathor · ‹Sündenbabel› und Tempelschlaf · Die Gotteskinder Ägyptens und Griechenlands · Tempeldirne als Stammutter Europas · Der ‹Unglückliche Abend› von Tyros · Tempelkatzen und Tempelschlangen · Schlangenfraß und Schlangenorakel · Die delphischen Doppelaxtmänner · Moloch und die Isthmischen Spiele · Stierkampf ‹Mensch um Mensch›

Schon seit es eine Archäologie als Wissenschaft gibt, besteht der Gegensatz zwischen denjenigen, die mündlicher Überlieferung in Mythen und Sagen Glauben schenken und solchen, die nur den Spatenfunden vertrauen wollen. Mündliche Überlieferungen sind zu vage und ungewiß, mythische Vorstellungen zu wirr und voller Gegensätze, die Sagen zu phantastisch, als daß sich die ernste Wissenschaft damit befassen könne, so argumentieren die einen. Allenfalls für sprachliche Studien eignet sich diese Überlieferung der Alten. Der gesicherte Grabungsbefund hingegen ist frei von subjektiven Verzerrungen, jederzeit überprüfbar und modernen wissenschaftlichen Methoden zugänglich.

Andere hingegen waren von der Genauigkeit alter Überlieferung überzeugt. Heinrich Schliemann verdankte zwei seiner verblüffenden Grabungserfolge in Troja und Mykenä seinem absoluten Vertrauen auf antike Texte, denen zweifellos lange mündliche Überlieferung vorangegangen war. Er sah sich zu Beginn seiner wissenschaftlichen Tätigkeit – er trug immerhin den rechtmäßig erworbenen philosophischen Doktorgrad der Universität Rostock – einer massiven Kritik insbesondere der deutschen Fachphilologie gegenüber, weil er mit Maßband und Stoppuhr Homers Beschreibungen im Gelände nachprüfte. Sein späterer Mitarbeiter, der Architekt Professor Wilhelm Dörpfeld, berichtet noch 1932 vom Hohn und Spott, mit dem mehrere deutsche Fachgelehrte Schliemanns Arbeiten in Troja und Ithaka begleitet haben. Er fügt hinzu: «Auch ich habe diesen Spott, mit dem einige große Gelehrte später auch meine Ausgrabungen an homerischen Orten bedacht haben, stets bedauert und nicht nur für unberechtigt, sondern auch für unwissenschaftlich gehalten!» Seit sich Schliemanns unzweifelhaften Grabungserfolge nicht mehr abstreiten ließen, wandte sich die Kritik der Fachleute an dem erfolgreichen Outsider seiner ungenügenden und vor allem zu schnellen Grabungstechnik zu. Man sollte jedoch nicht vergessen, daß Schliemanns

Tätigkeit und Erfolg nicht unwesentlich dazu beigetragen haben, in weiten Kreisen der Öffentlichkeit erst ein so starkes Interesse hervorzurufen, daß man in Deutschland und anderswo allgemein bereit war, für hohe Summen subtilere archäologische Grabungen später durchführen zu lassen. Schliemann mußte seine Grabungen selbst finanzieren. Daß er hierzu in der Lage war, ist ebenfalls nur seiner eigenen Tatkraft zuzuschreiben, die man nicht durch die Feststellung schmälern sollte, er sei ein Kriegsgewinnler gewesen.

Wie steht es mit der mündlichen und frühen schriftlichen Überlieferung? Hat Homer nur Phantastereien berichtet, oder steckt hinter Mythen und Sagen ein wahrer Hintergrund? Wir haben schon an einigen Zitaten gesehen, wie genau in Homers Gesängen bestimmte örtliche Verhältnisse wiedergegeben sind. Diese Gesänge wurden zweifellos lange Zeit hindurch mündlich vorgetragen, und zwar offenbar vor einem nicht unkundigen, in Kampf und Seefahrt bewanderten Zuhörerkreis. Homer und seine Vorgänger, auf deren Überlieferung sich sein Werk stützt, konnte es sich gar nicht leisten, bei den bekannten Schauplätzen der ägäischen Welt zu ‹flunkern› oder sich bei der Beschreibung von Hausrat, Waffen und Lebensweisen zu irren. Seine Zuhörer hätten ihn einfach ausgelacht. Nur bei den nicht unmittelbar bekannten Ereignissen und Örtlichkeiten, am Rande von Zeit und Raum und außerhalb seines Zeitalters sowie an den Grenzen der damals bekannten Ökumene war Entfaltung freier dichterischer Phantasie möglich.

So erstehen aus Homers Gesängen vor unserem geistigen Auge lebendige Menschen seiner Zeit in Bild und Sprache, wie sie kein Bodenfund aus jener Epoche je wird zutage fördern können. Es ist ein Fehler zu glauben, wir könnten aus Grabungsfunden allein die Welt der Vergangenheit zum Reden bringen. Wie viele offene Fragen bleiben selbst bei der modernsten Grabungstechnik, weil die Fundstücke stumm bleiben, weil Steine nicht reden können!

Die unberechtigte und ganz einseitige Überbetonung der Grabungsbefunde kommt zwar durchaus unserer modernen, technisch orientierten, allem Übersinnlichen und nicht Überprüfbaren abholden Denkweise weit entgegen. Das darf uns aber nicht dazu verleiten, auch bei der *Deutung* der Funde ‹moderne› gedankliche Vorstellungsweisen als selbstverständlich zugrunde zu legen, so als wären Menschen der Bronzezeit solche der Gegenwart.

Selbst wenn man Homer nicht mit Zollstock und Sekundenzeiger zu Leibe rückt, so kann er uns doch, und zwar nur er, einführen in die Gedankenwelt, welche die Menschen jener Tage bewegte. Zum Verständnis des Menschen gehört das Wissen um seine geistige Konstitution ebenso wie zur Entzifferung der Linear B der Hinweis, aus welchem Anlaß die

Texte mit ihren wortkargen Aufstellungen niedergeschrieben wurden. Und Homer war der altägäischen Welt um fast 3000 Jahre zeitlich näher als wir heutigen Menschen.

Im Grunde ist die Frage – mündliche Überlieferung *oder* Spatenfunde – falsch gestellt. Der Grabungsfachmann, der Vorzeitfunde aus dem Schatz seiner eigenen Erfahrung und geistigen Konstitution der Gegenwart heraus deutet, weil ihm dieses Verfahren – und nur dieses – als logisch erscheint, kann ebenso zu falschen Schlüssen gelangen, wie der Mythenforscher, der sich bei der Auslegung alter Überlieferungen großzügig über Bodenfunde, Zeit und Raum hinwegsetzt.

Mündliche Überlieferung wie Grabungsfund für sich allein sind noch nicht ausreichend. Beides muß zusammenstimmen und ein logisches Ganzes ergeben. Dabei ist unter Logik nicht etwa zu verstehen, daß wir beispielsweise Jenseitsvorstellungen oder Totenriten alter Völker und fremder Kulturen im modernen Sinne noch als logisch empfinden. Wenn wir auf Grund mythischer Vorstellungen der Alten etwas über deren Denkweise und Vorstellungswelt erfahren, das offenkundig vom modernen europäischen Denken abweicht, so darf man bei der Deutung der Bodenfunde nicht so tun, als regiere und residiere Georg V. von England im Palast von Knossos und sein Adel auf den altkretischen Landsitzen. Die Deutung der Funde ist dann so lange nicht befriedigend gelöst, bis die erforderliche funktionelle Übereinstimmung zwischen Überlieferung und Spatenfunden hergestellt ist. Das Fehlen einer solchen Übereinstimmung ist ein deutliches Zeichen dafür, daß noch Unklarheiten der archäologischen Deutung verblieben sind. Man sollte dann nicht die Überlieferung geringschätzig in das Reich der Fabeln verweisen, sondern sich Gedanken darüber machen, weshalb es zu solcher mündlicher Überlieferung gekommen ist. Mit reiner Ablehnung des Wahrheitsgehaltes alter Mythen und Sagen ist dieses Problem nicht zu lösen. Man muß als Faktum anerkennen, daß die Alten so gedacht haben, und es ist eine durchaus gleichrangige Aufgabe ernster Wissenschaft, herauszufinden, welch realer Kern in jener Überlieferung steckt.

In diesem Sinn sind beispielsweise die Bemühungen von Karl Kerényi (‹Die Mythologie der Griechen›, ‹Die Religion der Griechen und Römer›) und Robert von Ranke-Graves (‹Griechische Mythologie, Quellen und Deutung›) von durchaus wissenschaftlichem Bezug auch für die minoische Archäologie. Was aber weiß die griechische Mythologie über Kreta zu berichten?

Der Minotaurus, ein Unwesen der griechischen Sage, halb Stier und halb Mensch, verschlang nach den Erzählungen der Alten alle neun Jahre sieben athenische Jünglinge und sieben Jungfrauen. Theseus, athenischer Held aus königlichem Geblüt, überwand und tötete schließlich den

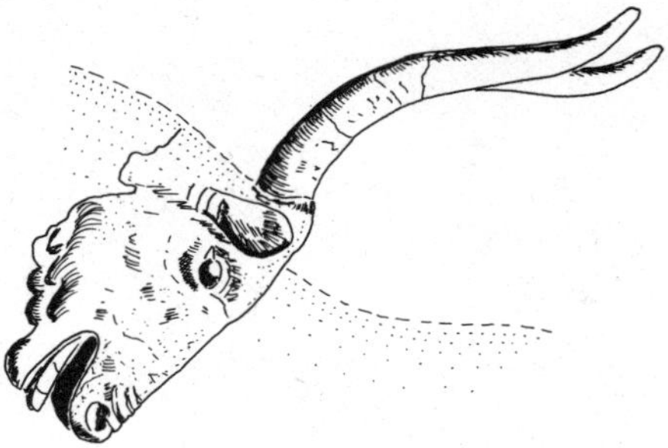

77 Stier-Fresko, Knossos

Unhold, entfloh mit Hilfe der kretischen Königstochter Ariadne dem labyrinthischen Palast des Minotaurus und befreite so seine Vaterstadt von der grausigen Tributpflicht gegenüber den kretischen Herrschern.

In den Studierstuben des Nordens hat man nicht so recht daran glauben wollen. Den aufgeklärten Geistern späterer Jahrhunderte erschienen Menschenopfer und phantastische Doppelwesen nach Art des Minotaurus von ihrer humanistischen Idealwelt so weit entfernt, daß sie die alte Minotaurus-Sage flugs in eine symbolhafte Überwindung des nichtgriechischen Stierkultes der alten Kreter durch die höhere hellenische Kultur umdeuteten.

Die Menschenopfer sollte es nie in Wirklichkeit gegeben haben, der Minotaurus sei lediglich ein Symbol des kretischen Gottes Zeus Asterios, und auch das Labyrinth, das jenem als Wohnsitz diente, schien eine reine Erfindung phantasiebegabter griechischer Dichter.

Trotz der zahllosen Stierdarstellungen, welche die Spatenarbeit von Arthur Evans in Knossos ans Tageslicht brachte, trotz der goldenen Stieranhänger aus den mykenischen Schachtgräbern Schliemanns, trotz der vielfachen Darstellungen vom Kampf des Theseus mit dem Minotaurus auf antiken Vasen, auf Wandgemälden, Reliefs, Mosaiken, Gemmen und Münzen, lesen wir bei Friedrich Matz: «‹Es gibt nichts in den minoischen Denkmälern, das auf einen Stiergott oder Stierkult deutet.› – Dieser Satz des besten Kenners der minoischen Religion, des schwedischen Gelehrten Martin P. Nilsson, ist unanfechtbar. Schon die Bedeutung des Stieropfers macht die vielen und immer wieder erneuten Versuche, einen solchen Gott nachzuweisen, eigentlich gegenstandslos.» Freilich muß er doch einräumen: «Aber die Stierspiele, die eines der merkwürdigsten und fesselndsten Motive der minoischen Kunst sind,

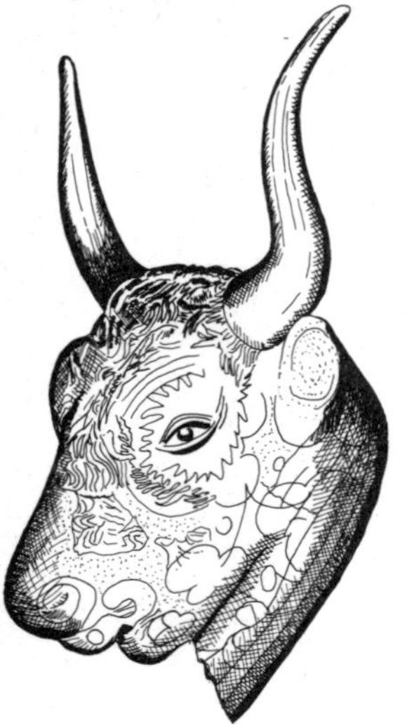

78 Stierkopf-Rhyton, Zakro

können ohne kultischen Bezug nicht verstanden werden.» Also kein Stierkult, sondern nur sportliche Betätigung mit ‹kultischem Bezug›.

Die Minoer haben Stiere geopfert, folglich können sie keinen Stiergott verehrt haben. Ist dieser Schluß zwingend? Sicher nicht. Denn auch die alten Ägypter opferten ihren Toten Stiere und verehrten gleichzeitig außer der kuhgestaltigen Hathor, der Isis mit den Kuhhörnern auch die heiligen Apisstiere. Das Serapëum nahe dem Rasthaus von Sakkara, unter Ramses II. (1290 bis 1223) durch eine Grabkammer und unter Psammetich I. (664 bis 610 v. Chr.) durch die große Galerie erweitert, birgt noch heute 24 gewaltige Granit-Sarkophage von je über 65 Tonnen Gewicht, die einst zur Aufbewahrung der Mumien heiliger Stiere gedient haben. Grabmalereien aus einem ägyptischen Felsengrab, heute im Ägyptischen Museum in Turin, zeigen die Schächtung des Opferstiers beim Totenopfer: man ließ zuerst das Opferblut ablaufen, bevor der Stier getötet wurde. Auch der minoische Sarkophag von Hagia Triada zeigt diese Methode der Schächtung, wobei der Stier selbst auf einem überdimensionalen Opfertisch liegt. Das Blut gehörte nämlich dem Toten (oder dem Gott), welchem man das Opfer darbrachte. Wurde das Tier zuerst getötet, so gerann das Blut in den Adern und war nicht mehr für das eigentliche Opfer zu gewinnen. Im jüdischen Glaubenskreis hat sich die Schächtung noch bis heute erhalten. Die Gewinnung koscheren Fleisches durch ‹reines› Schlachten geht auf die altmediterranen Opferriten zurück.

Stieropfer und Stierkult schließen sich also offensichtlich keineswegs gegenseitig aus. Ursprünglich galt wohl der Stier bei den ins Nilland einwandernden Stämmen als eines der Totemtiere, das als Wesen von überirdischer Kraft im Glauben der späteren Zeit weiterlebte. Im unterägyptischen Gau I, Memphis, wurde der Stier des Gottes Ptah zu der alleinigen Ortsgottheit erhoben, wie die Kuh bei Hathor von Dendera im oberägyptischen Gau VI. Aber auch Symbole anderer Gaue, wie das des unterägyptischen Gaues IV, Saïs, ein Schild mit zwei gekreuzten Pfeilen, werden von einem Stierkopf gekrönt.

Auch der semitische Wetter- und Himmelsgott Baal (= Herr) hatte den Stier als Kultsymbol. Wir kennen es noch heute als ‹Goldenes Kalb› sowie von der Ablehnung und Bekämpfung durch Moses und die Propheten. Der ägyptischen Hathor aber entsprach die altsemitische Liebes- und Fruchtbarkeitsgöttin Astarte, die Ischtar Babylons mit dem Kultsymbol einer Kuh. Als Aphrodite soll sie über Zypern nach Griechenland gelangt sein. Als Venus wurde sie später von den Römern verehrt.

Die Fruchtbarkeitsgöttin Hathor hatte einst großen Zulauf wegen ihrer Tempeldienerinnen. Selbst bei den einsamen Türkisgruben des Sinai-Gebirges gab es ein solches öffentliches Haus für die rings von unfruchtbarer Wüste umgebenen Bergwerksarbeiter. Vom Astarte-Kult Babylons weiß Herodot (1,199) zu berichten, daß jede Frau sich einmal ins Heiligtum der Mylitta (Astarte, Ischtar, Aphrodite) begeben und mit einem Fremden schlafen müsse, ehe sie sich verheiratet. Also gleichsam ein ‹ius primae noctis› der Fruchtbarkeitsgötter! In Babylon steht über Ischtar der oberste Gott Marduk (der Merodach der Hebräer), der in einem Tempel auf der höchsten Plattform der einst 90 Meter hohen siebenstufigen Zikkurat verehrt wurde, einer als ‹Turm von Babel› bekannten Stufenpyramide im Zentrum der Stadt. Die oberste Kammer in diesem höchsten Tempelhaus galt als Liebeslager des Marduk, worüber Herodot (1,181 f.) zu berichten weiß: «Auf dem letzten Turm ist ein großer Tempel, und in dem Tempel liegt ein großes Lagerpolster wohlgebettet, und davor ist ein Tisch gesetzt aus Gold. Ein Götterbild ist darinnen nicht aufgestellt. Auch übernachtet daselbst kein Mensch außer einer Frau von den Einwohnern, die sich gerade der Gott aus allen auswählt, wie die Chaldäer, die Priester dieses Gottes, sagen. Auch behaupten diese, was ich aber nicht glauben kann, daß der Gott selbst den Tempel besuche, wie das der Fall auch im ägyptischen Theben ist, nach Aussage der Ägypter, denn dort schläft auch eine Frau im Heiligtum des Thebischen Zeus ...» Der aufgeklärte griechische Geschichtsschreiber des fünften vorchristlichen Jahrhunderts zweifelt am persönlichen Erscheinen der Gottheiten. Nicht aber an der Tempel-Prostitution, die als solche wohl allgemein bekannt war. Gott und Göttin waren nach altem Glauben lebende Persönlichkeiten, denen auch im Tempel ihre Regelmäßigkeit in körperlichen Dingen zustand. Es ist naheliegend, daß im Mardukheiligtum und im Tempel des Thebischen Zeus die Priester den *hieros gamos,* den Vollzug des göttlichen Beilagers versahen, wenn die Gottheit nicht persönlich erscheinen wollte.

Die dabei gezeugten Kinder galten offiziell zwar als nicht göttlicher Abstammung, obwohl die Hetären ihren Dienst im Tempel und zu Ehren Gottes versahen. Doch rühmt sich Ramses III. in seinem Totenpapyrus seiner guten Werke an den Frauen seines Vaters Ptah und deren Kindern: «Ich machte Dir *(nämlich dem Gott Ptah)* gewaltige Erlasse mit geheimen Worten, festgestellt in der Halle der Schriften von Ta-Meri . . ., um Dein ehrwürdiges Haus *(Tempel)* zu verwalten bis in Ewigkeit, und um zu unterhalten Deine reine Siedlung der Frauen. Ich brachte ihre Kinder herbei, die verstreut waren, weil sie von Männern der Sklavenschaft stammten und von anderen *(unbekannten)* Verhältnissen. Ich gab sie Dir zu den Ämtern in das Haus des Ptah, und Erlasse wurden für sie ausgefertigt bis in Ewigkeit.» Tempel-Prostitution war also eine allgemeine Angelegenheit, die sogar Sklaven und Leuten aus anderen unsicheren Verhältnissen offenstand.

In Griechenland waren solche in Tempeln gezeugten Kinder nicht schlecht angesehen und galten als Nachkommen des betreffenden Gottes. Obwohl Europe gleich drei solcher ‹Gotteskinder› besaß, nahm Asterios, der König von Kreta und Knossos, sie zur rechtmäßigen Gemahlin und adoptierte die Söhne Minos, Sarpedon und Rhadamanthys. Die Stamm-Mutter unseres Kontinents wäre demnach zuerst eine Hierodule – eine Tempelprostituierte – gewesen und dreimal vom Gott zur Mutter gemacht worden, ehe sie offiziell Königin von Kreta wurde. Ihre Schwiegertocher Pasiphaë, die Gattin des Königs Minos, war ähnlicher Abkunft wie ihr Gemahl, wenn auch eine Tochter des Gottes Helios. Von den sieben Kindern, die sie ihrem Manne schenkte, war zumindest Minotauros nicht sein leiblicher Sohn, sondern dürfte ‹im Tempel› gezeugt sein. In welchem Tempel, ist wohl nicht schwer zu erraten, wenn der Knabe den Namen ‹Minos-Stier› erhielt. Es dürfte wohl ein Tempel des Ptah (oder Baal), des höchsten unterägyptischen und babylonischen Gottes gewesen sein, der zeitweilig auch in Phönizien und Kleinasien verehrt wurde.

Philon von Byblos, einer alten phönizischen Stadt an der Mittelmeerküste etwa 40 Kilometer nördlich vom heutigen Beirut, lebte von 64 bis

141 n. Chr. Er schrieb eine umfangreiche, nur fragmentarisch erhaltene phönizische Geschichte: ‹Phoinikika›. Philon behauptet, sein Buch sei die griechische Übersetzung eines viel älteren Werkes von der Hand des Phönikers Sanchunjaton, der noch vor dem Trojanischen Krieg, nämlich im 14./13. Jahrhundert v. Chr. geschrieben habe. Die Gräzisten hielten diese Behauptung für eine Mystifikation und für Spielerei mit einem Pseudonym. Diese Meinung schlug in ihr Gegenteil um, als C. F. Schaeffer seit 1929 zehn Kilometer nördlich von der syrischen Hafenstadt El Ladhaqiye (griechisch: Laodikeia) den Ruinenhügel vom «Fenchelkap» Ras es Schamra aufzugraben begann. Er fand Ugarit. Der weitläufige Palast barg uralte, unschätzbare wertvolle Dokumente für die Geschichte und Religion Altsyriens. Ugarit wird, obwohl noch wesentlich älter, seit 2000 v. Chr. in historischen Quellen erwähnt! Die Handelsverbindungen dieser Hafenstadt waren damals weltweit. So sind Beziehungen zum Mittleren Reich Ägyptens belegt. Auch zu Mari am Euphrat scheinen um 1700 v. Chr. Kontakte bestanden zu haben. Ebenfalls in dieser Zeit um 1700 v. Chr. fällt die Gründung einer mittelminoischen Handelskolonie in Ugarit. 400 Jahre jüngere Funde zeugen von einer starken Einwanderungsquelle aus dem mykenischen Kulturkreis. Ugarit empfing stärker als andere Städte im Alten Orient kulturelle ‹Importe› aus dem ägäischen Raum. Das beweisen die Keramik und Architektur mit Gruftanlagen unter Kragsteingewölben, mit einem Palast von labyrinthartiger Planung und Konstruktion. Dieser ägäische Einfluß zeigt sich aber vor allem in Elfenbeinarbeiten und in Tontafeln mit *minoischer* Schrift! Eine der größten Leistungen der Ugariter ist die Erfindung einer alphabetischen Keilschrift, die sich neben der akkadischen Keilschrift und Hieroglyphen auf der Masse der Tontafeln findet. Die Sprache Ugarits war ein kanaanischer Dialekt. Diese ugaritischen Urkunden sind deshalb so überaus wertvoll, weil sie uns Reste der kanaanischen Mythologie überliefern, die noch älter ist als die phönizische Tradition.

Die überraschende Ehrenrettung für den angeblich eitlen Fabulierer Philon von Byblos war nun die Tatsache, daß die auf dem «Fenchelkap» Ras es Schamra ausgegrabenen ugaritischen Tontafeln in ihren mythologischen Angaben auffallende Parallelen boten zu dem, was Philons ‹Phoinikika› unter dem Namen Sanchunjatons aus dem 14./13. vorchristlichen Jahrhundert überlieferten. Philon war also durchaus kein orientalischer Märchenerzähler, sondern ein getreuer Übersetzer, auf den man sich verlassen konnte.

Philon von Byblos berichtet in Übereinstimmung mit den ugaritischen Tontafeltexten, als höchster Gott sei Baal verehrt worden. Dessen «Schwester» Anat sei später von Ischtar-Astarte verdrängt worden.

Ischtar, die bedeutendste Göttin des sumerisch-akkadischen Pantheons, wurde in einem orgiastischen Kult als Herrin des Geschlechtslebens durch rituelle Tempelprostitution verehrt: Die heiligen Kurtisanen verkörperten im Tempel die Muttergottheiten Anat und Astarte. Und zwar dienten Jungfrauen *und* Jünglinge diesem erotischen Fruchtbarkeitsritus. Auch brachte dieser Publikumsverkehr Einnahmen, die als Opfergeschenke dem Tempel zuflossen.

Und aus eben diesem Phönizien stammte Europe. Nach Kreta kam sie nicht freiwillig, sondern wurde geraubt und verschleppt. In der bekannten Sage ist es Zeus, der sie in der entzückenerregenden Stiergestalt des dem Baal geweihten Kultbildes übers Meer entführte, nach Kreta, wo sie dem Gott drei Söhne gebar. Eine weniger bekannte und weniger ‹romantische› Überlieferung finden wir bei Herodot (1,2): «Danach, so erzählen sie *(die Perser)*, seien einige Hellenen, deren genaue Herkunft sie nicht wissen, in Tyros in Phoinikien gelandet und hatten die Königstochter Europe geraubt. Sie waren aber wohl Kreter.»

Diese asiatische Version, gesehen aus dem Blickwinkel der Besiegten und Beraubten, scheint dem hübschen ‹Propagandamärchen› der Hellenen jahrhundertelang widerstanden zu haben. Jedenfalls findet sie sich noch im sechsten nachchristlichen Jahrhundert in der byzantinischen Weltchronik des Johannes Malalas. Dort steht, daß man in Tyrus noch lange dieses ‹Unglücklichen Abends› in alljährlichen Trauerfeiern gedacht habe, als Agenor seine Tochter Europe verlor und unser Kontinent durch ein kretisches Kommandounternehmen seine Stamm-Mutter bekam. Möglicherweise hat erst sie den kretischen Freibeutern ihren heimischen Baal- und Astarte-Kult gebracht. Daß hier aber enge kultische und familiäre Bindungen bestanden, kann man wohl nach all dem kaum abstreiten.

Vom berühmten Heiligtum auf Kythera südlich des Peloponnes breitet sich der Ischtar-Kult später auch als Aphrodite-Kult auf dem Peloponnes und dem übrigen Festland aus. Religiöse Prostitution aber ist außer in Kanaan, Syrien, Kleinasien auch auf Zypern und Kreta heimisch geworden. Die Astarte-Tempel zeichneten sich durch Schreine mit Schlangenmotiven aus, was gut zu den ‹Schlangenpriesterinnen› aus dem Palast von Knossos paßt. In Gestalt einer Schlange gilt Zeus Ktesios als ‹Beschützer› (der Vorratshäuser) und verführt Persephone, die Göttin der Unterwelt und Gemahlin des Hades. Sicher hat es in den Grabgewölben viele Schlangen gegeben, die – ebenso wie die Katzen ägyptischer und orientalischer Tempelanlagen – eifrig den Mäusen nachstellten, die sich von den Vorräten für die Toten nährten. So mußte der Eindruck entstehen, die Toten selbst brauchten nach und nach ihre Vorräte auf, wenn man nicht durch weitere Gaben für Nachschub sorgte. Daß die Schlangen etwas damit zu tun hatten, war klar: offenbar kehrten die Toten in Schlangengestalt aus dem Jenseits zurück, um Nahrung aufzunehmen. So galten Schlangen nach dem pelasgischen Schöpfungsmythos als Wiedergeburt der Toten. In Griechenland wie in Rom hielt man zum Schutz der Tempelvorräte heilige Schlangen, obwohl die Spende für die Götter im wesentlichen aus den nicht für den Menschen eßbaren Teilen bestand, also aus einem richtigen ‹Schlangenfraß›.

Eine drachenartige Schlange mit Namen Python lauerte am Wegesrand, als der jugendliche Apoll von Delos zum Parnaß zog. Der Gott traf das Ungeheuer schwer mit seinem Pfeil. Die Python-Schlange schlüpfte in den Schoß ihrer Mutter Erde zurück durch den heiligen Spalt in Delphi, das seinen Namen von dem Ungeheuer Delphyne hat, der Gemahlin Pythons. Apollo verfolgte und tötete ihn am heiligen Spalt, aus dem die mystischen Dämpfe aufstiegen und die medialen Wahrsagerinnen, Pythien geheißen, zu ihren dunklen Orakelsprüchen inspirierten.

Delphynes Stätte Delphi war seit vormykenischer Zeit, wie Ausgrabungen beweisen, ein bedeutendes Orakel. Die kultische Rolle des Delphins im minoischen Glauben Kretas ergibt sich augenfällig aus dem großen Delphinfresko im sogenannten «Megaron der Königin» des knossischen Palastes. Von Kreta aus gelangte der Delphinkult auch nach Delphi. Die dort bis in die klassische Zeit hinein tätige Priestergemeinschaft der «Labryadai», der ‹Doppelaxtmänner› ist aller Wahrscheinlichkeit nach kretischen Ursprungs. Nach altkretischer Überlieferung wurden die athenischen Jungfrauen und Jünglinge im Labyrinth von Knossos für Begräbnisspiele gefangengehalten: Einige opferte man an dem Grabe, andere wurden den Siegern in den Wettspielen als Sklaven geschenkt. Betrachtet man sich unter diesem Aspekt das große Stierspiel-Fresko aus dem Palast von Knossos genauer, so stellt man fest, daß das Menschenopfer hier offenbar durch den wilden Stier selbst vollzogen wurde. Die weiß geschminkte Mädchengestalt am Horn des rasenden Tieres stützt sich nämlich nicht auf die Hörner, sondern hängt rettungslos daran – eines der spitzen Hörner, das sie krampfhaft umfaßt, ist ihr bereits durch die Brust gedrungen, statt seitlich daran vorbeizugehen! Die spanischen Stierkämpfer hatten völlig recht, als sie Arthur Evans sagten, ein nur sportlicher Salto mortale über den Kampfstier hinweg sei nicht durchführbar. Wollte man sich nämlich seitlich von beiden Hörnern abstützen, so daß ein Horn unter der Achsel hindurchläuft, so erhält man unweigerlich ein Drehmoment, hängt schief am Horn und wird anschließend emporgeschleudert und am Boden zertrampelt, ehe man sich wieder aufrichten kann.

Die Mädchengestalt hinter dem Stier, die in der Rekonstruktion Hilfestellung bei einer Volte zu geben scheint, ist in ihrer ursprünglichen Stellung nicht genau bekannt, da alle Stücke einzeln am Boden gefunden wurden. Offenbar handelt es sich nicht um ein heiteres, sportliches Spiel, sondern um die Opferung dreier Menschen durch einen dem Ptah oder Baal geweihten heiligen Stier.

Noch bei den delphischen Priestern war es üblich, beim Tempelbau Zwillingsbrüder (an Stelle eines ursprünglich als Opfer vorgesehenen weißen Stieres) unter der Eingangsschwelle lebendig zu begraben, um böse Einflüsse fernzuhalten. Stierkult und Menschenopfer aber breiteten sich nach Thrakien, nach Rom, ja bis zu den Kelten aus. Eine abgesunkene, ‹heruntergekommene› Form dieses Kultes kann man in den Arenen der Iberischen Halbinsel erleben – noch heute.

20. Zeus Meilichios, der Honig-Zeus der Toten

Von Totenschiffchen und Handelsflotten · Nil und Acheron · Womit die alten Kreter Geschäfte machten · Kleines Gewicht, hoher Handelswert · Wie Zeus nach Kreta kam · Ambrosia und Nektar · Wiederbelebungsversuche mit Schlangenkraut · Einbalsamierung im Honigfaß · Die Bienenseelen aus den Kruggräbern · Imker für den Totenkult der Pharaonen · Bienenzucht im Altertum · Alexander des Großen Leiche kehrt heim

Zu den Fragen, die man sich stellen *muß*, wenn man eine alte Kultur voll verstehen will, gehört zweifellos diejenige nach den Landesprodukten, aus deren Erlös kulturelle Einrichtungen unterhalten werden. Es geht also gewissermaßen um die wirtschaftliche Basis einer Kultur. Nicht sosehr darum, wovon der einzelne Bürger lebte, sondern womit Überschüsse zu erzielen waren, die als Tauschobjekte in Frage kamen.

In der Bronzezeit bestand die Bevölkerung im wesentlichen aus Tierzüchtern und Bauern, auf Kreta wie anderswo. In der Antike ist Kreta berühmt für seinen Wein, sein Öl und den Honig. Auch der Sphakia-Käse Kretas wird bis in die Gegenwart hinein gern gegessen. Das ist im Grunde schon eine gute Ernährungsbasis. Aber darüber hinaus haben offenbar Handelsbeziehungen mit überseeischen Ländern, mit dem Vorderen Orient und mit Ägypten bestanden. Was hatte man also auf dem Weltmarkt anzubieten, das so weite und nie ganz risikolose Fahrten gelohnt hätte? Kleine Nachbildungen von Schiffen hat man verschiedentlich in minoischen Grabungsstätten gefunden. Sie sind immer wieder als Beweis für den hohen Stand der altkretischen Seeschiffahrt angeführt worden. Der weniger enthusiasmierte Besucher des Museums von Iraklion hat eher den Eindruck einer sehr einfachen Ausgestaltung dieser Schiffchen, die kaum als Hochsee-Fahrzeuge angesprochen werden können. Sie ähneln mehr den Totenschiffchen, wie sie uns aus ägyptischen Gräbern seit langem bekannt sind. Dort dienten sie als symbolische Fahrzeuge über den Strom ins Jenseits, das heißt ganz reell und nüchtern zuerst einmal über den Nil ins Land der Toten auf der anderen Seite des Flusses. Als Acheron ist die Vorstellung von einem Grenzfluß zum Land der Toten in die griechische Vorstellungswelt eingegangen, selbst wenn die Toten hier nicht mehr unmittelbar einen Strom überqueren mußten. Noch bis in römische Zeit hinein gab man den Toten unter der Zunge ein Geldstück zur Bezahlung des Fährmannes Charon mit ins Grab.

Auch wenn man in den minoischen ‹Totenschiffchen› keine Modelle ihrer Handelsflotte sehen darf, haben die Minoer offensichtlich das griechische Festland, Phönizien und Ägypten erreicht. Sie müssen einst mehr von der Seefahrt verstanden haben, als die erhaltenen Schiffchen erkennen lassen. Die Aussichten, einmal ein wirkliches Minoerschiff zu bergen, sind gar nicht so schlecht, wenn man die geologisch junge Senkung kretischer Küsten ins Auge faßt. Toten ganze Schiffe mit ins Grab zu geben, ist eine bei alten Völkern weit verbreitete Sitte, wie bei den germanischen Skandinaviern so bei den Ägyptern, die unmittelbar neben den Pyramiden wirkliche fahrtüchtige Totenschiffe beisetzten. Paläste in der Nähe des Meeres wie derjenige von Mallia oder die Bauten von Amnissos und Niru Chani könnten hier möglicherweise noch entsprechende Funde zeitigen, wenn man die Suche auf die heute abgesunkene, bereits unter Wasser stehende Küstenebene ausdehnt.

Wir können also voraussetzen, daß die Minoer die Meere überquert haben. Doch was konnte man den Kunden draußen anbieten? Wein, Öl, Honig, Käse. Läßt sich damit ein Geschäft machen?

Wein ist leider eine leicht verderbliche Ware, wenn es sich um die üblichen mittelmeerischen Landweine handelt. Er verdirbt bei längerem Transport, wovon man sich leicht überzeugen kann, wenn man einmal eine angebrauchte Flasche in der Eisenbahn oder im Auto längere Zeit mit sich führt. Man kann ihn harzen und säuern. Dann hält er zwar besser, schmeckt aber auch herber, was möglicherweise nicht bei allen Kunden beliebt ist. Am besten halten sich süße, likörartige Weine oder solche, die durch Brennen veredelt sind. Geharzte und gebrannte Weine wird man sicher auf den Schiffen mitgeführt haben. Aber die meisten

Amphoren enthielten wohl Wasser. Das braucht man an Bord. Wein nur zum Mischen und zur Geschmacksverbesserung des leicht fauligen Schiffswassers. Die Hypothese vom minoischen Weinexport über See hat aber noch einen Haken! Alle übrigen Anrainer des Mittelmeeres können ihren eigenen Wein bauen, sind also gar nicht auf Wein-Import angewiesen! Es ist ja viel einfacher, die Reben zu verfrachten und zu kultivieren, als sich von ständigen Überseetransporten abhängig zu machen.

Auch die Olive ist überall im Mittelmeergebiet zu Hause. Olivenöl hält sich zwar besser als Wein, wirft aber noch weniger beim Ferntransport ab. Und für den Käse gilt dasselbe. Mit Wein, Öl und Käse ist schon deshalb bei den übrigen Mittelmeerländern kein großes Geschäft zu machen, weil die anderen diese Dinge selbst produzieren und früher am Markt sind, ehe der Frachter von Kreta festgemacht hat.

Es erscheint mir unglaubwürdig, daß die Minoer allein mit diesen drei sicher köstlichen Produkten ihres Landes ihre Kulturausgaben finanzieren und nicht unbeträchtliche Importe nach Kreta lenken konnten. Nach dem Grundprinzip ‹Kleines Gewicht + hoher Handelswert = großer Umsatz und Gewinn› muß es noch andere Dinge auf Kreta gegeben haben, die bei den Handelspartnern nicht oder zumindest nicht ausreichend zur Verfügung standen und für die man größte Strapazen auf sich nahm, weil sie eine hohe Handelsspanne möglich machten.

So waren die Kreter an Weihrauch und Myrrhen aus Südarabien, an Gold und anderen Erzen interessiert, die es auf der Insel nicht gab. Was bot man aber dafür an?

Sicherlich ‹Balsamkräuter› und deren Produkte wie Ladanum, möglicherweise auch Zedernöl und andere Balsamöle, die einen beträchtlichen Handelswert besaßen und durch die Keftiu-Heilpriester in der damaligen mediterranen Welt allgemein Eingang gefunden hatten.

Die griechische Mythologie hilft uns aber noch auf eine andere Spur. Zeus, der höchste Griechengott, wurde sofort nach der Geburt vor seinem mordsinnenden Vater Kronos in der Dikte-Höhle versteckt – auf Kreta. Die Nahrung des göttlichen Kindes war: Honig. Und Karl Kerényi spricht vom «honiglichen» Zeus der Toten, der in Schlangengestalt die Verehrung der Lebenden entgegennahm. Ambrosia und Nektar ist die traditionelle Götternahrung des griechischen Olymps. Über Ambrosia gehen die Meinungen der Philologen auseinander. Aber Nektar ist eindeutig.

Daß Kreta für seinen Honig bekannt war, zeigt auch die Glaukos-Sage vom Tod und der Wiederbelebung des kleines Sohnes von Minos und Pasiphaë. Es war ein Kreter namens Polyeidos, dem dieses Wunder gelingt: «Polyeidos wanderte durch den riesigen Palast, bis er am Eingang zum Keller eine Eule traf, die einen Schwarm Bienen verjagte. Im Keller fand er einen großen Krug, in dem Honig aufbewahrt wurde. Glaukos war kopfüber in den Bottich gestürzt und ertrunken. Minos besprach sich mit den Kureten *(Rhea-Priestern)* und befolgte ihren Rat, dem Polyeidos zu befehlen: ‹Nun da Du meines Sohnes Körper gefunden hast, mußt Du ihn wieder ins Leben zurückrufen! Du sollst so lange zusammen mit dem Körper des Knaben und einem Schwert in ein Grab eingeschlossen werden, bis Du meinen Befehl erfüllt hast!› Langsam gewöhnte sich Polyeidos an die Dunkelheit des Grabes. Da sah er, wie sich eine Schlange dem Körper des Knaben näherte. Mit seinem Schwert tötete er sie. Da kroch eine zweite Schlange heran. Als sie ihren Genossen erschlagen fand, verschwand sie und kehrte kurz darauf mit einer magischen Pflanze in ihrem Munde zurück. Diese Pflanze legte sie auf den toten Körper ihrer Gefährtin. Langsam kehrte das Leben in diesen zurück. Polyeidos war zunächst erstaunt, dann aber legte er geistesgegenwärtig die gleiche Pflanze auf den toten Glaukos – und hatte Erfolg.» So gibt Robert von Ranke-Graves die mythologische Überlieferung wieder.

Zweifellos wurde Honig im Altertum zur Einbalsamierung verwendet. Nach Strabo legten die alten Assyrer Leichen in Honig, um sie zu konservieren. Auch die spartanischen Könige Agesipolis und Agesilaos sowie Alexander der Große wurden mit Hilfe des Honigs balsamiert. Honig diente außerdem zur Konservierung von Früchten. Platon schreibt, daß die Opfer für die Götter ursprünglich aus mit Honig bestrichenen Früchten bestanden. Also aus einer Art kandierter Früchte, und Candia, das Kreta der vortürkischen Zeit, war die Insel der kandierten Früchte. Ob der Honig den Göttern pur oder in vergorenem Zustand als Honigwein (Met) verabreicht wurde, bleibe dahingestellt. Ambrosia und Nektar scheinen aus kandierten Früchten und Honig(wein) bestanden zu haben, und diese Götterspeise wurde offenbar in Kreta hergestellt.

In kretischen «Häusern» fanden sich Kinderleichen in Krügen, angeblich unter dem Fußboden der Häuser bestattet. Doch scheint es sich eher um Kindergräber aus Grabhäusern der Eltern zu handeln. Diese Kinder sind offenbar nicht selten in Honig gebettet worden, wie selbst noch die Gebeine trojanischer Helden nach dem Leichenbrand, in Öl und Honig konserviert, nach Hause überführt wurden.

Auf minoischen Gemmen erblickt man Hermes, wie er Tote aus Kruggräbern ruft, während ihr Geist in Bienengestalt darüber schwebt. Und ferner stammt aus der Nekropole von Mallia in Nordkreta ein goldener Anhänger mit zwei Wespen oder Bienen an einer Honigwabe.

Ambrosia und Nektar wurde in allen Tempeln und Kultstätten des Totenritus während des Altertums in großer Menge benötigt, und zwar

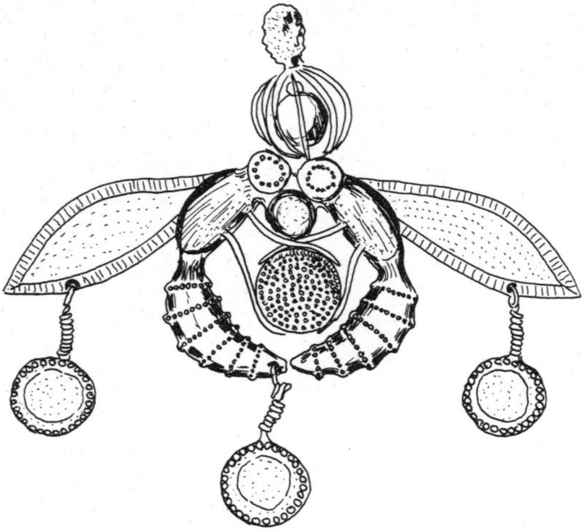

79 Goldanhänger, Nekropole Mallia

so dringend wie heute Abendmahlswein in christlichen Kirchen, nur in ungleich größeren Mengen. So lesen wir im Papyrus der Stiftungen Ramses' III. für den Gott Ptah in Memphis: «Ich gab Dir Truppen *(Bogenschützen)* und Imker und Sammler von Weihrauch. Ich gründete *(richtete ein)* Inspektoren für sie, um sie herbeizuschleppen und um ihre Arbeit des Jahres zu Deinem ehrwürdigen Schatzhaus zu schaffen, und um die Speicher Deines Hauses mit zahlreichen Dingen zu füllen, und um Dein Gottesopfer zu verdoppeln, und um sie Deinem Ka *(unsterbliche Seele)* darzubringen.» Der ägyptische Fürst Scheschonk hingegen sorgt für den Totendienst seines Vaters Namirt, indem er unter seinen zahlreichen Stiftungen aufführt: «Imker, 5 Mann, jeder einzelne $6^2/_3$ *kite* Bezahlung *(Wert)* des Mannes: macht Silber $3^2/_3$ *deben*» (*kite* und *deben* sind Maßangaben wie Gramm und Kilogramm). Fürst Scheschonk wurde später der erste Pharao seines Namens und regierte von etwa 950 bis 929 v. Chr.; es ist derselbe, der uns als Sisak im 1. Buch Könige (14, 25–26) der Bibel begegnet, als er nach dem Tode König Salomos das (Toten-)Haus mit allen goldenen Kultschilden ausräumen läßt. Zu dieser Zeit ist Grabraub schon allgemein eine militärisch organisierte Angelegenheit geworden.

Auf ägyptischen Reliefs sieht man kniende männliche Figuren mit erhobenen Händen vor einer großen Zahl von Bienen. Ob es sich dabei um jene Imker handelt oder um Andächtige vor den Bienenseelen Verstor-

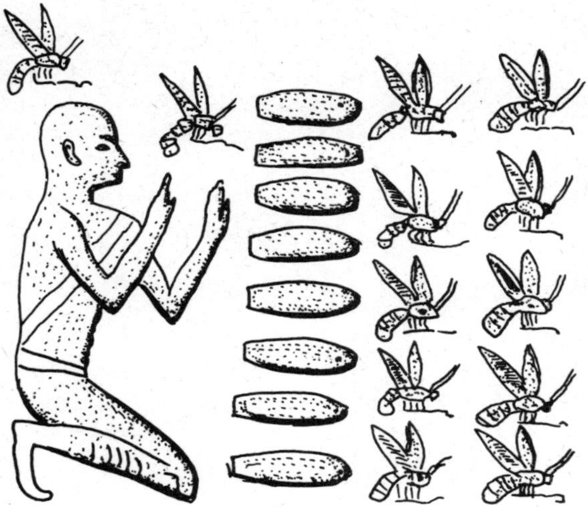

80 Grab des Pubês. Theben: Bienenrelief

bener, ist eine Frage. Jedenfalls waren Bienen auch für den ägyptischen Kult wichtig.

Aber konnten nicht auch die übrigen Völker selbst ihre Bienen halten und Honig gewinnen? Das werden sie sicher auch getan haben. Aber die Bienenzucht hat eine wichtige Bedingung: Nimmt man den Bienen ihren Honig, den sie für den Winter, für die Zeit nach der Ernte oder die Zeit der Nilschwemme gesammelt haben, so müssen sie verhungern. Heute kann man sie an Zuckerwasser gewöhnen, weil uns heute billiger Rohr- oder Rübenzucker in beliebiger Menge zur Verfügung steht. Damals gab es aber nur Bienenhonig, und den brauchten die Bienen zum Teil selbst. Wenn nicht – ja, wenn nicht das Klima diesen nützlichen Tieren während des ganzen Jahres den Flug ermöglichte und auch ständig irgendeine Blütentracht zur Verfügung stand. Kreta hat zweifellos für die Bienenhaltung ein besonders gutes Klima und eine günstige Vegetation. So war die Gewinnung von Nektar und die Herstellung von Ambrosia-Früchten ein einträgliches Geschäft. Zumindest so lange, wie der Brauch der Einbalsamierung in Honig weit verbreitet war.

Es ist dies wahrscheinlich die traditionelle Art der griechischen Einbalsamierung gewesen, jedenfalls für die bedeutenderen Persönlichkeiten wie spartanische Könige oder den Makedonier Alexander, dessen griechische Leibärzte das altbewährte Verfahren anwenden, als der unerwartet 323 v. Chr. in Babylon verstorbene Welteroberer nach Alexandria überführt werden sollte, um dort mit allen Ehren eines Pharaos und Beherrschers der Welt beigesetzt zu werden. Vielleicht haben anschließend noch ägyptische Taricheuten den Leichnam präpariert, um ihm die inzwischen bevorzugte Form spätägyptischer Mumien zu verleihen.

21. Besuch in der Unterwelt

Geburt im Grab · Eingänge zur Unterwelt und ihre Beschützer · Hundsköpfige Hekate und schakalköpfiger Anubis · Sagen und Chimären · Totenrichter und Grabesruhe · Minos überlistet Dädalus mit einer Meeresschnecke · Labyrinthmuster und Labyrinthtanz · Parzen, Phersu, Perseus und Persephonte · Wir feiern Fastnacht · Unterweltsrelikte im Kasperltheater · Totenverehrung und Fruchtbarkeitskult · Kult und Kulturleben

Auffällig eng ist die Beziehung griechischer Heroen zur Unterwelt. Da ist Perseus, der von Danaë im Grabe empfangen und geboren wurde, nachdem Zeus als göttlicher Regen in sie eingedrungen war. Da sind Theseus und Peirithoos, die am Eingang zur Unterwelt auf Totenstühlen vom Herrscher der Unterwelt Hades unbeweglich gemacht worden waren, als sie versuchten, dessen Gemahlin Persephone zu holen. Da ist Herakles, der den Theseus befreit, der die Wasserschlange Hydra vom lernäischen Sumpf tötet, die Wächterin des Tores zur Unterwelt, den Zerberus (ebenfalls ein Wächter der Unterwelt) gefangennimmt und den Stier des Königs Minos von Knossos aus dem unterweltlichen Labyrinth entführt. Da ist Orpheus, der seine verstorbene Gattin aus dem Jenseits zurückholen will. Schließlich kennt jeder das berühmte «Niedergefahren zur Hölle» des Odysseus, wovon Homer singt. Eurystheus, König von Mykenä, stellt sich tot vor Angst, als Herakles mit dem Stier des Minos aus Kreta zurückkehrt: Er versteckt sich in einem Pithos, und zwar offenbar in einem Grabpithos.

Ein Siegelabdruck aus Knossos zeigt eine hundsköpfige Hekate, Göttin der Unterwelt, wie sie einen Mann im Boot bedroht. Es scheint sich um einen Verstorbenen zu handeln, der soeben mit seinem Totenschiffchen die Fahrt ins Jenseits angetreten hat. Die hundsköpfige Hekate Altkretas steht an Stelle des hunds- oder schakalköpfigen ägyptischen Gottes Anubis, dem Gott der Toten und der Einbalsamierer. Man fand Helme und Masken mit Schakalkopf, die Priester, Zauberer oder Schauspieler zu tragen hatten, wenn ihnen die Rolle des Gottes Anubis in der To-

81 Ägyptische Anubis(Schakal)-
Maske für Priester
Höhe 50 cm. Hildesheim 158,5

tenzeremonie zufiel. Auch für andere Götter dürften ähnliche Masken existiert haben, die bei Mysterienspielen und heiligen Handlungen getragen wurden. So entsteht das Bild eines menschlichen Wesens mit Tierkopf, wie etwa der stierköpfige Minotaurus der griechischen Sage oder die zahlreichen vergleichbaren ägyptischen Götter-Darstellungen.

Auch die übrigen Zwitterwesen des ägyptischen und mesopotamischen Totenkults haben Eingang in die griechische Sagenwelt gefunden. So etwa die Chimaira, ein Fabelwesen mit Löwenkopf, Ziegenkörper und Schlangenschwanz. Abbildungen solcher Wesen (und anderer tierischer Zwitter) sind bei der Spatenarbeit im gesamten östlichen Mittelmeerraum zutage gekommen. Möglicherweise sind sie als Drachen oder Lindwurm sogar in die nordische Heldensage eingewandert, wo sie ebenfalls in engem Kontakt zur Unterwelt und den darin verborgenen Schätzen stehen.

Ein nicht unerheblicher Teil mythologischer Unterweltgeschichten und insbesondere der Abenteuer griechischer Heroen in der Unterwelt erklärt sich möglicherweise recht zwanglos aus dem Eindringen in Grabbauten zwecks Plünderung der dort befindlichen Schätze, wobei die dort bildhaft dargestellten Fabelwesen in der Dunkelheit der Gräber, nur erhellt von schwachem Fackellicht, zweifellos furchterregend waren. Man denke nur etwa an lebensgroße Bilder von Greifen wie im ‹Thronsaal› des Palastes von Knossos! Ein über 50 Meter langer fensterloser Gang mit fremden Freskengestalten, noch dazu abgeknickt und unübersichtlich, muß schon beeindruckend gewesen sein. Kein Vergleich mit der heutigen, vom Sonnenlicht überfluteten Situation! Dabei ging es nicht nur um Schätze, sondern offenbar auch um die Entführung von Kultbildern und zauberkräftigen Mumien, die wie Persephone aus der Unterwelt ‹zurückgeholt› werden sollen. Auch den Priestern der Totenstätten scheint die phantasievolle Ausmalung der Gefahren und Schrecken einer solchen Unterweltswanderung in den Grüften des Labyrinths nicht unwillkommen gewesen zu sein. Sie haben sicher das Ihre dazu beigetragen, unerbetene Besucher abzuschrecken.

Auch für Tote ist der Eingang ins Totenreich der Unterwelt mit gewissen Schwierigkeiten verbunden. Totenrichter sorgen dafür, daß nur entsühnte Tote Eingang in die Kultstätten des Totenritus finden. Herodot beschreibt uns das ägyptische Totengericht vor der Überfahrt über den Nil in das Totenreich der ‹Westlichen›: Im Beisein der Angehörigen kann jeder gegen den Toten vorbringen, was noch an Schuld oder Schulden ungetilgt ist. Können die Angehörigen die entsprechenden Schuldzahlungen nicht aufbringen, bleibt der Tote als Mumie diesseits des Flusses und kann so nicht des ewigen Lebens teilhaftig werden. Man bietet daher alles auf, um den Toten zu entsühnen und um ihm so zum Eingang in das Reich der Westlichen, auf der Nachtseite des Nils in Richtung zum Sonnenuntergang, zu verhelfen. Noch bis in unsere Tage hält sich in Europa noch stellenweise der Glaube, daß nicht entsühnte Tote keine Ruhe im Grabe finden können.

Bezeichnenderweise sind die Totenrichter *unter den Toten* der griechischen Mythologie, Minos und Rhadamanthys, auf Kreta beheimatet. Als dritter im Bunde gilt Aiakos, nicht Sarpedon, der Bruder des Minos und Rhadamantys. Minos soll auf einer Expedition nach Sizilien umgekommen und dort im Aphrodite-Heiligtum beigesetzt worden sein, bis ihn Theron, der Tyrann von Akragas (ca. 540/530–472 v. Chr.), nach Kreta überführen ließ. Man erzählte sich, Minos habe den entflohenen Labyrinth-Erbauer Dädalus verfolgt und mit Hilfe einer Tritonschneckenschale identifiziert, durch welche ein Bindfaden gezogen werden sollte. Nur Dädalus war schlau genug, eine so komplizierte Aufgabe zu lösen, indem er einer Ameise den Faden ans Bein band und sie bis zur honigbestrichenen Öffnung am spitzen Ende durch das Gehäuse laufen ließ. Tatsächlich hat man echte und imitierte Meeresschnecken in minoischen Bauten gefunden, die offenbar als *Trinkhörner* (Rhytone) Verwendung fanden.

Später hat man freilich das Labyrinth als einen rituellen Tanzplatz aufgefaßt, den Dädalus nach ägyptischem Vorbild in weißen Mustern für die Prinzessin Ariadne angelegt habe. So lesen wir im 18. Gesang der ‹Ilias› (590 f.) am Ende der berühmten Schildbeschreibung:

«Einen Reigen auch schlang der hinkende Feuerbeherrscher
(*Hephaistos*),
Jenem gleich, wie vordem in der weitbewohneten Knossos
Dädalos künstlich ersann der lockigen Ariadne.
Blühende Jünglinge dort und vielgefeierte Jungfrauen
Tanzten den Ringeltanz, an der Hand einander sich haltend.
Schöne Gewand' umschlossen die Jünglinge, hell wie des Öles
Sanfter Glanz, und die Mädchen verhüllete zarte Leinwand.
Jegliche Tänzerin schmückt' ein lieblicher Kranz, und den Tänzern
Hingen goldene Dolche zur Seit' an silbernen Riemen.
Kreisend hüpften sie bald mit schöngemessenen Tritten
Leicht herum, so wie oft die befestigte Scheibe der Töpfer
Sitzend mit prüfenden Händen herumdreht, ob sie auch laufe;
Bald dann hüpften sie wieder in Ordnungen gegeneinander.»

Dieser Labyrinth-Tanz gehörte offenbar zu den Trauerfeierlichkeiten, die schon im ägyptischen Labyrinth abgehalten wurden und in Knossos, auf Troja und in Italien beheimatet waren (wie Plinius berichtet). Labyrinth-Muster, möglicherweise für einen ähnlichen Labyrinth-Tanz, sind selbst aus Cornwall, Skandinavien und dem nördlichen Rußland bekanntgeworden.

Mutter Thetis hatte einst ihre Kinder durch Verbrennen unsterblich gemacht. Die zu Asche verwandelte sterbliche Hülle schickte sie zum Olymp. Den siebten Sohn, Achill, konnte ihr sein Vater Peleus gerade noch in dem Augenblick entreißen, als er bis auf die Ferse (eben jene bekannte ‹Achillesferse›) verbrannt, das heißt unsterblich geworden war. Hier kommt offensichtlich bereits der Übergang zum Brauch des Leichenbrandes im 12. Jahrhundert v. Chr. zum Ausdruck. Merkwürdigerweise benötigt Achill dann doch im Trojanischen Krieg für den Kampf mit Hektor einen Schild, den ihm der kunstfertige Hephaistos schmiedet. Der Name Achill begegnet uns übrigens schon auf den Linear B-Tafeln der mykenischen Zeit, zusammen mit Theseus, Aias (Ajax), Glaukos und Göttern wie Dionysos.

Von altkretischen Symbolen, die uns in den Ausgrabungen von Knossos einerseits und in der griechischen Mythologie andererseits begegnen, sei der Tintenfisch (Oktopus) mit seinen acht Armen genannt. Die Achtzahl ist als Zeichen der Fruchtbarkeit sowohl Einheitsgewicht in knossischen Magazinen als auch die Anzahl der Jahre, die sich zu einem griechischen ‹Großjahr› vereinen. Die Hälfte davon ist der Abstand der olympischen Spiele voneinander mit den Wettläufen der Jungen und Mädchen, dem Zweikampf und dem Wagenrennen, ursprünglich mit tödlichem Ausgang für die Unterlegenen.

Die Unterwelt wird von den heutigen Menschen im allgemeinen als transzendenter Begriff aufgefaßt, als ein nicht gegenständlicher, nur in der Phantasie der alten Völker entstandener Bereich des Todes.

Dabei wird allzu leicht vergessen, daß Höhlen durch Jahrtausende hindurch in bestimmten Teilen des östlichen Mediterrangebietes (wie auch anderswo) als Grabstätten benutzt wurden, meist in Verbindung mit unterirdischen Kultstätten. Hierzu gehören auch die umfangreichen Höhlen des Dikte- und Ithi-Gebirges auf Kreta, der sagenhaften Geburts-(und frühen Lebens-)Stätte des Zeus. Tote wurden also nicht etwa nur gedanklich in eine fiktive Welt des Jenseits überführt, sondern ganz real in die Unterwelt der Grabhöhlen zur letzten Ruhe geleitet. Die Heildiener und -dienerinnen der unterirdischen Heiligtümer nahmen hier die Toten in Empfang, bereiteten sie zum ewigen Schlaf und führten die vorgeschriebenen kultischen Handlungen aus. Nebenher erwarben sie sich durch altüberlieferte Fähigkeiten auf medizinisch-psychologischem Gebiet einen erheblichen Einfluß auf die Welt der Lebenden. Hier sind insbesondere die Orakel zu nennen, die den Heildienern den Ruf des Wissens um die Zukunft, ja sogar die direkte Einflußnahme auf das tägliche Leben einbrachten.

Nicht selten waren es wohl alte Frauen und körperlich Mißgestaltete,

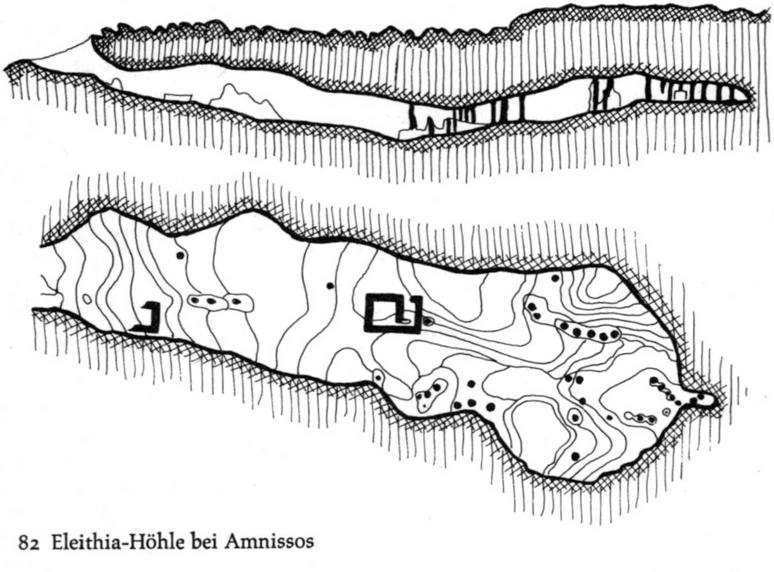

82 Eleithia-Höhle bei Amnissos

83 Springender Phersu, Tomba degli Auguri, Tasquinia (Etrurien). (Unterweltsmaske)

aber geistig überlegene Personen, die diesen Dienst in den Totenheiligtümern versahen, wovon sich die Angst vor Hexenspuk und Mißgestalt ableitet. Zur Unterwelt gehören die Parzen oder Moiren, die heimlich das Leben der Oberirdischen lenken. Aber nicht nur der Totenkult gehörte zu den Obliegenheiten der Heildiener dieser ‹Unterwelt›. Auch Geburten sind hier bezeugt, wie in den späteren oberirdischen Kultstätten, wobei die familiären Umstände wohl in vielen Fällen ähnlich gewesen sein dürften: es waren wohl nicht selten uneheliche Kinder, die bei den Höhlenwesen zur Welt kamen.

Aber die durch ihre Hexenkünste und Orakelsprüche gestützte Macht der Moiren nahm so überhand, daß die Furcht vor der Unterwelt zwingend nach einer Erlösung verlangte. Sie kam von Persephone, der Demeter-Tochter – ebenfalls ein ‹Gotteskind› des Zeus –, die jungfräulich blumenpflückenderweise in die Unterwelt entrückt wurde und sich hier an der Seite des Hades zur Macht über die Moiren oder Persen aufschwingen konnte. Wie Hermes, der Argos-Töter, auch Argeiphontes genannt wurde und wie der Belleros-Töter Bellerophontes oder kurz Bellerophon hieß, besagt der Name Persephon(t)e soviel wie ‹Überwinderin der Parzen›, deren Macht durch die jungfräuliche Blumenpflückerin gebrochen ward. Die Überwindung der Persen durch Persephone stellte einen wichtigen Teil der altgriechischen Kultspiele dar. Die Persen wurden dabei in scheußlichen Masken von Schauspielern auf hohem Kothurn (Schuhen mit extrem hohen Sohlen) dargestellt, ähnlich den Schwellköppen heutiger Fastnachtsumzüge, um die unterweltliche Macht der Parzen besonders augenfällig werden zu lassen, bevor sie von Persephone vertrieben werden.

Fase-Nacht ist die Nacht der Unterweltsmasken zur Zeit der Wintersonnenwende (später im Kirchenjahr um mehrere Wochen verschoben), die durch ein erlösendes Moment überwunden werden. War es in heidnischer Zeit Persephone (lat. Proserpina) oder die Wiederkehr des Sonnenlichtes, so trat nun der Erlösertod des Heilands am Kreuz an die Stelle der älteren Erlösungsmotive. Der tief im Unterbewußtsein der Völker verankerte Glaube an die Macht der Unterwelt und ihre schließliche Überwindung blieb jedoch noch bis in unsere Tage weithin lebendig.

Die humoristische Antithese zur klassischen Tragödie, die Komödie, bemächtigte sich bevorzugt der Masken und ließ diese durch lustige Personen verprügeln. Auch diese Art der Infra-Kultur blieb unbewußt bis heute als Kasperl-Theater lebendig. Unter Infrakultur seien dabei diejenigen Anteile versunkener oligarchischer Kulturen verstanden, die von der breiten Masse des Volkes unbewußt übernommen und weitergetragen werden, ohne daß der eigentliche Sinngehalt solcher altüberkommener Verhaltensweisen von den Ausübenden selbst erkannt würde. Infrakulturelle Überlieferungen – mehr Kult als Kultur – sind nach dem Aussterben einer schmalen oligarchischen Oberschicht das einzige, was von versunkenen oligarchischen Subkulturen im Volk erhalten bleibt. Sie beweisen die Unhaltbarkeit der These von der ethnischen Vernichtung der

84 «Charun» (Toten-Fährmann). Tomba dell' Orco, Tarquinia (Etrurien)

85 Bucht von Matalla, Südkreta. Felsengräber. Die unmittelbar am Strand gelegenen tiefsten Grabkammern am linken unteren Bildrand sind teilweise vom Meerwasser überflutet, als Zeichen junger Senkungsvorgänge an diesem Teil der kretischen Südküste. Weiter westlich, an der Steilküste im Süden der Levka Ori, weisen hochgelegene ehemalige Wasserstandsmarken auf junge Hebung von Teilen der Insel hin

Völker. Wo die eigentliche Kultur nur auf den wenigen Köpfen der Oberschicht beruht, während sich die breite Masse allenfalls unverstandenen kultischen Spielen hingibt, kann meines Erachtens nicht von einer wahren Kultur die Rede sein.

Wie erstaunlich lange sich reine Äußerlichkeiten längst vergangener Kulte bis in die Gegenwart hinein halten, erkennt man gelegentlich an Nebensächlichkeiten, beispielsweise in der ‹Infrakultur› des schon kurz erwähnten Kasperl-Theaters. Man achte einmal auf die Gestalt des Teufels in einem beliebigen Spielwarengeschäft oder im Kinderzimmer. Ein ‹herkömmlicher› Teufel zeigt die Fratze des etruskischen Todesboten ‹Charun› mit Hakennase, Ziegenbart und Hörnern, wie er uns aus Gräbern Etruriens (zum Beispiel der Tomba dell' Orco in Tarquinia des 3. Jahrhunderts v. Chr.) bekannt ist. Charun ist niemand anders als der griechische Fährmann Charon, jedoch ausgestattet mit Flügeln und einem Vogelkopf über der Schulter, offenbar als Hinweis auf die alte Tradition der Totenvögel. Horn, Hakennase und Ziegenbart haben sich in Kasperlpuppen des Teufels bis heute erhalten, wobei die Hörner ein Attribut aus der Zeit der altmediterranen Stierkulte darstellen.

Und noch etwas anderes hat sich erhalten: Unsere Theaterteufel sind *rot*. Nicht schwarz, braun oder olivgrün, sondern schön rot, so rot wie minoische Männer auf den Fresken von Knossos oder etruskische Trauernde in der Schminke der Totenzeremonie. Auch wenn diese Trauernden Flöte blasen oder tanzen. Es ist die bei kultischen Anlässen vorgeschriebene Körperfarbe der Männer (bei Frauen nur, wenn sie beim Tanz oder Musizieren Männer ersetzen), welche den Philistern der Bibel, den Puresatoi, den Namen ‹rote Männer› eingetragen hat. Wir würden landläufig von ‹Rothäuten› reden und uns instinktiv nach Nordamerika oder in unsere Kindheit versetzt denken. Auch die Indianer kannten bei kultischen Feiern oder auf dem Kriegspfad diese rote Bemalung, während sie im normalen Leben eher hellbraun als rot von Hautfarbe sind. Aus der roten Hautfarbe solcher Fresken auf die Herkunft von Völkern schließen zu wollen, im Sinne eines wirklichen Teints, ist also abwegig. Als roter Farbstoff scheint zumindest im Mittelmeerraum derjenige der auf Kermeseichen lebenden Koschenillelaus gedient zu haben. «Hol dich der Teufel» bedeutet also nichts anderes als: «Möge dich Charon über den Fluß der Unterwelt schaffen».

Diese Unterwelt war ursprünglich ganz die reale Welt der Bestattungshöhlen, Felsengräber, Labyrinthe und Totentempel. Eben der meist unter der Erde gelegene Raum, wo die Toten ruhen, sofern sie nicht als Vögel, Schlangen oder Bienen einen Besuch in der Oberwelt wagen.

Die (in der Regel mumifizierten) Toten lebten in ihrem Grab weiter, wenn auch in einer verstandesmäßig schwer zu erfassenden Trennung von Leib und Seele. Daß sie sogar Nahrung zu sich nahmen, war aus der Leerung der Opfersteine und Weiheschalen zu schließen (wenn dafür auch letztlich Mäuse und Ratten verantwortlich gewesen sein dürften). Aber der transzendente Begriff der Unterwelt als eines fiktiven Reichs der Schatten entstand erst vergleichsweise spät, nämlich mit dem Übergang zum Leichenbrand, der ja keine reale Unterwelt mehr zuließ. Mit diesem Glauben an eine nur irreale Unterwelt entfernte sich Griechenland sprunghaft weit von der ursprünglichen Vorstellung der minoisch-mykenischen Zeit und von den früheren Anklängen an ägyptische und mesopotamische Glaubensinhalte.

Unserem heutigen Denken liegt der Gedanke einer Verknüpfung von Totenverehrung und Fruchtbarkeitskult fern. Doch besteht hier eine so enge Verbindung, daß man schon fast von dem Totenkult als Fruchtbarkeitszauber sprechen kann. Wer etwa das Museum in Paestum besucht, wird dort den Terrakotta-Torso einer Schwangeren und ähnliche Symbole aus eindeutig bestimmten Grabfunden besichtigen können. Schon die steinzeitlichen pyknomorphen Frauengestalten sind wohl im Grunde solche Schwangeren als Zeichen der Fruchtbarkeit. Hieraus ist die Überlieferung der griechischen Sage von Empfängnis und Geburt im Grabe durchaus verständlich. Nach altem Glauben wissen die Toten um die Zukunft. Ihnen obliegt auch die Vorsorge um das Weiterbestehen des Geschlechtes. In diesem Sinne bedeutet Kultur die Summe dessen, was mit der Erhaltung und Mehrung der Fruchtbarkeit zu tun hat, zugleich die Summe aller Kulte. Ursprünglich bezog sich die Fruchtbarkeit auf Mensch, Nutztiere und Nutzpflanzen. Dabei kam dem Totenkult eine zentrale Bedeutung zu. In der Stein- und Bronzezeit beherrschte den Menschen mehr als heute die Sorge um sein Leben nach dem Tode. Aber auch unser heutiges Kulturleben hat hier wesentliche Wurzeln, ganz gleich, ob wir an Literatur, Theater, Musik oder bildende Kunst denken. Auch die heutige Kultur, die im allgemeinen nichts mehr von der Unterwelt wissen will, nahm einst ihren Ausgang von der Totenversorgung und -verehrung, wenn sie sich dessen auch keineswegs mehr bewußt ist.

22. Linear B-Entzifferung – Sinn oder Unsinn?

Am Beginn der Frühgeschichte · Ist die Entzifferung überhaupt schon gelungen? · Notizen am Telefon · Von Gersteschnitterinnen zu Gefängniswärterinnen: die seltsame Karriere der Frauen aus Pylos · Stenogramme für das Jenseits · Der Mariette-Stein · Von Vogelfängern, Weihrauchsammlern und Kuchenknetern · «Und nie sollen sie sterben, und sie sollen nicht aufhören!» · Pharao Scheschonk sorgt für seinen Vater im Jenseits · Von doppelter Schreibweise für Götter und Menschen

Die minoische Welt reicht aus vorgeschichtlicher, schriftloser Zeit bis in die literarisch bezeugte Frühgeschichte hinein. Von der Entzifferung dieser minoischen Schriften, vor allem der am reichsten überlieferten und jüngsten, der sogenannten Linear B, versprach man sich eine Aufhellung der minoischen Geschichte und Lebensweise.

Bisher hat die Entzifferung aber, trotz großer Anstrengungen und aufsehenerregender Anfangserfolge, zwei schwere Enttäuschungen gebracht:

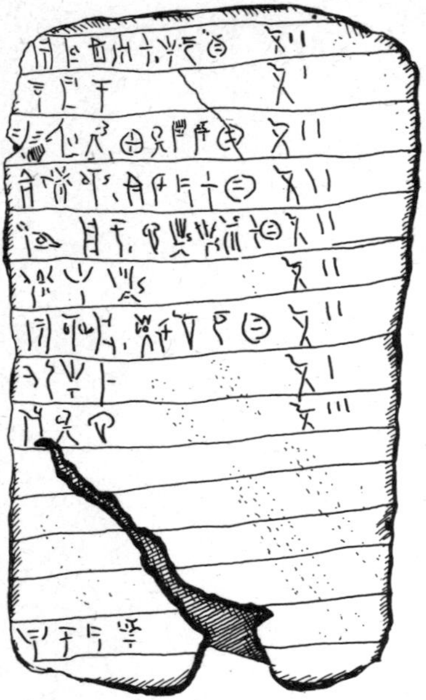

86 Linear B-Tafel, My An 102

1. Es handelt sich offenbar nicht um historiographische oder literarische Texte, sondern um verschiedenartige Aufzählungen, also um Abgaben-, möglicherweise Steuerlisten.

2. Die Tafeltexte stecken voller merkwürdiger Berufsbezeichnungen und seltsamer Gegenstände, deren Sinn und Bezug, etwa für ein minoisches Steuersystem, schwer verständlich sind. Palmer hat hierfür das anschauliche Wort von den ‹Geisterberufen› und ‹Geisterformen› geprägt. Über diese Problematik haben wir schon im ersten Buch berichtet.

Manche der Texte sind in der heute erreichten Lesart so doppeldeutig, um nicht zu sagen widersinnig, daß einige Sprachwissenschaftler ernsthaft die Frage aufwerfen, ob die Entzifferung der Linear B denn eigentlich überhaupt schon als gelungen zu bezeichnen sei. Werner Ekschmitt zählt unter den Skeptikern gegenüber der Ventris-Chadwickschen Entzifferung W. C. Brice, M. S. F. Hood (den Leiter der heutigen Ausgrabungen in Knossos), J. Sundwall, E. Grumach, H. Bengtson, H. Berve, E. Kunze und andere mehr auf. Klaffenbach erkannte die Entzifferung zunächst an (1957), kam aber 1962 zu dem Resultat: «Wenn wir auch unsererseits auf Grund der archäologischen Indizien die Überzeugung hegen, daß in der Tat die Sprache von Linear B die frühgriechische ist, so können wir aber den Weg der Entzifferung, den Ventris und in der Nachfolge des zu früh dem Leben Entrissenen sein Mitarbeiter Chadwick weisen, nicht für den richtigen halten. Er bleibt noch zu finden. Es muß auch festgestellt werden, daß es nach dem ersten allgemeinen Begeisterungstaumel, von dem wir uns selbst haben mitreißen lassen, recht still geworden ist, und daß die ernsten Bemühungen der Sprachforscher vieler Länder, auf dem neuen Wege weiterzukommen, in keinem rechten Verhältnis zu den Ergebnissen stehen.»

Woran liegt das wohl? Es ist bereits in der Funktion der Texte begründet. Stellen Sie sich vor, Sie haben sich während eines Telefongesprächs einige Stichworte notiert, zusammen mit den Zahlenangaben, die man erfahrungsgemäß nur schwer auswendig lernen kann. Also eine Art Kurztext in Listenform, ohne verknüpfende Sätze. Der nächste, der diese Zeilen liest, wird damit allein kaum etwas anfangen können, wenn er nicht wenigstens ungefähr weiß, um was es bei dem Telefongespräch gegangen ist. Handelt es sich um Lieferungen oder um Bestellungen, sind es Zahlenangaben aus einer Bilanz oder einem Einkommensteuerbescheid, wurden Beiträge für die Entwicklungshilfe oder die Innere Mission aufgezählt? Die Telefonpartner wußten, um was es sich handelte. Der unbeteiligte Dritte kann es nicht wissen. In Knossos, Pylos, Mykene wußte jeder, der mit den Tafeln zu tun hatte, selbstverständlich genau, um was es ging. Wir heute kennen den Zusammenhang nicht – wir sind in der Situation des unbeteiligten Dritten!

Bei so stark raffender Formulierung mit kurzen Worten, meist nur Teilen von Sätzen, muß man eigentlich schon wissen, aus welchem Anlaß die Zeilen niedergelegt wurden, um sie überhaupt sinnvoll übersetzen zu können. Dies ist ein lehrreiches Beispiel dafür, daß Texte und Entzifferungsschlüssel allein nicht genügen, um den tatsächlichen Sinn des Geschriebenen voll zu erfassen. Je nach der Überzeugung und Vorstellung der einzelnen Übersetzer von der Lebens- und Denkweise der Schreiber und ihrer Umgebung kommen völlig abweichende Übertragungen zustande.

Am Beispiel der Pylos-Tafel An 607 macht uns dies W. Ekschmitt deutlich. Es werden hier in mehreren Zeilen Frauen aufgezählt, wie deutlich an dem Ideogramm, dem Frau-Zeichen am Ende der Zeile vor der jeweiligen Zahlenangabe, zu erkennen. Nach Ventris und Chadwick handelt es sich in ihrer Übersetzung von 1953 um «Sklavinnen», in der von 1956 aber um «Pflückerinnen, Schnitterinnen oder Ährenleserinnen». Schließlich entscheidet man sich für «Gersteschnitterinnen». Palmer (1963) behagt diese Berufsbezeichnung so wenig, daß er sie fallenlassen möchte. Er sieht in den Frauen eine Vereinigung religiöser

Weiber im Dienst einer Göttin. Als Berufsbezeichnung wählte er ein Wort aus der ersten Zeile *(kerimija)*, das er mit «Textilarbeiterinnen» übersetzt. Auffällig ist dabei allerdings, daß jeweils hinter den beiden ersten Wörtern der Zeilen der Begriff *mate patede* oder *pate matede* steht, was soviel wie «Mutter und Vater» oder «Vater und Mutter» bedeuten soll. Hierzu Werner Ekschmitt: «Welches spezielle Interesse die pylische Palastverwaltung an der Elternschaft von Textilarbeiterinnen hat, bleibt natürlich genau so faszinierend wie bei Ventris' und Chadwicks Schnitterinnen.»

Zwei Jahre später bricht die Katastrophe über die Weiber herein! In ihrer Arbeit über das ‹Steuerregister von Pylos› (1965) übersetzen L. Deroy und M. Gérard den Begriff *kerimijai doquejai* mit «Gefängniswärterinnen». Insgesamt mindestens 26 an der Zahl! Pylos entpuppt sich also als eine der ersten Strafanstalten unseres Kontinents. Es ist auch kein großer Trost, wenn man das erste Wort *metapa* als Ortsname auffaßt und so die Strafanstalt in das fiktive «Metapa, Regierungsbezirk Pylos» verlegt, um die Insassen dieses ominösen bronzezeitlichen Frauengefängnisses nicht allzu dicht vor den Mauern des Palastes von König Nestor zu haben.

26 bronzezeitliche Weiber wechseln in nur zwölf Jahren gemeinsam dreimal den Beruf, erst sind sie Sklavinnen, dann Gersteschnitterinnen, dann Textilarbeiterinnen und schließlich Gefängniswärterinnen. Mit Sicherheit ‹ist da der Wurm drin›.

Man kann nun verschiedene Wege in Richtung auf eine ‹vernünftige› Übersetzung einschlagen:

1. Man tüftelt weiter an den Texten herum, probiert dieses und jenes und versucht, je nach augenblicklicher Auffassung von den geschichtlichen Verhältnissen, sich zu einer einigermaßen plausiblen Textdeutung durchzuringen.

2. Man gibt die bisherige Entzifferungsmethode ganz auf und versucht es mit einer anderen. Bislang scheinen Alternativen aber noch völlig zu fehlen.

3. Man geht davon aus, daß Knossos, Pylos und Mykenä nichts gänzlich Außergewöhnliches sind, sondern daß es aus jener Zeit in anderen Teilen des östlichen Mittelmeeres ähnliche Anlagen gegeben hat, in denen vergleichbare Texte gefunden wurden, die man besser verstehen kann. Das ist zwar, zugegeben, ein sogenannter Analogieschluß. Aber auch in die bisherigen Übersetzungen fließt jeweils ein unterschiedliches Quantum der Deutung auf Grund von sprachlichen oder erfahrungsmäßigen Analogien ein. Man wird freilich nicht genau dieselben Texte anderswo finden können, gleichsam als fertige Übersetzungen. Aber

möglicherweise waren solche Kurztexte auch sonst üblich; denn sehr wahrscheinlich wurde auch an anderen Stätten alter Kulturen ‹telefoniert› – um im obigen Bild zu bleiben.

Die in diesem Buch vorgetragene neue Deutung der minoischen Paläste scheint mir einen Hinweis zu geben, der geeignet ist, einige der bisherigen Unklarheiten in unserem Verständnis der Linear B-Texte auszuräumen.

Gehen wir einmal davon aus, Knossos habe nicht nur mit Pylos und Mykenä, sondern auch mit Phönizien und Ägypten in Verbindung gestanden, was durch die historische Überlieferung und archäologische Funde belegt wird. Es muß dann wohl auch in anderen Gegenden ähnliche Einrichtungen gegeben haben, in denen solche Listen mit kurzgefaßtem Text, gleichsam Stenogramme, üblich waren.

Nach dem in früheren Kapiteln Gesagten liegt es nahe, auch in bezug auf die Texte die sicher gedeutete altägyptische Überlieferung heranzuziehen.

So lesen wir beispielsweise auf einem von Auguste Mariette 1860 in Abydos ausgegrabenen Granitblock aus dem zehnten Jahrhundert vor Christi Geburt:

«... Abgesehen davon ist das, was ersetzen wird die 50 setat, die in der Gegend des Hochlandes südlich von Abydos liegen, die genannt wird Wah-nisut: 12 Silber: 6 deben, und was im Westen ist in dem bewässerten Gelände des Kanals, der in Abydos ist: Acker, 50 setat, macht Silber: 4 deben. Summe: Acker der Bürger von den beiden Plätzen in der Gegend des Hochlandes südlich von Abydos samt der Gegend des Hochlandes nördlich von Abydos: Acker, 100 setat, macht Silber: 10 deben.

Bauer Pa-wer, Sohn des ..., sein Diener Arbok, sein Diener Bup-Amon-haa, sein Diener Na-senu-meh und sein Diener Denit-en-Hor: Summe 5 Mann, macht Silber: 4 deben, 1 kite. Rinder, 10 Stück, macht 2 deben.

Ihr Hirt Pa-seri-n-Mut, Sohn des Hor-sa-Isis, wahr an Stimme: macht Silber: $6^{2}/_{3}$ kite.

Garten, der in der Gegend des Hochlandes nördlich von Abydos ist, macht Silber: 2 deben.

Gärtner Hor-mose, wahr an Stimme, Sohn des Pen-monch, macht Silber: $6^{2}/_{3}$ kite.

Der Vogelfänger Ni-mer-ju, wahr an Stimme, Sohn des Meh-Hor-n-pa-aref, wahr an Stimme, dessen Mutter Ta-kenet ist, wahr an Stimme, macht Silber $6^{2}/_{3}$ kite.

Imker, 5 Mann, jeder einzelne $6^2/_3$ kite Bezahlung des Mannes, macht Silber: $3^2/_3$ deben *(falsch statt $3^1/_3$ deben).*

Überwiesen an das Silberhaus des Osiris.

Die Hälfte eines Hin *(Liter)* an Honig soll hingehen zu dem Silberhaus des Osiris als tägliche Lieferung zu dem Gottesopfer des Osiris, des gewaltigen Großen der Maschwesch, Namirt, wahr an Stimme, bis in die Ewigkeit und Unendlichkeit. Was die Arbeit dieser 5 Imker angeht, so wurde ihr Silber an das Silberhaus des Osiris überwiesen. Nicht sollen sie sterben, und nicht sollen sie aufhören!

Träger von Weihrauch, 5 Mann, jeder einzelne $6^2/_3$ kite, macht Silber: $3^2/_3$ deben überwiesen an das Silberhaus des Osiris *(falsch statt $3^1/_3$ deben).*

5 kite Weihrauch sollen hingehen an das Schatzhaus des Osiris als eine tägliche Lieferung zu dem Gottesopfer des Osiris, des gewaltigen Großen der Maschwesch, Namirt, wahr an Stimme, dessen Mutter Mehit-em-wesechet, wahr an Stimme, ist, bis in Ewigkeit und Unendlichkeit. Was die Arbeit der 5 Träger von Weihrauch angeht, so ist ihr Silber an das Silberhaus des Osiris überwiesen. Nicht sollen sie sterben, und nicht sollen sie aufhören!

Sammler von Myrrhen, ein einziger Mann, macht Silber $6^2/_3$ kite, überwiesen an das Silberhaus des Osiris.

Die Hälfte eines Hin an Öl zum Brennen soll hingehen für das Silberhaus des Osiris als eine tägliche Lieferung zu der Lampe des Osiris, des gewaltigen großen Maschwesch, Namirt, wahr an Stimme, dessen Mutter Mehit-em-wesechet, wahr an Stimme, ist, bis in Ewigkeit.

Was die Arbeit des Myrrhen-Sammlers angeht, so ist sein Silber an das Silberhaus des Osiris überwiesen. Nicht soll er sterben, und er soll nicht aufhören! Gegeben werden soll ein einzelner Mann.

Brauer, 2 Mann, jeder einzelne $6^2/_3$ kite.

Kneter von Kuchen, $^1/_4$ Mann, macht Silber 1 kite *(falsch für $1^2/_3$ kite),* überwiesen an das Schatzhaus des Osiris.

Diese Gerste und Weizen sollen hingehen als eine tägliche Lieferung an Brot und Bier des Speichers aus dem Kornhaus des Osiris, zusammen mit dem Brauhaus des Osiris, des gewaltigen großen der Maschwesch *usw. usw. ..*.

Was die Arbeiten dieses Brauers und des Kneters des Kuchens angeht, so ist ihr Silber an das Silberhaus des Osiris überwiesen.

... zusammen mit dem Getreide dieses Ackers auf den 100 setat, die gehen zu dem Kornhaus des Osiris als Lieferung eines Jahres. Sie sollen nicht sterben, und sie sollen nicht aufhören!

Summe des Silbers, diese Leute, das zu dem Silberhaus des Osiris überwiesen ist, Silber: 8 deben, $7^2/_3$ und $^2/_3$ kite *(richtige Summe)* macht $12^1/_4$ Mann *(falsch statt $13^1/_4$ Mann).*»

Hier sind sie also, die ‹Geisterberufe› Palmers: Vogelfänger, Imker, Weihrauchträger und -sammler, Sammler von Myrrhe, Brauer, Kuchenkneter, Getreideschnitter, samt ihren Vätern und Müttern, wahr an Stimme (die «Ehrenwerten»).

Wenn nicht von Gott Osiris die Rede wäre, könnte man das Ganze für eine kaufmännische Urkunde oder für eine Steuerliste halten. Auch von Verschiebungen im Grundbesitz, von Bauern und Gärtnern ist die Rede. Also könnte es sich um das Katasterverzeichnis von Abydos handeln.

Mit «Osiris» ist aber nicht der transzendente Gott gemeint, sondern eine seiner ganz bestimmten Personifizierungen, nämlich Namirt.

Es handelt sich bei der zitierten Aufzählung um die Vorsorgemaßnahmen des Pharaos Scheschonk I. (etwa 950 bis 929 v. Chr.) für den Totendienst seines Vaters Namirt.

Scheschonk ist wesentlich wortreicher als seine minoischen Amtsbrüder. Wir sind ja auch schon einige hundert Jahre weiter in der Geschichte, und Scheschonk verfügt über mehr Kapital, um seinen Willen repräsentativ ‹zu Stein› zu bringen. In Knossos, Pylos und Mykenä mußte es billiger gehen, also auf Tontafeln statt auf Granit wie in Assuan. Aber der Sinn des Ganzen, ein Vermächtnis für den Totenkult, ist genau der gleiche.

Aus dem Totenpapyrus Ramses' III. (1181–1150 v. Chr.) erfahren wir von den reichen Stiftungen für den Kult seines Vaters Ptah an Honig, Weihrauch, Gerste und Weizen, ja Haufen von Getreide, «die den Himmel erreichten». (Wenn hierin ein Beweis orientalischer Beredsamkeit läge, wäre auch darüber hinwegzusehen, wie ja auch die Rechenfehler in den Scheschonk-Listen nicht von Bedeutung sind; es kommt mehr auf die gute Absicht als auf gute Buchführung an.) Ramses' III. Listen sind Ausweis seiner guten Taten als Empfehlungsschreiben an die ‹Westlichen› im Totenreich jenseits des Nils.

Noch in den Tagen Ptolemaios' II. Philadelphos (285–246 v. Chr.) lesen sich derlei Listen ganz ähnlich:

«Liste, um den König wissen zu lassen, als Zusammenstellung für seinen Vater. Sie sagen darüber:

Früchte *(Mehl?)* doppelt gut:	148 Hin *(Liter)*
Früchte in Töpfen	13 Töpfe
Ein Drittel von Abgaben	
Rinder	400
Eine Herde *(?)* Geflügel	
Wein, doppelt gut, von Charu *(Syrien)*	
Fruchtsaft *(?)* gut	1 Hin
Most	1 Hin

Honig	8 Hin
?	13 Hin
Milch	148 Hin
Fruchtsaft *(?)* flüssig, stark	6 Hin *usw.*»

Die Aufzählung nennt ferner Feigen, Sahne, gekocht (Käse?), zerlassenes Schmalz, Öl, frischer Weihrauch, Baumöl (Zedernöl?), Lotos, zerstoßene Früchte, Früchte und Datteln, «denen gleiche nicht gezogen werden», Waben mit Honig, trockene Früchte, Elfenbein, 1000 Bund Schilf, Kleider, 1000 Königsbinden, «Hüllen und Binden und Zeug» . . .

Da sind sie also auch, die Textilien der Tontafeln, samt ihren Herstellern und samt der ganzen Totenkost. Offenbar lebte es sich nicht schlecht im ‹Jenseits› (des Nils). Leider hatten die so Versorgten nicht mehr viel davon.

Es handelt sich bei derartigen Aufzeichnungen gewissermaßen um ‹Kranzspendelisten›, wie wir sie heute noch kennen. Auf minoisch-mykenischen Tontafeln liest sich das etwa so:

«Pylos, Dienerinnen der Priester wegen heiligen
Goldes: 14 Frauen» *(PY Ae 303)*

«Thinwasijai: Frau 9, Mädchen 3, Jungen 3, Aufseher 1,
Aufseherin 1» *(PY An 689)*

«Pylos: Thinwasijai: Frau 9, Mädchen 4, Junge 1:
Weizen 3/0/0, Feigen 3/0/0» *(PY Ab 190)*

«Pylos: Thinwasios, Sohn der Weberin, Mann 5, Junge 2»
(PY Ad 684)

«Mologuros *(dem Hirten)*: Privatgrundstück Weizen 3/1/1»
(PY Ea 817)

«Des Warnataios Privatland, soviel Saat Weizen 121 Liter»
(PY En 609)

«Der Telesten, von soviel Saat:	Weizen	1800 Liter
Domäne des Heerführers:	Weizen	600 Liter
Der Telesten, von soviel Saat:	Weizen	1800 Liter
Soviele Telesten: Mann 3		
Lagerdistrikt, leer		
eines so großen Saat:	Weizen	360 Liter» *(PY Er 312)*

«Sklave der Vater, die Mutter aber ‹kutereupi›
Sklave der Vater, die Mutter aber göttliche Sklavin
Sklavin die Mutter, der Vater aber Schmied» *(PY An 607)*

«Knossos: Allen Göttern Honig Amphora 1 der Herrin
des Labyrinths Honig Amphora 1» *(KN Gg 702)*

«Atana der Herrin . . . 1
‹enuwarijo› 1 ‹pajawo› ‹poseda(one)› 1» *(KN V 52)*

«Der Herrin Sito *(Demeter)* *(?)* 190 *(x) (Ideogramm unbekannt)*
‹poropoi› *(?)* 190 10
‹kanapeusi› *(?)* 190 6» *usw.... (MY Oi 706)*

«‹diwonusojo› = *Dionysos, dem Gott?» (PY Xb 1419)*

«Stute 5 Hengst 4 Fohlen *x*
Stute 3 Fohlen 2 Hengst 4» *(KN CA 895)*

«Wolle 2 Ziege 4 *(?) 3* Wein 10 Feigen 4» *(KN An 35)*

«‹Awaso/quamo› Bock 90 Schaf 10» *(KN Db 1099)*

«So viele Schwerter Schwert 50» *(KN Ra 1540)*

«‹dose› Weizen 4 Wein 3 Stier 1
Bock 2 ‹Tu+Ro_2› 5 ‹A+Re+Ro› 0/0/2 ‹Fell+Ko› 1
Bock 2 Mehl 0/6 Wein 0/2 ...» *(KN Un 718)*

«sinito/rukito› *(?Sinitos aus Lyktos)* Bock 39 Schaf 11
Bock 10 Bock 40» *(KN Dg 1280)*.

In den Linear B-Texten liest sich alles etwas weniger ausführlich als in den imposanten Listen aus der Weltmachtkultur Ägyptens, mehr stenogrammartig, ja geradezu im Telegrammstil! Aber im Grunde durchaus verständlich, wenn man sich den Zweck dieser Notizen klarmacht: Sie werden jeweils in der Nähe der Grabkammer des Verstorbenen aufbewahrt, um den Toten auch noch im Jenseits als gottesfürchtigen Mann und guten Sohn der Jenseitigen auszuweisen, denen er zeitlebens so viele ‹Hekatomben› (Bock 39 + Schaf 11 + Bock 10 + Bock 40 = 100) dargebracht, Honig, Früchte und Getreide gespendet sowie Dienstpersonal gestellt hat! Ein wenig Prahlerei ist sicher auch dabei, und hin und wieder verrechnet man sich auch etwas, wie Werner Ekschmitt nachgewiesen hat, ganz wie in Ägypten. Die Götter werden das verzeihen, zumal da sie nur die für sie speziell bestimmte Endsumme mit dem Ideogramm zu lesen bekommen: WEIZEN 1800 Liter, BOCK 39 usw. Göttern schreibt man offenbar in althergebrachter Weise, gewissermaßen in Latein, deswegen wird nach wie vor an den ehrwürdigen hieratischen Ideogrammen festgehalten.

Die doppelte Schreibweise begegnet uns, allerdings in weit stärkerem Umfang, in Ägypten wieder. Dort sind ganze Totenbücher in dreifacher Ausfertigung untereinander angefertigt worden: als Bild oben, darunter in der alten hieratischen Schrift für Götter und außerdem noch am unteren Rand in demotischer Schrift für die Menschen unter den Jenseitigen. Ekschmitt macht sich also zu Unrecht über die ‹Fohlen FOHLEN› und ‹Käse KÄSE› minoischer Tontafeln lustig.

Über die Listen mit Grabbeigaben und Weihespenden an Gerät haben wir schon gesprochen. Die Angaben sind etwas ungewiß, weil schwer zu übersetzen. Aber der Sinn ist wohl erkennbar:

«Krug für den Priester der Königin, Stierkopfform, mit Muscheln verziert.
Krug, verziert mit Wagenlenker und Schlachtgetümmel,
Krug, verziert mit Göttin, Frauen mit Stierkopf, Spiralen» *(PY Ta 711)*

Und jeweils dahinter am Ende der Zeile des Ideogramm ‹Kanne› mit Zahl.

«Dreifüße, Ziegen-Griffe, kretische Arbeit,
Dreifuß, mit einem Fuß, mit Ohrgriffen,
Dreifuß, kretische Arbeit, am Rande angesengt *(verbrannt in bezug auf die Schenkel)*»

«Gefäß 3 Gefäß, größer, vierhenkelig,
Gefäß, kleiner, vierhenkelig,
Gefäß, kleiner, dreihenkelig,
Gefäß, kleiner, ungehenkelt.» *(PY Ta 641)*

Hinter den Dreifüßen ist das Ideogramm Dreifuß, hinter den Gefäßen das zugehörige Ideogramm mit der bestimmten Anzahl der Henkel sowie außerdem die Zahlenangabe am rechten Außenrand vermerkt.

Kompliziertere (und noch nicht bis ins einzelne sichere) Texte könnten etwa folgendermaßen lauten:

«So sollen abliefern die Bezirksgouverneure und Dumate und die Vizegouverneure und die Schlüsselbewahrerinnen und die Feigenaufseher und die Schiffskommandanten
Tempelbronze, Spitzen für Pfeile und Speere . . .» *(PY Jn 829)*
«Folgendermaßen gab Arxotas *(Alxoitas?)*
Thyestas, dem Salbenkocher,
Ingredienzen für Salbe, die zu kochen ist:

Koriandersamen	360 l	flüssig 288 l	
Zyperussamen	360 l	Ingredienz *(?)* trocken 960 l	
Früchte *(?)*	150 l	Wein 360 l	Honig 36 l
(?)	36 l	Most (?) 36 l» *(PY Un 267)*	

Die Balsamsalbe macht zusammen 1680 Liter, eine Menge, die Werner Ekschmitt zu groß erscheint. Bei der Größe der Badewannen und Grab-Pithoi hat sie sicher nicht für viel mehr als 20 bis 30 Personen ausgereicht. Etwas (diesmal nicht orientalische) Übertreibung war wohl auch dabei.

Selbstverständlich ist damit nicht jede Frage der Linear B-Texte schon gelöst. Im Gegenteil, die Arbeit geht unter neuen Aspekten erst richtig los. Aber wenn man erst einmal weiß, wozu die Listen gedient haben, gelingt vielleicht manche Übersetzung leichter. Und manche irrige Vorstellung läßt sich korrigieren.

Es sind Stenogramme, den Toten ins Jenseits mitgegeben. Zum Teil auch Briefe an die Toten des Palastes, wie möglicherweise der Diskos von Phaistos. Telegramme an die ‹lebenden Toten› . . .

23. Von der Parischen Weltchronik zur Radiokarbonmethode

Das stratigraphische Grundgesetz · Ausgrabungen unter Sankt Peter in Rom · Graf Thomas sammelt Antiquitäten · Wann fand der Trojanische Krieg statt? · Odysseus, Held und Verbrecher · Schutz gegen Grabräuber: verstecken oder befestigen? · Priester Manetho macht Geschichte · 31 Dynastien blicken auf uns herab · Die Minoer überleben das Ende der Paläste · Höhenstrahlung und Radiokohlenstoff

Ziel jeder archäologischen Arbeit neben der Aufdeckung, Bergung und Konservierung der Funde ist, auch eine zeitliche Einstufung und Aufeinanderfolge zu liefern. Diese Aufgabe wird um so schwieriger, je weiter man aus der Frühgeschichte in die schriftlose Vorgeschichte zurückgeht. Woher kann man eigentlich wissen, wie alt ein gefundener Gegenstand ist, und welche Datierungen ergeben sich für die minoische Welt?

Schon frühzeitig erkannte man, daß an vielen Ausgrabungsstätten mehrere Fundschichten mit unterschiedlichem Alter übereinander folgen. Auf den Warften (oder Wurten), hochwassersicheren Wohnhügeln an den norddeutschen Wattenküsten, hat man bei langsam sinkendem Untergrund und dementsprechend immer höher auflaufender Flut alle ein bis zwei Generationen die Wohngebäude und Stallungen abgerissen, den Wohnhügel um einige Dezimeter bis Meter aufgeschüttet und neue Gebäude errichtet, wobei im Schutt der Auffüllung alle möglichen Hinterlassenschaften von den Bewohnern jener Zeit (zerbrochene Keramik oder anderes Gerät, Küchenabfälle, Holzreste usw.) zu finden sind. Wie die Blätter eines Buches haben sich so durch viele Jahrhunderte ‹Kultur›-schichten übereinandergelagert. Man spricht von einer stratigraphischen (Fundschicht-)Abfolge, für die das einleuchtende stratigraphische Grundgesetz gilt, daß die ältesten Schichten unten, die jüngsten oben zu suchen sind.

Durch Fundvergleich, etwa durch ähnliche Keramik in bestimmten Schichten benachbarter Wurten, kann man nun feststellen, welche Fundschicht der Wurt A etwa einer anderen Fundschicht der Wurt B entspricht. Die an beiden Orten darüber und darunter folgenden Schichten lassen sich auf diese Weise ebenfalls, wenigstens annäherungsweise einstufen. Man nennt dieses Verfahren der Altersbestimmung, das ja unmittelbar keine Jahresangaben ermöglicht, die Methode der relativen Chronologie. Dabei hat sich vor allem die Entwicklung der Keramik als Vergleichsmaßstab gut bewährt.

Eine einfache Ausmessung der Schichtdicken führt nicht zum Ziel, da die Aufschüttungen von Fall zu Fall außerordentlich verschieden sind. Manchmal folgten mehrere schwere Sturmfluten unmittelbar aufeinander, die zu mehrfacher starker Höherlegung der Häuser zwangen. Manchmal fehlen solche Anlässe über längere Zeit, und die Aufschüttung bleibt vergleichsweise gering.

Im Valle di Comacchio am Rande des Podeltas hat man etruskische Reste in einer Tiefe bis zu 12 Meter unter der heutigen Erdoberfläche gefunden, woraus sich eine mittlere Aufschüttungsrate von einem halben Meter pro Jahrhundert errechnet. An anderen Stellen ist dieser Betrag wesentlich geringer, bis zu Zentimetern im Jahrhundert.

Auch ist die normale stratigraphische Abfolge der Fundschichten nicht immer gewährleistet. Kellerräume und Grabkammern können später in den aufgefüllten Schutt hineingebaut worden sein, so daß man jüngere Bauteile auch schon in einem Niveau älterer Schichten finden kann. Dies gilt natürlich auch für Brunnen, Zisternen und Opferschächte sowie Fundamente aller Art. Bei der Gründung des schweren Säulenbaldachins in der Vierung von Sankt Peter in Rom mußte man auch die Katakomben unter der Kirche durchteufen. Die Särge standen dort so dicht, daß man sie nicht beiseite räumen konnte. Der Urbaldi-Fundbericht aus dem Jahre 1626 berichtet von diesen alten ‹Ausgrabungen›, bei denen man die Sarkophage öffnen mußte, die im Wege standen. Man fand Leichname einbalsamiert und bandagiert «wie Kinder», teils in langen Gewändern. Nach längerem Luftzutritt zerfielen die Körper und Gewänder, bis auf geringe Tuchfetzen, zu Staub. Der alte, bei Ägyptern und Mykenern geübte Brauch der Gesichtsmaske auf dem Leichnam wurde noch bis ins 17. Jahrhundert hinein bei Einbalsamierungen bedeutender Persönlichkeiten angewandt. Die 1689 in der Peterskirche beigesetzte Königin Christine von Schweden erhielt eine solche Maske aus Silber (statt aus Gold, wie bei den Pharaonen und den Toten der mykenischen Schachtgräber).

Ist hingegen die stratigraphische Abfolge einigermaßen ungestört und findet sich ausreichend Keramik zum Fundvergleich, so kann die relative Chronologie gute Ergebnisse erzielen. Noch aber fehlen Jahresangaben. Für die Frühgeschichte gibt es hierfür Anhaltspunkte aus mündlicher und schriftlicher Überlieferung, die allerdings nicht unkritisch zu betrachten sind.

Seit 1615 legte der Engländer Thomas Howard, zweiter Earl von Arundel und von Surrey, eine Sammlung altgriechischer Fundstücke an, die er von einem Mann namens William Patti in Griechenland und der Levante beschaffen ließ. Unter den zahlreichen Gemmen, Statuen, Büsten, Sarkophagen und Inschrifttafeln befand sich ein Marmorfragment von der Insel Paros mit Angaben aus der griechischen Geschichte, die vom Jahre 1581/0 bis 264 v. Chr. reichen. Dieser ‹Marmor Parium› ist als ‹Parische Chronik› in die Geschichtswissenschaft eingegangen und behandelt unter anderem auch die Genealogie der Geschlechter, die uns in der griechischen Mythologie überliefert sind. Erwähnt werden gleich zwei Herrscher namens Minos in Kreta: Minos I. soll danach von 1462 bis 1423, Minos II. um 1294 gelebt beziehungsweise regiert haben.

Sein Enkel Idomeneus nahm als Heerführer des kretischen Kontingents an der Expedition nach Troja teil, bei welcher der listenreiche Odysseus das an Schätzen reiche trojanische Bergheiligtum Ilion durch einen üblen Trick überwältigte: Er ließ ein großes hölzernes Kultbild in Gestalt eines Pferdes herstellen, das der obersten Gottheit der Trojaner geweiht wurde. Im Innern aber verbarg sich Odysseus selbst, gelangte so in die befestigte Kultstätte, öffnete den nur zum Schein abziehenden Achäern die Tore und brachte die Kultschätze an sich, während noch Trojaner und einbrechende Achäer miteinander im Kampf lagen. Auf Schleichwegen verließ er das brennende Heiligtum, die troische Ebene und die ägäischen Gewässer. Den Sohn des Idomeneus, mit dem er wegen der Beute in Streit geriet, ermordete er kurzerhand. Die beraubten Troer und die geprellten Achäer verfluchten Odysseus in gleicher Weise. Zehn Jahre lang durfte er sich zu Hause nicht sehen lassen. Die meiste Zeit vergnügte er sich im Ausland mit einer jugendlichen Schönen, die ihn so becircte, daß er für lange Zeit nicht mehr an Heimkehr dachte. Erst als die Schätze verbraucht waren und die Circe um Jahre gealtert war, plagte ihn das Heimweh. Nach weiteren Abenteuern, bei denen er immer peinlich vermeiden muß, seinen Namen zu nennen, gelangt er auf Umwegen über das geheimnisvolle Phäakenland heim nach Ithaka. Aber auch hier muß er sich erst durch einen Massenmord an allen Vornehmen des Landes der irdischen Gerechtigkeit entziehen. Alles in allem also ein recht zwiespältiger Charakter, dem eines der ältesten Kunstwerke der Literaturgeschichte gewidmet ist.

Aber folgen wir wieder der Parischen Chronik! Nach ihrem Bericht hat der Trojanische Krieg von 1218 bis 1209 vor Christus stattgefunden. Idomeneus war offenbar schon ein reifer Mann mit erwachsenem Sohn, vielleicht um die fünfzig (sicher nicht zu alt für einen regierenden Fürsten und Feldherrn der Kreter). Er wäre dann um 1260 v. Chr. geboren, dreißig Jahre nach dem Regierungsdatum seines Großvaters Minos II. Minos I. hingegen muß ein früher Urahn der Familie gewesen sein. Die Namen der Herrscher zwischen beiden sind nicht überliefert. Vermutlich hießen sie ebenfalls Minos, so daß wir unter Minos II. eigentlich Minos den Letzten zu verstehen haben.

Eine etwas abweichende Chronologie verdanken wir Eratosthenes aus Kyrene (geboren ca. 295/280 v. Chr., gestorben gegen Ende des 3. Jahrhunderts), Mathematiker, Astronom, Geograph und Bibliothekar an der Universität von Alexandria in Ägypten. Er setzt den Trojanischen Krieg von 1194–1184 v. Chr. an, also 24 Jahre und damit eine Generation später als die Parische Chronik. Für die historische Zeit wäre eine solche Abweichung eine unentschuldbare Ungenauigkeit. Für die Frühgeschichte stimmen die Angaben der Parischen Chronik und der Chronologie des Eratosthenes jedoch auffällig gut überein, obwohl sie kaum voneinander abgeschrieben sein können. Was sind schon 24 Jahre Differenz bei einem weitgehend mündlich überbrückten Zeitraum von annähernd 1000 Jahren – noch keine drei Prozent Abweichung, und das ohne etablierte Geschichtsschreibung, nur auf Grund von ‹Heldensagen›: Sicher keine schlechte Leistung.

So sehr sich später auch die ‹literarische Verfremdung› des Stoffes bemächtigt hat, an der geschichtlichen Tatsache dieser Fahrt gen Troja ist wohl nicht zu zweifeln. Sie fällt in eine Zeit, in welcher der Glaube allein die Grabheiligtümer nicht mehr vor Beraubung schützt. Schon um 1300 v. Chr. waren Grabräuber in die Felsenkammern des Tutenchamun im Tal der Könige eingedrungen, ohne allerdings «die erhabene Mumie dieses Gottes» in ihrer ewigen Ruhe zu stören. Bereits hundert Jahre früher war das Grab Thutmosis' IV. von Grabräubern heimgesucht und schwer geplündert worden. Um 1200 v. Chr. aber nahm die Grabräuberei selbst im straff verwalteten Ägypten solche Formen an, daß uns sogar die Prozeßakten von Gerichtsverhandlungen gegen Grabräuber erhalten sind.

Es ist als sicher anzunehmen, daß auch die altkretischen Totenpaläste Opfer dieser Grabräuber wurden, die vor keinem Sakrileg mehr zurückschreckten. Es ist eine Ironie, daß derselbe Glaube, der die Alten zur Anhäufung der Schätze für die Verstorbenen und deren Leben im Jenseits zwang, auch die Grabräuber auf die schiefe Bahn brachte. Als Hungerleider hatten sie keinen Anspruch auf ein ewiges Leben in jenseitiger

Glückseligkeit, sondern vergingen ohne Spur im düstern Reich der Schatten. Sie hatten also nichts zu verlieren, aber alles – einschließlich des ewigen Lebens – zu gewinnen! Selbst der von Haus aus mittellose Feldherr Scheschonk plündert die Grabschätze König Salomos, um die umfangreichen Totenspenden für seinen Vater Namirt bezahlen zu können.

Wurden die Kriege des Mittelalters und der beginnenden Neuzeit nicht selten aus religiösem Fanatismus geführt, in der ausgehenden Bronzezeit stritten die Menschen zum nicht unwesentlichen Teil um die materielle Basis der ewigen Glückseligkeit, also für den Totenkult. Dies beleuchtet klarer als viele Worte die gewaltigen Unterschiede in der Denkweise der Menschen vergangener Jahrtausende und pointiert den Irrtum, diese Menschen nach heutigen Grundsätzen logisch verstehen zu wollen.

In Ägypten kam niemand auf den Gedanken, Totenheiligtümer durch Befestigungen gegen Grabraub zu schützen. Man wählte den Weg des Verstecks, der Scheingräber, Scheintüren, Fallschächte, Felsengräber mit zugeschüttetem Dromos (Zugang). Es nutzte nichts. Die Grabräuber fanden meist, was sie suchten. Kein Wunder: sie waren selbst Handwerker, die beim Bau der Gräber mitgeholfen hatten, oder mit solchen verwandt oder verschwägert. Und da der Raub meist den gemeinsamen Vätern zugute kam, war der Korruption Tür und Tor geöffnet. Den Vorhaltungen: «Willst du unseren armen Vater des ewigen Lebens nicht teilhaftig werden, ihn gar unter den ‹Westlichen› darben lassen?» war wohl kaum ein Arbeiter der Totenstätten gewachsen. Man verriet die Tricks, nahe Verwandte führten sie aus. Den Vorteil hatten die Taricheuten und die Priester. Mumien machen und Tote versorgen, dieses Geschäft ernährte seinen Mann.

In Troja, Mykenä und Tiryns (wie an vielen anderen Bergheiligtümern des Festlandes) ging man einen anderen Weg. Zuerst wagten sich nur einzelne in die Schatzkammern der Unterwelt vor und wurden ihres Wagemutes halber als Heroen bestaunt. Als jedoch der Grab- und Tempelraub überhand nahm, ging man zur Befestigung der Anlagen über. Die ursprünglich als Umwallung der Totenstätten aufgetürmten Mauern zur Bannung der Geister eigneten sich natürlich auch gegen äußere Feinde. Mit einigen Ausbauten entstanden aus Bergheiligtümern Bergfesten. Einzelne Grabräuber hatten nun keine Chance mehr. Man mußte eine solche Akrotyrsis, ein befestigtes Berg-Heiligtum schon mit militärischen Maßnahmen bezwingen, wenn man an die Schätze im Innern gelangen wollte. Wie schwer dies gegen eine kampfstarke Besatzung war, zeigten die Erfahrungen im Trojanischen Krieg. Selbst in jahrelanger Belagerung gelang es den Achäern nicht, Ilion, Trojas heiligen Göttersitz, militärisch zu erobern. Nahrung für die Toten, ja selbst Wasser war genug vorhanden. Was eigentlich die toten Troer im Jenseits ernähren sollte, kam so ihrer Verteidigung zustatten. Es war nichts zu machen. Bis Odysseus auf den Trick mit dem Kultbild kam.

Um 1200 v. Chr. war Troja offenbar schon entsprechend befestigt worden. Die Zeit vereinzelter Grabräuber war also bereits vorbei: Das war die Zeit eines Theseus oder Herakles, also der ‹heroischen› Einzelgänger gewesen. Als solche sind sie offenbar auch in kretische Paläste eingedrungen, nachdem erst einmal Theseus lebend aus dem Labyrinth entkommem war. Ein nicht wiedergutzumachender Fehler der kleinen Ariadne. Seit man definitiv wußte, daß man lebend aus der Unterwelt entkommen konnte, gab es kein Halten mehr. Knossos und die anderen Heiligtümer dieser Art wurden richtiggehend ausgeraubt, ehe es in eine *tyrsis*, in eine umwallte Festung verwandelt werden konnte. Dieser Vorgang hat zweifellos schon vor dem Trojanischen Krieg stattgefunden. Genaues ist darüber nicht bekannt. Nach der Überlieferung war Theseus eine Generation älter als die Kämpfer vor Troja. Es mag aber auch noch etwas früher gewesen sein. Der englische Philologe Palmer, bekannt durch seine Linear B-Interpretationen, glaubt, daß Knossos noch bis um 1200 voll funktionsfähig war. Vor allem die Übereinstimmung im Charakter der Linear B-Tafeln von Knossos, Pylos und Mykenä bestärkt ihn in der Annahme eines engen funktionalen und zeitlichen Zusammenhanges zwischen diesen Anlagen.

Dagegen wandte sich in scharfer Form der Archäologe Boardman. M. S. F. Hood, der derzeitige Leiter der Ausgrabungen in Knossos, datiert die Zerstörung der Anlagen bereits um 1350 v. Chr., also noch vor dem letzten Minos der Parischen Chronik und fast fünf Generationen vor dem Trojanischen Krieg nach der Datierung des Eratosthenes. Worauf gründet sich diese Meinung? Im wesentlichen auf Fundvergleiche mit Ägypten und dem mittleren Euphrat.

Im 3. Jahrhundert vor Christus verfaßte ein ägyptischer Priester namens Manetho eine Geschichte Ägyptens seit Beginn des Alten Reiches (um 2900 v. Chr.) bis in die historische Zeit, in welcher er die Pharaonen bis zur Eroberung durch Alexander den Großen in insgesamt 31 Dynastien aufgliederte. Er konnte sich dabei – eine einzigartige Gelegenheit der Menschheitsgeschichte – auf die in altägyptischen Totentempeln eingemeißelten Königslisten stützen.

Durch das alljährlich um den 17./19. Juli herum einsetzende Nil-Hochwasser war das ägyptische Jahr schon seit alters genau festgelegt. Gleichzeitig mit dem Eintreten der Nilschwemme erscheint am Morgenhimmel der Fixstern Sirius (der Hundsstern) an den Tagen des ‹heliakischen Aufganges›, erstmals beobachtet am 19. Juli des Jahres 2769 v. Chr. während der I./II. Dynastie. Dieses Datum wurde zugleich als

Beginn des ägyptischen Kalenders gewählt, dem der Sirius-Umlauf in 1460 Jahren zugrunde liegt. Dieser Stern war der Göttin Isis zugeordnet, der Gemahlin des Osiris und Mutter des Horus-Knaben, der in Gestalt des Pharao die Macht ergriff und als Osiris starb, um wiedergeboren zu werden. Als Göttin des Sterns Sirius hieß Isis auch ‹Sothis›, weshalb der Zeitraum von heliakischem Aufgang zu heliakischem Aufgang auch Sothisperiode genannt wird.

Mit genauer (und jährlich mit Spannung erwarteter) Jahreseinteilung durch die Nilschwemme, deren Höhe über fruchtbare und magere Jahre entschied (gemessen am Wasserstand des ‹Nilometers› bei Assuan), sowie durch die Sothisperiode war der ägyptische Kalender der erste genaue – oder sagen wir besser: einigermaßen genaue Kalender der Welt. Schwierigkeiten gab es nämlich wegen einiger Zwischenzeiten mit weniger straffer Thronfolgeordnung sowie durch Überschneidungen der Regierungszeiten von Nebenkönigen. Aber wenn man überhaupt von Geschichtsschreibung mit hinlänglich gesicherten Jahreszahlen in früher Zeit reden will, dann mit Recht vom ägyptischen Kalender und der Chronik des Priesters Manetho. Auf ihr baut sich praktisch die gesamte Frühgeschichte des östlichen Mittelmeerraumes und des Vorderen Orients auf. Vergleicht man nun ägyptische Funde in Kreta und kretische Funde in Ägypten mit den zugehörigen Regierungsdaten von Herrschern, deren Signum auf den Gegenständen steht oder deren Namen in Grabinschriften erwähnt wird, so ergibt sich folgender Zeitraum:

Die Übereinstimmung des Labyrinths von Knossos mit demjenigen von Hawara bei Faijum läßt darauf schließen, daß Knossos in ähnlicher Form um 1850–1800 v. Chr. erbaut wurde oder schon bestanden hat. Pharao Chian, dessen Name auf einer Diorit-Statuette und auf dem Dekkel einer Büchse vermerkt ist, die auf Kreta zutage kam, gehört der zweiten Zwischenzeit (1700–1555 v. Chr.) an.

Darstellungen von Keftiu-Prozessionen finden sich in Gräbern der 18. Dynastie (1580–1350 v. Chr.). Thutmosis III., dessen Name auf einer Alabastervase aus einem Grab im Hafen von Knossos vermerkt ist, regierte zwischen 1500 und 1450. Entscheidend aber ist für die archäologische Interpretation das Vorkommen minoischer *postpalatialer* Vasen (Keramik der Nach-Palastzeit) in Tell Amarna, das heißt in den Stätten Amenophis' IV. Echnaton, dessen Regierungszeit von 1364 bis 1347 reicht. Danach müßte das Ende der minoischen Paläste schon *vor* 1364 angesetzt werden!

Allerdings war damit keineswegs die minoische Kultur als solche vernichtet. Es gibt zahlreiche ‹postpalatiale› Anlagen, die mehr und mehr Übereinstimmung mit mykenischen Stilformen aufweisen. Dies wird von Nicolas Platon damit erklärt, daß die eindringenden Achäer alle Paläste nach der Zerstörung durch Ausbruch des Vulkans von Santorin um 1450 aufgegeben haben, mit Ausnahme von Knossos, das bis um 1380 unter achäischer Herrschaft weiterbestanden hat (um das Griechisch auf den Linear B-Tafeln und deren Übereinstimmung mit der mykenischen Welt zu motivieren). In den Palästen von Phaistos, Mallia, Kato Zakro und Akrotheri (auf Santorin) reichen ägyptische Funde nur bis zum Ende der Regierungszeit von Thutmosis III. im Jahre 1436. Dieser Zeitraum um 1450 gilt daher bei vielen minoischen Archäologen als Datum der Katastrophe von Santorin. Lava-Stücke und Bimsstein-Brocken bei Kato Zakro bestärken N. Platon in der Ansicht, daß dieser Palast Ostkretas durch denselben Ausbruch des Vulkans von Santorin untergegangen ist wie die unter vulkanischer Asche begrabene minoische Stätte von Akrotheri. Die übrigen Paläste sollen zu gleicher Zeit (um 1450) durch das Erdbeben in Verbindung mit jener Vulkankatastrophe zerstört und bis auf Knossos nicht wiederaufgebaut worden sein.

Halten wir also fest, daß weder Erdbeben noch Vulkanausbruch von Santorin um 1450 v. Chr. den Palast von Knossos endgültig ausgelöscht und schon gar nicht die minoische Kultur insgesamt vernichtet hat. Es gibt offenbar einen mehr oder weniger gleitenden Übergang in die ‹postpalatiale› und mykenische Periode, wobei allerdings nach und nach die Paläste aufgegeben werden. Als letzter offenbar Knossos.

Hier muß jedoch noch eine weitere Methode der Altersbestimmung erwähnt werden, die seit wenigen Jahrzehnten mehr und mehr Eingang in die Archäologie, Vor- und Frühgeschichte gefunden hat: die physikalische Altersbestimmung mit Hilfe der Radiokarbon-Methode.

Folgen wir den Ausführungen ihres Begründers, des amerikanischen Physikers W. F. Libby und seiner Mitarbeiter E. C. Anderson und J. R. Arnold.

Im Jahre 1911 hatte der österreichische Physiker V. F. Hess eine von außen in die Erdatmosphäre eindringende Strahlung (Höhenstrahlung oder kosmische Strahlung) entdeckt, die ein besonders starkes Durchdringungsvermögen (stärker als die sogenannte Gammastrahlung beim radioaktiven Zerfall) aufweist. Beim Aufstieg unbemannter Ballons und Raketen zeigte sich, daß diese Strahlung bis etwa 20 Kilometer Höhe stark zunimmt, darüber aber auf einen konstanten Wert abfällt. Die Zunahme in dieser Höhe ist durch eine Wechselwirkung der aus dem Weltraum stammenden primären Höhenstrahlung mit der Erdatmosphäre bedingt. Dabei wird Luftstickstoff in radiogenen Kohlenstoff umgewandelt. Über die tierische und pflanzliche Atmung und die sich

Gemessene C 14-Halbwertzeiten

4700 ± 470	6100 ± 200 J.
5100 ± 200	6360 ± 200
5300 ± 800	6400 ± 200
5360 ± 200	7200 ± 500
5513 ± 165	
5580 ± 45	
5585 ± 75	

		Aktivität	
Eiche	Palästina	15,2 ± 0,4	Zerfälle
Eisenholz	Marschallins.	14,5 ± 0,6	pro Minute
Eukalyptus	NSW-Austral.	16,3 ± 0,4	u. Gramm

87 Halbwertzeit- und Aktivitätstabelle

ständig schließende Nahrungskette ist dafür gesorgt, daß aller in Organismen eingebauter Kohlenstoff jeweils eine geringe Menge dieses Radiokarbons (Kohlenstoff mit der Atomgewichtszahl 14 an Stelle derjenigen von 12 beim nicht radioaktiven, ‹stabilen› Kohlenstoff) enthält, und zwar im Gleichgewicht mit der Atmosphäre. Erst wenn der Organismus abstirbt, wird der Austausch mit der Atmosphäre unterbrochen. Die einmal im Körper vorhandene Menge des Radiokarbons wird nicht mehr ergänzt, sondern nimmt ab infolge des radioaktiven Zerfalls, und zwar nach einem gesetzmäßigen, von äußeren Einflüssen unabhängigen Verlauf. Danach ist nach Ablauf von 5568 ± 30 Jahren seit dem Absterben nur noch die Hälfte des ursprünglich einmal eingebauten Radiokarbons vorhanden (man spricht von der sogenannten Halbwertszeit); nach weiteren 5568 Jahren ist der Radiokarbongehalt auf ein Viertel, nach Ablauf einer weiteren ‹Halbwertszeit› auf ein Achtel usw. abgesunken.

Kennt man den genauen Ausgangswert und bestimmt man den noch vorhandenen Anteil an Radiokohlenstoff, so kann man die Zeitdauer seit dem Absterben der Organismen bestimmen.

Man wählt zum Beispiel Reste von Bauholz, Brandschichten, Knochen und ähnliches und bestimmt den Restgehalt an Kohlenstoff 14. Es handelt sich also gleichsam um eine physikalische (oder genauer: radiometrische) Uhr, die zu dem Zeitpunkt in Gang gesetzt wird, wenn das Leben erlischt und damit der Luftaustausch organischer Substanz mit der Atmosphäre beendet wird. Allerdings hat auch diese Uhr (wie jede andere) gewisse methodische Fehler, die einmal in der ungenauen Kenntnis der Halbwertzeit (vgl. Tabelle), zum anderen in einer gewissen Grenze der Genauigkeit bei Bestimmungen des C14-(Kohlenstoff 14-) Gehaltes begründet sind. So konnten etwa Zypressenbalken vom Grabmal des Ägypters Sneferu bei Meydum (geschichtlich belegtes Alter: 4575 ± 75 Jahre) auf 4817 bzw. 4802 ± 240 bzw. 210 Jahre bestimmt werden. Holz vom Deck eines Totenschiffs aus dem Grabmal Sesostris' III. mit einem bekannten Alter nach der Manetho-Chronik um 3750 Jahre ergab auf Grund der C14-Methode ein Alter von 3621 ± 180 Jahre (im Mittel von drei Messungen).

Wendet man nun diese Methode auf minoische Stätten an, so ergeben sich vergleichsweise junge Werte, die eher zu der Annahme des englischen Philologen Palmer (nämlich: um 1200) als zu derjenigen der meisten minoischen Archäologen (1450) passen. Allerdings liegt bei einer Fehlerzone von rund 200 Jahren auch eine Datierung auf 1400 v. Chr. noch im Bereich des Möglichen, ebenso wie eine solche auf nur etwa 1000 v. Chr. Die Radiokarbon-Methode ist also im Grunde nicht viel genauer als die historische Datierung mit Hilfe der Parischen Chronik oder des Zeitvergleichs mit Ägypten. Sie läßt sich aber auch dort durchführen, wo schriftliche Zeugnisse oder anderweitig datierbare Funde fehlen.

Zusammenfassend aber können wir sagen, daß die altkretischen Paläste während der späteren 18. oder der 19. ägyptischen Dynastie aufgegeben wurden. Und zwar nicht auf einmal, und auch ohne daß dabei die minoische Kultur als Ganzes zugrunde gegangen wäre. Die Minoer sind also nicht alle umgekommen, eine einmalig hohe Kultur und das Wissen um zivilisatorische Errungenschaften mit sich ins Grab nehmend, sondern sie haben sich nach und nach in spätere Kulturkreise eingefügt. Aus der minoischen Kultur wurde so eine mykenische, aus dieser eine postmykenisch-protogeometrische, aus dieser eine geometrische und schließlich eine hellenische.

Erdbeben hat es sicher hin und wieder gegeben. Ebenso Vulkanausbrüche auf Santorin und anderswo. Aber die große, alles vernichtende geologische Katastrophe am Ende der minoischen Zeit fand nicht statt.

24. Das Ende ohne Schrecken

«Viel Schreckliches gibt es . . .» · Die ‹wandernden Urnenfelder› · Totenstenogramme und Profanschrift · Herrin des Labyrinths · Die ‹roten Männer›, Feinde des Volkes Israel · Dichteschäden und Geburtenregelung · Wenn Völker wandern · Die eiserne Revolution · «Durch Natur und Kunst feste Plätze» · Von keltischen Kopfjägern

Kein menschliches Leben läuft ganz ohne Schrecken ab. Auch die Naturgewalten haben seit eh und je Schrecken unter der Menschheit verbreitet. So sehr, daß sie immer wieder für das Aussterben von Arten, Völkern und Kulturen herhalten mußten. Sie waren aber bisher nicht in der Lage, die Menschheit als solche, das Leben auf der Erde insgesamt oder auch nur einzelne Völker auszurotten.

Im Gegenteil, der Mensch wird immer mehr zum Schrecken für die Natur. «Viel Schreckliches gibt es (auf der Welt)», beginnt der wohl eindringlichste Chor aus Sophokles' ‹Antigone›, «aber nichts ist schrecklicher als der Mensch». Der Mensch in seinem Fanatismus, in seiner Prinzipienreiterei, in seiner Umweltverschmutzung. Machen wir nicht die Natur, etwa die Geologie, verantwortlich für etwas, was die Menschen selbst verschuldet haben! «Catania am Fuß von Europas höchstem tätigem Vulkan ist öfter durch Kriege als durch Vulkanausbrüche oder Erdbeben zerstört worden.» Diese Worte des Altmeisters der Vulkanologie, A. Rittmann, der seit fast einem halben Jahrhundert am Vesuv und Ätna tätig ist, sollten uns zu denken geben.

Nicht eine gewaltige Naturkatastrophe hat das minoische Leben in den Palästen zum Absterben gebracht. Die dort untergebrachten Minoer waren bereits tot, als die Anlagen gebaut wurden und also auch, als sie verödeten. Es war nur das Leben in der Unterwelt, das man ihnen rauben konnte. Und das haben zweifellos nicht Erdbeben oder Vulkanausbrüche, sondern Menschen getan, in ihrer Gier nach Schätzen, die einst für die Toten bestimmt waren.

Gegen Grabraub gab es keine Sicherheit. Man mußte umdenken. Der balsamierte Leib in seiner feudal eingerichteten und mit Nahrung fürs Jenseits ausreichend ausgestatteten Totenwohnung war nicht mehr sicher in seiner ewigen Ruhe. Kultschilde, göttliche Verwünschungen oder die Finsternis abgewinkelter Gänge mit schrecklichen Freskogestalten halfen nicht mehr.

Besser war es, den Toten nach alter Kriegersitte mit aller Habe zu verbrennen, nicht brennbare Beigaben aber so zu zerschlagen, daß kein Grabräuber noch etwas Brauchbares fand.

Das war das Ende der minoischen Kultur der Labyrinthbauten, die im Grunde nichts wesentlich anderes als ein hochentwickelter Totenkult war. Insofern muß man heute der Ahnung Oswald Spenglers aus dem Jahre 1935 voll zustimmen. Auch wenn seine Vermutung, es handele sich um Totentempel, modifiziert werden muß. Tempel im eigentlichen Sinn liegen in den minoischen Bauten nicht vor (abgesehen von späteren hellenischen Anbauten). Es sind echte Grabbauten zur Bewahrung und Versorgung der Toten. Sie verfielen, als der alte Totenkult der neuen, gegen Grabräuber sicheren ‹heroischen› Bestattungsart auf dem Scheiterhaufen weichen mußte.

Damit sind uns wertvolle Zeugnisse kultureller Entwicklung aus der Zeit zwischen der mykenischen und der hellenischen Periode für immer verlorengegangen. Außer den geometrischen Aschenurnen sind die Gräber so leer, wie sie auch nach vorangegangener Plünderung nicht leerer sein könnten. Man gab den Toten alles in verbrannter Form mit, was sie sonst unverbrannt erhalten hätten. Die Aschenurnen aber brauchte man nicht mehr in Totenwohnungen oder Totenpalästen, man konnte sie in Urnenfeldern beisetzen.

Wie eine schleichende Krankheit überzieht in den Schreckensjahren der Grabräuberei die Totenverbrennung große Teile von Eurasien. Mit der Wanderung von Völkern hat das weniger zu tun als mit der Ausbreitung der Unsitte, die alten Totenkultstätten zu plündern. Was sich da in den Geschichtsbüchern als «Urnenfelderwanderung» abzeichnet, ist weder ein wirkliches Wandern von Urnen noch von Feldern, auch nicht von ‹Urnenfeldervölkern›, sondern nur die Ausbreitung der Angst vor der Störung der Grabesruhe. War man erst einmal in Asche verwandelt, gab es nichts mehr, was Grabräuber angelockt hätte. Nur arme Leute ohne Grabbeigaben und ohne Geld für den aufwendigen Scheiterhaufen ließen sich unverbrannt ins Grab legen.

So erscheint die geometrische Periode als eine Zeit der Unkultur, als Zeit des finsteren griechischen Mittelalters zwischen minoisch-mykenischer Blüte der Totenpalastkultur und hellenischer Tempelbaukultur.

In Vergessenheit gerieten allerdings die Schriften der minoischen Paläste, die Hieroglyphen, die Linear A und B. Sie waren ja nicht für den Alltag bestimmt, sondern geheime Zeichen der eingeweihten Priesterschaft und einiger weniger ‹gebildeter› Angehöriger des Totengeleits. Handel und Wandel liefen weitgehend ohne schriftliche Fixierung ab, so etwa mit dem altbewährten Handschlag zwischen Käufer und Verkäufer. Und Steuern wurden von den Mannen der Herrschenden ‹in natura›, wenn es sein mußte mit Gewalt, eingetrieben, ohne daß die Steuereintreiber hätten lesen oder schreiben können. Erst mit Ausbreitung des Fernhandels durch die Phönizier entwickelte sich eine Profanschrift

88 Womit man als Kreter im alten Ägypten sein Geld verdienen konnte, zeigt ein Werbeschild vom Serapeum von Sakkâra: «Ich deute Träume, da ich einen Auftrag des Gottes habe, mit gutem Glück. Ein Kreter ist es, der dieses deutet.»
Ptolomäerzeit. Kairo 27 567

für das praktische Leben, an Stelle der Toten-Stenogramme für das Jenseits, die zu diesem Zeitpunkt im ägäischen Raum schon weitgehend vergessen waren. Aus dem phönizischen Alphabet aber entwickelte sich die Schrift der Griechen, Römer, Etrusker wie unser heutiges Alphabet.

Wie wir aus den Linear B-Texten erfahren, ist dort nicht von Königen namens Minos, sondern von einer Herrin des Labyrinths die Rede. Es handelt sich um Sito, die Große Mutter Demeter, deren Kult auch in hellenischer Zeit weiterläuft, auch wenn das Labyrinth längst aufgegeben wurde. Die Tochter von Zeus und Demeter war Persephone, von Hades einst beim Blumenpflücken geraubt und in die Unterwelt verschleppt, aus der sie auf Bitten ihrer Mutter und Befehl des Zeus alljährlich für die Sommerzeit an die Oberwelt zurückkehrt. Ganz konnte ihr Zeus die Rückkehr ins Diesseits nicht mehr gestatten, weil sie mit Hades, dem Herrscher der Unterwelt, bereits einen Granatapfel (!) geteilt hatte. Der Persephone-Kult als Auferstehungssymbol entwickelt sich aber in den Eleusinischen Mysterien des klassischen Griechenlands zu größter Blüte. Persephone wird dabei Kora («Mädchen») oder auch einfach Despoina («Herrin») genannt, ‹Herrin› wie ihre Mutter als Herrin des Labyrinths von Knossos.

Kretische Priestergemeinden, die schon erwähnten «Doppelaxtmänner», führen ihre kultische Überlieferung in Delphi noch bis in die klassische Zeit hinein fort. Wir haben also durchaus eine gewisse kultische, wenn auch keine Bestattungskontinuität.

Weltliche Kreter müssen in den kommenden Jahrhunderten ebenfalls auswandern, und zwar in großer Zahl. Sie tauchen als Philister der Bibel (als ‹Puresatoi›, als *rote* Männer) in der Nachbarschaft der Israeliten auf. Andere verdingen sich als kretische Bogenschützen, so daß das böse Wort von den ‹Krethi und Plethi› entsteht (den Kretern und Philistern, die eigentlich dasselbe sind). Keine Rede von Völkervernichtung, weder am Ende der Bronzezeit noch früher.

Zitieren wir abermals Robert von Ranke-Graves: «Trotz aller Unterschiede der Rasse und des Klimas waren sich die religiösen Systeme des Neolithikums und der Bronzezeit auffallend ähnlich.» Dies gilt auch bezüglich des Lebensraumes und der Baukontinuität, wenn etwa in Orchomenos oder auf Knossos unter den bronzezeitlichen Bauwerken neolithische Bauten an ein und derselben Stelle freigelegt werden konnten. Das gesamte Neolithikum sowie die ältere und mittlere Bronzezeit sahen praktisch landwirtschaftliche Erzeugung mit denselben technischen Methoden im gleichen Lebensraum, das heißt innerhalb des mit dem Holzpflug bearbeitbaren Bodens der Talauen, Flußniederungen, intramontanen Becken und Küstenebenen. Überall da, wo steiniger oder lehmiger Boden bei zeitweiliger Austrocknung die Bearbeitbarkeit mit dem Holzpflug erschwerte, endete das Siedlungsland und begann der ausgedehnte Bereich der Waldweide und des Ödlandes. Erst an der Wende von der mittleren zur jüngeren Bronzezeit war der verfügbare besiedlungsfähige Raum einschließlich der Waldweidenutzung so weit aufgeteilt, daß man von einer Übervölkerung sprechen kann. Dabei ist ‹Übervölkerung› ein relativer Begriff. Bei technisch wenig entwickelter, extensiver Landwirtschaft (etwa mit Hackfruchtbau oder Holzpflugbau) wird sie früher erreicht als bei intensiver Bodennutzung mit modernen Methoden, wie uns die neueste Vergangenheit drastisch vor Augen führt.

Übervölkerung führt, wie wir aus der Verhaltensforschung wissen, zu sogenannten Dichteschäden: zur Abkehr von sozial geordnetem Zusammenleben, zu immer heftigeren Zusammenstößen und schließlich zur offenen Unruhe. Wir haben allen Grund zur Annahme, daß die jüngere Bronzezeit eine erste derartige Epoche der Übervölkerung ausgedehnter Gebiete des damals bewohnten Eurasiens war. Nicht einmal Ägypten entging dieser ‹Wanderung der Seevölker›, obwohl es im eigenen Land durch zentrale Regierung, straffe Ordnung des Besitzstandes und wohl auch Bevölkerungsplanung der Übervölkerung steuern konnte. Dies war wohl kaum anders als durch Aussetzen oder kultische Opferung eines Teiles der Neugeborenen möglich. Die Geschichte des kleinen Moses – der als ein solches ‹überzähliges› Kind im Schilfdickicht des Nildeltas gefunden wurde – weist uns auf die Maßnahmen hin, die schon im alten Ägypten zur Regelung der Geburtenfrage und zur Vermeidung von Dichteschäden bei Übervölkerung im eng begrenzten Fruchtland des Niltales ergriffen wurden. (Mose heißt ‹der Gezeugte› –

von wem gezeugt? Eigentlich steht noch der väterliche Eigenname davor: A-mose, Thut-mose, Ptah-mose. ‹-mose› ohne Patronym besagt, daß der Vater unbekannt ist, daß es sich also um ein Findelkind handelt.) Vielleicht ist die offensichtliche Stagnation in der langen Entwicklung des alten Ägyptens auch auf eine solche gut funktionierende Bevölkerungsplanung zurückzuführen, die ausgesprochene Bevölkerungsexplosionen trotz des so begrenzten Siedlungsraumes mit allen ihren negativen, aber auch gewissen positiven Folgen vermieden hat. Not macht bekanntlich erfinderisch, und so manche Erfindung verdankt ihre Entstehung den Kriegs- und Unruhezeiten, so daß schon Heraklit den Krieg als den Vater aller Dinge gepriesen hat.

Es erscheint durchaus fraglich, was man als positiver bezeichnen soll: Ruhe und Ordnung auch um den Preis des Kindermords – oder steigende Bevölkerung mit dem Wechselspiel zwischen neuen epochemachenden Erfindungen zur besseren Ausnutzung der Erdoberfläche auf der einen sowie typischen Dichteschäden wie Krieg, Epidemien und Umweltverseuchung auf der anderen Seite. Das alte Ägypten ist den einen Weg, Europa nach dem griechischen Vorbild den anderen Weg gegangen. Der eine führte in die Stagnation und Unterwerfung, der andere zur abendländischen Kultur, aber auch zu einem noch unbekannten Ziel in der näheren oder ferneren Zukunft. Wohin wird er uns führen?

In der späteren Bronzezeit jedenfalls, um 1200 vor Christi Geburt etwa, scheint die Tragfähigkeit des damals landwirtschaftlich nutzbaren Lebensraumes in Hinblick auf die zu ernährende Bevölkerungsdichte überschritten worden zu sein. Allenthalben kommt es zu Differenzen, zu Wanderbewegungen und kriegerischen Auseinandersetzungen, allgemein bekannt unter dem Namen Trojanischer Krieg und Dorische Wanderung, etwa zeitgleich mit der schon oben genannten Wanderung der Seevölker und ähnlichen Eroberungszügen in Kleinasien und Mesopotamien. Die Zeiten wurden so unruhig, daß selbst die Toten keine Ruhe mehr im Grab fanden. Das Ausplündern der geradezu Schatzkammern gleichenden Totenwohnungen war die einfachste Art einer ‹Besitzkorrektur›, wenn man sich erst einmal von den altüberkommenen Vorstellungen der Steinzeit und älteren Bronzezeit freigemacht hatte. Man brauchte nur die tief eingewurzelte Scheu von der Unverletzlichkeit der Grabstätten überwinden, um sofort ein gemachter Mann zu sein. Und in manchen Fällen sind wohl auch tote persönliche, politische oder militärische Gegner absichtlich aus ihrer Grabesruhe gerissen worden, um sie noch über den Tod hinaus zu verfolgen.

Was blieb wohl anderes übrig, als die schon zuvor bei Kriegern im Feindesland übliche Art der Leichenbergung allgemein anzuwenden, um nach dem Tode der Plünderung zu entgehen: Man verbrannte mehr und mehr auch zivile Tote, und zwar mitsamt allen ihnen zustehenden Grabbeigaben, damit diese den Hingeschiedenen auch noch im Jenseits zur Verfügung standen, während man bei Erd- oder Totenhaus-Bestattungen immer Gefahr lief, daß die Beigaben lediglich eine leichte Beute von Grabräubern wurden.

So wurde die späte Bronzezeit zwischen 1200 und 800 vielfach geradezu zur Epoche der Urnenfelder und Urnengräber, ohne daß dabei die alte Bevölkerung vernichtet und durch neue zugewanderte Stämme ersetzt worden wäre, wenn auch gewisse Bevölkerungsfluktuationen aus dieser Zeit belegt sind. Doch meist werden, wie später in der sogenannten Völkerwanderungszeit nach dem Ende des Römischen Imperiums, die tatsächlichen Personenzahlen solcher Wanderungen weit überschätzt. Für die ethnische Zusammensetzung eines Landstriches von der Größe Nordwestafrikas spielen selbst 100 000 Zugereiste (entsprechend der Volkszählung der Vandalen vor der Überquerung der Straße von Gibraltar) auf die Dauer keine nachhaltige Rolle. Die an Ort und Stelle ansässige Millionenbevölkerung (mit nicht selten höherer Zivilisation) saugt den Frischblutzustrom auf und assimiliert die Neuankömmlinge in einer Weise, daß sie schon nach wenigen Generationen von den Einheimischen nicht mehr zu unterscheiden sind.

Was blieb denn schon von den Stämmen der Völkerwanderungszeit, von den Eroberungen der Normannen im Mittelmeerraum, in Rußland und im fernen Nordamerika, von den Frankenreichen im östlichen Teil des Mittelmeeres, von den zahlreichen Zuwanderungen in der kretischen Geschichte? Die Herrschaften haben gewechselt, das Volk blieb im allgemeinen dasselbe, von leichten Veränderungen der Sprache, Tracht und Gepflogenheiten abgesehen, die sich aber auch in Landstrichen ohne Zuwanderung im geschichtlichen Ablauf nachweisen lassen.

Die späte Bronzezeit war ein durch und durch unruhiger Zeitraum der Weltgeschichte. Aber sie war eine Zeit epochemachenden technischen Fortschritts, vor allem in der Metallurgie. Die Unruhe der späten Bronzezeit gebiert die einschneidende Erfindung der Eisengewinnung und -verarbeitung. Damit in der nachfolgenden Eisenzeit erneut eine Ausdehnung des Lebensraumes und damit eine Zeit ruhigerer, auch kultureller Evolution möglich wurde, mußte zuvor in der späten Bronzezeit über lange empirische Vorstadien die Eisenmetallurgie so weit vorangetrieben werden, daß das neue Metall richtungweisend in den Produktionsprozeß eingeführt werden konnte. Das Licht der späteren helladischen Kultur war ohne das (weitgehend nur scheinbare) vorangegangene Dunkel nicht möglich!

Sobald aber das Eisen als Pflugschar auf den Plan tritt, eröffnen sich zuvor ungeahnte Acker- und Siedlungsräume einer intensiveren Nutzung. Dies gilt vor allem für den keltischen Westen, für Mitteleuropa und Norditalien, aber dieser landwirtschaftliche Aufschwung wurde auch sonst allenthalben spürbar, so etwa durch die Expansion der etruskischen Eisenindustrie oder die Ausdehnung des griechischen Handels, der weithin im Mittelmeerraum seine Niederlassungen gründet (zum Teil gezielt, im Hinblick auf einen Export nach Gallien, wie die Gründung von Massalia [Marseilles] in dieser Zeit beweist). Man kann die eisenzeitliche Expansion des Siedlungsraumes weit in die vorherigen Einöden hinein als eine echte kulturelle Revolution auffassen, zumal sie über die Intensivierung des Handels zugleich die finanzielle Basis schafft, auf welcher sich der griechische Kulturreichtum entwickeln konnte.

Gleichzeitig macht sich wieder eine Abkehr von der Urnenbestattung bemerkbar. Insbesondere aus Etrurien und dem keltischen Raum kennen wir aufwendige Totenbauten und reich ausgestattete Erd- und Hügelgräber jener Zeit (Hallstattzeit zwischen etwa 800 und 500, anschließend die La-Tène-Zeit zwischen 500 und etwa 50 v. Chr.). Es entbehrt nicht einigen Reizes zu sehen, wie die Griechen ihre Heroen-Mythologie rings herum bekanntmachen, indem sie schön verzierte Vasen mit aufschlußreichen bildlichen Darstellungen aus Götter- und Heldenepen exportieren. Wir finden sie in den ausgedehnten Nekropolen der Etrusker und Kelten dieser Zeit, zum Teil sogar offensichtlich imitiert von anderen Handeltreibenden, die ebenfalls versuchten, in das einträgliche Geschäft zu kommen. Daß es dabei weniger auf die Gefäße, als auf deren Inhalt ankam, und daß die meisten dieser Gefäße als Grabbeigaben verwendet wurden, läßt darauf schließen, daß dies große Geschäft ein Geschäft mit dem Tod, d. h. ein Handel mit Funeralien, mit Spezereien, Balsamölen und ähnlichem gewesen sein dürfte.

Während Etrusker und Kelten, ja auch Germanen jener Zeit zu ausgedehnter Grabarchitektur zurückkehren (die frühere Bronzezeit sah bereits nahezu in ganz Europa, wo immer die geologischen Voraussetzungen hierzu bestanden, die Blüte der Großsteingräber), eifrig beliefert von griechischen Handelsniederlassungen, konzentrierte sich der eigene kultische Eifer der Griechen weniger auf die großzügige Ausgestaltung privater Grabmonumente als vielmehr auf die Errichtung aufwendiger und dauerhafter Tempelbauten der Götterverehrung. An die Stelle des individuellen Totenkultes einzelner Großfamilien trat mehr und mehr die allgemeine Verehrung der Stadt- und Volksgottheiten, an die Stelle familiärer Totenfeiern der einende gemeinsame Gottesdienst. So haben die Griechen wohl als einzige zu so früher Zeit überhaupt ein Gefühl der Zusammengehörigkeit eines ganzen Volkes entwickeln können, während Etrusker, Kelten oder Germanen noch weit davon entfernt sind. So können dann die Römer nach und nach ganz Etrurien und Gallien an sich bringen, ohne daß es zu Zusammenschlüssen der unterworfenen Völker und zu gemeinsamen Abwehrbewegungen größeren Stils gekommen wäre. Sowohl die etruskische als auch die keltische und germanische Gegenwehr gegenüber der römischen Expansion beruht in aller Regel auf nicht längerfristig wirksamen Einzelaktionen. Den ortsansässigen Priesterkasten und Edlen ist die eigene Kultgemeinschaft wichtiger als jede Hilfeleistung für bedrohte Nachbarn. So sind die südlichen Etrusker ohne Hilfe schutzlos den römischen Angriffen, die Nordetrusker ebenso der keltischen Invasion ausgesetzt. Und wie es keine nationale Gesinnung unter den zwölf etruskischen Stadtstaaten gab, so fehlt auch nationales Empfinden weitgehend bei den römischen Eroberungszügen in Gallien und Germanien unter den hier betroffenen Stämmen.

Höchst erstaunlich ist aber, daß der etruskische und keltische Grabbau dieser Zeit ganz ähnliche Formen entwickelt wie die Grabarchitektur der mittleren Bronzezeit. Neben einfacheren Erdbegräbnissen finden wir Felsengräber, große Hügelgräber, steinerne Totenhäuser, ja sogar Labyrinthbauten. Eine weitverbreitete Form Galliens und Germaniens ist die sich aus den Totenpalästen entwickelnde Form der Totenburgen und Wehrheiligtümer, ursprünglich weitgehend dem Totenkult geweiht, aber später mehr und mehr als Fluchtburg, als Oppidum genutzt, wenn die in der Ebene siedelnde Bevölkerung sich vor Angreifern in Sicherheit bringen mußte.

Während der Hallstatt- und La-Tène-Zeit war es freilich noch nicht soweit. Zunächst blieb es in den keltischen Stammlanden noch weitgehend ruhig, nur daß die zunehmende Bevölkerungsdichte ab 500 vor Christi Geburt zu einer Expansion junger keltischer Auswanderer weithin nach Süden (Oberitalien), zum Balkan und nach Kleinasien (Galather) führte. Die keltische Heimat spürte zunächst nicht viel von dieser Abwanderung, wie sich ja auch die Besiedelung der Neuen Welt durch die europäischen Auswanderer der letzten Jahrhunderte in der europäischen Heimat anfänglich nur wenig bemerkbar machte. Brachte sie dann später neue Importe aus den eroberten Ländern, so wird die gallische Expansion des 4. Jahrhunderts umgekehrt durch ein Ausbleiben fremder Importartikel im keltischen Stammland erkennbar. Diesen Umschwung nennt man den Beginn der La-Tène-Zeit, deren Kultur geschlossener und ortsständiger wirkt als die vorangegangene Hallstatt-Kultur mit ihren zahllosen griechischen und etruskischen Importen, weil nunmehr durch die keltische Eroberungswelle alte Handelsbeziehungen unterbunden wurden.

Als aber die Römer sich daranmachten, Gallien in den beiden letzten Jahrhunderten vor der Zeitwende ganz zu besetzen, boten oft die alten

Totenburgen als einzige ‹durch Natur und Kunst› feste Plätze Schutz vor den Kohorten und Möglichkeit zu letzter verzweifelter Gegenwehr. Diese Zweckentfremdung alter Totenkultbauten hat dazu geführt, daß schon die Römer der Kaiserzeit über den einstigen wahren Verwendungszweck der Oppida nicht mehr ganz im klaren waren. Die Mauern und Wälle auf hoher, weithin die Ebenen beherrschenden Lage, waren einst weniger zur Verteidigung nach außen, sondern zum Schutz nach innen, nämlich zur Verwahrung der Verstorbenen für Zeit und Ewigkeit errichtet worden. Daher auch die Totenschädel an den Haustüren solcher Oppida, die den Kelten im Bericht des Diodoros Siculus den Ruf von Kopfjägern eingetragen haben.

25. Vom Ursprung der abendländischen Kultur

Exportartikel Kultur · «Schon die alten Griechen ...» · Die ‹Kulturbringer› entzünden das Licht · Genpool Menschheit · Wenn Kulturen sterben · Intelligenztraining durch Sprache · Kultur ist lernbar · Totenmal in Worten · Hybris der Pyramidenbauer? · Stufenmastaba, Pyramide, Palast, Felsengrab · Priester und Alleinherrscher · Monopolisierung der Kultur · Vom Ursprung der Olympischen Spiele · Theater, Wiege der Kultur · Tauromachie und Tierschutz · Was ist Kultur?

Haben Sie schon einmal darüber nachgedacht, wie sich wohl unsere europäische Hochkultur entwickelt hat? Jener Strom geistigen Lebens, der seit über 2000 Jahren in Europa wirksam ist, seither ungeahnte Leistungen hervorbrachte und seit nunmehr 500 Jahren zum bedeutendsten Exportartikel dieses kleinen, aber so erstaunlich dynamischen Kontinents wurde?

Bekanntlich sind wir, vermittelt durch das christliche Mittelalter, Erben Roms und darüber hinaus vor allem Griechenlands. Aber was befähigte die alten Griechen zur Entwicklung und Entfaltung ihrer hohen geistigen Fähigkeiten? Haben sie diese Kultur ihrerseits weitgehend übernommen oder aus sich heraus, praktisch aus einfachen Vorstufen steinzeitlichen Niveaus, neu geschaffen?

Das vorige Jahrhundert nahm die griechische Kultur im allgemeinen als etwas Gegebenes hin, ohne näher über dessen Entstehung zu reflektieren. Es schien zu genügen, wenn man jede größere Ausarbeitung mit den Worten: «Schon die alten Griechen ...» begann, fast so, wie noch heute jedes Märchen mit: «Es war einmal ...» eingeleitet wird.

Unser Jahrhundert gefiel sich dann zunächst in der Annahme, die alten Griechen gehörten eben zu der kleinen, aber erlesenen Schar von Völkern, die auf Grund ihrer überlegenen geistigen Anlagen als Kulturbringer der Menschheit wirken. Diese These von der anlagebedingten Überlegenheit bestimmter Stämme oder Rassen wurde gleichsam zum Lieblingsthema einer ganzen national gesinnten Epoche mit all ihren vielfältigen Verwirrungen. Dabei hat man nur in der Öffentlichkeit – ähnlich wie bei den Vererbungsgesetzen von Mendel und Correns – wissenschaftliches Gedankengut, gleichsam in der Erprobung, nicht richtig verstanden und zum Teil falsch ausgelegt, ganz zu schweigen von echtem politischem Mißbrauch zum Schaden der Allgemeinheit.

Inzwischen wissen wir, daß alle Menschen dieser Erde, vom Feuerländer bis zum Eskimo, einer einzigen biologischen Art und Vererbungsgemeinschaft – einem gemeinsamen Genpool – angehören, daß es keine prinzipiellen Unterschiede in der geistigen Befähigung unter den Völkern dieser Erde gibt, nur schlechter oder besser Ausgebildete, und daß sich auch Abkömmlinge fremder Erdteile trotz Sprachenschranke und anderer erziehungsbedingter Barrieren mehr oder minder rasch in europäisches Gedankengut einzuarbeiten vermögen, hierin nicht selten völlig Ebenbürtiges leistend.

Trotz dieses Wissens ist der Gedanke von den ‹Kulturbringern› unter den Völkern ein beliebtes Vorstellungsschema unter den Europäern der letzten hundert Jahre, die sich gern selbst den Entwicklungsländern gegenüber in einer solchen Rolle fühlen, in der Archäologie bis heute nicht ausgestorben: etwa wenn Doro Levi den Beginn der minoischen Kultur des alten Kretas auf das plötzliche Eindringen neuer Völker zurückführt oder wenn Werner Keller die Etrusker das Licht der Kultur im westlichen Mittelmeerraum entzünden läßt. Immerhin macht man heute nicht mehr, wie noch vor wenigen Jahrzehnten, die schemenhaften Indogermanen für alle kulturellen Strömungen weit umher verantwortlich. Man sollte allerdings auch nicht in den gegenteiligen Fehler verfallen und allüberall versunkene Hochkulturen vermuten, selbst wenn praktisch keine belegbaren Hinweise für ein fruchtbares Weiterwirken sprechen.

Kulturelle Höchstleistungen entfalten sich nämlich keineswegs sternschnuppenartig aus dem Nichts, um später wieder ins geschichtslose Dunkel zu verschwinden, sondern benötigen Wachstum und Kontinuität trotz aller kriegerischer Verwicklungen und Naturkatastrophen. Die abendländische Kultur ist durch mehr als zwei Jahrtausende von

Volk zu Volk getragen, erweitert und ergänzt worden, ohne daß der Untergang der griechischen Stadtstaaten, Roms, der Goten und Langobarden, der mittelalterlichen Staaten, derjenige von Byzanz oder des Heiligen Römischen Reiches Deutscher Nation dieser Entwicklung ein Ende gesetzt hätte.

Weshalb stand dann aber die Wiege der europäischen Kultur gerade in Griechenland, weshalb nicht in Etrurien, in Gallien, in Nordgermanien oder anderswo? Weshalb haben nicht die Ägypter oder Mesopotamier, alte Kulturvölker von Rang und architektonisch überragendem Geschick, vergleichbare, ja bedeutendere geistige Werte geschaffen? Daß das griechische Erbe nur zufällig auf uns gekommen sei, während die geistigen Leistungen aller anderen Völker ethnischen oder Naturkatastrophen ohne Rest zum Opfer gefallen wären, ist sicher keine hinlängliche Erklärung. Die etruskische Ordnung ist ja keineswegs plötzlich verschwunden, sondern nach und nach in der römischen aufgegangen, und zwar dergestalt, daß sich vornehme römische und etruskische Familien vielfach untereinander verbanden. So war Livia, die Gemahlin Kaiser Augustus', eng befreundet mit Urgulania aus altem etruskischen Geschlecht, deren Tochter Urgulanilla Gemahlin des späteren Kaisers Claudius wurde. Von Claudius stammte eine 20bändige Geschichte der Etrusker, die zwar heute verschollen ist, aber zumindest in seiner Kaiserzeit gelesen und sogar von Plinius dem Älteren und Tacitus zitiert wurde. Wenn es eine überragende etruskische Kultur gegeben hätte, die Römer – und damit wir – wären mit Sicherheit ihre Erben gewesen.

Auch die geistige Welt der Gallier wurde in der galloromanischen Epoche um die Zeitwende nach und nach der römischen angeglichen, ohne daß dabei einmalige geistige Leistungen auf immer in Verlust geraten wären. Wie es um die Gedankenwelt der Nordgermanen bestellt war, ist uns aus zahlreichen schriftlichen Überlieferungen bekannt.

Mit dem alten Ägypten bestanden in minoischer Zeit, durch Alexander den Großen (der selbst die Würde eines Pharao trug), durch die Gründung der hellenistischen Universität Alexandria sowie durch die römischen Statthalterschaften vielfache Beziehungen. Und die Welt des Zweistromlandes wurde schon früh durch die Bibel dem Abendland vertraut.

Die Idee vom kometenhaften Aufstieg und Untergang der Kulturen, beliebt und scheinbar bestätigt durch das unmittelbare Erlebnis zweier Katastrophen vom Ausmaß der beiden Weltkriege, bewährt sich hier weder in der ursprünglichen, auf Oswald Spengler zurückgehenden, noch in der gemäßigten Fassung von Arnold Toynbee. Die abendländische Kultur, in ihren Anfängen auf das minoische und mykenische Erbe zurückgehend, behauptet sich schon über 3500 Jahre und ist gegenwärtig dabei, sich zur unbestrittenen Weltkultur auszuweiten, so daß ihr Untergang dem Ende der Menschheit gleichkäme.

Es ist merkwürdig, daß diese europäische Kultur, die sonst nahezu alle Bereiche des Geistes und der Natur zu durchdringen versucht, keine gesicherten Vorstellungen über ihren eigenen Ursprung zu erarbeiten vermochte. Da die These von den Kulturbringern das Problem nicht löst, sondern nur in der einen oder anderen geographischen Richtung verschiebt, beschränkt man sich heute im allgemeinen darauf, festzustellen, Griechenland habe im Altertum im Schnittpunkt verschiedenartiger Einflüsse gelegen, die sich hier zur kulturellen Blüte vereinten. Aber lag nicht Ägypten oder Mesopotamien mindestens in gleichem Maße im Schnittpunkt solcher Einflüsse? Standen dort nicht straff organisierte Staaten, Verwaltungssysteme und umfangreiche schriftliche Archive zur Verfügung, die einen Nährboden für ungeahnte geistige Entwicklungen hätten abgeben können?

Selbst auf die Gefahr hin, mir auch den Unmut der Kulturphilosophen zuzuziehen – nachdem ich mit der Behauptung, bei den minoischen Ausgrabungsresten des alten Kretas handele es sich im wesentlichen um Grabarchitektur, zunächst eine Reihe von Facharchäologen verstimmt zu haben scheine –, möchte ich hier einige Thesen zur Diskussion stellen, die des Nachdenkens wert scheinen.

Erste These:
Den alten Griechen wurde ihre blühende Kultur weder fertig von anderen Kulturbringern frei Haus geliefert, noch war sie auf Grund überragender Befähigungen plötzlich da, gleichsam dem Haupte eines Heros entsprungen, sondern sie mußten sich ihre kulturellen Höchstleistungen in einer langen Reihe von Generationen Stufe um Stufe erarbeiten.

Zweite These:
Dieser Bildungsprozeß verlief in erster Linie nicht über schriftliche Aufzeichnungen, sondern zunächst über die gesprochene und gehörte Sprache. Ein ganzes Volk lernte, durch pointiertes Sprechen und Darstellen des Gesprochenen seine geistigen Fähigkeiten zu steigern. Intelligenz ist nichts in mehr oder minder begrenztem Umfang einmalig Vorgegebenes. Intelligenz ist lernbar, kann durch Sprechen geschult und gesteigert werden. Wir wissen heute, wieviel schwerer es Kinder aus einfachen Verhältnissen haben, wenn sie nicht von frühester Kindheit an im Gespräch ihre geistigen Fähigkeiten erproben und bewähren können.

Dritte These:
Den Ausgangspunkt für die frühe griechische Sprachentwicklung bildete der Heroenkult, ursprünglich ein Totenkult, der in einer Fülle von Heldenerzählungen eine lebendige Erinnerung an die verstorbenen Großen des Volkes wachhielt. Die in regelmäßiger Folge zu Ehren der toten Heroen abgehaltenen Festspiele boten nicht nur die Möglichkeit, die körperlichen Kräfte zu messen und zu steigern, sondern sich auch in der Darstellung der Lebensgeschichte des Heros mit diesem zu identifizieren, ihm nachzueifern. Das unter Beteiligung des Chores, ja des ganzen Volkes auf dem Theater nachgestaltete Heldenepos zählt zu den Wurzeln der europäischen Kultur; wir tun Unrecht, in den ‹Schönsten Sagen des klassischen Altertums› nur oder überhaupt Kinderlektüre zu sehen.

Vierte These:
Das griechische Theater geht, trotz seines epochemachenden Erfolges, letztlich auf eine Notlösung, wenn auch auf eine geradezu griechisch-geniale, zurück. Wo in Ägypten oder im Zweistromland gewaltige Totenpaläste die Lebensgeschichte und die Totenkult-Riten der verstorbenen Großen in Architektur, Plastik, Relief und Schrift gleichsam in versteinerter Form bewahren, da künden in Griechenland unzählige lebendige Sagen von Mund zu Mund vom Leben und Sterben der Heroen. Das vergleichsweise arme, kleine, noch dazu in zahllose Inseln und Talschaften gegliederte Land wäre nicht imstande gewesen, jedem der Hunderte von Heroen und Königen ein vergleichbares Totenmal zu errichten, daß es von seiner Macht und Größe zeuge. Man erfand statt dessen eine Art von Kultbau zur Verehrung aller Heroen, nach dem Prinzip des Wechselrahmens, auf dessen Bühne jeder nur gewünschte verehrungswürdige Tote durch Schauspieler zum Leben erweckt werden konnte: das griechische Theater! Statt des Pantheons ein Panheroon. Und das Unglaubliche ward Wirklichkeit: Die in den aufwendigen, aber in geistiger Hinsicht sterilen Totenpalästen für alle Zeiten gefeierten orientalischen Potentaten wurden vergessen. Das gesprochene Wort von den griechischen Heroen aber blieb lebendig und hielt die, von denen es berichtete, in unserer Erinnerung wach bis auf den heutigen Tag.

Fünfte These:
So verstanden es die alten Griechen als einzige, den alten, aufwendigen und im Grunde unproduktiven, weil geistig sterilen Totenkult zu etwas überaus Lebendigem, geistig Anregendem und Zukunftweisendem umzufunktionieren, wenn sie sich auch sicher nicht über die Folgen von vornherein im klaren waren. Die bei anderen Völkern in ungeahntem Ausmaß für die Totenverehrung aufgewendeten Energien wurden so im

alten Griechenland für das Leben wieder aktiviert. Während die anderen diesen Aufwand gleichsam auf Verlustkonto abbuchen mußten, zahlte er sich hier mehr und mehr durch Schulung und Intelligenzsteigerung aus. Es ist im Grunde das alte humanistische Bildungsprinzip, durch sprachliche Übung am Beispiel klassischer Schriftsteller die Intelligenz zu fördern. Wir wissen heute, daß es dazu nicht notwendigerweise des Homer oder Tacitus bedarf. Aber Sprachübung und ständiger Sprechkontakt mit Älteren sind unabdingbar, was man selbst im Zeitalter der audiovisuellen Lehrmethode nicht außer acht lassen sollte.

In einer Kritik wurde mir vorgeworfen, ich könne mir wohl nicht vorstellen, daß den Menschen des Altertums ihr tägliches Leben wichtiger war als jeder Kult. Diese Äußerung ist symptomatisch für den gewaltigen Sinneswandel, den wir heutigen Europäer jener geistigen Umwälzung des alten Griechenlands verdanken. Wenn wir heute beginnen, uns frei zu fühlen von Angst vor dem Jenseits (ganz gelingt dies auch heute nur den wenigsten), so bewegte die Menschen der vorchristlichen Jahrtausende die Sorge um das Wohlergehen der Abgeschiedenen in einem Maße, wie es uns heute schwer vorstellbar erscheint. Und dies gilt nicht etwa nur für Ägypten, wo die Verstorbenen in verschwenderischer Weise für das Jenseits ausgestattet wurden. Ägypten ist nur als Beispiel besonders lehrreich, weil hier schon frühzeitig eine Reichseinheit erzielt wurde, die ungeahnte technische und finanzielle Mittel zur Verehrung einzelner bereitstellte, weil die ägyptische Archäologie schon vergleichsweise weit fortgeschritten ist (sie verfügt über einen zeitlichen Vorsprung von einem halben Jahrhundert), weil viele ägyptische Bauten und Kultgegenstände einschließlich der Schriften unzerstört auf uns gekommen sind und weil die statische ägyptische Reichsordnung dort gleichsam fossile, steinzeitlich-bronzezeitliche Denkmodelle bis an die Zeitenwende heran in Funktion gehalten hat, bis sie vom hellenistisch-römischen Geist abgelöst wurden.

Gerade die Tatsache, daß die Minoer des alten Kretas nicht samt und sonders durch Naturkatastrophen untergegangen sind, eine einmalige und mit anderen Ländern nicht vergleichbare Kultur mit sich ins Grab nehmend, schuf die Möglichkeit zur Entfaltung der griechischen Kulturentwicklung. Gerade die Erkenntnis, daß die alten Kreter als Teil der griechischen Stammesfamilie – wie die Mykener mit und nach ihnen – einst einen dem ägyptischen vergleichbaren steinzeitlich-bronzezeitlichen Totenkult gepflegt, aber überwunden haben, gibt uns eine Erklärung für die spätere, zukunftweisende geistige Entwicklung.

Wer in meiner Deutung der minoischen Bauten als Grabarchitektur glaubte, lediglich eine Diskriminierung sehen zu müssen, wird bei ruhiger Überlegung und sachlichem Erwägen aller Argumente letztlich erkennen, daß diese neue Einsicht insgesamt positiver, weil produktiver für die Entwicklung Griechenlands wie Europas ist als die vage Vorstellung eines unwiederbringlich verlorenen Paradieses. Statt eines fiktiven katastrophalen Endes der minoischen Kultur 3500 Jahre vor der Gegenwart sehen wir nun, wie der damals auf Kreta keimende Gedanke an eine neue geistige Entwicklung, fort aus den erstarrten Normen eines im Grunde seines Wesens noch steinzeitlichen Glaubens, den Weg freigemacht hat zur Überwindung des Totenkultes und zur Hinwendung auf die Belange eines echten geistigen Lebens.

Wenn aber Ägypter und Kreter ursprünglich von einem wesensverwandten Totenkult und Jenseitsglauben ausgingen, weshalb dann die spätere unterschiedliche Entwicklung?

Sie ist im Grunde schon mit der Vereinigung Unter- und Oberägyptens zum Alten Reich vor annähernd 5000 Jahren vorgezeichnet. Dieser Einheitsstaat war damals der größte der Welt und zwang mehrere Millionen Menschen des fruchtbaren Nillandes unter einen einheitlichen Befehl. Die Einigung war wohl schon geographisch naheliegend, hingen doch Wohl und Wehe ganz Ägyptens von ein und derselben Nilschwemme ab, dem jährlichen Hochwasser aus den Bergländern des zentralen Ostafrikas. Einheitlich das Land, einheitlich das Fühlen und Denken, einheitlich schließlich auch Verwaltung, Staat und Zentralgewalt. So wurden alle entgegenlaufenden Versuche und divergierenden Tendenzen immer wieder erstickt, bis das Land nach 3000jähriger Geschichte in Unbeweglichkeit erstarrte, eine leichte Beute dynamischer Eroberer.

Nach alter Tradition war es die Pflicht der Angehörigen, Freunde und Untergebenen, innerhalb der Trauerzeit zwischen dem Ableben und der eigentlichen Bestattung das Totenmal zu errichten. Hügelgräber sind daher um so größer, je mehr Freunde und Abhängige des Toten daran mitwirken. Es handelt sich also gleichsam um Statussymbole, an welchen man bis zu einem gewissen Grade (es gab schon immer Übertreibungen) die Bedeutung des Toten ablesen kann. An der Cheopspyramide sollen etwa 100 000 Arbeiter zwanzig Jahre lang gearbeitet haben. Auf die in Ägypten übliche Trauerzeit von 70 Tagen umgerechnet entspricht dies der Arbeitsleistung von rund 1 Million Menschen. Da der Pharao, uneingeschränkter Herrscher über Ober- und Unterägypten, bereits über einen ähnlichen Lebensraum gebot wie das heutige Ägypten mit über 30 Millionen Einwohnern, ist die Zahl von 1 Million Untergebenen wohl schon der Größenordnung nach richtig; wir werden zwischen 0,5 und 1 Million Einwohner für das alte Ägypten zur Zeit der Pyramidenbauer annehmen dürfen.

Man hat immer wieder behauptet, die Pyramiden seien aus Hybris und Machtmißbrauch einzelner heraus unter Zwang entstanden. Das ist sicher keine ausreichende Erklärung. Es stand vielmehr dem toten Pharao, der zugleich die irdische Verkörperung des Gottes Osiris, des Toten- und Vegetationsgottes war, ganz selbstverständlich zu, ein Totenmal entsprechend der Schaffenskraft des ganzen Volkes zu erhalten. Ein nicht hinlänglich standesgemäß untergebrachter toter König hätte nach dem festen Glauben jener Zeit unvorstellbare Gefahren für die Allgemeinheit heraufbeschworen, nicht zuletzt ein Ausbleiben der Nilschwemme und damit ein Ende der Vegetation, die ja unmittelbar von Osiris und seinem königlichen Vertreter auf Erden, dem Pharao, abhängig war. Man mußte die Massen zwar lenken, zwingen hingegen mußte man sie nicht. Der innere Zwang des Glaubens war wirksam genug.

Natürlich konnte man mit einem Werk, das der Schaffenskraft von einer Million Menschen entsprechen sollte, nicht warten, bis die Trauerzeit begann, das heißt bis der Pharao tatsächlich gestorben war. Die Ausmaße des Werkes verlangten nach längerer Vorbereitung, nach Fachleuten, die stellvertretend für andere und gegen Bezahlung tätig wurden, und vor allem nach einer ausgeklügelten Organisation. Die Fähigkeit zu straffer Planung und Lenkung der Massen blieb jedoch Vorrecht weniger Privilegierter, dem Pharao Nahestehender. Und Pharao wurde man durch Geburt. Den Fellachen hingegen blieb ihr Lebensweg von Anfang an vorgezeichnet, ohne Möglichkeit des Aufstiegs, in dumpfer Ergebenheit in das Gleichmaß der Tage und Jahreszeiten. Die ägyptische Kultur war daher gekennzeichnet durch den unüberwindlichen Gegensatz zwischen einer verschwindend kleinen Oberschicht kulturell hochstehender Potentaten und ihrer Ratgeber sowie der breiten, völlig ungebildeten Masse der Fellachen, denen ihr Schicksal als von Gott gewollt erscheinen mußte, die daher auch gar nicht den Versuch machten, selbst nach Bildung und Aufstieg zu streben.

Ganz anders der griechische Lebensraum. Das in zahllose Inseln, Buchten, Tiefländer und Gebirgstäler gegliederte Land erschwerte schon geographisch alle Versuche der politischen Einigung, alle Ansätze zu großer Machtfülle, alles Streben nach geistiger Gleichschaltung. Als der Dualismus Sparta–Athen endlich zugunsten Athens entschieden, Griechenland schließlich unter makedonischer Herrschaft geeint wurde, da hatte sich die griechische Kultur längst (zu ihrem und unserem Glück) entfaltet. Die hellenistische Zeit war bereits Erbe, nicht Schöpfer dieser Kultur.

So war Raum für Große wie Kleine, für Streben nach politischem Einfluß und geistiger Vollendung. Bedeutung erlangte man nicht nur durch Geburt, man konnte sie jederzeit auch durch eigenen Einsatz erringen.

Die griechischen Heroen sind das genaue Gegenteil des Pharao, obwohl beide ‹göttlichen› Ursprungs sind. Aber im Griechenland der Heroen-Geschichten bedeutete göttliche Abstammung etwas völlig anderes, als was wir heute landläufig darunter verstehen und was man im alten Ägypten unter einem ehelich geborenen Nachfahren eines Pharao verstand. ‹Gotteskinder› waren solche, die nicht im elterlichen Hause, sondern im Heiligtum eines Gottes (oft des Zeus oder Apollo) zur Welt kamen, weil die junge Mutter noch über kein eigenes Haus verfügte, noch nicht standesgemäß verheiratet war. Zahllose junge Damen von Stand brachten so Kinder zur Welt, die dem jeweiligen Gott zugeschrieben wurden, in dessen Dienst sie als Tempeldienerinnen gestanden oder dessen Heildiener die Wöchnerin aufgenommen hatten. Denn Heiligtümer der damaligen Zeit umfaßten nicht nur die Tempel und Grabstätten, sondern auch Stätten zur Krankenbehandlung. Uneheliche Geburt war kein Makel, und die meisten dieser Mütter haben später durchaus noch standesgemäße Hochzeiten gefeiert.

Eine spätere, weniger verständige Zeit hat dann um die zahlreichen unehelichen Entbindungen in altgriechischen Heiligtümern immer dann, wenn es sich um die Geburt von Heroen handelte, das Märchen von der persönlichen Vaterschaft Zeus' oder Apolls gewoben, und so kam vor allem Zeus (dem die meisten Kultstätten gewidmet waren) in den Ruf eines unverbesserlichen Mädchenverführers und Ehebrechers.

In Wirklichkeit war die voreheliche Geburt für manche dieser Heroen Ansporn, sich auch ohne die Protektion eines einflußreichen irdischen Vaters im Leben durchzusetzen, nach Macht und Einfluß zu streben, reiche Erbinnen (nicht selten durch Brautraub) zu gewinnen oder andere Abenteuer und Mutproben aller Art zu bestehen. Das Volk, das sich bei den wiederkehrenden Totenspielen mit diesen Heroen identifizierte, schulte nicht nur an der gehobenen Sprache seinen Intellekt, sondern übernahm auch instinktiv den Drang, es den Großen an Unternehmungsgeist, an Intuition, ja sogar an Verschlagenheit gleichzutun. In altgriechischen Heroen-Epen kommt es im wesentlichen auf den Erfolg an, auch wenn die Mittel, die zu diesem führen, nicht immer ganz einwandfrei sind.

War in Ägypten Bildung Vorrecht einer verschwindenden Minderheit, so wurde sie im politisch zerrissenen Griechenland über die Heroenkulte gleichsam Allgemeingut. Und erst das führte zu wahrer Kultur.

Wann aber begann diese getrennte Entwicklung, wann wurde im griechischen Lebensraum der steinzeitliche Totenkult überwunden und durch die Tradition der Heldenepen ersetzt, von wann an ist zumindest diese spezifische Art der kultischen Festspiele nachzuweisen?

Wir wollen uns zunächst fragen, wie lange die Entwicklung im Hinblick auf den altmediterranen Totenkult in Ägypten und im ägäischen Raum parallel verlief.

Sicher hat das Fehlen von Pyramiden im griechischen Raum (und anderswo) schon seit je Archäologen und Kulturphilosophen daran gehindert, hier überhaupt eine Parallelität des Denkens anzunehmen. Das ist aber nur begrenzt richtig. Die Pyramide ist ihrer Entwicklung nach nämlich nichts grundsätzlich anderes als eine Totenwohnung oder, besser gesagt, eine Übereinanderstapelung von mehreren, nach oben immer kleiner werdenden Totenwohnungen, und zwar ursprünglich eine für jeden Landesteil, in welchem der Pharao die Herrschaft ausübte – wobei sich die jeweilige Größe wiederum nach den Einwohnern oder der Wirtschaftskraft des betreffenden Landesteiles richtete.

An der Stufenpyramide des Pharaos Djoser zu Beginn der 3. Dynastie ist die Entwicklung aus der Stufen-Mastaba noch deutlich zu erkennen. Pyramiden kann man also nur dort erwarten, wo sich ein Reich mit zentraler Gewalt aus dem Zusammenschluß mehrerer gleichwertiger Landesteile gebildet hat. Für einen Landesfürsten, Gaugrafen oder Herrscher über eine Insel, Bucht oder Talschaft wäre eine Pyramide aus mehreren Totenwohnungen übereinander völlig sinnlos.

Der ägyptische Zentralismus hat schon bis zur 4. Dynastie aus der Stufenmastaba die einheitlich gestaltete Pyramide entwickelt, was wohl nicht zuletzt zur Reichseinheit beigetragen hat und damit politisches Erfordernis war.

Am deutlichsten kommt die Parallelität der Entwicklung Ägyptens und des ägäischen Raumes während des Mittleren Reiches zum Ausdruck. Neben die Pyramiden trat das Labyrinth, der kultische Totenpalast, wie er von Amenemhet III., dem Kolonisator des Faijum, errichtet und von Kretern, auf Lemnos und später in Etrurien als kultische Bauform übernommen wurde.

Erst während des Neuen Reiches laufen die Entwicklungen erkennbar auseinander, und zwar zur Zeit der bedeutenden 18. Dynastie, zeitgleich mit den jüngeren Palästen des alten Kretas. Neben dem Felsengrab, versteckt in den Hängen des Tals der Könige, verfügt jeder Pharao von nun an über gesonderte Totentempel, die seinem Kult dienen. Die Ausschmückung dieser zum Teil gewaltigen Anlagen dient der persönlichen Verherrlichung, indem Leben und Taten des toten Königs in Wort und Bild dargestellt und auch die Totenfeier gebührend berücksichtigt wird. Ähnlich wie die Kirchen des Mittelalters das Leben und Wirken des Heilands oder der Heiligen in Schrift und Bild wiedergaben, so können wir noch heute die Geschichte der Pharaonen (wenn auch manchmal ‹überhöht›) in Stein ablesen. Mit derartigen steingewordenen kultischen Totenmalen war allerdings auch der rituellen Pflicht Genüge geleistet. Die

89 Fresko aus Knossos: Theaterszene

allgemeine Verehrung wandte sich dem nächsten Pharao zu, der ja die Inkarnation desselben Gottes Osiris war.

Die ägäische Welt hat diesen Weg der steingewordenen Verherrlichung einzelner in Gestalt großer Totentempel nicht mitgemacht (sofern man nicht in den Heiligtümern der Götter etwas Analoges sehen will). Man blieb zunächst beim Grab-Labyrinth, das insbesondere auf Kreta seine größte Zahl und Formenfülle entwickelte. Kein irdischer Toter des alten Griechenlands hätte über die Mittel, Hinterbliebenen und Abhängigen verfügt, um vergleichbare Totentempel erstellen zu können, wie sie für die ägyptischen Könige emporwuchsen. Dennoch blieben die Verstorbenen nicht vergessen. In bestimmtem zeitlichem Abstand wiederkehrende Gedächtnisfeiern hielten das Leben der bedeutenden Toten in der allgemeinen Erinnerung wach, wobei etwa in vierjährigem Abstand (also im Zeitraum eines halben ‹Großjahres›) die Gemeinschaft des betreffenden Siedlungsraumes sich mit auswärtigen Verehrern des toten Heros zur kultischen Wiederholung der Totenfeier, zur bühnenhaften Gestaltung des Heldenlebens und -sterbens sowie schließlich zu Wettkämpfen versammelte, wie sie seit alters zu Ehren der Verstorbe-

90 Phästos: Schautreppen am Westhof («Theater»)

nen stattfanden. Diese Wettkämpfe waren ursprünglich eine sehr ernste Angelegenheit, bei der es nicht selten um Leben und Tod ging. Der Tote hatte Anrecht auf Begleiter für die Jenseitsreise, und diese Begleiter waren nicht selten die Verlierer im Kampf.

Im olympischen Wagenrennen beispielsweise wurde die Flucht des Pelops, dessen Name noch heute in ‹Peloponnes› weiterlebt, zu Wagen mit der geraubten Hippodameia nachvollzogen, verfolgt vom König Oinomaos, der den Räuber seiner Tochter mit der Lanze erlegt hätte, wenn er ihn nur hätte einholen können. So fanden die kultischen Handlungen, die Heroenspiele und Wettkämpfe in der Nähe der jeweiligen Graborte statt, wo sich auch die Heiligtümer der Götter erhoben: in Olympia, in Dodona, Delphi, in Eleusis oder bei Korinth (wo die Isthmischen Spiele stattfanden).

Statt großer Totentempel für einzelne, die genügend Raum für die bildliche Darstellung seiner Taten und seines Totenkultes boten, benötigte man in Griechenland daher vor allem Theater und Arenen, um das Leben des Toten auf der Bühne oder in der Rennbahn nachgestalten zu können. Die erste Darstellung eines derartigen altgriechischen Kultspieles besitzen wir als Fresko-Malerei aus dem Palast von Knossos auf Kreta: Es wurde bisher als Gartenfest gedeutet, wohl weil drei hochkronige Bäume die Bühne von der Zuschauerempore trennen. Statt «tanzender junger Mädchen», wie bei Nicolas Platon (1968) nachzulesen, sehen wir einen Teil des ‹Chores› aus der griechischen Tragödie. Vierzehn (erhaltene) Frauengestalten in einheitlicher Kleidung und Pose, mit offener Brust (sie haben sich zum Zeichen der Trauer «die Kleider zerrissen», wie es die Bibel ausdrückt) und mit klagend emporgehobenen Armen. Der linke Teil der Bühne ist nicht erhalten. Hier wäre der Platz für die Einzelschauspieler, die das Leben des Heros gestalten. Die Bühne selbst ist – wie der Zuschauerraum – nicht halbrund, sondern rechtekkig, als Vorstufe zum späteren berühmten griechischen Theaterbau. Und tatsächlich konnte man in Knossos und – großzügiger noch – in Phaistos solche frühen Theateranlagen ausgraben, große rechteckige Plätze mit an zwei benachbarten Seiten treppenstufenartig aufsteigenden Zuschauerplätzen. Sie befinden sich unmittelbar neben den Totenpalästen. Ein langer Plattenweg führt als ‹heilige Straße› unmittelbar in das Theater, organisch in den Bühnenraum mündend. Dieser Plattenweg weist auf die in Fresken und Vasenbildern dargestellten kultischen Prozessionen, die offenbar an diesem Punkt den Palastbereich erreichten. Und auch die zur Totenehrung gedachten Wettkämpfe finden wir auf den Fresken, es sind die Stierspiele, bei welchen Jünglinge wie Jungfrauen versuchten, durch Geschicklichkeit über den tödlichen Koloß zu obsiegen. Nicht selten dürfte auch dieser Wettkampf tödlich für die Wagemutigen ausgegangen sein, wie auch heute noch der keltiberische Stierkampf gleichen Ursprungs seine tödlichen Opfer fordert.

Wer in all dem nur das heiter Spielerische sieht, wird dem antiken Glauben nicht gerecht. Die Komödie ist erst Produkt einer weit späteren Zeit, während zu Beginn dieser Spiele und Wettkämpfe immer der tödliche Ernst stand. Die Spanienreisenden von heute, ohne Verständnis für diese jahrtausendealte Tradition und in einem völlig neuen Ideal des Tierschutzes befangen, sollten bei aller wohlgemeinten Kritik bedenken, daß die uralte Tauromachie (wie der später aufkommende Pferdekampf) einst ein nicht unbedeutendes Glied in der Entwicklungsreihe der abendländischen Kultur dargestellt hat.

Warum wurde aber nicht Keltiberien oder Südgallien, wo in der Provence ebenfalls bis heute Stierspiele abgehalten werden, Keimzelle dieser abendländischen Kultur? Auch hier gab es einzelne Inseln, Buchten oder Talschaften, auch hier wurde eine Reichseinheit erst spät, unter römischer Besatzung, erreicht.

War es in Ägypten (wie im Vorderen Orient allgemein) die uneingeschränkte Macht einzelner Herrscher mit einem kleinen Kreis von gebildeten Beratern, so war es in Gallien, den übrigen von Kelten bewohnten Landesteilen (Britische Inseln, Süddeutschland, Oberitalien) sowie in Etrurien die Priesterschaft, als elitäre Minderheit, welche die

Kultur monopolisierte. Während man im Nahen Osten zwar schon früh zu schreiben begann, wenn auch nur zum Vorteil der Oberschicht und zur Verherrlichung der Potentaten, wurde im etruskischen und keltischen Westeuropa Wissen nur innerhalb der auserlesenen Priesterschaft mündlich von Generation zu Generation weitergegeben. Kein Außenstehender sollte Zugang zur Geheimlehre finden. Das Niederschreiben kam in den Augen der Druiden schon einem Geheimnisverrat gleich. Daher finden wir in keltischen (wie auch etruskischen) Gräbern trotz reichen Schmuckes kaum schriftliche Zeugnisse, ist uns keltische und etruskische Geschichte nur so weit bekannt, wie uns die Römer hiervon berichteten. Auch das minoische Kreta kannte offenbar noch eine gewisse Scheu, auf Tontäfelchen Wissen schriftlich zu fixieren.

Um so erstaunlicher funktionierte die mündliche Überlieferung, und zwar schon seit der Zeit des minoischen Kretas. Die Agenoriden, Nachfahren des phönizischen Königs Agenor, dessen Tochter Europe durch die kretische Heirat unserem Kontinent den Namen gab, sowie die Asteriiden, Nachfahren des Herrschers von Knossos auf Kreta, Asterios, und seiner Gemahlin Europe, wobei Asterios die drei ‹Gotteskinder› Minos, Rhadamanthys und Sarpedon aus einer vorehelichen Beziehung der Europe offenbar adoptiert hat, sind uns namentlich aus der griechischen Heroen-Sage recht gut bekannt. Die Überlieferung ist zunächst rund tausend Jahre lang mündlich weitergegeben worden, bis eine schriftliche Fixierung in der Parischen Chronik und der Chronologie des Eratosthenes erfolgte.

Zwischen der Geheimbündelei der Priesterherrschaft im Westen und dem Machtbereich der orientalischen Potentaten im Osten, beide gleich bildungsfeindlich im Hinblick auf die geistige Entwicklung breiterer Bevölkerungsschichten, blieb nur ein vergleichsweise schmaler Saum, der eine freiheitliche Entwicklung der Kultur zuließ: eben Griechenland und sein Fenster nach dem Südosten, Kreta. Wie Europe, die erste kretische Königin, von welcher die Heroengeschichten berichten, so stammen auch bedeutende kulturelle Einflüsse aus Vorderasien (und Ägypten). Aber wie Europe erst auf Kreta zur Stamm-Mutter griechischer und damit europäischer Heroen wurde, wandelte sich auch das afroasiatische Kulturerbe erst auf Kreta zur Grundlage der abendländischen Kultur.

Mit den ersten Theateranlagen und -fresken beweist das minoische Kreta, daß es den altmediterranen Totenkult überwunden und damit den Ansatzpunkt für die weitere geistige Entfaltung geschaffen hat. Diese Kennzeichen heben das minoische Kreta im geistigen Sinne weit über Ägypten und Mesopotamien empor, wenn auch jene in Architektur, schriftlicher Überlieferung und politischer Machtfülle bedeutender erscheinen mögen. Das Ursprungsland der abendländischen Kultur wurde so erst Kreta und mit ihm Griechenland, während die Reiche der orientalischen Machthaber versanken.

Worin besteht aber diese Kultur? Offenbar nicht in gewaltigen Bauwerken, die vom Stolz ihrer Erbauer berichten, nicht aus einer Anhäufung ungeahnter materieller Schätze, nicht aus militärischen Taten oder politischen Erfolgen. Kultur erweist sich nicht darin, daß eine kleine Schar von ‹Wissenden›, sei es als geborene Herren mit ererbter Machtfülle oder als erlesene Priesterkaste, von Amts wegen in heilige Überlieferungen eingeweiht, die große Masse ungebildeter ‹Fellachen› nach ihrem Gutdünken lenkt. Kultur ist Bildung des Volkes, geistige Fähigkeit auf breitester Ebene, also Breitenwirkung des Geistes. In diesem Sinne ist erst die griechische Kultur dieses Namens wert.

Anhang

Diskussion um Knossos 1971

Schon unmittelbar nach der ersten Veröffentlichung in der Zeitschrift ‹Naturwissenschaft und Medizin› bei Boehringer, Mannheim, entspann sich eine heftige Diskussion in Briefzuschriften, Presse, Rundfunk, Fernsehen und Zeitschriftenartikeln, die hier auszugsweise nachgezeichnet werden soll, um dem Leser einen Eindruck von der Aktualität und Publizität der angeschnittenen Probleme, aber auch einen Einblick in die Reaktion der Kontrahenten auf eine in ungewohnter Weise vorgetragene, ihnen widerstrebende Deutung altgewohnter Formen zu geben. Es geht dabei im wesentlichen um die folgenden Streitpunkte:

1. Inwieweit darf sich ein Außenseiter in die fachliche archäologische Wissenschaft einmischen?
2. Welchem Verwendungszweck dienten die gefundenen ‹Badewannen› und Vorratsgefäße?
3. Wenn Knossos kein Wohnpalast war, wo haben dann die Minoer wirklich gewohnt?
4. Weshalb fanden sich keine Überreste von Toten in den Palästen?
5. Wie war die Bauweise für Lebende zur Bronzezeit?
6. Sprechen nicht die Tontafelmagazine mit schriftlichen Aufzeichnungen gegen eine Verwendung als Grabstätten?
7. Wie hart ist Gipsalabaster wirklich? Wenn schon die Ritzhärte zu gering ist, kann dann nicht möglicherweise eine höhere Schleifhärte eine sinnvolle Erklärung für die Verwendung in Wohnbauten geben?

Die Auswahl der Texte und Zitate mußte knapp bemessen werden, so daß nur wenige Diskussionsteilnehmer und Textstellen hier zu Wort kommen können. Doch ergaben sich im Laufe des Jahres so viele Wiederholungen, daß sich eine größere Ausführlichkeit zum Teil erübrigt. Die Zitate sprechen meist schon für sich selbst. Einige wenige Zusätze erschienen notwendig, schon um eine künftige Korrespondenz zu den angeschnittenen Fragen im Anschluß an dies Buch möglichst gleich zu entlasten. Daß erst diese Diskussion einen Anreiz bot, sich intensiver als sonst für einen Geologen üblich mit altmediterranen Kulturen zu befassen, gibt mir Veranlassung, allen Diskussionsteilnehmern für ihre Bemühungen zu danken. Ich nehme dabei auch diejenigen durchaus nicht aus, die sich in Wahrung ihres guten Rechtes auf eine abweichende Meinung diesen neuen Gedankengängen nach Kräften widersetzt haben. Wer Neues will, muß auch bereit sein, Widerspruch zu ertragen und zu entkräften. Trotz mancher vielleicht etwas scharfer Formulierung auf beiden Seiten ging es dabei, und das sollte nicht aus den Augen verloren werden, stets um den Fortschritt unserer Erkenntnis, nicht um persönliche Gegensätze.

«Eine Opferstätte im Wohnzimmer des Königs? Unter Fußbodenplatten Gräber von Kindern? In zahllosen mannshohen Tongefäßen der vielen kleinen Nebenräume des Palastes 75 000 Liter Olivenöl als Vorrat für den königlichen Haushalt? – das sind nur drei einer ganzen Reihe von Ungereimtheiten, die den Ordinarius für Geologie und Paläontologie an der Universität Stuttgart, Professor Dr. Hans Georg Wunderlich, an den Theorien der Archäologen vom angeblich so heiteren Leben in den viertausend Jahre alten minoischen Palästen zweifeln ließen . . . Wunderlich ist überzeugt, daß es sich bei den berühmten Ruinen auf Kreta . . . nicht um Residenzen von Königen und Fürsten, sondern um ‹Totenpaläste›, ‹kompliziert gestaltete Kultbauwerke zur Totenverehrung und Totenbestattung› gehandelt hat . . . Aber indem diese neue Deutung der minoischen Kultur eine Reihe bisher unverständlicher Fakten sinnvoll erscheinen läßt, wirft sie andererseits ganz neue Fragen auf, vor allem die Frage, wie und wo denn nun die Minoer, die sich für ihre Toten einen derart kostspieligen Kult leisteten, gelebt und gewohnt haben.»

(G. Prause in: ‹Die Zeit› vom 19. 3. 1971)

«Welche Schlüsse ein ambitionierter Sonntagsarchäologe aus den Überresten unserer Zeit ziehen könnte, wenn wir sie einmal um 4000 Jahre zurückverlegen, das läßt sich an Hand des Berichtes über die ‹sensationelle Deutung› der minoischen Kultur durch den Geologieprofessor Wunderlich erahnen . . . Archäologen verspüren gelegentlich den unwiderstehlichen Drang, die alltäglichsten Gebrauchsgegenstände zum Kultgerät zu deklarieren. Hinter jedem Scherben wittern sie dann ein Weihgeschenk, und es scheint schwer vorstell-

bar zu sein, daß es zu allen Zeiten Menschen gegeben hat, denen ihr normales Leben so wichtig war wie alle Kulte zusammen. Was aber dem Altertumsforscher Wunderlich beim Gang durch Kretas Palastmauern einfiel, stellt die mangelnde Realitätsbezogenheit mancher Forschungsberichte weit in den Schatten. Er muß bei seinem Streifzug beide Augen fest zugemacht und sich im Labyrinth völlig verirrt haben. Sonst hätte es ihm nicht entgehen können, daß es zum Beispiel zwischen der kretischen Badewanne und dem Sarkophag einen kleinen Unterschied gibt, nämlich ein Abflußloch, welches bei den Sarkophagen im allgemeinen fehlt . . .

Es muß ja nicht alles Öl gewesen sein, was man in Krüge füllte. Schon Euripides behandelt die Sage von Glaukos, einem Sohn des Minos, der einmal in einen Honigkrug fiel und darin erstickte. Vielleicht ließ man ihn gleich drin.

Die hauchdünne Eierschalenkeramik der Kamares-Vasen erscheint für Wunderlich so ungeeignet für den täglichen Gebrauch, daß sie seiner Meinung nach nur als Grabbeigabe taugte. Und was wäre mit Meißner Porzellan oder einem langstieligen Sektglas aus St. Gobin, wenn man diese Beweisführung ernst nimmt? . . .

Es gibt anderswo kaum ausgegrabene Gebäudekomplexe, die so viel Vitalität und Zivilisation erkennen lassen wie die kretischen Paläste. Auch im Hinblick auf die großen Rundgräber vor der Westmauer und die zahlreichen Grabbauten entlang dem Kairatostal wirkt die Theorie von Knossos als Totenstadt an den Haaren herbeigezogen.

Nicht zuletzt aber wurden im Palast von Knossos eine Vielzahl jener kleinen Tontäfelchen gefunden, deren als Linear A und B bezeichneten Schriften eine Art von amtlichen Inventarlisten über die im Palast gelagerten Geräte, Werkzeuge und Ersatzteile darstellen. Von Toten ist dort allerdings keine Rede . . .

Sicherlich gibt es in Knossos und den anderen minoischen Palästen noch viele Unklarheiten. Auch ist bekannt, daß der Ausgräber Sir Arthur Evans nicht alle Fragen richtig beantwortet hat, was aber kaum Anlaß geben kann, sich über ihn lustig zu machen.»

(Professor Dr. Max Bächer,
Darmstadt, 29. 3. 1971, abgedruckt
in: ‹Die Zeit› vom 30. 4. 1971)

. . . *«Wer in dieser Art der Darstellung eine Verulkung des Ausgräbers von Knossos vermutet, hat die Absichten des Autors allerdings völlig mißverstanden. Die Leistung von Arthur Evans bleibt von der veränderten Deutung völlig unberührt . . .*

Nicht nur die ‹Badewannen› von Knossos, sondern auch die ausdrücklich als Sarkophage bezeichneten entsprechenden Tongebilde des Museums von Iraklion . . . (und zwar sowohl die badewannenförmigen wie die rechteckig-truhenförmigen – Nachtrag) . . . *besitzen Löcher. Trockenmumien benötigen eine gewisse ständige Luftzufuhr, die sie vor dem Stocken bewahrt.*

Pithoi fanden sich auch in allen möglichen Wohnräumen, selbst im ‹Wohnzimmer der Königin›, die sicher keine Verwendung für 100 Liter Öl neben dem Diwan hatte. Auch die Annahme, es habe sich dabei um Honig gehandelt, wirkt nicht wesentlich plausibler.

Bei der Eierschalen-Keramik handelt es sich um normale Töpferware, das heißt mit Rohbrand bei vergleichsweise niedrigen Brenntemperaturen unterhalb des Sinterpunktes, ohne Muffelbrand (600 bis 850° C) oder Scharffeuer (1400 bis 1500° C). Mit moderner Hartkeramik, mit Porzellan oder gar mit Glas sind diese Erzeugnisse überhaupt nicht zu vergleichen . . .

In etruskischen Grabkammern finden wir nahezu dieselbe Zivilisation und Vitalität wie in Knossos, und dort besteht über den wahren Sinn dieser Ausschmückung zur Erbauung und Verehrung der Toten kaum ein Zweifel . . .

Die Wohnstätten der alten Minoer waren praktisch dieselben, wie sie noch heute bewohnt sind, das heißt für Lebende sind im wesentlichen siedlungsgeographische Bezugspunkte (Naturhäfen, Quellen, landwirtschaftliche Nutzfläche und anderes mehr) maßgebend. Gerade das Fehlen von Schmarotzersiedlungen in Knossos ist ein bislang nicht anderweitig gedeutetes Phänomen. . . .

Da die Verstorbenen im Palast von Knossos nach altkretischer Vorstellung nicht ‹tot› in unserem heutigen profanen Sinn waren, sondern im Zustand einer Art von Transformation für die Ewigkeit, kann auf derartigen Tontafeln auch gar nicht von Toten die Rede sein.

Die Frage, weshalb Bauelemente aus Alabaster nahezu 3500 Jahre überdauert haben, . . . erklärt sich aus der Einbettung des Palastes. Im an Kalkstein reichen Kreta führt die Bodenfeuchte einen vergleichsweisen hohen Anteil an Calziumionen, der sie praktisch nicht mehr lösungsfähig für Calziumsulfat (Gips) macht. Nach der Exhumierung sind diese Bauteile jedoch weithin dem calziumfreien Regenwasser ausgesetzt, das sich daher bis zur Löslichkeitsgrenze mit Calziumionen aus dem Gips belädt . . .»

(Antwort des Autors
in: ‹Die Zeit› vom 30. 4. 1971)

Ergänzung bezüglich der alt-ostmediterranen, bronzezeitlichen Einstellung der Lebenden zu den Toten am Beispiel Ägyptens:

«In einem ober-ägyptischen Ort, vielleicht in Dendera (Gau VI), lebte, etwa unter der Dynastie VII–X (zwischen 2400 und 2100 vor Chr.) eine Witwe Merti, die vor langer Zeit ihren Gatten und nun auch ihren ältesten Sohn verloren hatte, der bis vor kurzem noch das elterliche Haus betreut hatte, wie es üblich war. Nach dem Tode des Mereri meldete ein anderer Verwandter Ansprüche auf das Haus an. Die Witwe suchte sich zu wehren, aber sie geriet dabei doch in eine schwierige Lage, in der sie sich keinen anderen Rat wußte, als den Geist ihres verstorbenen Mereri zu beschwören und um Hilfe zu bitten. Sie ließ

einen Brief an ihn in das Jenseits schreiben ... Der Schreiber hat den Brief der Frau Merti auf eine Schale von 13,5 cm Durchmesser geschrieben, und zwar in einer Spirale, die um die ganze Schale herumläuft ... – (dabei fällt einem sofort der ebenfalls spiralförmig beschriebene, besser: bedruckte, rätselhafte Diskus von Phaistos ein, eine kreisrunde Tonplatte von 16,5 cm Durchmesser!) – *Der Brief der Witwe Merti an ihren verstorenen Sohn Mereri im Jenseits* (des Nils) *lautet: ‹O Mereri, geboren von der Merti! Osiris, Erster der Westlichen, möge Dir Millionen von Jahren machen, indem er Dir Wind* (frische Luft) *in Deine Nase gibt* (– hierfür möglicherweise Luftlöcher in Sarkophagen –) *und indem er Dir Brot und Bier gibt neben Hathor, der Herrin des Horizontes! Dein Zustand möge sein wie der eines* (Mannes), *der eine Million von Jahren lebt* (unaufhörlich von neuem) ... *Du sollst Vernichtung machen für die Feinde, die böse an Absichten sind gegen Euer Haus, gegen Deinen Bruder, und gegen Deine Mutter, die vertraut auf ihren vortrefflichen Sohn Mereri ... Du weißt, er* (der böse Verwandte) *hat zu mir gesagt: Ich will gegen Dich* (Frau) *und Deine Kinder ein Ankläger sein! Sei Du doch ein Ankläger darin* (in dieser Angelegenheit)*! Siehe, Du bist an der Stätte der Wahrheit der Stimme* (Rechtfertigung im Totengericht)*!›»*

(Zitiert nach G. Roeder, Zürich 1961)

Zur architektonischen Gestaltung und Funktion des Palastes von Knossos:
«Wenn (Wunderlich) *die große Linie der Planung der minoischen Paläste vermißt und sich nicht vorstellen kann, daß die Raumfolgen von offenen Treppenhöfen, schattigen Säulenhallen und tiefliegenden Gemächern in dem dortigen Klima zu außergewöhnlich günstigen Wohnmöglichkeiten von großem Reiz führten, so mag das einfach daran liegen, daß dem Paläontologen die Spuren der toten Materie leichter verständlich sind als die des Lebens. Keinesfalls ist die mangelnde Erkenntnisfähigkeit solcher Qualitäten eine Legitimation für die Behauptung, der Minospalast müsse ‹ein gewaltiges Totenreich› gewesen sein.» ...*

(Prof. Dr. Max Bächer
in: ‹Die Zeit› vom 30. 4. 1971)

«Mangelnde Erkenntnisfähigkeit beweist Wunderlich gegenüber der Gesamtanlage der kretischen Paläste, insbesondere gegenüber dem Wohntrakt des Palastes von Knossos. Seine raffinierte Ausnutzung der Hanglage wird von modernen Architekten immer wieder bewundert, und ihr Bild diente bereits als Werbung für ‹Schöner Wohnen›!»

(Prof. Dr. B. Neutsch, Mannheim,
im Südwestfunk, 18. 7. 1971)

«Da gerade mehrstöckige Bauten, dazu aus Holzfach- und -tragewerk errichtete Gebäude durch Erdbeben – trotz der Elastizität des Holzes – und die nachfolgenden Brände besonders gefährdet sind, muß Wunderlichs Begründung für seine Totenstadttheorie, nämlich das Fehlen einer ganzen Reihe für Wohnbauten charakteristischer Räumlichkeiten, auf unsicheren Füßen stehen. Denn: Die angenehmsten Räume dürften zweifellos in den luftigeren Obergeschossen gelegen haben, während die Wirtschaftsräume und Magazine tiefer lagen und somit erhalten blieben. Dazu kann eine ganze Reihe von Räumlichkeiten, die heute noch zumindest im Grundriß sichtbar sind, gar nicht gedeutet werden, was nicht automatisch für eine Totenstadttheorie verwendet werden kann.» ...

(Fritz-Heinrich Schröer
im: ‹Deutschen Allgemeinen Sonntagsblatt› vom 30. 5. 1971)

«Daß es zu Polemiken kommen würde, war vorauszusehen. Man gibt nicht gerne ein Jahrhundert zementierte Meinungen auf. Mir gab Ihre Theorie eine einleuchtende Antwort auf die dem Architekten sehr naheliegende Funktionsfrage: Wie sollte dieses ‹Haus der offenen Türen› ein Herrscherpalast gewesen sein? Inwiefern waren die alten Kreter so schrecklich lieb und friedlich, daß sie sich in einer Welt voll Mord, Totschlag und Räuberei nicht abzusichern brauchten? Außerdem: Wie sollte der sagenhafte Minotaurus ausgerechnet in einen bewohnten Palast gekommen sein? Niemand hat ihn natürlich je gesehen, aber als Fabelwesen in einer Nekropole bleibt er auf ewig ungestört. In der Qualität des kretischen Lebensbildes ändert Ihre Ansicht nichts, man muß sich nur vergegenwärtigen, daß Knossos der Spiegel des Lebendigen gewesen ist. Also ändert sich nur das Vorzeichen – bzw. Sie haben es geändert, und das war eine mutige wissenschaftliche Tat.»

(Briefzuschrift Dr.-Ing. E. Lang,
Architekt BDA, 2. 5. 1971)

«Wir können uns nicht erinnern, in ‹Schöner Wohnen› einen Beitrag über Knossos gebracht zu haben.»

(Redaktion ‹Schöner Wohnen›,
Hamburg, Pressehaus, 10. 2. 1972)

«Als Heinrich Schliemann 1884 sein Buch über Troja vorgelegt hatte, meldete sich in vielen Zeitungsartikeln und in langen ‹Sendschreiben› der pensionierte Kavalleriehauptmann Ernst Bötticher. Er wollte in den Ruinen auf dem Hügel von Hissarlik nämlich nicht die feste Burg der homerischen Sage, sondern eine Feuernekropole sehen. Bötticher beharrte so unnachgiebig auf seiner Meinung, daß sich Schliemann nach fünf Jahren harter Auseinandersetzungen schließlich gezwungen sah, gegen seinen eigenen Plan die trojanischen Grabungen noch einmal aufzunehmen ... Das war zu einem Zeitpunkt, zu dem Schliemann nach langen Verhandlungen den Spaten eigentlich in Knossos ansetzen wollte.» ...

(Prof. Dr. W. Schiering
in der ‹Frankfurter Allgemeinen
Zeitung› vom 2. 4. 1971)

«... *schon 40 000 Franken oder 32 000 Mark ist mir zuviel, wegzuwerfen für die in einer Woche vollendbaren Arbeiten* (– der Ausgrabung des ‹Palastes der Könige von Knossos in Kreta› –), *deren Ergebnis – bis auf die letzte Topfscherbe – dem Museum in Herakleion zugute kommt ...»*

(H. Schliemann am 17. 3. 1889
an Virchow)

«... *im Jahre 1900 begann an* (Schliemanns) *Stelle Arthur Evans mit seinen großangelegten und mit bewundernswerter Konsequenz durchgeführten Ausgrabungen des berühmtesten und größten der von ihm ‹minoisch› genannten Kultur. Heute, 70 Jahre nach den Entdeckungen von Evans, versucht nun der Stuttgarter Geologe und Paläontologe Professor Wunderlich, die Öffentlichkeit davon zu überzeugen, daß die englischen Archäologen ... düstere Totenpaläste freigelegt haben. Angesichts solcher Vorstellungen kann der Archäologe nur versuchen, den Geologen wieder auf den Boden seiner eigenen Wissenschaft zurückzuführen. Dazu genügen, glaube ich, ein paar ergänzende Angaben über die Verwendung des kretischen Gipssteines, von dessen geringer Widerstandsfähigkeit die ganze Totenpalasttheorie ausgegangen ist ... er ist mit dem Fingernagel ritzbar – doch das ist auch in nur wenig geringerem Maße der griechische Marmor! – und er wird von ständig tropfendem Wasser leichter angefressen als härtere Steine ... Doch auch die moderne Restaurierung bedient sich seit wenigstens 20 Jahren aufs glücklichste wieder der gleichen Gipsvorkommen ... Hier besteht nun der Gipsstein eine gewiß interessante neue Probe seiner Haltbarkeit ...*

Schließlich muß noch gesagt werden, daß die antike Beanspruchung der Bodenplatten und Treppenstufen nicht nur eine sehr viel sanftere war als die moderne, sondern daß die Treppenhäuser des Wohntraktes auch ganz gewiß nicht ständig von mehreren hundert Bewohnern, sondern wahrscheinlich nur von wenigen und vielleicht auch nur bei repräsentativen Anlässen benutzt worden sind (es gab nämlich neben dem Treppenhaus mehrere zusätzliche, teils hölzerne Diener- und Privattreppen!), daß in Knossos die Fußbodenplatten, Schwellen und Stufen aus Gipsstein – wie alte Fotos zeigen – schon bei den Ausgrabungen vor 70 Jahren sehr deutliche Benutzungsspuren gezeigt haben, daß das ‹Badezimmer der Königin› nicht ein ‹Naßraum›, sondern ein Raum mit einer einzigen tönernen Badewanne gewesen ist, und daß die hallenartigen Räume in den vier Stockwerken der Ostseite nicht durch ‹Platten verschlossen›, sondern – wie die Türrahmen und Schwellsteine zeigen – durch hölzerne Falttüren miteinander verbunden und nach außen auf Terrassen geöffnet waren.»

(Prof. Dr. W. Schiering in:
‹Frankfurter Allgemeine Zeitung›
vom 2. 4. 1971)

«... *in all diesen Gräbern* (rund um den Palast von Knossos) *wurden die Toten entweder einfach auf dem Grabboden oder auf Holzbahren, in truhen- und wannenförmigen Tonsarkophagen* (die gleichen Wannen, wie wir sie auch gelegentlich in den Palästen finden) *bestattet. In zahlreichen Fällen konnten die Ausgräber Störungen finden, die mit Sicherheit auf antike Plünderungen zurückzuführen sind. Doch kaum einmal fehlen jegliche Knochenreste der Bestatteten, wie dies in Wunderlichs Totenpalast von Knossos der Fall wäre. Richtig hat Wunderlich in Erfahrung gebracht, daß an anderen Orten auf Kreta gelegentlich – meist in mittelminoischer Zeit – die Toten in Pithoi bestattet worden sind, in den gleichen Pithoi wie sie im Palast von Knossos ... gefunden wurden. Um die Toten mit dem Kopf zum Boden hin in diese Gefäße hineinzwängen zu können, wurden ihnen nachweislich öfter Knochen gebrochen ... Um so mehr verwundert es, daß in keinem der Pithoi in dem Palast von Knossos ... auch nur Spuren von Knochen gefunden worden sind.*

Wie erklärt Wunderlich die Tatsache, daß an anderen kretischen Orten Pithoi mit Resten von Korn gefunden wurden ... Merkwürdig ist schließlich die Tatsache, daß Archive von beschriebenen Tontäfelchen und tönernen Siegelabdrücken aus verschiedenen Palästen belegt sind, jedoch nicht aus Gräbern. Diese kleine Auswahl mag genügen. Leicht ließen sich die Argumente noch endlos vermehren.

Sollte trotzdem noch jemand an den Thesen des Geologieprofessors Wunderlich festhalten wollen, so muß mit G. Prause (‹Die Zeit› vom 19. 3. 1971) gefragt werden, wo die Menschen, die die minoische Hochkultur hervorgebracht haben, denn wohnten ... Die Träger dieser Kultur müßten also in kleinen, heute verschwundenen Lehmkaten abseits ihrer ‹Totenpaläste› gelebt haben. Angesichts dieser Möglichkeit halte ich es für besser, an der herkömmlichen, wissenschaftlich fundierten Deutung der Paläste festzuhalten. Die Thesen Wunderlichs gehören in den Bereich der Phantasie.»

(Dr. Ingo Pini, Marburg, in:
‹Frankfurter Allgemeine Zeitung›
vom 19. 4. 1971)

Zur Wohnkultur im alten Ägypten:
«*ALLE WOHNHÄUSER wurden – im Gegensatz zu dem für die Ewigkeit bestimmten Grab, nicht aus Stein, sondern wie noch heute – aus luftgetrockneten Nilschlammziegeln, Holz und Rohr gebaut, weshalb sie nur in spärlichen Resten überkommen sind ... Seit der Armarnazeit (13. Jh. v. Chr.) sind die Türrahmen aus Stein, auf ihnen stehen Name und Titel des Besitzers ... Während gebrannte Ziegel zwar vereinzelt schon seit dem Mittleren Reich, aber häufiger erst seit der römischen Zeit verwendet wurden, sind die aus Nilschlamm in rechteckigen Holzformen an der Sonne getrockneten bis dahin das übliche, aber sehr vergängliche Material, selbst*

für PALÄSTE, so daß wir über die königliche Residenz verhältnismäßig schlecht unterrichtet sind . . .»

(Emma Brunner-Traut: ‹Kultur der Pharaonenzeit›. In: ‹Ägypten, Studienreiseführer mit Landeskunde›. Hans E. Günther-Verlag, Stuttgart 1966, S. 160)

«Von der ursprünglichen Beisetzung ist heute nur noch das Trumm des Sarkophags erhalten . . . Der Sarkophag ist leer gefunden worden, die Mumie fehlt bis heute.»

(Emma Brunner-Traut und Vera Hell: ‹Cheopspyramide›. in: ‹Ägypten›. Stuttgart 1966)

«. . . abgesehen davon, daß wohl keine Wissenschaftsrichtung autark genug ist, um auf Hinweise benachbarter Disziplinen großzügig verzichten zu können, glaube ich, den Boden meines Faches nicht verlassen zu haben, indem ich das Augenmerk auf einige nicht hinlänglich beachtete Tatsachen des Ausgrabungsbereiches gelenkt habe . . . Wer freilich in einer mineralogischen Tabelle nachschaut, findet für Gips den Wert 1½–2 und für Kalkspat, das Hauptmineral des Marmors, den Wert 3 der zehnteiligen Mohsschen Ritzhärteskala. Dieser Unterschied scheint nicht groß zu sein, so daß Herr Kollege Schiering, Göttingen, nur einen geringen Härteunterschied zum griechischen Marmor annimmt. Die Härtestufen der Mohsskala, auf qualitativen Prüfungen aufbauend, sind aber quantitativ recht weit voneinander entfernt: Der Diamant (Härte 10) ist rund eine Million mal härter als der Talk (Härte 1), wenn man die quantitative Schleifhärte nach Rosiwal heranzieht. So ergibt sich tatsächlich ein nicht unerheblicher Härteunterschied: Marmor ist bis zu fünfmal so hart wie Gips, und man muß schon einen Fingernagel aus Stahl haben, um Marmor damit zu ritzen (Kalkspat ist mit dem Messer ritzbar). Auch was die Unterscheidung von Regenrillen (Karren) auf Gesteinsoberflächen und Lösungskavernen unter Bodenbedeckung anlangt, bleibe ich durchaus auf dem Boden meiner Wissenschaft . . . Bleibt also nur die Frage, inwieweit Gipsplatten in minoischer Zeit oder in der Gegenwart ausgetauscht und durch neue ersetzt wurden: Selbstverständlich beziehe ich mich nur auf solche, die eindeutig in Originalposition verblieben sind, da sie seitlich unter tonnenschwere Mauerwerksblöcke kragen, wie Türschwellen und ähnliches . . . Der Ausdruck ‹Naßraum› in der Bautechnik bezieht sich auf alle Räume, in welchen Wasser für Koch-, Wasch- und Badezwecke benutzt wird, ganz gleich, ob eine oder mehrere ‹Badewannen› darin vorgesehen sind . . . Eine solche Verwendung (für Gips) verstößt (wie man heute treffend sagen würde) ‹gegen die Regeln der Baukunst›. Da der Gips seine Eigenschaften aber seit minoischer Zeit nicht geändert hat, gibt es nur die Alternative: Entweder war die Nutzung der minoischen Paläste eine andere, als Evans und die gegenwärtige Facharchäologie vermuten, oder man bezichtigt die alten Kreter als Bauherrn und Bauausführende einer elementaren Unkenntnis ihres Baumaterials, obwohl sie der Steinzeit zeitlich um 4000 Jahre näher standen als wir. . . . Daß man in einzelnen Pithoi Kornreste gefunden hat, erklärt sich sehr einfach als Grabbeigabe . . . Lehmziegelbauweise (oder in waldreicheren Gebieten Holzbauweise) ist praktisch, gesund und gestalterisch reizvoll, wie man sich noch heute vielfach (etwa südlich der Sahara) überzeugen kann . . . Ob nun als Grabbeigabe oder Archiv, Tontafelmagazine sind jedenfalls durchaus mit Totenpalästen vereinbar. Daß Pithoi-Erdbegräbnisse nur wenig Grabbeigaben geliefert haben, erhellt nur das geringe Interesse der Grabräuber an solch unergiebigen Grabstätten, widerlegt aber nicht die Annahme reicher Ausstattung der Sarkophage und Grabpithoi in den Totenpalästen.»

(Antwort des Autors zu den Beiträgen von Prof. Schiering und Dr. Pini in der ‹Frankfurter Allgemeinen Zeitung› vom 29. 7. 1971)

«. . . das war ja wirklich ein Fall, bei dem der Amateurdetektiv den entscheidenden Hinweis entdeckt hat. Es hat uns allen großen Spaß gemacht. Ein hiesiger Archäologe lief gleich mit einem Stück Gips zu Walliser, in der Hoffnung, daß es vielleicht doch keiner sei, oder falls es doch Gips sei, daß dieses eine Argument nicht so schwerwiegend sein könnte. Walliser konnte ihn nicht trösten. Ich bin gespannt, wie lange es dauern wird, bis die Archäologen sich zu einer Überprüfung durchringen . . .»

(Briefzuschrift von Prof. H. Martin, Göttingen, 7. 5. 1971)

«Wunderlichs Beobachtungen sind zwar umfangreich und exakt, vermögen aber dennoch nicht zu überzeugen. Die minoische Kultur ist in mancher Hinsicht, vor allem im religiös-kultischen Bereich, noch unklar. Selbst die Grundrisse der Paläste sind unübersichtlich, doch ermöglichen die reichen Forschungsergebnisse der beiden letzten Jahrzehnte, besonders aber seit der Ausgrabung von Kato Zakro (ab 1962) gefestigte, ja geradezu sichere Ergebnisse.

. . . Unter einem Bombardement vulkanischen Gesteins vom explodierenden Vulkan Thera (Santorin) – etwa 120 Kilometer entfernt – sank auch dieser Palast durch Erdbebenwellen zerstört in Schutt und Asche . . . Doch gerade das überrascht Wunderlich! Neben dieser Naturkatastrophentheorie, die nach den jüngsten Forschungsergebnissen auf Thera selbst endgültig bewiesen sein dürfte, wird auch die Ansicht vertreten, die Paläste seien nicht in diesem vernichtenden Ausmaß durch ein Erdbeben, sondern durch – nachfolgende – Kriegsereignisse zerstört worden. In der Tat sind etwa für die gleiche Zeit Einwanderungen mykenischer Stämme festzustellen, die sich der Paläste bemächtigen.

Daher ist Wunderlichs Ansicht, an den

Plätzen der einstigen Paläste hätten sich nach der Katastrophe von etwa 1450 v. Chr. keine Siedlungen mehr befunden, unrichtig: Diese Siedlungen sind vorhanden, sie sind allerdings wesentlich bescheidener. Gründe dafür sind in den hohen Bevölkerungsverlusten der Einheimischen und in der geringen Zahl der Zuwanderer zu suchen, die womöglich als neue Herren sich nicht in Ruinen ansiedelten. Vielleicht sind die Gründe für die schwache Besiedlung auch im religiösen Bereich zu suchen.

Der ‹Bauplan› minoischer Paläste war denkbar einfach: Rings um einen möglichst großen Zentralhof ordneten sich unregelmäßig angelegte mehrstöckige Bauten . . .

Wichtigste, wertvolle Funde konnten gemacht werden: unter anderem eine – von Wunderlich für Knossos verneinte – Palastküche, in der ein riesiger Kessel noch in der Asche auf dem Herd stand . . . Die riesigen Magazine in Knossos und – in geringerem Umfang – auch in Phaistos und Mallia sprechen eine zu deutliche Sprache gegen eine Totenstadt.

. . . außerdem fielen dem ausgrabenden Evans schon antike Reparaturen an Schwellen, Treppenstufen usw. auf. Berücksichtigen muß man die im Vergleich zur heutigen Zeit wesentlich ‹sanftere› Abnutzung zu minoischer Zeit: Das Klima ermöglichte Barfußgehen und das Tragen leichtesten Schuhmaterials, wie aus Abbildungen bekannt ist. Auch das Problem der Materialgefährdung durch Feuchtigkeit dürfte für die technisch versierten Minoer durchaus lösbar gewesen sein.

Wäre Wunderlichs Theorie einer Totenstadt richtig, wären die zahlreichen Nekropolen außerhalb des Palastes überflüssig! Im Palast von Knossos sind keine Skeletteile gefunden worden . . . Auch der Hinweis auf den außerordentlich interessanten Sarkophag aus Agia Triada kann nicht stichhaltig sein: Erstens ist er inhaltlich nicht vollkommen gedeutet und zweitens wird niemand in Abrede stellen, daß sich in den Palästen auf den Totenkult bezogene Räume befunden haben werden.

. . . Der einwandfreie archäologische Befund ergibt die Unhaltbarkeit der Wunderlichschen Theorie. Viele Beobachtungen mögen zutreffend sein – der aus ihnen gezogene Schluß unrichtig.»

(Fritz-Heinrich Schröer in: ‹Deutsches Allgemeines Sonntagsblatt› vom 30. 5. 1971)

«Selbst wenn die Bewohner ohne Schuhwerk gegangen wären, hätte quarzhaltiger Flugstaub unter den Fußsohlen beim Gehen Abwetzungsspuren hinterlassen . . .»

(G. Prause in: ‹Die Zeit› vom 19. 3. 1971)

«The presence of volcanic matter in archeological excavations was already noted by MARINATOS (1939), who found pumice (– Bimsstein –) *in jars at Amnisos. As pumice occurs already in neolithic Knossos, this does not prove a connection between the Minoan eruption of Santorin and the history of Bronze Age Crete. Pieces of so-called lava recorded by PLATON (1968) from the palace at Zakros were kindly shown to the author by Mr. S. ALEXIOU, director of the Archeological Museum at Iraklion. These are not of volcanic origin»* (Stücke der sogenannten Lava von Platon aus dem Palast von Zakros . . . sind nicht vulkanischen Ursprungs) . . .

(G. J. Boekschoten, Geological Institute, University of Groningen. Opera Botanica 30, Seite 45 in: A Strid: ‹Evolution in the Aegean›. 1971)

«The Earthquake Theory: EVANS (1927) suggested that the catastrophe (of the destruction of Early Cretean palaces) was caused by earthquakes. MARINATOS (1939) developed this idea further and supposed that the earthquakes were connected with the catastrophic eruption of the Santorin volcano. According to radiocarbon dating, this took place around 1400 B.C., in the L(ate) M(inoan) II (HUTCHINSON 1962) or even L M II a (POPHAM 1966) period. This explosion formed the Santorin submarine caldera, and is supposed to have caused tsunamic waves comparable to those of the 1883 eruption of the Krakatoa volcano. MARINATOS found indications that buildings at the Minoan port Amnisos were overwhelmed by huge surges of water. The seaside place of Mallia might have been damaged in the same way. He considered the construction of buildings farther inland to be the outcome of earthquakes, preceding or following the explosions at Santorin. This last contention, however, finds little support from the geologist's viewpoint. Thus the Krakatoa cataclysm was not accompanied by earthquake disasters, at least not on a regional scale.»

(G. J. Boekschoten a. a. O. Die Überflutung beim Ausbruch des Vulkans von Krakatau in der Sundastraße/Indonesien 1883 – die meist als Beispiel für die Explosion des Vulkans von Thera/Santorin herangezogen wird – war nicht von vernichtenden Erdbeben begleitet, zumindest nicht in regionaler Ausdehnung.)

«. . . der Palast von Knossos war nur ein Teil, wenn auch der wichtigste, innerhalb eines ausgedehnten ‹Tales des Todes› (Zusatz: wie ein Tal in der Nähe von Kato Zakros noch heute benannt wird), *in welchem an beiden Hängen Felsgräber, individuelle Totentempel nach Art des Tempelgrabes, der ‹Landhäuser› und ‹königlichen Villen› sowie schließlich Erdbestattungen in großer Zahl und in lockerer Form angeordnet waren . . .»*

(H. G. Wunderlich in: ‹Frankfurter Allgemeine Zeitung› vom 29. 7. 1971)

Ergänzung: Der Autor zählt nicht zu den Lesern des ‹Deutschen Allgemeinen Sonntagsblattes› (noch konnte er sämtliche 1971 erscheinenden Zeitungen und Zeitschriften auf Gegendarstellungen gegen seine neue Deutung der minoischen Paläste durchsehen). Bis auf eine einzige Ausnahme wurden ihm derartige Gegendarstellungen nicht von den jeweiligen Verfassern oder Redaktionen, sondern von Dritten in Ablichtung zugängig gemacht. Da weder Herr Schröer noch die Redaktion des ‹DAS› ihn informiert oder gar zu einer Stellungnahme aufgefordert hat, gelangte die Darstellung von F.-H. Schröer erst durch Vermittlung von Dr. Fr. Völkl nach dem 29. 3. 1972 zu seiner Kenntnis. So mag der Eindruck der Stichhaltigkeit der Schröerschen Argumente entstanden sein. Daher noch wenige kurze Bemerkungen: Die Feststellung vom Fehlen einer typischen Schmarotzerbesiedlung (Th. Münster, ‹Kreta hat andere Sterne›, München) bezieht sich nicht auf die Bronzezeit, sondern auf die späteren Jahrtausende, insbesondere das Mittelalter und die Neuzeit bis zum Einbruch der Türken. Sofern mykenische Einwanderung Knossos erfaßt hat, wurde dort auch von ihr ein ähnlicher Kult fortgeführt wie in der vorangegangenen ‹minoischen› Zeit einschließlich den Vorläufern bis ins Neolithikum hinein. In den von J. D. Evans (1968) unter dem Zentralhof von Knossos ausgegrabenen steinernen Rundbauten aus dem Spätneolithikum mit Kinderskeletten unter dem Fußboden sehe ich (in Anlehnung an die Verwendung von Stein im alten Ägypten als Baumaterial nicht für Wohnbauten, sondern für Gräber) keine Spuren einer Besiedlungs-, sondern allenfalls einer Bestattungskontinuität, die sich mit Aschenurnen bis in die geometrische Zeit fortsetzt.

Bezüglich der riesigen Magazine sei auf den Grundriß des altägyptischen Totentempels von Medinet Habu verwiesen. Aus einem einzigen Kessel in der Asche eines vergleichsweise kleinen, noch dazu von sechs fülligen Säulen eingeengten Raumes (dessen Decke bequem von einem dieser Pfeiler allein hätte getragen werden können) auf eine Palastküche zu schließen, würde ich nicht wagen.

«Die Archäologie ist gewöhnt, auf Grund neuer Ausgrabungs- und Forschungsergebnisse vertraute Vorstellungen korrigieren oder gar aufgeben zu müssen. Sie hat in unserem Zeitalter auch vielfache Bereicherung durch interdisziplinäre Zusammenarbeit besonders mit den Naturwissenschaften und durch Mitwirkung von Fachkennern anderer Materien erfahren dürfen. Mehr als andere Fächer kennt die Archäologie Fälle, in denen hervorragende Outsider in ihr Fach einstiegen und durch bedeutende Leistungen Anerkennung und Ruhm fanden. Heinrich Schliemann, der Entdecker der vorgriechischen Welt von Troja und Mykenä, und Sir Arthur Evans, der Ausgräber des kretischen Palastes des Minos von Knossos, sind dafür beredte Beispiele. Vor kurzem hat nun wieder ein Outsider, der Stuttgarter Geologieprofessor Hans Georg Wunderlich, neue Thesen zu den von Schliemann und Evans entdeckten archäologischen Zentren an weithin sichtbarer Stelle zur Diskussion gestellt . . . Professor Wunderlich vertritt die in der Tat erstaunliche These, der Palast des Minos und mit ihm die anderen kretischen Paläste, ja vielleicht sogar die Burgen von Mykenä und Tiryns oder der Herrensitz des Nestor von Pylos seien niemals bewohnte Stätten, keine Residenzen gewesen! Solche Annahme huldige nur einem schönen Trugbild! Die Kunst dieser Paläste sei für ihn nur Talmi . . . (Phithoi) *dienen heute wie im Altertum als Vielzweckbehälter für Wasser, Öl, Wein und Honig; zur Aufbewahrung von Mehl, Getreide, Erbsen, Bohnen, Linsen und Oliven, schließlich auch als Wäsche- und Kleiderablage. Dieser Sachverhalt wird von Wunderlich völlig ignoriert . . . Dabei verwendet er in seinem Erstbeitrag regelmäßig eine orthographisch unkorrekte Schreibweise ‹Pythos›, wobei er auf Grund seiner nekromanen Interpretation vielleicht durch das Verbum pytho = verwesen fehlgeleitet worden ist.»*

(Prof. Dr. Bernhard Neutsch, Mannheim, im Süddeutschen Rundfunk am 18. 7. 1971)

Hinweis: Die Zeitschrift ‹n + m› mit der ersten Darstellung der neuen Deutung ist und war nicht im Buchhandel frei erhältlich, sondern wurde auf Anforderung gratis abgegeben. Einige Kritiker scheinen daher den Originaltext nicht zur Kenntnis genommen zu haben, als sie ihre Entgegnungen abfaßten. So ist beispielsweise die Profanverwendung der Pithoi dort bereits dargelegt – wie auch die Kennzeichnung von Grab- und Profanpithoi mit ihrer jeweils abweichenden Form und Verzierung. Die Schreibweise «Pythos» statt Pithos geht auf den Knossos-Führer ‹Der Palast von Minos›, deutsche Ausgabe Athen 1970, von Christos Z. Mathioulakis (S. 13) zurück. Offenbar handelt es sich hier um einen Druckfehler. Die Ableitung vom Verb ‹verwesen› wäre völlig abwegig, da die Konservierung in Kruggräbern ja dem Ziel diente, den Leib möglichst zu erhalten.

«Aber auch Einzelpithoi in Wohnräumen interpretiert Wunderlich mit dem einseitigen Argument: Was sollte im Wohnzimmer der Königin ein Pithos mit 100 Liter Öl? Als ob es nur Ölpithoi gegeben hätte! (Vgl. hierzu Antwort an Prof. Bächer S. 324.) *Das schlagende Gegenargument bietet aber die Magazinanlage des Palastes von Mallia. Dort haben die Ausgräber in manchen Pithoi noch Reste von Weizen und Linsen festgestellt* (Vgl. hierzu Antwort an Dr. Ingo Pini S. 327), *und im Pithosdepot für Ölaufbewahrung findet sich eine spezielle Auffangvorrichtungsstellfläche, die den Ölverlust durch Verschütten vermeiden half* (gemeint sind die ‹Auffangrinnen›, vgl. hierzu S. 133). *Im Magazin von Phaistos straft ein 42 cm hohes Trittbänkchen zum besseren Erreichen der Pithosvorräte Wunderlichs Theorien Lügen* (siehe Abbildung) *. . . wo Pithoi in gesicherten Nekropolen für Bestattungen benutzt werden, trifft man sie meist liegend an . . .* (Bei Erdbestattungen in Pithoi reicht in der Regel der Abstand zwischen Erdoberfläche und Grund-

Pithos-Depot, Phaistos: Rechts vorn ein «Trittbänkchen», möglicherweise auch nur ein Untersatz für Opfergaben . . .

wasser bzw. Felsuntergrund nicht aus, um ein mannshohes Tongefäß einschließlich ausreichender Abdeckung senkrecht unterzubringen.)

Ähnlich ist es mit den Badewannen in Baderäumen, die Wunderlich gerne samt und sonders in Sarkophage verwandeln möchte, da sie in der Tat zuweilen als sogenannte Larnakes, aber im Bereich wirklicher *Nekropolen wiederverwendet worden sind. Drei handfeste Befunde sprechen dagegen: Archäologisch-literarisch und epigraphisch ist die Funktion von Baderäumen und die Benutzung der Badewannen mehrfach eindeutig belegt . . . Nach Odyssee 4, 364 versieht die Königstochter Polykaste den Badedienst an Telemach. Zu allem Überfluß wird in den neuentdeckten Tontäfelchen in Linear B-Schrift mykenischer Zeit ausdrücklich der Dienst von Frauen als Badewasserausgießerinnen erwähnt. Wunderlich stellt sich auch dagegen blind: ‹Nun kann man annehmen, daß sich die Minoer selbst gebadet und gewaschen hätten›, und er funktioniert kurzerhand die Badehelferinnen in Leichenwäscherinnen um!»*

(Prof. B. Neutsch im Süddeutschen Rundfunk am 18. 7. 1971)

Linear B-Tafel PY Aa 783 ‹rewotorokowo› (auch PY Ab 553 u. Ad 676):

«In dieser Gruppe ist also von rewotorokowo die Rede = loutrochóoi, Badeingießer, und zwar sind es wie das Ideogramm ausweist, angenehmerweise Frauen, die alsbald zu Berühmtheit gelangten in Erinnerung an die wärmende Szene im Gamma der Odyssee. Blegen hatte in Raum 35 des Palastes eine Badewanne gefunden und gefragt, ob es möglicherweise dieselbe sei, in der Nestors jüngste Tochter den Telemach gebadet hatte. Es mußte nur natürlich erscheinen, wenn die pylischen Badbedienerinnen nun auch auf den Tafeln auftraten. Überraschend ist allerdings ihre große Zahl und ihr Alter! . . . ‹Badeingießerinnen: 38 Frauen, 13 Mädchen, 15 Jungen›. Die Zahl dieser Badewärterinnen ist an sich schon ziemlich groß. Sind die 28 Jungen und Mädchen noch ihre Gehilfen oder nur ihre Kinder? Vielleicht beides? Da die Tafel eine Berufsliste darstellt, so müßte es sich auf jeden Fall um ihre Gehilfen handeln. Darauf weisen auch die Abkürzungen da und ta, die mit Hilfe von Berechnungen der Lebensmittelrationen als männlicher und weiblicher Aufseher bestimmt worden sind . . . 68 Badewärter! Ein ganz außergewöhnlicher Badeluxus in Pylos, in merkwürdigem Gegensatz zum archäologischen Befund (mit nur einer Badewanne!), *und so ist denn diese große Zahl auch alsbald Anlaß zu unrühmlichem*

Streit geworden. In seiner Besprechung (‹Hellenika›, 1958/59) von Chadwicks ‹Decipherment› hatte A. G. Tsopanakis, der Gräcist der Universität Saloniki, eine Reihe von Zweifeln an den Ergebnissen der Entzifferung geäußert . . . Palmer (englischer Sprachwissenschaftler) *ist diese ganze Geschichte mit den 38 Badewärterinnen und ihren 28 Gehilfen und ihren 22 erwachsenen und 11 jungen Söhnen einfach zu arg geworden, und er hat sie überhaupt abgeschafft, indem er, in Analogie zu anderen Tafeln, rewotorokowo als Ortnamen versteht . . . In Badenhausen von Pylos: Söhne: 22 Männer, 11 Jungen› . . .»*

(Werner Ekschmitt: ‹Die Kontroverse um Linear B›, C. H. Beck, München 1969, S. 64–70)

«Da nützt kein Badezimmer, kein WC, keine Frischwasserleitung . . . keine Abwasserkanalisation, keine klimagünstige Raumfolge . . . um Wunderlich von der Sinnlosigkeit seiner Totenpalastvorstellung abzubringen. Wo in Wirklichkeit sich hölzerne Falltüren (bei Prof. Schiering waren es Falt-türen) *auf Terrassen und zur Landschaft öffneten, erfindet Wunderlich eine widersinnige Vermauerung durch Steinplatten . . . Die Palastmanufaktur . . . wird natürlich auch flugs in den Dienst der von Wunderlich für die Paläste schlichtweg erfundenen Mumifizierung und Totenkultriten gestellt.*

Historische Gesichtspunkte der Siedlungskontinuität sind Wunderlich ebenfalls fremd. Es ist aber ganz wesentlich, daß im Bereiche der kretischen Paläste und besonders in Knossos Wohnkontinuität bis ins Neolithikum stratigraphisch erfaßt ist. (Vgl. hierzu Antwort an F.-H. Schröer S. 329.)

. . . Schließlich haben sich die Fernstraßenverbindungen mit Schutzstationen zwischen Knossos und Phaistos von Palast zu Palast und den zugehörigen Häfen ermitteln lassen. Ein Nekropolen-Reisedienst wäre wohl eine absurde Vorstellung . . . All dies widerlegt Wunderlichs Thesen vom Totenreich. Verblendet haben ihn einige Beobachtungen aus seinem Metier . . . Jedenfalls ist es nicht angebracht, im Alleingang und offensichtlich ohne Kontakt mit Archäologen und ohne Verwendung leicht zugänglicher Literatur geologische Pauschalurteile zu fällen, zumal wenn sich eine ganze Kettenreaktion von archäologischen Fehlurteilen anschließt, die zu Unrecht die kretischen Paläste zu einem Reich der Toten machen wollen.»

(Prof. B. Neutsch im Süddeutschen Rundfunk am 18. 7. 1971)

«Mit einer einseitigen Betrachtung ausschließlich minoischer Funde, isoliert aus dem übrigen kulturellen und wirtschaftlichen Gefüge des Mediterranraumes herausgegriffen, wird hier kein wirklicher Fortschritt zu erzielen sein . . . Zur selben Zeit nämlich, als (auf Kreta) die älteren Paläste entstanden, ließ der ägyptische Pharao Amenemhet III. in der Nähe seiner Grabpyramide . . . ein ganz ähnliches Bauwerk errichten, das noch heute die Bezeichnung Labyrinth trägt: ein Totentempel für Begräbnis- und Trauerfeiern . . . Die antiken Schriftsteller wußten sehr wohl, daß derartige Labyrinth-Bauten nicht als Wohnpalast gedient haben . . . Nicht das minoische Volk wurde ausgerottet, sondern nur ein altüberkommener Totenritus verlassen . . . so daß der Eindruck vom plötzlichen Untergang einer einstmals hohen Kultur entstand, obwohl Sprache, kultische Gebräuche und Persönlichkeiten in Mythen und Sagen weiterlebten . . . An die Stelle weniger unermeßlich mächtiger Familien der Bronzezeit, die ihre Toten mit dem kostbaren Besitz unter echten Opfern von Gut und Blut bestatteten, tritt mit zunehmender Bevölkerungsdichte ein breitgestreutes wohlhabendes Bürgertum mit mehr kommerzialisiertem Geschmack: An die Stelle echter Hand- und Wertarbeit tritt mehr und mehr die Serienfertigung, an die Stelle echter Opfer von Mensch und Tier die tönerne Votivgabe, an die Stelle feudal ausgestatteter Totenpaläste das einfache Erdgrab mit konventionellen Grabbeigaben. Besonders aber setzt sich im Zuge der kriegerischen Ereignisse der folgenden Jahrhunderte . . . die heroische Bestattungsart durch, d. h. die Verbrennung der Toten auf dem (zum Teil recht prunkvollen) Scheiterhaufen. Die Lebensweise und zivilisatorische Höhe der Lebenden blieb dabei sicher annähernd gleich, von der Verbreitung des Eisens abgesehen.

Man wird einsehen, daß diese Deutung verständlicher ist als die überkommene Katastrophenlehre. Auch wenn wir dafür die liebgewonnene Vorstellung von einem altkretischen Sonnen-Paradies der Bronzezeit aufgeben müssen. Bietet aber nicht die Erkenntnis, daß sich der Mensch seit dem minoischen Zeitalter aus der engen geistigen Umklammerung eines abergläubischen, finsteren Totenkults befreien konnte, mehr Chancen für die Zukunft der Menschheit als die Trauer um ein verlorenes Paradies?»

(H. G. Wunderlich im Süddeutschen Rundfunk am 10. 10. 1971)

Auf den ‹Umschau›-Kurzbericht: «Keine Brandkatastrophe im Palast von Knossos?» (‹Umschau in Wissenschaft und Technik› 1971, Heft 16) mit dem Hinweis auf die Verwendbarkeit von bituminösem Gips als geologisches Thermometer antwortet Prof. Dr. R. Hachmann vom Institut für Vor- und Frühgeschichte und Vorderasiatische Archäologie der Universität des Saarlandes (19. 11. 1971): *«Sehr geehrter Herr Kollege! Die Redaktion der ‹Umschau› sandte mir Ihren Artikel und bat um eine Stellungnahme. Ich habe sie jetzt geschrieben und erlaube mir, Ihnen eine Kopie zu senden. Das dürfte die Verständigung fördern! Mit verbindlichen Empfehlungen Ihr sehr ergebener R. Hachmann»*

«. . . was Herr Wunderlich über Erdbeben und Tsunami schreibt, ist gewiß richtig. Ich habe niemals jenes weltweite Erdbeben ernsthaft für diskutabel gehalten, das Troja VI, Ras

Shamra (Syrien) und die minoischen Paläste auf einen Schlag zerstört haben soll.

Sollte die Schwärzung der Gipsplatten aus Bitumen bestehen, das zwischen 60° und 120° verbrennt, so hat es dort, wo diese Art Schwärzung vorhanden ist, sicher nicht gebrannt. Es fragt sich, ob man nun so einfach auf Grund der Publikation von Sir Arthur Evans Brandkatastrophen ablehnen kann. Sicher ist einmal, daß die Linear-B-Tafeln, die in Knossos in großer Zahl gefunden wurden, primär *ungebrannt waren und erst durch ein Feuer in den Räumen, in denen sie aufbewahrt wurden,* sekundär *gebrannt wurden und nur deswegen erhalten blieben . . .*

Evans . . . hatte eine reiche Phantasie, er war voller geistreicher Einfälle. Es waren oft Einfälle, denen die Grabungsergebnisse nicht oder zumindest nicht voll entsprachen . . .

Ganz sicher ist der Palast von Knossos mehrfach umgebaut worden. Die von Evans vorgeschlagenen Um- und Wiederaufbaumaßnahmen müßten nun allesamt einmal durchgeprüft werden . . . Wenn an einer *Stelle der Nachweis gelingt, daß es nicht gebrannt haben kann, dann kann das nicht bedeuten, daß es in keiner der Bauphasen jemals gebrannt hat. Leider hat Evans die Ruinen von Knossos so total gereinigt und dann mit Beton rekonstruiert, daß man an Ort und Stelle kaum noch irgendwo stratigraphische Beobachtungen anstellen kann. Verbrannte Lehmziegel — sollten sie einmal vorhanden gewesen sein — fehlen, vielleicht weil Evans sie abgeräumt hat. Im Palast von Mallia östlich von Heraklion sind solche verbrannten Ziegel in großer Menge noch in situ. Dort hat es ganz sicher gebrannt; dort ist die jüngste Palastanlage niedergebrannt (worden?).»* (— Vor oder nach der von Sp. Marinatos und anderen immer wieder gerade für Mallia geforderten Zerstörung durch Tsunami? —)

«Evans ‹lustral bassins› sind wohl in der Tat keine Becken gewesen, die regelmäßig mit Wasser gefüllt waren . . .»

(Prof. Dr. R. Hachmann, Saarbrücken, in der ‹Umschau der Wissenschaft und Technik›, Heft 1/1972, S. 32)

«Mein Kurzbericht sollte nicht als persönliche Kritik an der Person des Altmeisters der minoischen Archäologie, sondern mehr als Anregung zu künftigen Arbeiten mit neuen Methoden verstanden werden. Hierzu noch wenige kurze Bemerkungen:

1. Ganz gleich, wie viele Bauphasen im Palast nachweisbar sind, läßt sich doch schon jetzt sagen, daß eine abschließende Brandkatastrophe (— der ja alle entnommenen Proben ausgesetzt gewesen sein müßten —) ausgesprochen unwahrscheinlich ist.

2. Es wurde nicht behauptet, daß es im Palast von Knossos nicht ‹gebrannt› habe. Brandspuren, soweit sie sich tatsächlich beweisen lassen, gehen auf Feuer mit geringerer als der Entflammungstemperatur für umliegende Gegenstände zurück, die sich also nicht der beaufsichtigenden Gewalt des Menschen entzogen haben können.

3. Sofern Schrift-Tontafeln und Lehmziegel nicht schon außerhalb der Palastanlage erhöhten Temperaturen ausgesetzt waren (und lediglich ihre letzte Schwärzung kultischen Feuern im Innern des Palastes verdanken), kann es sich auch hierbei nur um punktuell erhöhte Brenntemperaturen gehandelt haben, die nicht die gesamte Anlage in Gefahr brachten . . . Mein Kurzbericht zeigt eine neue, ganz einfache, ohne jeden experimentellen Aufwand auch vom (geologischen) Laien durchführbare Methode auf, mit deren Hilfe sich Brenntemperaturen an archäologischen, historischen oder rezenten Objekten eingrenzen lassen. Man kann diese Methode überall da anwenden, wo graue (bituminöse) Gipse Verwendung fanden. Selbstverständlich werden diese Beobachtungen fortgesetzt und zu verfeinerten Beobachtungen und neuen Erkenntnissen führen . . .»

(Antwort des Autors in Heft 4/1972 der ‹Umschau›)

«Der Vorwurf der Unglaubwürdigkeit, den Prof. Wunderlich gegen viele Rekonstruktionsbauten von Sir Arthur Evans erhebt, ist keineswegs ganz von der Hand zu weisen. Jene Betonpfeiler, die Holzbalken ersetzen, können wohl mehrere Stockwerke tragen, was jedoch für die ursprünglich vorausgesetzten Zedernholzstämme nicht unbedingt zutrifft. Viele Archäologen sind daher über die zweifellos fremdenverkehrsfördernden Bauten von Knossos nicht sehr glücklich . . . Hingegen werden dem Autor kaum Fachleute folgen können, wenn er die Reihen der Vorrats-Pithoi als Graburnen und die Kanalisationsanlagen als Hilfsmittel für Balsamierer auffaßt. Wir dürfen nicht vergessen, daß Knossos nicht aus einer schriftlosen Kultur stammt, deren Hinterlassenschaft nur durch Indizienbeweise gedeutet werden könnte . . .»

Anmerkung: Grabpithoi sind keine Urnen für Aschen-, sondern für Mumienaufbewahrung, Erdbestattung und Grabbeigaben. Zu Evans' Zeiten war Linear B noch nicht entziffert, so daß auch dessen Rekonstruktion demzufolge auf Indizienbeweisen beruht. Bis heute ist Linear B noch keineswegs so eindeutig lesbar, daß man mit Sicherheit aus dem Stadium der Indizienbeweise gelangt wäre.

«. . . sondern daß es dort eine ganze Reihe von Schriftdenkmälern gab, die seit einigen Jahren lesbar sind. Die Tontafelarchive berichten von den üblichen Registratur- und Archivierungsproblemen eines Bauwerks dieser Art, aber nicht von bis zum Exzeß getriebenem Totenkult . . . Diese Tafeln ‹verzeichneten Stücke von gefertigten Tüchern, offenbar in Fünferbündel zusammengefaßt. Andere in dieser Umgebung gefundenen Täfelchen zeigen, daß sowohl Männer als auch Frauen mit der Herstellung von Tüchern beschäftigt waren, wobei die Männer paarweise

und die Frauen zu dritt arbeiteten. Kinder beiderlei Geschlechts sind zusammen mit den Frauen registriert, und es scheint, als wären einige davon in einer Schule — wo sie die Kunst der Textilherstellung lernten — gewesen› . . .

Wenn in diesem Sinne die interessante Theorie von Prof. Wunderlich auch wenig Zustimmung bei Archäologen finden dürfte, so ist sie als Beitrag zur Belebung der Diskussion um die minoische Welt und ihre Rekonstruktion ohne Zweifel zu begrüßen.»

(Dr. H. Biedermann, in: ‹Antike Welt› 2. Jg., Heft 2, 1971, S. 54/55)

«. . . *PY Ad 684 ‹puro tinwatijao itejao kowo Mann 5 kowo 2› Daß die Thinwasijai hier plötzlich Thinwatijai heißen, stört uns weniger, als daß sie nun auf einmal auch einen Beruf bekommen: histaion Weberinnen, von histós, aber nur vermutungsweise. Also ‹In Pylos: Söhne der Weberinnen aus Thinwons: 5 Männer, 2 Jungen›. Über dieser Zeile, d. h. auf dem Rand der Tafel, finden sich noch drei Zeichengruppen, die auf unsere Zeile bezogen werden: ‹Söhne der Ruderer in A.› Die Registratur Nestors führt also, wie man sieht, auch über die Nachkommenschaft Buch. Offenbar hat man, um den Schreibern die Arbeit zu erleichtern, die Weberinnen aus Thinwons en bloc mit den Ruderern aus A(punewe) verheiratet . . . In drei Serien sind über 730 Frauen verzeichnet, fast ebenso viele Jungen und Mädchen und über 350 Männer, im ganzen mehr als 1750 Personen. Für Palastdienerschaft ist diese Zahl zu groß, für eine allgemeine Erfassung zu klein . . . die Männer tragen überhaupt keine Berufsbezeichnung, die Frauen aber werden teils durch ihre Herkunft, teils durch ihren Beruf bezeichnet . . .*

‹Das bunte, zum Teil schwer zu erklärende Gesamtbild der Aa-, Ab- und Ad-Tafeln ordnet sich m. E. dann zu einem harmonischen Ganzen, wenn wir die auf den ersten Blick phantastisch anmutende These von F. J. Tritsch akzeptieren, daß uns in ihnen die Registrierung des Bestandes, des Einsatzes und der Verpflegung von Flüchtlingen erhalten ist› (Heubeck, ‹Welt›, S. 51). Wir wollen hier nicht darüber streiten, ob die zitierte Hypothese nicht vielleicht auch auf den zweiten Blick noch phantastisch ist . . .»

(Werner Ekschmitt: ‹Die Kontroverse um Linear B›, S. 70/71)

Ekschmitt schreibt auf Seite 91 bis 96 über die Pylos-Tafel An 607:

«Man wundert sich ein wenig, daß die mykenische Arbeitsteilung es bis zu so speziellen Berufen wie Gersteschnitterinnen gebracht hat . . . Palmer aber denkt da strenger. Die Gersteschnitterinnen gefallen ihm nicht recht . . . Inzwischen hat er auch festgestellt, daß ‹Kerimija› ein Berufsname ist, der in die Textilfabrikation gehört, und offeriert uns also die Übersetzung: ‹Textilarbeiterinnen von Metapa . . .› Mit der Beförderung unserer Gersteschnitterinnen zu sakralen Textilarbeiterinnen hat die Karriere der Damen indes nur allererst begonnen. Hören wir, wie Deroy-Gérard die Tafeln deuten: . . . ‹In Metapa: Gefängniswärterinnen, privilegierte . . .› Wenn man bedenkt, daß unsere Damen 1956 Gersteschnitterinnen waren, 1963 Textilarbeiterinnen, 1965 aber bereits Gefängniswärterinnen, so berechtigt ihre Karriere zweifellos zu den schönsten Erwartungen . . .»

Zusatz: Auf altägyptischen Totenpapyri sind Leinenlisten nichts Ungewöhnliches. Sie führen die Grabausstattung auf, zu der herkömmlicherweise größere Posten von Leinenzeug gehören. Unter anderem sind damit alle Gegenstände im Grab säuberlich abgedeckt. Der Papyrus Nevill (‹Journal of Egyptian Arch.› 35/1949) enthält die Anrufung des Orakels durch den Verwalter der Totenstadt auf dem Westufer von Theben wegen fehlender Tücher, darunter wegen eines Fünferbündels aus dem Totenhaus des Pharao Hor-emhab (19. Dynastie, gestorben um 1310 v. Chr.).

«. . . (Wunderlichs) *Deutungsversuch ist nicht nur der Sache nach revolutionierend, sondern auch mit beachtlicher Emphase der Öffentlichkeit vorgestellt worden . . . Es wird unterstellt, daß die Archäologen sich seit fast einem Jahrhundert glatt geirrt haben . . . Die Begründungen des Autors sind heterogen, da sie sich teils aus naturwissenschaftlichen, teils aus archäologischen Argumenten zusammensetzen . . .*

Nach einer Begehung der Paläste von Knossos (einschließlich Karawanserei), von Phaistos und Hagia Triada, in denen besonders viel mit Gips gearbeitet worden ist, kann ich weder (Wunderlichs) *Beobachtungen an sich noch die daraus gezogenen Schlußfolgerungen bestätigen. Alle Treppen, seien sie aus Gips (meist Alabaster) oder Kalkstein, sind mehr oder weniger glattgeschliffen und ausgetreten . . . Will man dennoch, trotz aller Bedenken also, die gegen die Tauglichkeit des Objekts geltend gemacht werden können, seine Aussagekraft auszuschöpfen versuchen, so ergibt sich eine Fragestellung, die sich methodisch eng an Aufgaben der Mineralogie, Petrographie und Geologie anlehnt . . . Die Vorgänge, die das Objekt verändert haben können, sind, wie eben angedeutet, eine mechanische (Abrasion) und eine chemische Beanspruchung (Erosion). Gegen beide ist, wie Wunderlich richtig bemerkt, Gips relativ empfindlich.*

. . . Zur quantitativen Charakteristik der Widerstandsfähigkeit gegen Abrasion zieht Wunderlich die Mohssche Ritzhärte heran. Dies ist freilich nur bedingt richtig. Die Ritzhärte dürfte allenfalls ein Maßstab dafür sein, wie leicht und schnell sich Kratzspuren ausbilden. Für den Schliff und den mechanischen Verschleiß des Materials gibt die Schleifhärte ein adäquates Maß (Vgl. hierzu Antwort an Prof. Schiering und Dr. Pini S. 327 f) . . .

Herr Prof. Haussühl, Institut für Kristallographie der Universität zu Köln, hatte die Freundlichkeit, an einer Probe polykristalli-

nen, grobkörnigen Gipses von Knossos die Schleifhärte nach der Methode von Kusnetzov messen zu lassen ... Der Versuch ergab zunächst statt einer Gewichtsabnahme eine Zunahme des Gipskörpers ... Die Schleifhärte erscheint also höher, als sie in Wahrheit ist. Übertragen auf unser Problem bedeutet das, daß Abrasionen zweiten und dritten Grades bei dem in Kreta verbauten Gipsgestein weniger leicht auftreten, als man allein nach der Ritzhärte des Gipses erwarten würde.

... Wunderlich unterstellt, daß alles, was heute an Abnutzung zweiten und dritten Grades zu sehen ist, auf die Besucher‹ströme› aus jüngerer und jüngster Zeit zurückzuführen sei. ... Von Besucher‹strömen› kann nach eigenen Erfahrungen des Verfassers überhaupt erst in den letzten Jahren die Rede sein ... Das Schwergewicht der mechanischen Beanspruchung muß also, was allein ihre Dauer angeht, in historischer (– d. h. minoischer –) Zeit gelegen haben ...

Die heutigen Fremdenführungen halten sich im allgemeinen an ganz bestimmte Wege. Zudem nimmt ihre Frequenz in der Reihe Knossos ›› Phaistos › Hagia Triada, um wiederum nur bei diesen drei Palästen zu bleiben, ab ... In der NW-Ecke des Palastes von Phaistos beispielsweise findet sich in einem abseits der normalen Rundwege liegenden, wenig besuchten Winkel ein blind endendes Stück einer Treppe ... Die Stufen bestehen aus weißem Alabaster, der alle Anzeichen starker mechanischer, aber auch chemischer Beanspruchung aufweist ... Dieses Objekt ist in Rücksicht auf seine Lage nicht anders zu verstehen, als daß seine mechanische Abnutzung aus minoischer Zeit datiert ... Wäre die Treppe von heutigen Besuchern abgenutzt, dann müßten die inzwischen korrodierten Trittkanten wieder abgeschliffen sein ...

... Im SO des großen Hofes des Palastes von Knossos, in der Nähe der sog. Töpferwerkstatt, findet sich ein kurzes, drei Stufen umfassendes Treppenstück, das ebenfalls blind endet. ... Das durch die Erosion hervorgerufene, auch optisch eindrucksvolle Bild ist durch keine Abnutzungsspuren der Gegenwart gestört, wiederum ein Beleg dafür, wie gering deren Beitrag ist. Eventuelle alte Abrasionen ersten und zweiten Grades aus minoischer Zeit können selbstverständlich zufolge der Erosion nicht mehr auszumachen sein. Was aber außerdem fehlt, sind die sonst überall beobachtbaren Auskehlungen, also Abrasionen dritten Grades. Es ist nicht unwahrscheinlich, daß es sich hier um ein relativ junges Bauelement handelt, das erst kurz vor der Zerstörung eingebaut wurde ...

Ein weiteres Argument für seine These sieht Wunderlich darin, daß Gipsplatten als Wandverkleidung und Bodenbelag auch in Räumen verwendet worden sind, die nach der archäologischen ‹Fehldeutung› als ausgesprochene ‹Naßräume› anzusehen sind, wie z. B. in dem berühmten sogenannten Badezimmer der Königin ...

Dazu muß zunächst festgestellt werden, daß die Minoer sehr wahrscheinlich noch nicht gewußt haben, daß Gips dem Angriff von Wasser leichter unterliegt als etwa Kalkstein ... Offensichtlich freute man sich an der Schönheit des weißen, fein- oder grobkristallinen, zum Teil geäderten Gipsgesteins und benutzte es ohne Kenntnis seiner mechanischen und chemischen Eigenschaften. Zum anderen ist es sicherlich falsch, wenn man das vielzitierte Badezimmer der Königin als einen ‹Naßraum› bezeichnet, in dem Sinne, daß etwa Duschwasser die Wände herablief. Die Minoer haben in kleinen keramischen Wannen gebadet und dürften mit dem kostbaren Wasser ebenso sparsam umgegangen sein, wie die heutige kretische Landbevölkerung es tut.

Am überzeugendsten spricht mit Bezug auf diesen Punkt gegen Wunderlich die Situation, die sich dem Besucher in der sog. Brunnenstube der Karawanserei bietet ... Die Innenverkleidung besteht aus Alabaster, der durch den ständigen Kontakt mit Wasser und Wasserdampf, aber auch durch Begehung, und zwar vorzugsweise an der Eingangsseite, stark beansprucht worden ist. Daß die Minoer gerade für diesen Raum Gips wählten, zeigt, daß sie von seiner chemischen Empfindlichkeit keine Vorstellung hatten ... Die Auskehlung (– am Eingang –) ist bereits von Evans bei seinen Ausgrabungen gefunden und als Schöpfstelle gedeutet worden. Es scheidet also völlig aus, daß sie rezenten Ursprungs ist.

So kommt man zu dem Schluß, daß weder in bezug auf das Beobachtungsmaterial noch auf die daraus gezogenen Konsequenzen Wunderlich zugestimmt werden kann.

... Im Vergleich hierzu erscheinen die meisten archäologischen Argumente schwach ... Wunderlich meint, daß nun schlagartig klar werde, warum die minoischen Paläste Kretas keinerlei Befestigungsanlagen aufweisen ... Diese Behauptung impliziert aber, daß es selbstverständlich sei, daß die Wohnstätten der Lebenden befestigt waren. Warum ist nun bisher trotz der zahlreichen großen und kleinen Ausgrabungen nicht eine einzige befestigte Anlage gefunden worden, die dann als Stätte der Lebenden zu verstehen wäre? ...

Zum zweiten: In Kreta sind in großer Zahl Gräber und Sippengrüfte gefunden worden ... Wo sollen die hier Begrabenen gewohnt haben, wenn nicht in den Palästen?

... Warum hat man dann, wie u. a. in den Palastmagazinen von Mallia zu sehen ist, kunstvolle Systeme von Abflußrinnen in den Boden ... gearbeitet und Auffangbehälter eingebaut? ...

Fragen dieser Art stellen sich demjenigen, der, willens, sich mit der Wunderlichschen Theorie auseinanderzusetzen, die kretischen Paläste in den Einzelheiten durchmustert, auf Schritt und Tritt. Es verblieb dem Autor dieser Zeilen kein einziges stichhaltiges Argument für sie. Was aber hier besonders festgehalten werden sollte, ist, daß gerade das naturwissenschaftliche Material, von dem Wunderlich ausgeht, weder nach Tatbestand

noch nach den daraus gezogenen Schlußfolgerungen eine Stütze seiner Theorie sein kann.»
(Prof. Dr. Walter Noll, Leverkusen-Bayerwerk, ‹Antike Welt›, 3/1971)

«. . . hätte ich es begrüßt, wenn die Redaktion von sich aus an mich als den in diesem Artikel angegriffenen Teil herangetreten wäre mit dem Vorschlag einer Erwiderung, wie dies gemäß dem alten Rechtsgrundsatz ‹audiatur et altera pars› in der wissenschaftlichen Welt sonst allgemein üblich ist. Dies um so mehr, als wir seit Monaten miteinander in brieflicher Verbindung stehen und der Artikel von Herrn Noll sicher nicht über Nacht und ohne Wissen der Redaktion in Ihrer Zeitschrift erschienen ist. Sie werden selbst einsehen, daß die Art der Darstellung mir nicht nur die Verpflichtung, sondern auch das moralische Recht einräumt, mich zu den Angriffen von Herrn Noll zu äußern . . .»
(Schreiben des Autors an die Redaktion ‹Antike Welt›, 14. 12. 71)

«In der Feststellung, daß die minoische Archäologie geirrt habe, als sie Stätten des Totenkultes für solche der Lebenden hielt, kann ich nichts Ehrenrühriges finden. Schließlich ist jede neue Erkenntnis, ganz gleich in welchem Bereich der Wissenschaft, mit der Widerlegung älterer irriger Vorstellungen verbunden, und auch die Archäologie macht hier keine Ausnahme . . .

Diese Bauten waren ja absichtlich den Stätten der Lebenden nachgebildet und sollten sogar dem ‹Leben› dienen – allerdings dem Weiterleben nach dem Tode. Wir können daher durchaus Rückschlüsse auf das damalige Leben ziehen, aber natürlich nur im Sinne eines Abbildes . . .

Man kann wohl kaum von ‹heterogenen› Begründungen sprechen, wenn man geologische, bautechnische, funktionale und archäologische Argumente heranzieht. Daß man diese nicht trennen kann, zeigt die Stellungnahme von Herrn Noll selbst, der nach seinen naturwissenschaftlichen Bemerkungen ebenfalls archäologische Begründungen anfügt.

Als Naturwissenschaftler (Herr Noll sagt nicht, aus welcher Fachrichtung er kommt – wohl kaum aus der Geologie, wie seine Verwendung der Terminologie zeigt) sollte man zunächst schon anderweitig definierte Begriffe nicht mit abweichendem neuen Sinn verwenden. So ist die Gliederung in Erosion, Abrasion ersten und zweiten Grades, wie sie Herr Noll vornimmt, im Widerspruch zur sonst üblichen Verwendung dieser Begriffe in der Geologie. Unter Abrasion versteht man die abtragende Tätigkeit der Brandung an der Küste, unter Erosion natürliche oder künstlich eingeleitete Vorgänge der Abtragung, bei welchen Boden- oder Gesteinspartikel aus ihrem Lagerungsverband gelöst und abtransportiert werden . . .

Daß ich die Ritzhärte nach Mohs angeführt habe, hat einen ganz einfachen Grund: Sie gestattet es jedem, nur mit Hilfe des Fingernagels zu erkennen, ob es sich um Gips oder um härteres Material handelt. In einer früheren Entgegnung in der Presse habe ich die Schleifhärte nach Rosiwal herangezogen, um zu zeigen, daß sich der Härteunterschied dabei noch deutlicher manifestiert als bei der einfachen Ritzhärteprüfung. Nun glaubt Herr Noll, daß sich mit Hilfe der Schleifhärteprüfung nach Kusnezov eine geringere Abnutzung von Gips-Bauteilen untermauern lasse.

Bei dieser Methode drückt sich das als Schleifmittel verwendete Korundpulver in die Oberfläche des Gipses ein und ‹versiegelt› gleichsam den weichen Gips gegenüber weiterer Abnutzung. Dieser Effekt ist vor allem bei hohem Härteunterschied zwischen Schleifmittel und Probe zu erwarten (wie bei Korund einerseits und Gips andererseits). Allerdings gehört Korundpulver (und ähnlich harte Schleifmittel) nicht zu den üblicherweise im Palast von Knossos vorhandenen Stoffen. Mit dem sonst üblichen Bodenpartikeln und Staubgemengteilen scheint diese Methode offenbar nicht zu funktionieren: So sehen wir bei den von Herrn Noll abgebildeten Treppenstufen keinen derartigen ‹Versiegelungseffekt› durch Einpressen härterer Mineralbestandteile, sondern die offensichtliche Abnutzung des für die Nutzung als Treppenstufe zu weichen Materials . . .

In dieser Hinsicht versagt die obige Methode ebenso wie die Vorstellung einer Hausfrau, die mir schrieb, die alten Minoer hätten möglicherweise ein Fußboden-Härtungsmittel besessen, welches den weichen Gips widerstandsfähiger gemacht habe. Der Gips des Ausgrabungsgeländes ist eben nun mal nicht härter als Gipsproben sonst üblicherweise auch . . .

Daß man in einem Königspalast die Treppenstufen von Zeit zu Zeit auswechselt, ist verständlich. Daß man aber aus ästhetischen Gründen zu weiches Material verwendet (obwohl der härtere und durchaus geeignete Marmor im ägäischen Einflußbereich der Minoer durchaus zur Verfügung gestanden hätte), das ständig ein- und ausgebaut werden muß, oder daß man Treppen aus weichem Material einbaut, für den praktischen Gebrauch aber ‹Entlastungstreppen› aus Holz verwendet, scheint mir keine befriedigende Erklärung zu sein.

Entscheidend sind aber nicht die Gipsteile, die heute Abnutzungsspuren zeigen (von einem ‹Schwerpunkt› der Abnutzung in minoischer oder heutiger Zeit kann man wohl kaum durch bloßen Vergleich der Zeitdauer der jeweiligen Verkehrsnutzung sprechen), sondern diejenigen, die – obwohl ebenfalls aus Gips – augenfällig wenig abgenutzt sind. Hierfür gibt Herr Noll in seiner Abbildung 4 ein gutes Beispiel, fast als wolle er mir die Gegenbeweisführung erleichtern . . .

Schon ein halbes Jahrhundert des praktischen Gebrauches hätte die Bewohner der Paläste darüber aufgeklärt, daß Gips zu weich und zu wenig widerstandsfähig gegenüber Wasser ist, um für derartige Zwecke zu dienen. Es läßt sich aber auch direkt nachweisen, daß die alten Minoer auf praktischem Gebiet der Gesteinsbearbeitung keine derartigen Di-

lettanten gewesen sind: Sie haben nämlich offensichtliche Wasserrinnen nicht aus dem leichter zu bearbeitenden Gips, sondern weit mühsamer aus Kalkstein angefertigt und dort, wo wirklich starke Beanspruchung zu erwarten war, Bodenplatten aus Kalkstein oder Chloritschiefer verwendet . . .

Noch weit merkwürdiger ist aber, daß die Minoer trotz ihres gepriesenen Badekomforts ‹sparsam mit Wasser wie die heutige kretische Landbevölkerung› gewesen sein sollen. Was bleibt dann, so möchte man fragen, noch übrig von fortschrittlicher Hygiene und luxuriösem Palastleben . . .

Bei der sogenannten ‹Brunnenstube› neben der ‹Karawanserei› dürfte es sich ursprünglich um ein ehemaliges Felsengrab gehandelt haben, in welchem ein zufällig angeschnittener Quellaustritt die Bodenplatten ausgekehlt hat. Man sollte doch die von Evans gewählten phantasievollen Namen nicht als Beweis heranziehen wollen, um damit dessen eigene Hypothese zu stützen . . .

Die Stätten der lebenden altkretischen Bevölkerung sind überwiegend an denselben siedlungsbegünstigten Stellen zu suchen, die noch heute bewohnt sind. Die übliche Bauweise scheint der Holz- und Lehmziegelbau gewesen zu sein. Städtische Lebensweise, sofern sie überhaupt für die Bronzezeit angenommen werden muß, setzt in erster Linie ausreichende Wasserversorgung voraus. Diese ist an den Grabungsstätten nirgends gewährleistet.

Jeder Totenpalast wird von einer Reihe einzelner Grabstätten umgeben, wie sich auch beispielsweise in Ägypten Grabanlagen jeder Form und Größe (von einfachen Erdgräbern über kleinere Mastaben bis hin zu aufwendigsten Totentempeln) beieinander finden. Lebende und Tote waren streng getrennt, die Lebenden im Bereich der fruchtbaren Ebenen, die Toten an den Hängen der Gebirge. Die uns erhaltenen aufwendigen Bauten dienten dem Leben nach dem Tode. Genauso wie sich arm und reich, unbedeutend und einflußreich, im Leben unterscheiden, so auch ihre Unterbringung nach dem Hinscheiden.

Trotz der viergeschossigen Bebauung in moderner Architektur und trotz des Straßenverkehrs kein Szenenbild aus einer neuerrichteten Vorstadtsiedlung, sondern Totenpaläste des zwanzigsten Jahrhunderts mit fünf bis sechs Geschossen (teilweise unter der Erde) vom Friedhof von Neapel. Die Gebeine werden nach knapp zweijähriger Ruhe in der Erde exhumiert und in oberirdischen Kammern der Totenhäuser beigesetzt.

Neben der ständigen Luftzufuhr, die dem ‹lebenden› Toten nicht vorenthalten werden darf, hat dieser Anspruch auf Nahrungsmittel und Wasser (man vergleiche hierzu die umfangreiche Papyrusliteratur aus ägyptischen Gräbern). Der Luftzufuhr dienen die sogenannten Lichtschächte minoischer Paläste, möglicherweise auch die ‹Abflußlöcher› in den Sarkophagen. Nahrungsmittel kann man in haltbarer Form beigeben. Eine der größten Schwierigkeiten in trockenen oder jahreszeitlich trockenen Gebieten bietet das Wasser für die Toten. Man kann die tägliche Totengabe den einzelnen Angehörigen überlassen. Was ist aber, wenn keine Leibeserben mehr am Leben sind; ist es nicht besser, für diesen Fall die Totenversorgung zu organisieren und zu kommerzialisieren? Priester übernehmen solche Aufgaben (gegen eine gewisse Gebühr, versteht sich), als Hüter und Schlüsselbewahrer des Jenseits. Es wäre aber ein mühsames Unterfangen, jeden einzelnen Toten für sich zu versorgen: also bedient man sich der technischen Möglichkeiten, baut Wasserzuleitungen, kunstvolle Rinnensysteme und Abflußkanäle. Von Öl ist auf den unzähligen Tontafeln aus Knossos (insgesamt über 3000) nicht die Rede. Wohl aber von Abgaben und Zuwendungen aller Art. Wofür diese Abgaben und Zuwendungen bestimmt waren, ist nach dem Obengesagten nicht schwer zu erraten . . .»

(Antwort des Autors auf den Beitrag von Prof. Noll in der ‹Antiken Welt›, bei der Redaktion dieser Zeitschrift zum Abdruck eingereicht mit Schreiben vom 14. 12. 1971)

Die vorstehend teilweise abgedruckte Antwort wurde dem Autor mit Begleitschreiben vom 3. 1. 1972 zurückgeschickt:
«Dabei würde ich es begrüßen, wenn von jeglicher Polemik und irgendwelchen ‹Querbezügen› abgesehen werden könnte . . . Diskussionen, die sich allzusehr in geologisch-petrographischen Sphären (bewegen), *die nun einmal von der Archäologie her gesehen Hilfsdisziplinen sind,* (sind) *für unsere Leser eher schwer verständlich . . . Hier ist nun der Aufsatz von Herrn Noll meiner Meinung nach auch fast jenseits der oben gezeichneten Grenze . . . Was des Geologen ist, soll des Geologen sein, auf Archäologisches mag der Archäologe antworten . . . Ich erwarte gern Ihr in diesem Sinne umgearbeitetes Manuskript . . .»*

(Dr. Rudolf Fellmann, Basel, Redaktion ‹Antike Welt› 3. 1. 1972)

«. . . Solange Sie keine Artikel der Gegenseite gebracht hatten, war es in Ihr freies Belieben gestellt, meine Aufsätze abzulehnen, die Ihnen über Frau Dr. Hahn zugegangen sind. Inzwischen ist aber Herr Noll mit recht massiven Vorwürfen mir gegenüber in Ihrer Zeitschrift zu Wort gekommen, was mich zu einer Entgegnung zwingt.

Der Einwand, schon der Artikel von Herrn Noll bewege sich fast jenseits der archäologischen Sphäre Ihrer Leserschaft, so daß eine allzusehr geologisch-petrographische Diskussion nicht angebracht sei, sticht insofern nicht, als Sie diese Überlegung schon bei der Annahme des Manuskripts von Herrn Noll zum Druck hätten anstellen müssen, aber nicht erst bei der Ablehnung meiner Erwiderung. Auch der Satz: Auf Archäologisches mag der Archäologe antworten, hat natürlich nur so lange Gültigkeit, solange sich der Nicht-Archäologe Prof. Noll selbst aller archäologischer Gegenargumente enthält. Er hat jedoch ganz konkrete Fragen solcher Art an mich gerichtet, und ich muß diese natürlich beantworten, selbst wenn sie nur rhetorisch gemeint gewesen sein sollten . . .

Ich habe nicht meinerseits Kollegen der Archäologie polemisch angegriffen, sondern habe entsprechende Angriffe erfahren . . . Auch diesen Satz hätten Sie billigerweise zunächst einmal Herrn Noll vorhalten müssen. Ganz abgesehen davon kann ich nach nochmaliger Lektüre meiner Entgegnung selbst bei größter Selbstkontrolle nicht finden, daß meine Antwort ausgesprochen polemisch ausgefallen wäre. Sie geht in dieser Hinsicht sicher nicht über den von Herrn Noll eingeschlagenen Ton hinaus.

Ich muß also auf der Veröffentlichung meiner Stellungnahme zu dem Angriff von Herrn Noll bestehen. Die Öffentlichkeit hat ein Recht darauf, nicht einseitig informiert zu werden.»

(Antwort des Autors an Dr. Fellmann, Basel, 12. 1. 1972)

«Inzwischen sind zwei Monate vergangen, ohne daß ich von Ihnen eine Antwort auf meinen Brief vom 12. 1. erhalten hätte . . .»

(Rückfrage des Autors bei Dr. Fellmann, Redaktion ‹Antike Welt›, 14. 3. 1972)

«Auf Ihre beiden Schreiben kann ich Ihnen nach Rücksprache mit meinen Kollegen aus der Redaktion mitteilen, daß wir nach wie vor auf dem Standpunkt verharren, daß die Spalten unserer Zeitschrift nicht eigentlich für eine Polemik um das Problem der kretischen Paläste geöffnet werden sollen . . . Was wir begrüßen würden, wäre ein absolut sachlich gehaltener Aufsatz . . . In einer redaktionellen Note würde dazu bemerkt, daß je einer Replik und Duplik Platz eingeräumt werde . . . Ein Aufsatz in der skizzierten Art und Weise kann, da die Hefte bis Mitte 1973 genau disponiert sind, erst im Winter 1973 erscheinen. Eine andere Disposition ist nicht möglich . . .»

(Antwortschreiben von Dr. Fellmann, Basel, vom 25. 3. 1972)

«. . . Mit Ihrer bewußten redaktionellen Verzögerungstaktik, die mir erst nach über zwei Jahren eine (noch dazu eingeschränkte) Stellungnahme gestatten will, Ihrem unbegründeten Vorwurf der Polemik – nachdem Sie zuerst Herrn Noll jede Art des scharfen Angriffs ermöglichten – disqualifizieren Sie sich selbst als wissenschaftlicher Gesprächspartner und Redakteur eines neutralen Publikumsorgans . . .»

(Der Autor an Dr. Fellmann am 29. 3. 1972)

Professor Haussühl vom Institut für Kristallographie der Universität zu Köln, in dessen Labor die Untersuchungen über Schleifhärte minoischer Gipsproben gemacht wurden, auf welche sich Professor Noll stützt, äußert sich selbst sehr zurückhaltend: *«Die Probe wird mit einem Schleifmittel, hier Korund mit einer Korngröße von etwa 30 Mikron (tausendstel Millimeter) und einer geeigneten Schleifflüssigkeit, hier m-Xylol mit Stearinsäure gesättigt, auf einer Spaltfläche eines großen, rißfreien Steinsalz-Kristalls geschliffen. Das Verhältnis der Gewichtsverluste der Probe und des Steinsalzkristalls, dessen Schleifhärte wir absolut recht gut kennen, gibt ein Maß für die Schleiffestigkeit der Probe. In diesen Messungen stellte sich heraus, daß in der ersten Phase dieses Prozesses eine Gewichtszunahme der Probe stattfindet, verursacht durch eine Aufnahme von Schleifkörnern, die in die relativ plastische Oberfläche des Gipses eingedrückt werden. Im weiteren Verlauf beobachtet man eine Schleifhärte, die unerwartet hoch ausfällt, vergleichbar mit der des Kalkspats. Die Einzelmessungen waren hier bei weitem nicht so gut reproduzierbar wie bei großen Gips-Einkristallen, weil gelegentlich am Rande der Probe kleinere Stücke abgebrochen sind. Dennoch ist nach diesen Messungen und auch nach meinen älteren Erfahrungen in Schleifversuchen mit Gips kein Zweifel, daß durch die Wechselwirkung mit den Schleifkörnern eine starke Verfestigung eintritt, die das Material wesentlich widerstandsfähiger gegen eine abrasive mechanischen Beanspruchung macht, als man es auf Grund der Spaltbarkeit und der hohen Plastizität erwarten würde. Ergänzend möchte ich aber nicht verschweigen, daß man bei Einkristallen derartige Versuche nur in solchen Richtungen durchführen kann, in denen das Abreißen größerer Spaltstücke unterbleibt. Am besten sind Richtungen, in denen die Spaltebene (010) um etwa 45° gegen die zu schleifende Fläche geneigt ist.*

Die von Herrn Noll gegebene Interpretation entspricht den Laborbefunden. Ob sie zwingend ist, vermag ich nicht zu entscheiden, weil ich ja nur eine Probe in Händen hatte, deren repräsentativen Charakter ich nicht nachprüfen konnte. Ihre Frage, ob nach meiner Meinung ein Gips-Gestein als Baumaterial für Treppenstufen in Wohngebäuden mit starker Beanspruchung geeignet sei, ist selbstverständlich zu verneinen. Sollte aber kein anderes Baumaterial verfügbar sein, dürfte ein Gipsgestein mehr einbringen als ein Holzboden. Da ich in diese Dinge der grauen Vorzeit zu wenig Einblick habe, bitte ich, diese Aussage nicht besonders zu bewerten.

Ich würde mich freuen, wenn die verschiedenen Gesichtspunkte der anstehenden Diskussion zu neuen, alle Beteiligten befriedigenden Einsichten führen könnten.»

(Prof. Dr. S. Haussühl, Köln, am 9. 2. 1972 an den Autor)

Anmerkung des Autors: Bei der von Kusnezov angegebenen Methode der Schleifhärtemessung geht also nicht nur die Schleifhärte selbst, sondern auch die unterschiedliche Plastizität der Gesteinsproben entscheidend in das Meßergebnis ein. Genaue Meßwerte sind also nur dann zu erzielen, wenn der Probekörper über eine gleiche (oder zumindest vergleichbare) Plastizität wie Steinsalz verfügt. Ist die Plastizität der Proben hingegen sehr verschieden, wie beispielsweise bei Gips und Steinsalz, so gibt diese Methode für die plastischere Probe eine zu hohe, für die weniger plastische eine zu niedrige Schleifhärte an. Dies ist zweifellos ein methodischer Fehler, der entsprechend berücksichtigt werden muß.

Die Asteriiden in Kreta

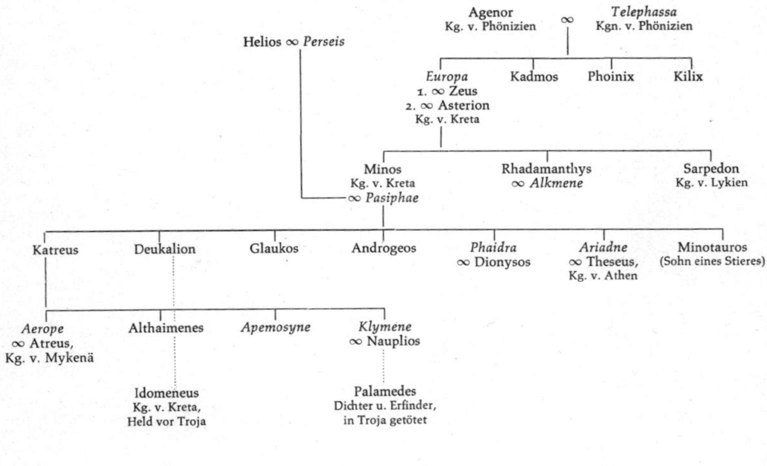

Zum Größenvergleich: Minosseum (Knossos, Kreta), Ramesseum und Medinet Habu (Theben-West, Ägypten) im selben Maßstab

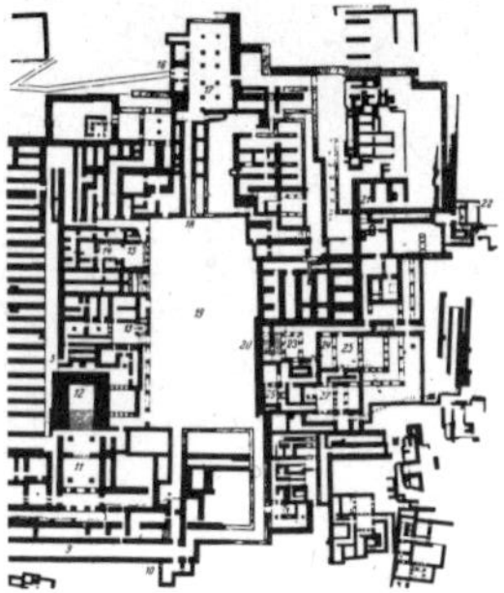

Minosseum (Knossos, Kreta)

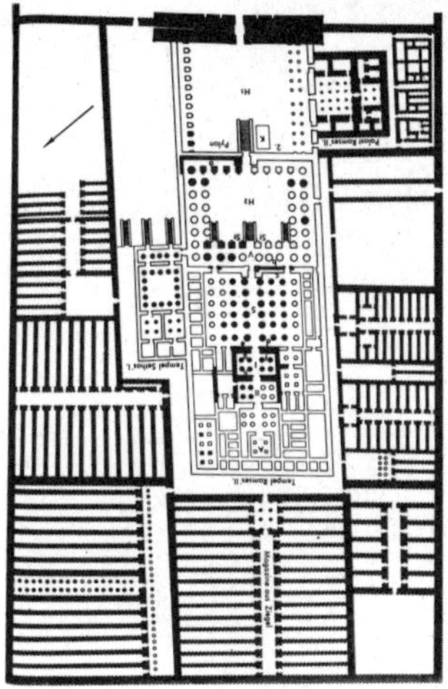

Ramesseum (Totentempel Ramses' II.) in der Totenstadt Theben-West, Oberägypten

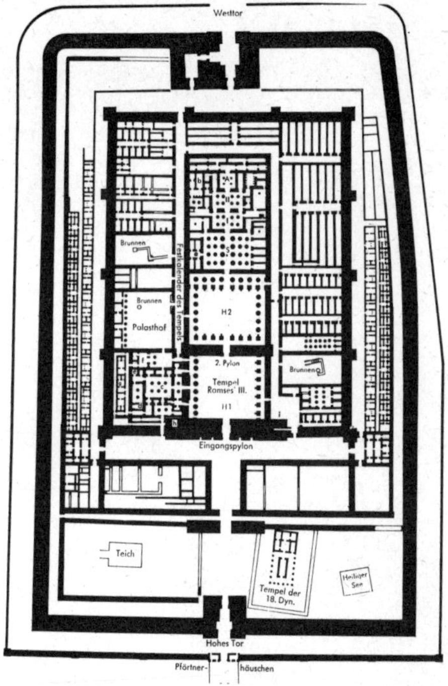

Medinet Habu (Totentempel Ramses' III.) Theben-West, Oberägypten

Zum Vergleich: Innenstadt Stuttgarts um den Schloßplatz im selben Maßstab.
1. Königsbau (Spät-Klassizismus, 1855–59)
2. Altes Schloß (Früh-Renaissance, 1562–87)
3. Alte Kanzlei (Früh-Renaissance, um 1540)
4. Neues Schloß (Spät-Barock-Rokoko, 1747–1780)

Die Bebauung umfaßt eine vergleichbare Zeitspanne wie beim Minosseum von Knossos

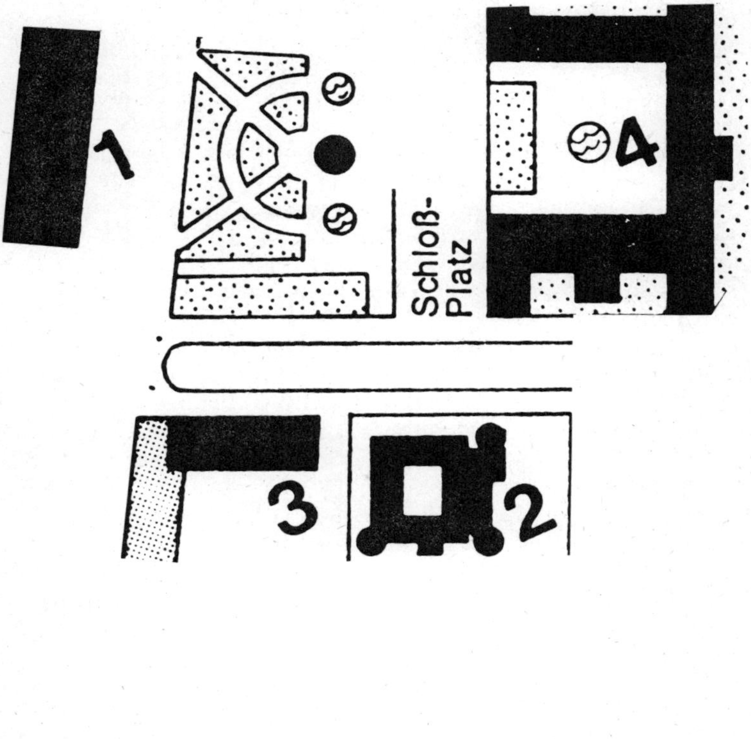

Nachwort und Danksagungen

Über mehr als fünf Jahrzehnte stand die Vor- und Frühgeschichte Kretas unter der Spannung eines eklatanten inneren Widerspruchs. Einerseits wurde das minoische Kreta mehr und mehr als Wiege der europäischen Kultur anerkannt. Andererseits aber sollte nach den Vorstellungen der minoischen Archäologie jene frühe Hochkultur in der jüngeren Bronzezeit nahezu restlos vernichtet worden sein, ausgetilgt bis auf vage Erinnerungen in Mythen und Sagen, kaum mehr als ein ferner und vielfach mißverstandener Abglanz einer ersten, isolierten kulturellen Blüte auf europäischem Boden.

Mögen manche diesen Widerspruch gefühlt haben, offen ausgesprochen oder gar gelöst wurde er bisher kaum. Wie konnte die minoische Welt zum Ansatzpunkt der abendländischen Kultur werden, wenn die altkretische Zivilisation nahezu total untergegangen war, lange bevor das klassische Griechenland dieses Erbe übernehmen konnte? Mußte dann nicht das hellenische Altertum seine viel spätere kulturelle Entfaltung völlig aus eigener Kraft – ohne inneren Zusammenhang mit der längst vergessenen minoischen Kultur – gänzlich neu schaffen? Es ist das eigentliche Anliegen des Verfassers, mit diesem Buch zur Lösung dieses Widerspruches beizutragen, den er möglicherweise aus seiner geologischen Sicht heraus stärker empfinden mußte als viele Kollegen von der philosophischen Fakultät.

Kommende Generationen von Vor- und Frühgeschichtlern werden vorurteilsfrei prüfen, welche Interpretation mehr zu leisten vermag: die hier erstmals konzipierte von einer ausgeprägten Diskontinuität der Bestattungsriten beim Übergang von der ‹Palastzeit› zur nachfolgenden Epoche überwiegender Feuerbestattung, jedoch ohne gleichzeitige Ausrottung der Minoer als Träger dieser Kultur – oder aber jene von Evans überkommene (und von seinen Nachfolgern vielfach ausgeschmückte) ‹Aus-und-vorbei-›-These, die dem frühen Kreta genau das nimmt, worauf es meiner Ansicht nach Anspruch erheben darf: Eingangstor und Ursprungsland der europäischen Kultur zu sein.

Am Schluß der Fernsehdiskussion im Süddeutschen Rundfunk Stuttgart vom Sommer 1971 hat der baden-württembergische Innenminister Krause den versöhnlichen Vorschlag gemacht, nach Ablauf von fünf Jahren den Stand der Dinge abermals in der Öffentlichkeit zu prüfen. Möglicherweise ist dieser Zeitpunkt etwas kurz gewählt. Wissenschaftler, die seit Jahren die überlieferten Vorstellungen in Vorlesungen und Publikationen vertreten haben, werden wohl eine lange Bedenkzeit brauchen. Anders steht es mit der jüngeren Generation. Sie ist in aller Regel nicht von Traditionen vorbelastet und greift auf, was ihr logisch erscheint. Es gibt in solchen Fällen keine Möglichkeit, einen wissenschaftlichen Streit durch mehr oder minder fundierte Äußerungen fachlicher Autoritäten oder durch Abstimmung entscheiden zu wollen. Innerhalb eines kürzeren oder längeren Zeitraumes der Meinungsumbildung wird schließlich das bessere Argument siegen. Mir ist vor dieser Entscheidung nicht bange.

Schon jetzt aber kann man sagen, daß der hier ausgeübte Zwang zum sorgfältigen Durchdenken und Überprüfen der Fakten, dem die Facharchäologie zweifellos ausgesetzt ist, sowie die neuerliche Mehrung des Interesses an der minoischen Archäologie in breiten Kreisen der Bevölkerung diese Veröffentlichung rechtfertigen. Daß aber auch alte Freunde Kretas und der minoischen Kultur die hier unternommenen Gedankengänge nicht – wie mir mehrfach vorgehalten wurde – als Provokation und Sakrileg auffassen, sondern weit mehr als Bereicherung ihres bisherigen Wissens, dafür möchte ich nur eine aus einer ganzen Reihe von Zuschriften zitieren, die mich im Laufe der vergangenen Monate erreichten: «. . . Darf ich Ihnen zunächst zu Ihrem Artikel in der oben genannten Zeitschrift gratulieren. Als langjähriger Kreta-Reisender und Verehrer der minoischen Kultur habe ich mit großem Interesse gelesen, welche Möglichkeiten erschlossen werden, alle Lücken im Bild von den Minoern auszufüllen . . .» (J. W. von Witzleben)

Selbstverständlich wird sich mancher der hier dargelegten Gedanken noch modifizieren lassen. Weiteres Studium wird neue Gesichtspunkte hinzufügen, und detailliertere Sachkenntnis, als sie einem Außenseiter der Vor- und Frühgeschichte zur Verfügung steht, wird die eine oder andere Korrektur anbringen. Hierfür werde ich immer gesprächsbereit und dankbar sein. Nur eines wird in Zukunft kaum mehr möglich sein, wie auch immer die künftige Entwicklung ihren Weg nimmt: nämlich einfach an die Thesen von Evans und seinen Nachfolgern anzuknüpfen, als sei dieses Buch nie geschrieben worden. Denn was vom geologischen Standpunkt aus unhaltbar ist, kann nicht plötzlich in der Archäologie vertretbar sein!

Besonderer Dank gilt allen, die durch ihre Hinweise und Sachbeiträge die vorliegende Arbeit gefördert haben. Ich nenne vor allem Dr. B.

Ascher, Haifa, W. D. Bach, Mannheim, G. Bauer, Stuttgart, W. Baur, Stuttgart, Dr. G. J. Boekschoten, Groningen, Frau R. Briner, Bern, Prof. Dr. K. Brunnacker, Köln, Frau Dr. H. Friese, Bietigheim, Prof. Dr. R. Hachmann, Saarbrücken, Prof. Dr. S. Haussühl, Köln, Dipl. Biol. B. Herrmann, Berlin, Frau H. Hinze, Celle, Prof. Dr. K. Jeremias, Stuttgart, Dr. B. Kern, Stuttgart, Herrn W. Kollmar, Hamburg-Blankenese, Priv. Dozent Dr. U. Kull, Stuttgart, Dr. J. Kunsemüller, Stuttgart, Dr.-Ing. E. Lang, Aachen, Dr. J. Lehmann, Stuttgart, Frau E. Mann, Meersburg, Prof. Dr. Chr. Oftedahl, Trondheim, Dr. G. Prause, Hamburg, Dr. E. Rall, Göppingen, Dr. Z. Silberstein, Haifa, Prof. Dr. H. Thierfelder, Münster, und Frau L. Wunderlich, Erfurt.

Herzlich danke ich meinen Mitarbeitern im Institut für Geologie und Paläontologie der Universität Stuttgart – nicht zuletzt auch für die Geduld, mit der sie es ertragen haben, daß ihr geschäftsführender Direktor sich so lange auch mit anderen Dingen als mit Geologie beschäftigen mußte. Herr Akad. Rat Dr. Behmel und Herr Dipl.-Geol. Seligmann haben durch ihre Diskussionsbemerkungen, Herr Frech durch seine wertvolle Hilfe bei den Photoarbeiten und Herr Karrasch durch seine Zeichnungen zum Gelingen des Bandes beigetragen. Tatsächlich – und durchaus nicht selbstverständlich – durfte darüber die laufende Institutsarbeit nicht vernachlässigt werden.

Nach durchaus verständlichen, anfänglichen Bedenken hat sich der Verleger, Herr Heinrich Maria Ledig-Rowohlt, nicht nur für ein Erscheinen des Buches entschieden, sondern auch die praktische Arbeit mit Rat und Tat unterstützt. Mit dem Wunsche, daß er den gefaßten Entschluß nicht bereuen möge, verbinde ich den aufrichtigen Dank für sein Entgegenkommen und die Anerkennung für seine Bereitschaft, auch entgegen anderslautenden, gutgemeinten Ratschlägen und Gutachten das Risiko der Verbreitung neuer Ideen einzugehen. Dem Lektor des Hauses Rowohlt, Herrn Hermann Gieselbusch, fiel die undankbare Aufgabe zu, das Manuskript kritisch zu sichten, auszufeilen und umzustellen, so daß aus einer wissenschaftlichen Abhandlung ein lesbares Buch entstand. Er war es auch, der von Anfang an die Idee dieser Publikation tatkräftig verfolgt und bei Verlag und Autor durchgesetzt hat. Ihm und allen Verlagsangehörigen sei daher an dieser Stelle nicht minder herzlich gedankt.

Nicht zuletzt aber muß ich meine Familie nennen, die von den ersten Beobachtungen auf Kreta über die Materialsammlung, Abfassung des Manuskripts, Auswahl und Zeichnung der Abbildungen bis zu den Korrekturen nach Kräften mitgeholfen hat.

Stuttgart, Ostern 1972 H. G. Wunderlich

Literaturhinweise

A) Allgemeines:

Archaeologia Mundi:
Alkim, U. Bahadir: Anatolien I. München 1968.
Grjasnow, Michail: Südsibirien. München 1970.
Hatt, Jean-Jaques: Kelten und Galloromanen. München 1970.
Karageorghis, Vassos: Zypern. München 1968.
Margueron, Jean-Claude: Mesopotamien. München 1970.
Platon, Nicolas: Kreta. München 1968.

Bederke, Erich, u. H. G. Wunderlich: Atlas zur Geologie. Mannheim 1968.
Cäsar, Gaius Julius: Der Gallische Krieg. Übersetzt und erläutert von Curt Woyte. Stuttgart 1970.
Ceram, C. W.: Götter, Gräber und Gelehrte. Hamburg 1949.
– Götter, Gräber und Gelehrte im Bild. rororo 6725. Reinbek bei Hamburg 1972.
– Der erste Amerikaner. Reinbek bei Hamburg 1972.
Champollion, J.: Die Welt der Ägypter. München 1971.
Herodot: Historien. Übersetzt von A. Horneffer, neu herausgegeben und erläutert von H. W. Haussig. Stuttgart 1971.
Homer: Ilias. Griechisch und Deutsch, übersetzt von Heinrich Voss, bearbeitet von Hans Rupé, herausgegeben von Eduard Schwartz. Darmstadt 1956.
– Odyssee. Darmstadt 1956.
Keller, Werner: Denn sie entzündeten das Licht. München 1970.
Kerényi, Karl: Die Mythologie der Griechen. 2 Bände. Zürich 1958.
Ranke-Graves, Robert von: Griechische Mythologie. 2 Bände. rowohlts deutsche enzyklopädie 113/114. Reinbek bei Hamburg 1960.
Roeder, Günther: Die Ägyptische Götterwelt. Zürich und Stuttgart 1959.
– Kulte und Orakel im alten Ägypten. Zürich und Stuttgart 1960.
– Ägyptische Mythen und Legenden. Zürich und Stuttgart 1960.
– Zauberei und Jenseitsglauben im alten Ägypten. Zürich und Stuttgart 1961.
Schliemann, Heinrich: Mykenä. Leipzig 1878.
– Ilios. Leipzig 1881.
– Troja. Leipzig 1884.
– Tirnys. Leipzig 1886.
Schwab, Gustav: Sagen des klassischen Altertums. 3 Bände (Götter und Helden der Griechen, Die Feste des Priamos, Irrfahrt und Abenteuer). Düsseldorf 1949/50.
Spengler, Oswald: Der Untergang des Abendlandes. 2 Bände. München 1920 f.
– Zur Weltgeschichte des zweiten vorchristlichen Jahrtausends. München 1935.
Toynbee, Arnold J.: Der Gang der Weltgeschichte. Stuttgart 1950.
Vacano, Otto-Wilhelm von: Die Etrusker. Stuttgart 1955.

– Die Etrusker in der Welt der Antike. rowohlts deutsche enzyklopädie 54. Hamburg 1957.
Valentin, Veit: Illustrierte Weltgeschichte. 2 Bände. München 1959.
Wolderding, Irmgard: Ägypten, Kunst der Pharaonen. Baden-Baden 1964.
Wolf, Walther: Frühe Hochkulturen: Ägypten, Mesopotamien, Ägäis. Stuttgart 1969.
Wunderlich, H. G.: Einführung in die Geologie. 2 Bände. (Exogene und Endogene Dynamik). Mannheim 1968.
– Das Geheimnis der minoischen Paläste Altkretas. In: Naturwissenschaft und Medizin 8, Nr. 36. Mannheim 1971.
– Keine Brandkatastrophe im Palast von Knossos? In: Umschau in Wissenschaft und Technik 71, Heft 16, S. 599. Frankfurt/M. 1971.
– Knossos – eine Totenstadt. In: Bild der Wissenschaft. Stuttgart 1972.

B) Archäologische Literatur über Kreta:

Banti, L., Pugliese Carratelli, G., Levi, D.: Arte Minoica e Micenea. Enciclopedia dell'Arte Antica Classica e Orientale. Vol. V, 42 ff.
Bossert, H.: Alt-Kreta. Berlin [3]1937. The Art of Ancient Crete. 1937.
Charbonneaux, J.: L'Art égéen. Paris 1923.
Childe, V. G.: The Dawn of European Civilization. London 1950.
Demargne, P.: La Crète dédalique. Paris 1947.
– Naissance de l'art grec. Paris 1964. Die Geburt der griechischen Kunst. München 1965.
Dussaud, R.: Les civilisations préhelléniques dans le bassin de la mer Egée. Paris 1914.
Evans, Arthur: The Palace of Minos. Vol. I–IV. London 1921–1935.
Fimmen, D.: Die kretisch-mykenische Kultur. Leipzig–Berlin 1924.
Forsdyke, J.: Minoan Art. Proceedings of the British Academy 15. London 1929.
Glotz, G.: La Civilisation égéenne. Paris 1952.
Graham, J. W.: The Palaces of Crete. Princeton 1962.
Hall, H. R.: The Civilization of Greece in the Bronze Age. London 1928.
Hutchinson, R.: Prehistoric Crete. Penguin Books. London 1962.
Karo, G.: Kreta. In: Pauly-Wissowa Realencyclopädie.
– Greifen am Thron, Erinnerungen an Knossos. Baden-Baden 1959.
Marinatos, Sp., Hirmer, M.: Kreta und das mykenische Hellas. München 1959.
Matz, Fr.: Die Agäis. In: Handbuch der Archäologie II. 1950. S. 179 ff.
– Kreta, Mykene, Troja. Stuttgart 1958.
– Kreta und frühes Griechenland. Baden-Baden 1962.
– Minoan Civilization. In: Cambridge Ancient History. 1962.
Montelius, O.: La Grèce préclassique I–II. Stockholm 1924–1928.
Pendlebury, J. D. S.: The Archaeology of Crete. London 1939.
Platon, N.: Cretese-Miceneo. In: Enciclopedia Universale dell'Arte IV. S. 70 ff.
Praschniker, C.: Kretische Kunst. 1921.
Schachermeyr, Fr.: Die prähistorischen Kulturen Griechenlands. In: Pauly-Wissowa Realencyclopädie. 22. 1954.
– Die ältesten Kulturen Griechenlands. Stuttgart 1955.
– Die minoische Kultur des alten Kreta. Stuttgart 1964.
Snijder, G.: Kretische Kunst. Berlin 1936.
Schweitzer, B.: Altkretische Kunst. In: Antike II. 1926. S. 191 ff.
Thompson, G.: The Prehistoric Aegean. London 1954.
Zervos, Chr.: L'art de la Crète néolithique et minoenne. Paris 1956.

C) Ausgrabungsberichte:

Knossos Evans, Arthur: The Palace of Minos. Vol. I–IV. London 1921–1935.
– Prehistoric Tombs of Knossos. In: Archaeologia LIX. London 1906.
– The Tomb of the Double Axes. In: Archaeologia LXV. London 1914.
Evans, J.: Excavations in the Neolithic Mound of Knossos. In: Bulletin of the Institute of Archaeology 4. 1964.
– Excavations in the Neolithic Settlement of Knossos. In: British School Annual. 59. 1964. S. 152 ff.
Furness, Ozanne: The Neolithic Pottery of Knossos. In: British School Annual 48. 1953. S. 94 ff.

Phaestos Pernier, L.: Il Palazzo Minoico di Festos, I. Roma 1935. II mit L. Banti. 1951.
Levi, D.: Eine Reihe von Aufsätzen über die neuen Grabungen seit 1951. In: Annuario della Scuola Italiana di Atene, und in: Bolletino d'Arte et Parola del Passato.

Mallia Vorläufige Berichte in der Serie der Etudes Crétoises seit 1928 vor allem von F. Chapouthier, P. Demargne, H. Gallet de Santerre, J. Deshayes, A. Dessenne und H. u. M. van Effenterre.

Messara Xanthoudides, St.: The Vaulted Tombs of Messara. Liverpool 1924.
Über die anderen Fundplätze in den Veröffentlichungen von Hogarth, Bosanquet, Dawkins, Seager, Miss Boyd, Hall, Hood, Hutchinson, Boardman, Hazzidakis, Xanthoudides, Marinatos, Platon, Alexiou.

D) Altersbestimmungen:

Aberg, N.: Bronzezeitliche und früheisenzeitliche Chronologie, IV, Griechenland. Stockholm 1933.

Evans, Arthur: Essai de classification des époques de la civilisation minoenne. Congrès d'Archéologie. 1906.

Hutchinson, R.: Notes on Minoan Chronologie. In: Antiquity XXII. 1948. S. 61 ff.

Minoan Chronology Reviewed. In: Antiquity. XXVIII. 1954. S. 155 ff.

Libby, Willard F.: Altersbestimmung mit der C14-Methode. Mannheim 1969.

Matz, Fr.: Zur ägäischen Chronologie der frühen Bronzezeit. In: Historia I. 1950. S. 173 ff.

Levi, D.: Classificazione della civiltà minoica. In: Parola des Passato. 1960, S. 81 ff.

Platon, N.: Chronologie minoenne. In: Zervos (s. d.). S. 509 ff.

– Chronologie de la Crète et des Cyclades à l'âge du bronze. Bericht über den V. Internationalen Kongreß für Vor- und Frühgeschichte. Hamburg 1958 (Berlin 1961). S. 671 ff.

Smith, Sidn.: Middle Minoan I and Babylonian Chronology. In: American Journal of Archaeology. 1945. S. 1 ff.

Stubbings. F.: Chronology of the Aegean Bronze Age: In: Cambridge Anc. History I. 1962. VI. S. 69 ff.

Weinberg, S.: Relative Chronology of the Aegean in the Neolithic and the Early Bronze Age. In: Relative Chronologies in Old World Archaeology. 1954. S. 86 ff.

E) Die minoische Kultur in ihrer Umwelt:

Burn, A.: Minoans, Philistines and Greeks. 1930.
Kantor, H. I.: The Aegean and the Orient in the Second Millennium B. C. Bloomington 1947.
Marinatos, Sp.: The Minoan and the Mycenaean Civilization and the Influence on the Mediterranean and Europe. VI. Congrès des Sciences pré-et protohistoriques I. 1961.
Pendlebury, J.: Aegyptiaca. 1930.
– Egypt and the Aegean in the Late Bronze Age: In: Journal of Egyptian Archaeology 16. 1930.
Vercoutter, J.: L'Egypte et le monde égéen préhellénique. Le Caire 1956.
– Egyptiens et Préhellènes. Paris 1954.

F) Minoische Sprache und Schrift:

Chadwick, J.: Die Entzifferung der mykenischen Schrift. Göttingen 1958.
Ekschmitt, W.: Die Kontroverse um Linear B. München 1969.
Palmer, L.: Mycenaeans and Minoans. London 1961.
Palmer, L., Boardman, J.: On the Knossos Tablets. Oxford 1963.
Stella, L.: La civiltà Micenea nei documenti contemporanei. Roma 1965.
Ventris, M., Chadwick, J.: Documents in Mycenaean Greek. Cambridge 1959.
– Evidence for Greek dialect in the Mycenaean Archives. In: Journal of Hell. Studies 1953.
Myres, J. L.: Who were the Greeks. University of California 1930.

G) Vom Untergang der minoischen Kultur:

Andronikos, M.: The Dorian Invasion and Archeology. In: Ἑλληνικά 13. 1959. S. 45 ff.
Marinatos, Sp.: The Volcanic Destruction of Minoan Crete. In: Antiquity 13. 1939. S. 425 ff.
Desborough, V.: The Last Mycenaeans and their Successors. 1964.

H) Minoische Religion:

Evans, Arthur: Mycenaean Tree and Pillar Cult. In: Journal of Hell. Studies XXI. 1901. S. 99 ff.
Nilsson, M.: The Minoan-Mycenaean Religion. Lund 1950.
– Geschichte der griechischen Religion. I. Handbuch der Religionswissenschaft. V. 1950.
Guthrie, W.: The Religion and Mythologie of the Greeks. In: Cambridge Ancient History II. 1961. S. 45 ff.
Matz, Fr.: Göttererscheinung und Kultbild im minoischen Kreta. Abhandlung der Akademie Mainz. 1958.
Persson, A. W.: The Religion of Greece in Prehistoric Times. Sather Lectures. XVII. 1942.
Picard, Ch.: Les Religions préhelléniques (Crète et Mycènes). Paris 1948.

J) Verschiedenes (Siegelbilder, Stilelemente):

Lorimer, H.: Homer and the Monuments. London 1950.
Biesantz, H.: Kretisch-mykenische Siegelbilder. Marburg 1954.
Kenna, V.: Cretan Seals. Oxford 1960.
Matz, Fr.: Die frühkretischen Siegel. Berlin–Leipzig 1928.
– Torsion. Abhandlung der Akademie. Mainz 1951.
Marinatos, Sp.: La Marine crétomycénienne. In: Bulletin Correspondance Hellénique 57. 1933. S. 170 ff.

K) Totenkult, Bestattungsriten, Mumifizierung:

Andronikos, M.: Totenkult. In: Archaeologia Homerica Bd. III, Kapitel W. Göttingen 1968.
Dörpfeld, W.: Über Verbrennung und Bestattung der Toten im alten Griechenland. In: Zeitschrift für Ethnologie 37. S. 538–541. Berlin 1905.
Hörmann, K.: Vorgeschichtliche Leichendörrung, die Mittelstufe zwischen Bestatten und Verbrennen. Schumacher-Festschrift. S. 77–79. 1930.
Küchenmeister, F.: Die verschiedenen Bestattungsarten menschlicher Leichname vom Anfang der Geschichte bis heute. 4 Folgen. Zeitschrift für gerichtliche Medizin (Vierteljahresschrift für gerichtliche Medizin und öffentliches Sanitätswesen; Bd. 42–44. S. 1885 f.)
Robinson, D. M.: Necrolynthia – a study in Greek burial customs and anthropology. Baltimore 1942.
Zehetmaier, J.: Leichenverbrennung und Leichenbestattung im alten Hellas. Leipzig 1907.

L) Reiseführer, Karten, Reisebeschreibungen, Bildbände:
Kreta und Griechenland

Blauer Führer Griechenland (umfangreicher Abschnitt über Kreta). 1963.
Bowman, John: Albatross Guide ‹Crete›. London 1962.
Bradford, Ernle: Die Griechischen Inseln. München 1967.
Bryans, Robin: Kreta. München 1970.
Burian, Christian: Polyglott-Reiseführer Griechische Inseln. Köln und München 1969.
Christoforakis, J. M.: Kreta – große Autokarte 1 : 300 000. Iraklion 1970.
Cresti, Carlo: Forma e colore: Il Palazzo di Cnosso. Florenz 1965.
Hoegler, R. C. und O. Reverdin: Kreta, Mutterland der Kultur Europas. Stuttgart 1960.
Marinatos, Sp. und M. Hirmer: Kreta und das mykenische Hellas. München 1959.
Mathioulakis, Chr.: Landkarte von Kreta 1 : 300 000. Athen 1969.
– Knossos. Führer durch das Ausgrabungsgelände. Athen 1970.
Merian – Kreta. 16. Jg. Heft 12. Hamburg 1963.
Miller, Henry: Der Koloß von Maroussi. rororo 758. Reinbek bei Hamburg 1965.
Münster, Thomas: Kreta hat andere Sterne. München 1960.
Pars, Hans: Göttlich aber war Kreta. Das Erlebnis der Ausgrabungen. Freiburg 1957.
Schneider, Toni: Kreta. Zürich.

Ägypten

Brunner-Traut, E. und V. Hell: Ägypten – Studienreiseführer mit Landeskunde. Stuttgart 1966.
Grieben-Reiseführer Ägypten. München 1970.
Strelocke, Hans: Polyglott-Reiseführer Ägypten. Köln-Marienburg 1966.
Voss-Gerling, Wilhelm: Bertelsmann-Reiseführer Ägypten. Gütersloh 1966.

Rom – Campanien

Maiuri, Amadeo: Herculaneum. Ministero della Pubblica Instruzione. Nr. 53. Rom 1963.
– Pompeji. M. P. I.-Führer Nr. 3. Rom 1955.
Romanelli, Pietro: Der Palatin. M.P.I.-Führer Nr. 45. Rom.
Sestieri, Pellegrino Claudio: Paestum. Die Stadt / die vorgeschichtliche Grabstätte in der Gegend von Gaudo / der Heratempel an der Mündung der Sele. M.P.I.-Führer. Nr. 84. Rom.

M) Geologische Literatur (Kreta, Santorin, östliches Mittelmeer):

Boekschoten, G. J.: Some geological observations on the coasts of Crete. In: Geologie en Mijnbouw 42. S. 241–247. 1963.
– Quaternary Tephra on Crete and the eruptions of Santorin volcano. In: A. Strid (Hg.): Evolution in the Aegean. Opera Botanica 30. S. 40–48. 1971.
Evans, J. D.: Summary and conclusions. In: Knossos Neolithic. – Ann. Brit. School Archäol. Athen 63. S. 267–276. 1968.
Finley, M. I.: Early Greece: The Bronze and Archaic Ages. London 1970.
Hedervari, P.: International scientific Congress on the volcano of Thera. In: Geol. Newsletter I. U. G. S. 1969. S. 399–403. 1970.
Marinos, G. und N. Medionis: On the amplitude of the tsunami originating from the prehistoric eruption of Santorini (in griechisch). In: Etaira Greek Geol. Soc. 4. S. 210–218. Athen 1961.
Mellis, O.: Volcanic ash-horizons in deep-sea sediments from the eastern Mediterranean. In: Deep-Sea Research 2. S. 89–92. 1954.
Ninkovich, D. und B. C. Heezen: Santorini tephra. In: Colston Papers of the Bristol University 17. S. 413–453. 1965.
– Physical and chemical properties of volcanic glass from Thera island and ash layers in eastern Mediterranean deep sea sediments. In: Nature 213. S. 282–284. 1967.
Olausson, E.: Description of sediment cores from the Mediterranean and Red Sea. In: Report of the Swedish Deep Sea Expedition 8. S. 286–334. 1960.
Papastamatiou, J.: Les gites de gypse et d'anhydrite dans l'île de Crète. In: Geol. Soc. Greece. III Nr. 1. S. 146–156. Athen 1958.
Popham, M. R.: The destruction of the Palace of Knossos and its pottery. In: Antiquity 40, S. 24–28. 1966.
Reck, H.: Die Geologie der Ring-Inseln und der Kaldera von Santorini I–III. Berlin 1936.
Thorarinsson, S.: Toxis hazard to sheep from Hekla's eruption. In: New Scientist 47. S. 175. 1970.

Register

Philon von Byblos 258 f

Troja
Ithaka
Kefallenia
Orchomenos
Ägäis
Mykena
Tiryns
Klei
Pylos
Santorin/
Thera
Kreta
Rhodos
Zype
Ost - Mittelmeer
(Ionische See
Alexandria
Gise
Memphis
Möris-See
Hawara/Illa
Libysche
Wüste
el-
500 km
Abydos
Theb